# 작문

조규태 · 조구호 · 박용식

경상대학교출판부
GYEONGSANG NATIONAL UNIVERSITY PRESS

# 책을 펴내며

지난 10여 년간 학생들의 작문을 지도해 오는 동안 우리 대학 학생들에게 맞는 작문에 관한 지침서가 필요함을 절실히 느끼게 되었다. 그리하여 학생들이 쓴 글 중에서 잘 된 글과 잘못 된 글들을 골라 교재의 자료를 마련하는 한편, 작문에 필요한 이론을 정리하는 작업도 병행하였다. 그리고 이와 함께 작문에 전범이 될 만한 글들도 모아 왔다.

이러한 노력의 결과에 따라 이 책을 저술하게 되었으며, 따라서 이 책의 내용도 크게 세 부분으로 구성하였다. 제1부에서는 작문의 이론에 관한 내용을 체계적으로 서술하였고, 제2부에서는 강의하는 주별로 학생들이 실제로 쓴 글의 잘잘못을 지적함과 함께, 각 제재별로 작문할 때 유의해야 할 점들을 밝혀 두었다. 그리고 제3부에는 본보기가 될 만한 글들을 실어 두었다.

이 책은 강의가 진행되는 동안 학생들이 매주 글을 짓는다는 것을 전제로 하여 썼다. 글을 짓기 위해서는 글감[제재]이 필요한데, 제2부에 제시되어 있는 15개의 제재가 좋은 글감이 될 수가 있다. 강의하는 사람에 따라서 이 글감대로 글을 짓게 할 수도 있고, 적절히 바꾸어 짓게 할 수도 있고, 전혀 다른 것으로 글을 짓게 할 수도 있다. 각 글감이 15주 동안 진행되는 강의 전체의 질서에 어그러지지 않는 것이면, 무엇이든 족할 것이다. 제1부에 있는 작문의 이론은 매 시간 학생들이 쓴 글을 비평할 때 적절히 이용하거나, 학생들로 하여금 자습하는 데 이용하게 할 수도 있다. 그리고 제3부에 있는 좋은 글들은 작문을 지도하는 중간중간에 학생들에게 참고하게 하거나, 학생들과 토론하는 자료로 이용할 수 있을 것이다.

이 책은 직접적으로는 경상대학교 학생들의 작문 능력을 향상시키기 위해 썼지만, 글짓기나, 글짓기 지도에 관심이 있는 사람이면 누구나 이용할 수 있도록 썼다. 작문의 일반적인 이론은 어느 특정한 사람에게만 적용되는 것이 아니기 때문이다.

이 책을 쓰는 동안 조구호 박사는 같이 토론을 하고 자료를 모아주며, 원고의 일부를 쓰기도 하였다. 박사 과정에 재학중인 권복순, 이영지, 권유경 세 사람은 이 책의 원고를 알뜰히 읽고서, 책의 편집에서부터 원고의 교정에 이르기까지 많은 도움을 주었다.

『작문의 길잡이』라는 책으로 강의를 해 온 지도 5년이란 세월이 흘렀다. 그 동안 강의해 오면서, 고쳐야겠다고 생각해 온 부분을 고치고, 부족한 부분을 새로이 보충하여 『작문』이란 제목의 개정판을 마련하였다. 개정판을 마련하기 위하여 조구호 박사, 박용식 박사와 여러 차례 회의를 하면서, 책 전체의 얼개를 다듬기도 하고, 새로운 글들을 끼워 넣는 작업을 하였다. 우리 공동 저자들은 이 책만 알뜰히 읽고, 이 책의 프로그램대로만 작문 강의가 진행된다면, 누구나 글을 잘 지을 수 있는 사람이 될 수 있으리라 생각한다.

2006년 2월 일

저자 대표 조 규 태

# 차 례

## Ⅰ. 작문의 이론



## Ⅱ. 작문의 실제

## Ⅲ. 본보기가 되는 좋은 글들

## [부 록]

# Ⅰ. 작문의 이론

# 1. 좋은 글의 요건

## 1.1. 글이란

글이란 머릿속에 든 생각이나 느낌을 글자로 드러낸 것이다. 그러므로 글의 속살은 생각과 느낌이요, 겉모습은 글자이다. 달리 말하면, 글의 내용은 생각이나 느낌이요, 글의 형식은 글자이다. 글자로 생각이나 느낌을 드러낸 글은 일정한 조직체로 이루어져 있다. 가장 작은 단위인 단어가 모여 문장을 이루고, 문장이 모여 문단을 이루고, 문단이 모여 한 편의 글을 이룬다.

그러므로 글을 쓰기 위해서는 먼저 생각과 느낌을 가져야 한다. 글 속에 담을 생각과 느낌이 있어야만 글을 쓸 수가 있는 것이다. 그리고 그 생각과 느낌은 남과 다른 것이어야 한다. 남과 다른 생각과 느낌은 어떻게 해서 갖게 되는가? 남과 다른 생각과 느낌은 학습이나 독서를 통해서 갖게 되거나, 일을 하거나 여행을 하는 등 실제의 체험을 통해서 갖게 된다. 이처럼 남과 다른 생각과 느낌은 대부분의 경우 일상적인 삶을 통하여 갖게 된다. 다만 그 일상적인 삶을 글로 나타내려면, 그 삶을 바라보는 남다른 시각이 있어야 하고, 그 삶 자체가 남에게 들려 줄 만한 가치 있는 것이라야 한다.

살아가면서 갖게 되는 여러 가지 삶의 체험이나 지혜들은 글을 쓰기 위한 좋은 생각과 느낌을 갖게 되는 바탕이 된다. 이런 체험과 지혜를 통해 얻게 된(얻은) 갖게 된 생각과 느낌을, 글자를 통해 밖으로 드러낸 것이 글이다. 그런데 생각과 느낌은 체계적으로 정리된 것이 아니라, 머릿속에 뒤엉켜 복잡한 모습으로 되어 있다. 복잡하게 뒤엉켜 있는 특정한 생각을 잘 정리하여 드러낸 것이 글이다. 그러므로 글을 쓰는 행위는 생각과 느낌을 조직화하여 독자들이 잘 이해할 수 있도록 생각을 정리하는 과정이다. 큰 생각 덩이와 작은 생각 덩이로 구분 짓고, 시간의 순서에 따라 배열하고, 공간 질서에 따라 나열하고, 논리적 순서에 따라 이어가는 등의 작업을 잘 해야만 독자들이 글쓴이의 생각에 공감하거나, 글을 읽고 감동을 받을 수도 있게 되는 것이다.

## 서 문

오효정

나는 지난 1996년 8월 사업차 중국에 갔다가 옛 고구려 영토인 만주 지방을 여행하던 중 지린(길림)성 지안(집안)시에 있는 호태왕비(好太王碑)를 보러 갔었다. 만주 벌판이 우리 민족의 땅이었다는 것을 증명해 주는 광개토대왕비이다. 어린 시절 학교 다닐 때 배운 광개토대왕의 역사는 우리 민족의 위대한 기개를 일깨워 주는 것이었다. 그런데 나는 그 비석 주변의 초라한 모습에 여간 실망하지 않았다. 주변 경관이 엉망이었던 탓으로 외관상 그 역사적 가치를 전혀 느낄 수 없었다. 하물며 광개토대왕의 얼과 기개를 제대로 느낄 수 있겠는가. 그래서 나는 중국 지안시 당국에 간청하여 사비를 들여 비석의 주변 정화 사업을 벌이기 시작하였다. 비석 자체는 전혀 건드리지 않고, 단지 비석 주변을 다듬고 진입도로를 개설하는 조그마한 일이었다. 그렇게 함으로써 그곳을 방문하는 사람들이 광개토대왕비에 대하여 좋은 인상을 갖고, 더 나아가 광개토대왕과 우리 민족의 역사를 제대로 이해하는데 도움이 되었으면 좋겠다는 것이 나의 바람이었다. 이런 인연으로 나는 우리 동포들이 많이 사는 중국 동북부 지방을 자주 여행하게 되었다.

그러다가 내가 강용권 선생의 명성을 처음 들은 것은, 1998년 겨울 중국 옌벤(연변)에서였다. 자전거로 만주 지역을 샅샅이 뒤지며 우리 선조의 역사를 남기는 작업을 한다는 것이었다. 그래서 내 동생(오영환)을 보내 그분의 소재를 수소문하여 1999년 1월 처음 만나게 되었다. 그 때 그분은 강제 징용과 정신대로 끌려갔던 통한의 역사를 기록한 원고지 뭉치를 우리에게 보여주었다.

학자가 아니라 전문 건설업체를 경영하는 평범한 국민인 나로서는 그 원고의 학문적 성과에 대하여는 판단하기 어려웠다. 그러나 통한의 우리 역사를 남겨 놓는다는 것 자체가 뜻깊은 일이라고 생각되었다. 그래서 그 원고가 우리나라에서 출판될 수 있도록 도와야겠다고 마음을 먹었다.

사실 나는 요즈음 우리 민족의 역사와 그 교육에 대하여 관심이 많아졌다. 오랜 세월 유구한 역사를 지닌 우리 민족이 겪은 수많은 시련을 생각해 본다. 민족 독립을 위해 만주 벌판에서 싸우다가 목숨을 잃은 이름 없는 수많은 병사들, 강제 징용으로 끌려가 일본군 제복을 입은 채 낯선 땅에서 소리 없이 죽어간 동포들, 종군위안부로 끌려가 인간 이하의 쓰라린 경험을 했던 우리 민족의 여인들……. 모든 것은 나라를 잃었기 때문에 생겨난 비극이었다. 자신들을 지켜줄 나라가 있었다면 그런 고충은 없었을 것이다. 그런 것은 단순히 지나간 과거의 문제가 아니다.

나는 우리 자식들이 선조의 역사를 제대로 알아야 한다고 생각한다. 우리 민족이 겪은 역사를 마음 깊이 새겨 다시는 나라를 잃어버리는 어리석음을 되풀이하여서는 안 될 것이다. 그래서 나는 나라와 민족의 역사에 대한 교육이 중요하고, 나라를 지키겠다는 마음가짐을 갖는 것이 꼭 필요하다고 본다.

과연 우리 자손들이 선조들의 그런 쓰라린 역사를 얼마나 알고 있는가? 솔직히 나는 이 점을 때때로 염려할 때가 많다. 일제 치하에서 나서 자라고 분단과 전쟁을 겪은 우리 세대만이 갖는 기우인지도 모른다. 나라 지키는 최소한의 일인 국방의 의무도 제대로 지키지 않는 나라라면, 그 나라의 미래는 어떻게 되겠는가? 사회 지도층 인사들이 자식을 군대에 보내지 않았다는 언론 보도를 볼 때마다 이 나라가 앞으로 어찌될까 걱정되는 것은 나 혼자만일까? 나라 지키는 일의 소중함을 벌써 망각하였다는 말인가?

그래서 강용권 선생의 글을 그대로 발간하는 한편, 그 가운데 일부를 뽑아 학생들이 쉽게 읽을 수 있는 책으로 만들 것을 제안하였다. 나는 이 책을 통해 학생들이 우리 역사를 가까이 접하면서 민족과 나라를 생각하는 기회를 다시 갖는다면 그 이상 바랄 것이 없다. 나에게 이 원고를 건네준 지 불과 몇 달 뒤에 항일 민족운동의 자전거 답사 여행을 떠났다가 불귀의 객이 된 강용권 선생도 나의 취지에 동의하리라고 믿는다. 너무나 이른 나이에 할 일을 남기고 세상을 떠난 강용권 선생의 명복을 이 자리를 빌어 다시 빌면서, 그의 수고가 역사 교육의 자료로 결실 맺어 민족 교육에 기여하게 되기를 기대한다.

내가 강용권 선생의 원고를 간직하였다고 하더라도 이렇게 멋진 책으로 나오기까지 여러 사람의 도움을 받았다. 경상대학교 사범대학 역사교육과의 김준형 교수는 이 원고의 소중함을 알고 경상대학교 사회학과의 김중섭 교수에게 교열을 부탁해 주었다. 김중섭 교수는 강용권 선생의 난필 원고를 찬찬히 확인하면서 책으로 발간하기까지 모든 과정을 주관하였다. 역사 교육의 중요성을 인식한 두 김 교수와 또 김중섭 교수를 도와 원고를 워드 프로세서로 입력해 준 민혜진 학생의 헌신에 힘입어 이렇게 책으로 만들어져 나올 수 있게 되었다. 이 모든 분들에게 감사를 드리며, 아울러 깔끔한 책으로 꾸며주신 출판사 해와 달의 조석규 사장과, 본업과 무관한 일임에도 불구하고 나의 뜻을 알고 열심히 나를 도와준 태화건설의 임직원 여러분에게도 이 자리를 빌어 감사를 전한다. 미지막으로, 타국 땅에 가서 엉뚱한 일에 뭉칫돈을 쓰는데도 불구하고 나를 이해하고 성원해 준 우리 가족에게 고마움을 전한다. 딸 순화는 미국 컬럼비아 대학에서 공부하면서도 만주에서 강용권 선생과 나의 형제의 모습을 찍은 사진을 예쁘게 만들어 보내주었고, 아들 종환이는 나의 뜻을 가장 잘 아는 듯 군복무 중에도 지속적인 성원을 보내주었다.

마지막으로, 나는 이 책의 출간이 우리 민족의 아픈 역사를 극복하는 데 모두가 합심하는 계기가 되기를 바란다. 이것이 분단을 극복하고 민족 통일을 향해 나가는 우리들의 역사적 과제라고 생각된다.

2000년 12월

〈강용권,『끌려간 사람들, 빼앗긴 사람들』에서〉

이 글은『끌려간 사람들, 빼앗긴 사람들』이란 책의 서문인데, 이 책을 출판하기까지의 남과 다른 삶의 체험이 있고, 이를 체계적으로 잘 서술해 갔기 때문에 좋은 글이 되었다. 이와 같이 자기가 경험하거나, 터득한 것을 체계적으로 정리하여 글자로 잘 나타내면 좋은 글이 될 수가 있다.

## 1.2. 독창성

어떤 글이든지 새로운 글을 쓰고자 하면 남들과 다른 생각이나 느낌을 담을 수 있어야 한다. 누구나 할 수 있는 이야기, 남과 조금도 다름이 없는 생각이나 느낌밖에 가지고 있지 못하다면 글로 쓸 필요가 없다. 남이 한 이야기를 되풀이하기 때문이다. 주제를 넓게 잡고 추상적으로 글을 쓰게 되면, 흔히 이런 일이 생기게 된다.

남과 다른 생각, 남과 다른 느낌이 담긴 글을 독창성이 있는 글이라고 한다. 독창성은 글의 생명이다. 흔히 독창성이 있는 글을 쓴다고 하면, 남이 전혀 생각할 수 없는 특이한 생각을 담거나, 특이한 경험을 담은 글을 쓰는 것만 생각하는 사람들이 많다. 물론 그런 생각이나 경험이 있고, 그것을 글로 잘 담을 수 있다면 그 이상 좋을 것이 없다. 그러나 모든 사람이 특이한 생각, 특이한 경험을 갖고 있지는 않다. 보통의 사람들도 얼마든지 독창적인 글을 쓸 수가 있다. 왜냐하면 사람은 누구를 막론하고 동일한 생각이나 느낌을 갖는 사람은 아무도 없기 때문이다. 누구나 적어도 조금씩은 다른 생각을 하게 되고 조금씩은 다른 느낌을 가지기 때문이다. 남들과 다른 생각을 하고, 다른 느낌을 가진다는 것을 소중하게 생각하고, 그것을 글로 잘 나타내게 된다면 누구라도 독창적인 글을 쓸 수가 있다.

그런데 남과 다른 생각, 다른 느낌을 담은 글만 독창적인 글은 아니다. 남과 거의 같은 생각이나 느낌이라도 그것을 드러내는 방식이 다르면 그것 또한 독창적인 글이라 할 수가 있다. 사람마다 글을 구성하는 방식도 다르고 문체도 다르다. 주제를 논거보다 앞세워 말할 수도 있고, 논거를 앞세워 말한 뒤 주제를 말할 수도 있다. 삼단 구성이나, 사단 구성으로 글을 풀어나갈 수도 있다. 담담하고 조용한 어조로 드러낼 수도 있고 목소리를 높여 강한 어조로 드러낼 수도 있다. 유사한 주제라 하더라도 이처럼 그 주제를 드러내는 방식이 다르다면 독창적인 글이라 말할 수 있는 것이다.

따라서 독창적인 글을 쓰려면 남과 다른 생각이나 느낌을 가지고 있거나, 남과 다른 생각이나 느낌을 전개하는 방식을 가지고 있어야 한다. 이 독창성이 글의 생명이므로 우리는 글을 쓰기 전에 내가 쓰고자 하는 글에서 내 나름의 독창성이 무엇인지를 잘 생각한 뒤에 글을 써 나가야 한다. 다음 예문을 보자.

## 돈 몇 푼에 문화를 포기하는가

김정란

사방에서 문화라는 말이 들려 온다. 김대중 대통령도 '문화 대국'을 수립하겠다는 포부를 선거 공약으로 내세웠다. 그러나 김대중 정부의 문화에 대한 시각은 '문화관광부'라는 이상한 직제의 등장으로 그 전모를 드러내었다. 그러나 어쨌든 시늉으로라도 문화 정책을 선거 공약에 포함시킬 정도는 됐다. 피상적으로나마, 문화에 관심을 가지지 않으면 미래를 준비하기 힘들다는 것을 정치가들마저 인식했다는 것은 어쨌든 고무적인 현상임에 틀림없다.

그러나 IMF 충격 때문에, 문화에 대한 논의는 뒷전으로 밀려난 느낌이 없지 않다. 모든 논의가 경제 논리 중심으로 흘러가고 있다. 그럼에도 불구하고, 이상 현상이 발견되고 있다. 사방에서 대규모 문화 이벤트들이 기획되고 있는 것이다. 완전한 실패로 끝나고 말았던 제주 '세계섬축제', 9월-11월에 열릴 예정인 '98 경주 세계문화엑스포' 등 무려 백억 대의 예산이 투입되는 행사들이 줄줄이 기획되고 있다. 이러한 대규모 행사 말고도 소규모의 문화 이벤트들도 끊임없이 기획되고 있다. 외형적으로 보면, 문화가 뒷전으로 밀리고 있다는 푸념은 엄살인 것처럼 보일 지경이다. 그러나 안을 들여다보면, 이러한 행사의 내용이라는 것이 빈약하기 이를 데 없고, 운영 실태도 엉망이다. 문화 입국은커녕 국제적인 망신만 당하고 있다. 세계 최초의 섬문화 올림픽이라는 구호를 내걸고 1백25억 원의 예산을 쏟아부었던 제주도의 '세계섬축제'는 약 25억원의 적자만 보고 끝났다. 건설 공기에 쫓겨 부실하게 공사한 행사장 내 식당동 일부가 무너져내리고, 주최측의 준비 부족으로 많은 공연이 취소되는 등 민망한 모습이 속출했다.

'경주 엑스포'도 걱정스럽기는 마찬가지다. 이 행사 역시 국고 보조금 1백20억 원을 포함해서 3백74억 원을 쏟아부을 예정이지만, 벌써 우려의 목소리가 높다. '새 천 년의 미소'를 주제로, '전승 · 융화 · 창조'를 부주제로 택하고 있지만, 행사 내용 어디에도 이 주제를 드러내는 요소가 뚜렷하게 감지되지 않는다. 대부분의 행사가 유치한 볼거리 위주로 짜여 있다. 결국, 문화는 뒷전이고 이를 빌미로 경주를 개발하려는 업자들의 농간에 지방자치단체가 놀아나는 것이 아닌가 하는 우려를 금할 수 없다. 행사 성격으로 미루어 보건대, 행사가 끝난 뒤, 경주는 오히려 천년 고도의 신비를 잃고 싸구려 놀이 공원으로 전락할 가능성이 많다. 무엇보다 심각한 것은, 마구잡이로 진행되는 개발에 중요한 문화재들이 훼손되고 있다는 사실이다. 문화를 빌미로 문화가 파괴되는 형국이다.

이러한 모든 행태는 결국 천박한 문화 마인드에서 생겨나는 일이다. 문화를 통해 당장 돈 벌 궁리만 하는 것이다. 21세기에 문화가 중요해진다는 사실은 문화가 부가가치가 높은 상품이 된다는 의미만은 아니다. 그것은 앞으로는 삶의 여러 요소들 중에서 실제적인 경쟁력을 가지게 된다는 뜻이다. 그 경쟁력은 졸속으로 주물럭거려서 행사를 유치하고, 나라 전체를 싸구려 놀이판으로 만들어 세계인들 앞에 전시하는 것으로 생겨나지 않는다. 그래봐야 푼돈밖에 벌지 못한다. 진정한 경쟁력은 우리가 진정으로 매력적인 삶의 방식을 세계인에게 제공할 수 있어야 비로소 생겨난다. 그것을 제공할 수 있으면, 돈은 자연스럽게 벌어진다. 그렇지 않고는 아무리 행사를 벌리고 법석을 떨어 봐야 세계인의 주머니 속에서 돈을 꺼낼 수 없다. 우리끼리 이 주머니에서 저 주머니로 돈을 옮겨담을 뿐이다. 그리고 삶의 질은 조금도 높아지지 않는다.

3공화국 이래로 우리 사회는 '하면 된다'는 엉터리 소신주의가 자리잡았다. 그러나 적어도 문화는 '하면 되는' 것이 아니다. 그것은 찬란한 인문학적 분석력과 맥락에 대한 명확한 인식을 가지고 '제대로 하는' 오랜 각고의 노력을 필요로 한다. 돈벌이는 나중의 일이다. 정신에 월반은 없다. 천천히 가자.

〈교수신문, 1998. 8. 31.〉

위의 글은 보통 사람들은 잘 생각하고 있지 않은 문화의 본질에 관한 통찰력을 바탕으로, 1998년에 있었던 두 문화 행사를 비판하고 있는 글이다. 본질적인 면에서 문화 행사를 바라봄으로써 남들과는 다르게 이 행사들이 잘못된 방향으로 진행되고 있다는 독창적인 생각을 갖게 된 것이다. 남과 다른 체험을 하거나, 남과 다른 생각을 함으로써 독창적인 생각을 갖는 것이야말로 좋은 글을 쓸 수 있는 밑바탕을 마련하는 것이다.

## 1.3. 일관성

긴 글이든지, 짧은 글이든지 한 편의 글에는 일관된 내용의 흐름이 있다. 이 일관된 내용은 글 전체의 주제를 향하여 긴밀하게 짜여져 있다. 한 편의 글에 있는 여러 이야기들이 일관된 흐름으로 잘 짜여 있을수록 글을 읽는 사람들은 글쓴이가 무엇을 말하려는지를 대번에 파악해 낼 수가 있다. 그렇지 않고 횡설수설한다면 도대체 글쓴이가 무얼 말하려는지 종잡기 어려울 것이다. 여러 단락의 글이 하나의 주제로 꿰이지 않는다면 본래 드러내고자 하는 의도와는 전혀 다른 내용의 글이 될 수가 있다. 그러므로 글을 쓸 때는 글의 큰 흐름이 흐트러지지 않도록 세심한 주의를 기울여야 한다.

한 편의 글이 일관성을 지니게 되려면 글을 쓰기 전에 미리 구상을 잘 해야 한다. 들머리[서두]는 어떻게 시작하고, 본문에서는 내용을 어떻게 전개시켜 가며, 마무리에서는 글을 어떻게 끝맺어야 할지 구상을 해야 한다. 머리 속으로 얼개가 짜여지면 구상 메모를 해 두는 것이 좋다. 구상한 대로 글을 잘 엮어 가는 것이 글의 구성이다. 구성이 잘 된 글, 즉 짜임새 있게 쓴 글은 일관성을 지니게 된다. 아래에 세시한 두 편의 글을 읽으며 일관성에 대해 생각해 보자.

### 다시 찾은 맑은 시내

(학생 글)

① 우리 동네 어귀에는 조그만 시내가 흐르고 있다. 어릴 적에는 시냇물에서 물장구도 치고 멱도 감으면서 놀았다. 하지만 지금은 그냥 보아도 더러운, 오염된 시내가 되고 말았다. 둑에는 수많은 쓰레기와 농사에 쓰이는 비닐 같은 것이 버려져 있고, 시내 바닥에는 집을 헐 때 나오는 벽돌이 널려 있다. 봄철에는 과수원에 뿌리는 유황 소독약이 시내로 흘러들어 물 색깔이 노랗게 되기도 한다. 그리고 시내에 살던 물고기는 내가 초등학교 다닐 때만 해도 은어나 가물치, 쏘가리 같은 것들이 살았지만 지금은 다 사라지고, 붕어, 메기와 같이 비교적 오염에 잘 견디는 물고기만 살고 있다. 예전에는 놀다가도 목이 마르면 시냇물을 마시곤 했는데, 지금은 전혀 그럴 수 없다.

② 우리 동네 시내가 이렇게 오염이 된 이유는 무엇보다도 쓰레기가 쌓였기 때문이다. 큰 도시로의 왕래가 쉬워짐에 따라 시장이나 슈퍼에서 사온 비닐 포장지,

종이 같은 것들이 시내에 마구 버려졌고, 봄철에 비닐 하우스를 뜯을 때 나오는 폐비닐과 기타 쓰지 못하는 농자재들이 둑가에 방치되었기 때문이다. 이렇게 쓰레기가 마구 버려진 데에는 마을 사람들의 이기심이 있었기 때문이다. 내 집 앞과 내 농장만 깨끗이 하면 된다는 생각에 주인이 없는 시내에 갖다가(→갖다) 버렸던 것이다. 쓰레기에서 나오는 더러운 물은 각 가정에서 하수구를 통해 흘러나오는 생활 폐수와 섞여 시내로 들어갔다. 그렇게 해서 더러워진 물은 시내 중간중간에 만들어 놓은 보에 막혀서 흘러나가지 못하고 썩어 갔다. 이렇게 더러워진 물은 여름철에 비가 많이 오면 그대로 물에 쓸려 내려가고, 마을 사람들은 또 다시 쓰레기를 버리는 일을 계속하게 되었다.

③ 그렇게 몇 년이 지나고 몇 해 전부터 우리 동네에 새 바람이 불기 시작했다. 마을 사람들 모두가 더 이상은 시내에 쓰레기를 버리지 말고 일 년에 한 번 정도는 시내를 청소하자는 합의가 이루어진 것이다. 그 후로 우리 동네의 시내는 모습이 조금씩 조금씩 깨끗해져 가고 있다. 이렇게 다시 맑은 시냇물을 되찾을 수 있게 된 것은 마을 사람들 스스로 더 이상은 안 된다고 하는 깨달음이 있었기 때문이다.

④ 우리 동네의 경우와 마찬가지로 지금 진행되고 있는 환경오염은 남이 아닌 나 자신이 만들어 낸 것이고, 더 이상은 이렇게 해서는 안 된다고 하는 깨달음이 있을 때 극복될 수 있는 문제이다. 나 스스로가 작은 주변의(→주변의 작은) 환경을 보살필 때, 우리 동네의 시내처럼 다시 깨끗한 환경에서 살 수 있는 날이 올 것이다.

위의 글 첫째 단락에서는 지금 이 마을의 시내는 심하게 오염되어 있는 것으로 서술하고 있다. 그러나 그 밖의 단락에서는 마을 사람들의 노력으로 깨끗해져 가고 있는 것으로 서술하고 있다. 글의 제목 역시 '다시 찾은 맑은 시내' 이다. 글의 내용에 일관성이 없다. 그 이유는 무엇 때문일까? 아마도 이 마을의 시내도 한 때 심하게 오염되어 있었던 듯하다. 그것을 지금도 심하게 오염된 것으로 표현하고 있기 때문에 생긴 것이다. 첫째 단락의 표현을 한 때 마을의 시내가 더러워진 적이 있었던 것으로 서술한다면 글의 앞뒤에 모순이 없어질 것이다.

## 술

(학생 글)

나는 지금 갓 스무 살이 되었다. 이제 겨우 스무 살밖에 안 된 처녀가 무슨 술 예찬을 늘어놓느냐고 할지 모르나, 누구나 술을 마셔 온 만큼 술을 예찬하는 마음을 갖고 있지 않으랴? 물론 나도 고등학교 때는 겁이 많은 순진한 아이였기 때문에 술을 마셔 본 적이 없다. 정월 대보름날 마신 귀밝이술을 술로 치지 않는다면 말이다.

나는 술을 좋아한다. 비가 온다거나 바람이 세게 부는 날이면, 나는 친한 친구를 꼬드겨 술을 마시러 간다. 거품과 팝콘과 내 정신이 술에 서서히 녹아 가면, 나는 스스로를 애주가라고 하길 주저하지 않는다. 나는 술을 많이는 마시지 못하지만, 술을 마시면서 천천히 내 미세한 감정의 변화를 느끼는 게 좋다. 도수에 따라 다르긴 하나 대체로 석 잔쯤 해서 시서히 감정의 변화가 생겨 온갖 근심들이 녹아 사라지고, 그 대신 사소한 것으로 느꼈던 일들이 커다란 느낌과 함께 부풀어 오른다.

술에는 여러 가지 종류가 있다. 나는 항상 그 여러 가지 맛과 향기 중에서 경우에 맞는 것을 선택해 마시려 노력한다. 영화 '토탈 이클립스'에 나오는 에메랄드 빛 압생뜨의 향, '해변의 정사'라는 뜻을 가진 'sex on the beach'와 같은 칵테일, 그런가 하면 새콤달콤 꼭 오렌지주스에다 소주를 탄 것 같은 '옥수수걸리'도 좋아한다. 젊은이의 술이라는 생맥주를 마시며 나는 나의 피가 정열에 닿아 있음을 실감하게 되고, 소주가 어쩐지 달달한 날은 한 잔을 마실 때마다 인생을 조금씩 깨닫는다. 나는 맥주와 소주를 가장 즐겨 마시는데, 이 둘을 마시는 느낌은 아주 다르다. 맥주는 거품 때문에 어린아이의 그네처럼 부드럽게 목구멍을 지나가는 반면, 소주는 백만 볼트의 전압을 싣고 순식간에 목구멍을 통과해 식도를 타고 내 위를 자극한다.

술을 마실 때 빠질 수 없는 게 안주이다. 소주와 막걸리에는 알탕이나 부대찌개가 기본이다. 하지만 돈이 좀 있는 날엔 돼지족발집이나 곱창집으로 달려간다. 질경대는 안주와 함께 혀에 닿는 술은 유난히 자극적이다. 포도주나 꼬냑에는 육포가 적당하고, 맥주에는 과일과 감자튀김이 좋다. 하지만 기분이 울적할 때는 맥주에 라면이 어울리기도 한다.

술은 마시는 사람에 따라 맛과 기분이 달라진다. 그래서 나는 술이 좋다. 세상에서 변하지 않는 게 아무 것도 없다는 진리를, 술은 술을 마시는 짧은 순간 내게 가르쳐 준다. 사람들이 모두 흥청댈 때 나는 심각하게 세상의 이치와 본질을 탐구하기도 하고, 우울할 땐 그 우울함을 술에 타서 넘기기도 한다. 비오는 날 우울할 때 간절한 마음으로 생각나는 건 술이니, 참으로 술은 고마운 물건이 아닌가.

이 학생은 술을 좋아하는 마음과 함께 술에 얽힌 체험, 느낌을 일관성 있게 표현하고 있다. 아직 좀 더 다듬어야 할 부분들이 있긴 하지만, 문학적인 재치가 엿보이는 글로서 글 전체의 내용이 '나는 술을 좋아한다.' 는 주제에서 벗어나지 않고 하나로 꿰어져 있다.

## 1.4. 쉬운 글

어떤 종류의 글을 쓰든지 글을 쓰는 사람은 독자를 염두에 두고 글을 쓰게 마련이다. 그 독자는 특정한 개인일 수도 있고, 정해지지 않은 다수일 수도 있는데, 독자가 누구이든지 글을 쓸 때는 독자가 잘 이해할 수 있도록 쓰는 것이 중요하다. 글 속에 아무리 훌륭하고 감동적인 내용이 담겨 있다 하더라도 독자들이 잘 이해할 수 없다면, 그래서 독자가 그 글을 외면한다면 아무런 소용이 없게 된다. 흔히 글을 쓰는 사람들은 자기 감정에 도취되는 수가 있다. 그래서 독자를 잊어 버리고, 흥분된 어조로 글을 써 나가는 수가 있다. 독자를 염두에 두지 않게 되면 대개의 경우 이해할 수 없는 글을 쓰기가 쉽다. 그리고 이해할 수 없는 글은 그 내용이 어려워서라기보다는 글의 표현이 어려워서 무슨 말을 하고 있는지 알 수 없는 경우가 대부분이다.

독자들이 잘 이해하도록 하려면 글을 어떻게 써야 할까? 글의 성격에 따라, 독자의 수준에 따라 차이가 있겠지만, 쉬운 말로 쓰는 것이 가장 중요하다. 독자가 이해하기 쉬운 문장과 이해하기 쉬운 낱말로 글을 쓴다면, 의사 전달에 지장이 없을 것이다. 그런데 쉽다는 정도를 가늠하기란 여간 어려운 일이 아니다. 사람마다 집단마다 언어 능력에 차이가 있어 쉽다는 일반적인 기준을 내세우기가 쉽지는 않다. 예컨대, 한의사 집단을 상대로 쓰는 글과 초등학생을 상대로 쓰는 글에서 쉽다는 정도는 큰 차이가 있을 것이다. 그러므로 우선 쉬운 말이란 독자의 수준에 맞는 말을 뜻한다. 글쓰는 이가 염두에 두고 있는 독자의 수준에 맞는 말을 써야만 그 글을 읽는 독자들이 잘 이해할 수가 있을 것이다.

정상적인 교육을 받은 성인을 대상으로 쓴 글일 경우, 일반적으로 말할 수 있는 쉬운 글이란 한자어와 외래어를 적게 쓴 글이다. 우리말 어휘 가운데에서 어려운 것들은 대부분 한자어이다. 오랜 세월 한문을 글말로 써 오는 동안에, 그리고 최근에는 일본의 글말을 통해 우리말에 들어와 쓰이고 있는 한자어들이다. 이 가운데는 우리말처럼 되어 버린 쉬운 말도 있지만 그렇지 못한 말들도 많이 있다. 다음으로 어려운 말들은 서구계 외국어에서 우리말에 들어와 쓰이고 있는 외래어들이다. 최근에는 이 외래어들이 우리말 속에 지나치게 많이 쓰이고 있어 우리말이 변질될 지경에 이르고 있다. 어쨌든 이런 한자어와 외래어를 많이 쓰게 되면 이해하기 어려운 글이 되기 쉬우므로 될 수 있는 한, 쉬운 고유어를 골라 쓰도록 노력해야 할 것이다.

다음 글 (1)은 고등학교 국어 교과서에 오랫동안 실려 온 '신록 예찬'이란 글의 일부이다. 그러나 이 글은 한 세대 전의 사람들은 잘 이해할 수 있는 글일지 몰라도, 어려운 한자어들로 인해 지금 이 시대 젊은이들에게는 여간 어려운 글이 아니다.

(1) 그리고 또, 사실 이즈음의 신록에는, 우리의 마음에 참다운 기쁨과 위안을 주는 이상한 힘이 있는 듯하다. 신록을 대하고 있으면, 신록은 먼저 나의 눈을 씻고, 나의 머리를 씻고, 나의 가슴을 씻고, 다음에 나의 마음의 모든 구석구석을 하나하나 씻어 낸다. 그리고 나의 마음의 모든 티끌——나의 모든 욕망(慾望)과 굴욕(屈辱)과 고통(苦痛)과 곤란(困難)이 하나하나 사라지는 다음 순간, 별과 바람과 하늘과 풀이 그의 기쁨과 노래를 가지고 나의 빈 머리에, 가슴에, 마음에 고이고이 들어앉는다. 말하자면, 나의 흉중(胸中)에도 신록이요, 나의 안전(眼前)에도 신록이다. 주객 일체(主客一體), 물심 일여(物心一如)라 할까, 현요(眩耀)하다 할까. 무념무상(無念無想), 무장 무애(無障無礙), 이러한 때 나는 모든 것을 잊고, 모든 것을 가진 듯이 행복스럽고, 또 이러한 때 나에게는 아무런 감각의 혼란(混亂)도 없고, 심정의 고갈(枯渴)도 없고, 다만 무한한 풍부의 유열(愉悅)과 평화가 있을 따름이다. 그리고 또, 이러한 때에 비로소 나는 모든 오욕(汚辱)과 모든 우울(憂鬱)에서 완전히 자유로울 수 있고, 나의 마음의 모든 상극(相剋)과 갈등(葛藤)을 극복하고 고양(高揚)하여, 조화 있고 질서 있는 세계에까지 높인 듯한 느낌을 가질 수 있다.

(2) 그리고 또, 사실 이즈음의 새 잎에는, 우리의 마음에 참다운 기쁨과 위안을 주는 이상한 힘이 있는 듯하다. 새 잎을 대하고 있으면, 새 잎은 먼저 나의 눈을 씻고, 나의 머리를 씻고, 나의 가슴을 씻고, 다음에 나의 마음의 모든 구석구석을 하나하나 씻어 낸다. 그리고 나의 마음의 모든 티끌――나의 모든 욕망과 굴욕과 고통과 곤란이 하나하나 사라지는 다음 순간, 별과 바람과 하늘과 풀이 기쁨과 노래를 가지고 나의 빈 머리에, 가슴에, 마음에 고이고이 들어앉는다. 말하자면, 내 가슴속에도 새 잎이요, 내 눈앞에도 새 잎이다. 자연과 내가 하나가 된다고 할까? 사물과 마음이 하나가 된다고 할까? 세상이 빛난다고 할까? 아무런 생각이 없고, 아무런 거리낌이 없다. 이러한 때 나는 모든 것을 잊고, 모든 것을 가진 듯이 행복하고, 또 이러한 때 나에게는 아무런 감각의 혼란도 없고, 감정의 메마름도 없고, 한없이 넉넉한 기쁨과 평화가 있을 따름이다. 그리고 또, 이러한 때에 비로소 나는 모든 더럽고 욕된 일과 모든 우울함에서 완전히 자유로울 수 있고, 내 마음속에 있는 대립되는 모든 생각과 갈등을 극복하고 드높여서, 조화 있고 질서 있는 세계에까지 이른 듯한 느낌을 가질 수 있다.

글 (1)을 (2)와 같이 고쳐 표현한다면 요즈음 젊은 세대들도 잘 이해할 수 있는 글이 될 것이다. 아직도 권위주의적인 생각을 가진 사람들은 (1)과 같은 유형의 글을 써야만 배운 사람들의 글이라고 생각하고 있다. 빨리 이런 생각을 떨치고 누구라도 이해할 수 있는 쉬운 글을 써야만, 제 생각을 남에게 빨리 전달할 수가 있을 것이다. 그런데 지금 이 시대는 글 (1)과 같은 어려운 한자어를 많이 쓰는 글보다는 오히려 서양 외래어, 특히 영어를 우리말 속에 많이 섞어 씀으로써 이해하기 어려운 글들이 많이 생겨났다.

(3) 블라우스는 둥근 느낌의 스탠드 칼라와 둥근 요크를 달아 아름다움을 강조하고 있다. 루프와 같은 끈으로 묶어서 웨이스트를 블라우징(blousing)시켜 풍성한 느낌이 나도록 입는다. 얇은 울이나 실크가 좋으며 스커트도 마찬가지이다.

(4) 블라우스는 둥근 느낌의 세운 깃과 둥근 요크[딴윗단]를 달아 아름다움을 강

조하고 있다. 둥근 끈으로 묶어서 허리를 볼록하게 하여 풍성한 느낌이 나도록 입는다. 얇은 모직이나 비단도 좋으며 치마도 마찬가지다.

글 (3)보다는 글 (4)가 훨씬 이해하기 쉽다. 일상생활에서 우리가 늘 사용하는 말을 바탕으로 글을 썼기 때문이다. (4)와 같은 글을 써야만 글을 읽는 사람들이 이해하기 쉬울 것이므로, 쉬운 글은 쓴다는 것 또한 좋은 글이 되는 요건 중의 하나가 되는 것이다.

한편, 문화재 안내판이나 문화재를 소개하는 글에 어려운 말들이 많아, 일반인들이 이해하기 어려운 현실을 지적하면서, 그 이유와 개선 방향에 대해 유홍준 님은 『나의 문화 유산 답사기』에서 다음과 같이 서술하고 있다.

유홍준

수덕사 대웅전을 두고 문화재관리국에서 안내 표지판이라고 세워둔 글귀를 읽어 보면 세상에 이처럼 망측스러운 글이 없다.

국보 제49호… 맞배 지붕에 주심포 형식을 한 이 건물은 주두 밑에 헛첨자를 두고 주두와 소로는 굽받침이 있으며, 첨자 끝은 쇠서형으로 아름답게 곡선을 두어 장식적으로 표현하고, 특히 측면에서 보아 도리와 도리 사이에 우미량을 연결하여 아름다운 가구를 보이고 있다.

이게 도대체 어느 나라 말인가? 말인즉슨 다 옳고 중요한 이야기다. 그러나 그것은 전문가들끼리 분석할 때 필요한 말이지, 우리 같은 일반 관객에게는 단 한마디도 필요한 구절이 없다. 그럼에도 불구하고, 이런 안내문이 알루미늄판에 좋게 새겨져 설치된 사정 속에서 나는 이 시대 문화의 허구를 역설적으로 읽게 된다. 그것은 전문성과 대중성에 대한 오해 내지는 무지의 소산이다. 전문가들은 흔히 이런 식으로 자신의 전문성을 티내는 무형의 횡포를 자행하고 있는 것이다. 진정한 전문성은 아무리 어렵고 전문적인 것이라도 대중이 알아들을 수 있는 언어로, 그것도 설득력 있게 해낼 때 쟁취되는 것이다. 전문가들의 대중성에 대한 무지 내지 횡포, 이 표현이 심하다면 최소한 불친절성 때문에 우리는 문화재 안내판을 읽으면서 오히려 우리 문화에 대한 사랑과 자랑을 잃어가고 있는 것이다.

이 건물(수덕사 대웅전)에 붙일 간결한 안내문 하나를 내게 원고 청탁하여 온다면, 나는 기꺼운 마음으로 이렇게 쓸 수 있을 것 같다.

국보 제49호. 덕숭산 남쪽에 자리잡은 수덕사의 중심부에 해당하는 건물로, 현존하는 다섯 채의 고려 시대 목조 건물 중 하나로 충렬왕 34년(1308)에 건립된 것이다. 정면 3칸, 측면 4칸의 주심포 맞배 지붕으로 조용한 가운데 단정한 아름다움이 돋보이는 불당으로서 근엄함을 잃지 않고 있다. 건물의 모든 결구는 필요한 것만으로 최소화시키고 여타의 장식을 배제하였으며, 기둥과 창방의 연결 고리인 공포 장치는 단순한 가운데 힘이 넘치며, 마름모꼴 사방연속무늬의 창살은 이 집의 정숙한 기품을 더욱 살려 준다. 특히 이 건물의 측면관의 면 분할은 안정과 상승의 조화를 절묘하게 보여 주며, 거의 직선으로 뻗은 맞배 지붕의 사선은 마치 학이 내려앉으며 날개짓하는 듯한 긴장이 살아 있다. 배흘림기둥에 기둥과 기둥 사이가 비교적 넓게 설정된 것은 백제계 건축의 특징으로 생각되는 것이며, 그로 인하여 지붕골이 조금 높고 길다는 인상을 주고 있다. 건물 외벽에 별도의 단청을 가하지 않은 것이 오히려 그림보다 더 큰 조형 효과를 자아낸다. 내벽에는 1934년 대대적인 해체 수리 공사 때 아름다운 야생화를 담백한 채색으로 그린 것이 발견되었다.

〈『나의 문화유산 답사기』에서〉

## 1.5. 짜임새

대개의 경우 한 편의 글은 하나의 주제를 드러내기 위하여 여러 개의 단락이 모여서 이루어지는데, 이 각 단락들은 서로 관계를 맺고 있다. 좋은 글이 되려면 이 단락 사이의 관계가 긴밀하여야 한다. 글 전체의 주제를 드러내기 위해 모든 단락이 논리적으로 긴밀한 관계를 가지고 있어야만 독자들은 글을 읽으면서 긴장감을 잃지 않게 될 것이다. 그 반면에 짜임새가 허술한 글은 글의 내용을 종잡기 어렵게 하거나 글을 읽어 나갈 재미를 잃게 만든다.

대개 글의 맨 첫 부분에서는 무엇에 대한 이야기를 할 것이란 것을 암시하거나 직접 드러낸다. 그리하여 독자로 하여금 흥미를 불러일으키게 만든다. 그 다음 부분부터는 경험한 내용이나, 생각한 내용 등을 말하되, 이어지는 여러 단락들이 논리적인 관계를 잘 맺을 수 있도록 전개해 나간다. 그리고 나서는 위에서 써 온 내용들을 바탕으로 글을 마무리 짓는다. 좋은 글이 되려면 들머리 부분의 내용과 전개 부분의 내용, 그리고 마무리 짓는 내용 사이에 긴밀한 짜임새가 있어야 함은 물론이려니와 전개 부분들의 내용 사이에서도 긴밀한 짜임새가 있어야 한다. 다음 글을 보자. 친구 희명이에 관한 글인데, 글의 짜임새가 허술하다.

### 내 친구 희명이

(학생 글)

희명이를 처음 만난 건 고등학교 2학년 때 한 반이 되어서였다. 언제나 그렇듯 새 학기가 시작되면, 새로운 친구를 사귀기보다는 그 전에 알고 지내던 친구들과 더 친하게 지내면서, 어느 정도 시간이 흐른 뒤 '우리 반에 이런 학생도 있구나.' 하면서 새로운 친구를 사귀게 된다. 희명이의 경우도 마찬가지다. 1학기가 한참 지나 중간에 희명이와 나를 이어준 친구가 있어 희명이와 친해진 것 같은데 기억에 남아 있지 않다. 희명이와 사귀면서 처음에는 그저 예쁘다는 생각만 했었는데, 차츰차츰 좋은 점들이 많이 있음을 발견하게 되었다.

① 희명이는 고향이 서울이라서 표준어를(→서울말을) 사용했다. 표준어를(→서울말을) 사용한다는 게 그렇게 이상한 건 아니지만, 경상도 사투리에만 익숙해져 있던 나에게는 신기했었다. 나 이외의 다른 애들도 그렇게 생각했는지, 희명이는 자신이 표준말을(→서울말을) 사용한다는 것을 약간은 불편하게 생각했었다. 그래서 고치려고 했지만 잘 고쳐지지 않는다며 고민한 적도 있었다. ② 그리고 다른 사람들의 이야기를 잘 들어주었으며, ③ 친구들에게 어려운 일이 있을 때는 마치 자신의 일인 양 마음 아파했었다. 고등학교 2학년이 끝나갈 무렵, 우리 반 한 학생의

아버지께서 돌아가셨다. 그 애는 어머니가 안 계셔서 할머니, 아버지와 함께 살았었는데, 몇 달 전 할머니께서 돌아가시고, 이젠 아버지와 둘이 살고 있었는데, 아버지마저 돌아가신 것이다. 반 친구들 모두 그 친구를 가여워하며 약간 마음 아파했지만, 희명이는 몇 명의 친구들과 함께 그 친구의 아버님을 화장하는 곳까지 가서 위로해 주고 왔었다. ④ 그리고 청소를 할 때도 아무도 청소를 하지 않더라도 혼자서 빗자루를 들고 교실 구석구석을 다 쓸고, 책걸상을 앞뒤로 줄 맞추면서 열심히 했었다. 매번 청소 시간에 한 번도 빠지지 않고 청소했었다. 또 간혹 청소 당번이 아닐 때에도 다른 친구들이 청소하고 있으면 청소를 빨리 할 수 있게 도와주었다. 항상 자신보다는 다른 사람을 위해 더 마음을 쓰고, 다른 사람을 좀 더 편안하게 해 주려고 노력했었다.

만약 나였더라면 그냥 지나쳤을 일들도 희명이는 그러지 않았다. ⑤ 봉사 활동을 나가서도 다들 봉사 활동 시간을 채우기 위해 건성으로 하던 일도 희명이는 아주 열심히 했었다. || 언제나 자신이 서 있는 현 위치에서 최선을 다했으며, 나보다는 남을 배려하는 희명이의 행동을 통해서 나도 저렇게 열심히, 또 최선을 다해서 살아야겠다는 생각을 했었다. 지금 이 시간에도 희명이는 예전처럼 다른 사람을 배려하며 열심히 살고 있을 것이다. 그리고 나도 다른 사람을 배려하며 살고 싶다.

①에서부터 ⑤까지가 친구 희명이의 좋은 점에 관한 내용인데, ① 부분은 희명이의 좋은 점에 관한 내용이 아니며, ④ 뒷부분과 ⑤는 마무리 단락에 잘못 붙어 있다. 전개 부분의 내용만을 다듬어 보면 다음과 같다.

〈① 부분은 삭제〉

② 희명이는 다른 사람들의 이야기를 잘 들어주었다. (남의 이야기를 잘 들어준 구체적인 내용을 보충해야 함)

③ 친구들에게 어려운 일이 있을 때는 마치 자신의 일인 양 마음 아파했었다. 고등학교 2학년이 끝나갈 무렵, 우리 반 한 학생의 아버지가 돌아가셨다. 그 애는 어머니가 안 계셔서 할머니, 아버지와 함께 살았었는데, 몇 달 전 할머니가 돌아가시

고, 이젠 아버지마저 돌아가신 것이다. 반 친구들 모두 그 친구를 가여워하며 약간 마음 아파했지만, 희명이는 몇 명의 친구들과 함께 그 친구의 아버지를 화장하는 곳까지 가서 위로해 주고 왔었다.

④ 그리고 청소를 할 때도 아무도 청소를 하지 않더라도 혼자서 빗자루를 들고 교실 구석구석을 다 쓸고, 책걸상을 앞뒤로 줄 맞추면서 열심히 했었다. 매번 청소 시간에 한 번도 빠지지 않고 청소했었다. 또 간혹 청소 당번이 아닐 때에도 다른 친구들이 청소하고 있으면 청소를 빨리 할 수 있게 도와주었다.

⑤ 봉사 활동을 나가서도 다들 봉사 활동 시간 채우기 위해 건성으로 하던 일도 희명이는 아주 열심히 했었다.

⑥ 만약 나였더라면 그냥 지나쳤을 일들도 희명이는 그러지 않았다. 항상 자신보다는 다른 사람을 위해 더 마음을 쓰고, 다른 사람을 좀 더 편안하게 해 주려고 노력했었다.

다듬은 글에서 ⑥ 부분은 원래의 글 ④ 뒤쪽에 있던 것인데, 희명이의 좋은 점을 마무리하는 내용이라 전개 단락의 맨 뒤로 돌린 것이다. 위와 같이 전개 부분을 다듬게 되면 '희명이는 좋은 친구이다' 라는 주제를 드러내기 위해 쓴 전체 글의 각 단락이 긴밀한 짜임새를 가지게 된다.

다음 글은 영국의 소설가 조지 오웰이 쓴 『동물 농장』이라는 소설을 읽고, 자신의 생각을 적은 글이다. '동물 농장' 과 같은 닫힌 사회가 갖는 문제점을 보여 주면서, 오늘날 우리 사회는 여전히 '동물 농장' 에서와 같은 일이 일어날 가능성이 있음을 경계하고 있다. 긴밀한 짜임새를 염두에 두고 읽어보자.

카를 포퍼라는 사회학자가 쓴 '열린 사회와 그 적들' 이라는 저서에서는 '닫힌 사회와 열린 사회' 가 극명하게 대비되고 있다. 열린 사회와는 달리 닫힌 사회에서는 정보의 자유로운 유통과 비판이 허용되지 않는다. 따라서 사회의 정보와 지식, 가치관이 일부 계층에 의해 왜곡될 가능성이 충분하다. 만약 그러한 일이 벌어진다면 수많은 문제가 발생할 것이고, 그 사회 안에서의 개인의 삶과 죽음 역시 왜곡될 것임이 분명하다.

조지 오웰이 쓴 소설 『동물 농장』은 이러한 문제점을 선명하게 형상화해서 보여준다. 먼저 이 동물 농장은 외부와 교류가 거의 없고, 지배층인 돼지가 정보를 통제하고 왜곡시키기 때문에, 그 주민들은 세상에 대한 왜곡된 가치관을 가지고 있다. 이 소설에 나오는 '복서'라는 말이 '더 열심히 일하자'고 하는 말과 '나폴레옹 동지는 항상 옳다'는 말을 되뇌이며, 보상도 제대로 주어지지 않는 힘든 노동을 할 수 있는 것은 왜곡된 가치관을 가지고 있기 때문이다. 이런 왜곡된 가치관을 피지배층에게 심어 놓기 위해 지배층인 돼지들은 피지배층인 동물들을 기만한다. 복서가 윌링턴의 수의사에 의해 잘 치료될 것이라는 돼지들의 대변인격인 스퀼러의 말이나 복서의 도살을 숨기고 오히려 지배층의 논리를 강조한 돼지의 우두머리 나폴레옹의 거짓말이 그 예라고 할 수 있다. 자기 자신의 주체적 사고를 할 능력마저 잃어버린 동물 농장 주민들은 왜곡된 가치관을 수용하고, 기꺼이 동족들을 도살하러 가는 마차를 끄는 짐말처럼 지배층의 도구로 쓰이기까지 하는 것이다.

그리고 이런 지배와 피지배의 착취 구조는 교육을 통해 대물림된다. 새끼 돼지들의 교실을 짓는 복서는 정작 알파벳을 네 글자밖에 알지 못한다는 사실이 바로 지식의 불평등한 분배 구조를 보여 주고 있다. 하지만 글도 능숙하게 읽을 줄 아는 벤자민 같은 지식층은 지배층의 탄압 때문에 아무 말 없이 있을 뿐이다. 이렇게 비판 세력을 꺾은 지배층은 거칠 것 없이 부도덕한 일을 저지른다. 그들을 위해 일한 복서를 판 대금으로 위스키 파티를 벌인 돼지들의 행동이 바로 그것이다. 정보의 통제로 인해 소수의 이익을 위해 다수에 대한 착취가 용인된다는 이 점이 닫힌 사회의 문제점인 것이다.

이러한 사회 안에서는 구성원의 삶과 죽음은 그 자신에게서 소외된다. 복서가 지닌 능력이라면, 그는 더 나은 삶을 살 수도 있었을 것이다. 그는 농장 안에서 가장 강한 힘을 가진 동물이기 때문이다. 하지만 그는 그에게 주입된 지배층을 위한 가치관 때문에 자신의 삶을 선택할 기회를 박탈당하고 있다. 심지어 죽음까지도 그의 의사와 상관없이 지배층인 돼지들을 위해 도살이라는 처참한 일을 당해야 했다. 즉, 그 자신의 것인 삶과 죽음이 지배층에 의해 좌지우지되고, 그에겐 어떠한 선택의 힘도 없었다는 점에서 복서는 자신의 삶과 죽음에 대해서도 소외된 것이다. 이 소외된 삶과 죽음이야말로 허망한 것이며 불필요한 희생이다.

정보를 통제하고 왜곡시키는 닫힌 사회는 그 사회의 구성원들의 삶을 소외시키고, 평등한 관계를 불평등한 관계로 타락시킨다. 오웰은 이 소설을 스탈린 치하의 공산 사회를 비판하기 위해 썼지만, 아직 권위주의와 반공 사상이 남아 있는 우리 사회에서는 여전히 그의 지적은 유효할 수 있다. 자신으로부터 소외된 복서의 죽음 같은 일이 일어나지 않도록 닫힌 사회를 경계하는 마음가짐이 필요하다.

〈조선일보, 1998. 9. 4.〉

위 글은 다음과 같이 크게 세 문단으로 짜여 있다.

Ⅰ. 닫힌 사회는 수많은 문제점이 있는 사회이다 〈들머리〉

Ⅱ. 닫힌 사회인 동물 농장이 보여 주는 문제점 〈본 문〉

1. 동물 농장의 피지배자들은 지배자들의 속임수에 의해 왜곡된 가치관을 가지고 있다.
2. 동물 농장에서는 정보의 통제로 소수의 이익을 위해 다수를 착취하는 것이 용인된다.
3. 동물 농장 피지배자들은 삶과 죽음에 대해서도 소외된다.

Ⅲ. 오웰의 지적은 우리 사회에서는 여전히 유효하다. 〈마무리〉

첫째 문단은 들머리(서두) 부분으로서 동물 농장의 문제점을 제기하기 전에 일반적으로 닫힌 사회가 가진 문제점을 제시하고 있다. 둘째 부분은 닫힌 사회인 동물 농장이 가진 문제점을 구체적인 예를 들면서 세 가지로 나누어 지적하고 있다. 이 부분이 본문에 해당하는데, 이 본문은 다시 세 문단으로 나뉘어져 있다. 마지막 부분은 마무리인데, 우리나라 사회는 여전히 오웰의 지적이 유효할 수 있다는 주장(말)을 하고 있다. 이렇게 전체 다섯 개 문단이 긴밀한 짜임새를 가지고 있다. 이런 긴밀한 짜임새를 가지고 있어야 좋은 글이 될 수가 있다.

## 1.6. 구체성

글에는 큰 문제를 다루는 글도 있고, 작은 문제를 다루는 글도 있다. 예컨대, 현실의 사회 문제에 관한 글을 쓴다고 할 때, 상당한 지식과 지혜가 있는 사람들은 전 세계적인 문제, 인류가 당면하고 있는 사회 문제에 관한 글을 쓸 수가 있을 것이다. 이보다 조금 범위가 좁은 문제로 글을 쓰는 사람은 우리나라 사회 문제 전체를 다루거나, 그 중에서 어느 한 문제를 통해 우리나라 사회 전체를 바라보는 문제를 다루는 글을 쓸 것이다. 이런 글들을 쓰는 것은 여간 어려운 일이 아니다. 왜냐하면 다루는 범위가 너무 커서 폭넓은 식견이 필요하기 때문이다. 범위를 크게 잡고 글을 쓰다 보면 글이 추상적으로 흐를 염려가 있다. 그러나 아무리 다루는 제재가 크다고 할지라도 글 자체가 추상적이어서는 안 된다. 글 속에 드는 예들도 독자들이 잘 이해할 수 있는 구체적인 예들을 들어야 하며, 글도 구체적인 말들로 이어가야만 독자들이 잘 이해할 수 있는 좋은 글이 될 수가 있다.

예컨대, 노인 문제, 청소년 문제, 사회 복지 문제 등 어느 한 분야를 다루는 글을 쓰는 것은 그 분야에 관한 전문적 식견만 가지고 있으면 어렵지 않게 써 나갈 수가 있다. 그런 글들을 쓰는 경우에도 독자들이 이해할 수 있는 구체적인 예들과 언어로 써 가야만 좋은 글이 될 수가 있다. 그리고 이보다 더 좁은 문제, 예컨대 우리 동네 쓰레기 문제, 동네 주차 문제, 우리 학교의 교칙 문제, 우리 학교 남녀 학생들의 이성 문제 등에 관한 글을 쓸 때에는 더더욱 구체적인 사례와 구체적인 언어로 글을 전개해 가야 한다.

구체적인 예를 들어 글을 쓴다는 것은, 수질 오염 문제에 관한 글을 쓴다고 할 때, 자기 동네 근처의 강이나 시냇물이 오염되어 일어난 일이라든지, 자기 집의 먹는 물에 관한 것이라든지, 동네의 도랑물에 관한 것 등을 예로 들면서 글을 쓰는 것을 말한다. 그래야만 글을 쓰는 사람도 실감 있게 잘 써 나갈 수가 있을 뿐만 아니라, 읽는 사람들도 공감을 하며 읽어나갈 수가 있다. 물론 전문가라면 전문적인 지식의 범위 내에서 전국의 수질 오염이나, 특정한 강의 수질 오염에 관한 구체적인 예를 들어가며 글을 쓸 수가 있을 것이다. 어쨌든 자기의 전문 지식이나 경험의 범위 내에서 구체적으로 글을 써 나가야만 쓰기도 쉽고, 읽기도 쉬운 글이 될 수가 있다. 다음 글들을 구체성이란 면에서 살펴보자.

### 행정적인 환경오염 방지 대책

(학생 글)

조금이라도 의식 있는 사람이라면 오늘날 환경 문제에 무감각할 수 없다. 특정한 사회나 지역에 국한된 문제가 아니라, 유지와 붕괴의 기로에 서 있는 총체적 운명이 걸린 지구적(→지구 전체의) 문제이기 때문이다. 얼마 전 지리산 계곡에서 100여 명 이상이 사망하거나 부상당한 일이 있다. 이는 이제껏 우리가 자연을 마구 훼손한 것에 대한 벌을 받았던 일이라 생각된다. 개발이란 명목으로 주변의 나무가 다 잘려나간 채 많은 양의 비를 감당하지 못한 계곡이 참다 못한(→못해) 화풀이를 한 것이다. 이 밖에도 환경 문제로 인한 문제점은 셀 수 없이 많다. 오염된 강 주변에서 살고 있는 주민들의 기형아 출산이나 고기들의 떼죽음, 더 나아가 오존층의 파괴 등(으로 인하여), 지구상에서 인간들이 살아갈 장소가 줄어들고 있다.

환경오염의 궁극적인 원인은 생산과 소비의 무분별한 대량 산업화에 있다.(→대량화에 있다.) 그것에 필연적으로 동반하는 (것은) 자연 개발과 그에 따른 생태계 파괴가 그것이다. 무차별한 산업화, 무절제한 소비, 무분별한 자연 개발을 억제하여 궁극적으로는 생태계를 보존하는 것이 환경오염 방지의 첫걸음일 것이다. 그러나 환경을 위한다면 머리로 생각하는 이런 말들보단 행정적인 환경 정책이 추진되어야 한다.

첫째, 환경 생태계 보전이라는 원칙을 보다 명확히 하는 것이 중요하다. 이제껏 우리나라는 공해 방지를 위한 배출원 규제에 치중해 온 탓에 특정 생태계의 전반적인 건전성에는 크게 관심을 기울이지 못해 온 것이 사실이다. 둘째, 예방적 환경 관리를 추구해야 한다. 오염과 파괴가 발생한 후에 이를 복구하는 것보단 사전에 이를 예방하는 것이 훨씬 경제적이라는 것은 명백한 사실이다. 또 이제는 환경오염과 파괴, 그 자체가 경제 성장의 기반을 잠식하는 결과를 초래할 지경에 이르렀기 때문에 더 이상 사후적인(→사후의) 환경 관리에만 의존할 수 없게 되었다. 셋째, 환경 정의를 구현해야 한다. 환경오염과 파괴에 따르는 피해나 환경 보존에 따르는 편익이 사회의 모든 구성원들에게 동일하게 배분되는 것은 아니다. 많은 연구들이 환경오염과 파괴에 따른 피해가 소득 수준과 교육 수준이 낮은 저소득 계층에 집중될 우려가 있음을 제시하고 있다. 우선 환경 기준을 강화하여 모든 국민이 쾌적한 환경을 누리도록 해야 할 것이고, 환경오염에 노출되어 피해를 보는 주민들에게는 피해 보상 제도를 활성화해야 할 것이다. 넷째, 역할 분담과 공조 체계

구축이 시급히 요청된다. 종래의 중앙 집권적이고 독점적인 환경 관리에서 벗어나, 이제는 분권적인 역할 분담형 환경 관리를 지양해야 한다. 이러한 관점에서 지방자치 단체는 환경 관리 역량을 강화하고 그 역할을 증대시키는 것이 필수적이다. 또 환경오염과 환경 정책에 직접적인 영향을 받는 지역 주민들과 환경 문제 해결을 함께 해 나가며, 환경 마크 제도에 대한 민간단체의 참여 등, 민간 부분의 적극적인 참여와 창의성을 활용하는 방향으로 정책을 운영해야 할 것이다.

이제 더 이상 환경 문제를 그냥 보고만 있을 수 없다. 말로 이야기하는 식으로만 끝나고 마는 보존 방식도 청산하고 행정적이고 적극적인 방안으로 우리의 쾌적한 환경을 되살려야 할 것이다.

이 글은 행정적인 면에서 환경오염과 파괴를 방지하기 위한 대책을 제시하고 있는 글이다. 그러나 제시된 방안이 추상적이라서 각 대책마다 더 자세한 설명이나 구체적인 예들이 제시되지 않고는 이해하기 어려운 내용들이다. 만약 이 대책들을 더 자세히 풀이하는 글을 쓴다면 아마도 한 편의 책이 될 것이다. 이 글과 같이 추상적인 내용만 담게 되면 남들이 이해하기 어려워 좋은 글이 될 수가 없다. 이런 글은 글 내용이 추상적일 뿐만 아니라, 사용된 단어들이 추상성이 높아서 말 그 자체도 이해하기 어렵다. 이처럼 추상성이 높은 단어 몇 개를 이어 놓게 되면 난해한 문장이 되어 버린다.

### '함께' 라는 생각으로 작은 실천을

(학생 글)

우리 집은 큰 길 바로 옆에 있어서 지나가는 사람들이 쓰레기를 버리기도 하고 자동차가 먼지 바람을 일으키기도 해서 자주 더러워진다. 그래서 우리 식구들은 일요일 아침이면 아침 준비에 바쁘신 어머니를 빼고 모두 집 옆 도로에 가서 청소를 한다. 처음 이사 와서 아버지가 이 일을 시키실 땐 정말 죽을 맛이었다. 일요일 아침이면 으레 늦잠도 좀 자고 여유를 부리며 한껏 게으름을 피울 만도 한데 그러질 못하는 것이다. 비오는 날 빼고는, 집 주위도 그 집 사람의 얼굴이며, 주변이 더러우면 먼지가 날아와 우리 집도 깨끗할 수 없다시며, 햇빛이 쨍쨍한 여름이나 입김이 나는 겨울도 마다하지 않고 청소를 해야 한다. 처음엔 아버지가 이해되지 않았다. '우리가 왜 길을 청소해야 하는가?' 하며 아버지에 대해 적개심(?)까지 품을 정도였다. 그리고 길을 청소하다 보면, 버스를 타고 지나가는 사람들이 다 쳐다보기 때문에 부끄럽기도 했다. 그러나 하기 싫은 마음에서 비록(→비록 하기 싫은 마음에서) 억지로 시작했지만, 몇 년이 흐른 지금은 깨끗한 주위 환경을 만들고 있다는 생각에 일요일 아침마다 뿌듯한 마음으로 빗자루를 들고 아버지를 따른다.

우리 아버지뿐만 아니라 우리 어머니도 많은 일을 실천하신다. 음식 쓰레기를 모아 두셨다가 옆에 있는 텃밭에 갖다 묻어 거름으로 활용한다든지, 설거지하실 때 세제를 거의 쓰지 않으시고 더운 물을 이용해 씻고 꼭 필요한 경우, 기름 때를 벗길 때에만 세제를 쓰시는 것이다. 얼마나 깨끗한지만을 놓고 본다면 우리 집 주방은 내세울 것이 없지만, 환경을 생각하는 면에서 본다면 자랑스럽다. 음식 쓰레기 모으는 통, 반짝반짝 윤이 나는 그릇들, 재활용한 양념 그릇 등등. 새것이나 값진 것은 별로 없는 곳이지만, 우리 어머니가 환경을 사랑하는 마음은 주방 구석구석에 배어 있다.

우리 부모님의 행동이 단지 환경을 위해서라고만 할 수는 없다. 워낙이 절약하고 아끼면서 살아온 것이 몸에 배인 터라, 그냥 자연스레 하시는 일들이 그대로 환경 친화적인 것 같다. 처음엔 '주방을 더 깨끗이 했으면' 하고 생각했는데, 너무 깨끗하게 하려는 마음이 환경오염을 부추긴다는 것을 알고는 그 생각을 하지 않게 되었다. 그리고 자원과 에너지를 많이 쓰는 것도, 환경오염을 일으키는 데 큰 영향을 미친다는 것을 생각해 본다면, 우리 부모님 세대의 '아끼는 습관'은 작지만 참 소중한 일이 될 수 있겠다는 생각이 든다.

환경은 나 혼자의 것이 아니고 우리 모두가 사용하는 큰 집이라고 생각했으면 좋겠다. '내 돈 내고 내 물 쓰는데.'라고 생각하며 수돗물을 펑펑 쓴다면 결국은 내 자식이 어려움을 겪게 될 것이다. 우리가 모두 지구라는 집 위에 사는 한 가족이라 생각한다면, 작은 실천이 결코 작게만 보이지 않을 것이다. 우선 소비 생활에 있어 물건을 살 때, 꼭 필요한 것은 사고 일단 구입한 물건은 적극 활용한다. 그리고 쓸

모 없게 된 것이 아니면 그 물건이 필요한 다른 사람에게 주어 쓸 수 있게 한다. 그리고 물건을 구입할 때도 환경을 생각하며 상품을 고른다. 그 밖에도 우리가 실천할 수 있는 쉬운 일들이 많이 있다. 수도꼭지와 샤워기는 사용할 때만 틀어놓는다. 텔레비전도 안 볼 때는 끄고, 꼭 볼 것만 골라서 보는 것이 멀리 내다 보면 환경을 생각하는 길이다.

우리 아버지나 어머니 같이 내가 사는 이 집과 이 동네는 나 혼자가 아니라 우리가 더불어 사는 곳임을 깨닫고, 작은 실천으로 환경을 사랑해 간다면, 그것이 모여 큰 환경 문제에 잘 대처해 갈 수 있을 것이다. 나의 손길이 에너지와 자원의 대량 소비를 막을 수 있을 것이고, 이러한 일들이 모이면 환경오염이나 환경 파괴란 불행한 일을 불러일으키지 않을 것이다.

이 학생은 자기 집에서 실천하고 있는 환경을 생각하는 아주 사소한 일들을 구체적으로 소개하면서, 이런 조그마한 실천이 모이면 환경오염이나 환경 파괴라는 큰 문제를 해결할 수 있는 길이 마련될 것이라는 소박한 생각을 드러내고 있다. 잔잔한 감동을 주면서 환경 문제 해결의 길이 먼 데 있지 않음을 깨우쳐 준다. 이 글이 거창한 구호나 환경 문제에 관한 어렵고 추상적인 용어를 하나도 사용하지 않으면서도 환경 문제에 대한(관한) 공감을 불러일으키는 것은, 구체적인 예를 들면서 일상생활에서 사용하는 구체적인 언어로 글을 써 나가고 있기 때문이다. 이와 같이 좋은 글이 되려면 될 수 있는 한 추상성의 정도를 낮추어 구체성을 띤 내용과 언어로 써야 한다.

## 1.7. 관 점

꼭 같은 사물이라도 보는 사람의 관점에 따라 달리 보인다. 예컨대 부엌에서 사용하는 칼은 요리하는 사람의 처지에서 바라보면 유용한 생활의 도구로 보인다. 반면에 강도의 처지에서 바라보면 사람을 해칠 수 있는 무서운 흉기가 될 수 있다. 여름에 불어오는 태풍은 농부들에겐 농사를 망칠 수 있는 사나운 바람이다. 그러나 어부들의 처지에서 보면 태풍은 바닷물을 뒤집어 놓아 어족 자원을 풍부하게 해주는 고마운 바람이다. 1970~80년대의 학생 운동은 사회 운동가들의 관점에서 보면 우리 사회를 민주화시키기 위한 거대한 사회 변혁 운동이었다. 그러나 당시의 위정자들에겐 정권에 도전하는 불량 집단의 무법적인 행동이었다.

이처럼 동일한 사물이라도 어떤 처지에서 어떤 관점으로 바라보는가에 따라 달리 보일 수 있기 때문에, 처지와 관점을 바르게 해야만 글을 제대로 써 나갈 수가 있다. 관점을 잘못 세우게 되면 현상을 사실과는 달리 해석해서 엉뚱한 내용의 글이 될 수 있다. 다음 두 편의 글을 보자. 둘 다 시골 아이들이 노는 모습을 소재로 하고 있지만, 시골 아이들을 바라보는 관점은 전혀 다르다.

### 권태 (6)

이 상

길 복판에서 6, 7인의 아이들이 즐고 있다. 적발동부(赤髮銅膚)의 반라군이다. 그들의 혼탁한 안색, 흘린 콧물, 두른 베두렁이, 벗은 웃통만을 가지고는 그들의 성별조차 거의 분간할 수 없다. 그러나 그들은 여아가 아니면 남아요, 남아가 아니면 여아인 결국에는 귀여운 육칠 세 내지 칠팔 세의 '아이들'임에는 틀림이 없다. 이 아이들이 여기 길 한복판을 선택하여 유희하고 있다.

돌멩이를 주워 온다. 여기는 사금파리도 벽돌 조각도 없다. 이 빠진 그릇을 여기 사람들은 버리지 않는다. 그리고는 풀을 뜯어 온다. 풀 --이처럼 평범한 것이 또 있을까. 그들에게 있어서는 초록빛의 물건이란 어떤 것이고 간에 다시없이 심심한 것이다. 그러나 하는 수 없다. 곡식을 뜯는 것도 금제(禁制)니까 풀밖에 없다.

돌멩이로 풀을 짓찧는다. 푸르스레한 물이 돌에 염색된다. 그러면 그 돌과 그 풀은 팽개치고 또 다른 풀과 돌멩이를 가져다가 똑같은 짓을 반복한다. 한 15분 동안이나 아무 말이 없이 잠자코 이렇게 놀아 본다.

10분만이면 권태가 온다. 풀도 싱겁고 돌도 싱겁다. 그러면 그 외에 무엇이 있나? 없다.

그들은 일제히 일어선다. 질서도 없고 충동의 재료도 없다. 다만 그저 앉았기 싫으니까 이번에는 일어서 보았을 뿐이다. 일어서서 두 팔을 높이 하늘을 향하여 쳐든다. 그리고 비명에 가까운 소리를 질러 본다. 그러더니 그냥 그 자리에서들 겅충

껑충 뛴다. 그러면서 그 비명을 겸한다.

나는 이 광경을 보고 그만 눈물이 났다. 여북하면 저렇게 놀까. 이들은 놀 줄조차 모른다. 어버이들은 너무 가난해서 이들 귀여운 아기들에게 장난감을 사다 줄 수가 없었던 것이다.

이 하늘을 향하여 두 팔을 뻗치고 그리고 소리를 지르면서 뛰는 그들의 유희가 내 눈에는 암만해도 유희같이 생각되지 않는다. 하늘은 왜 저렇게 어제도 내일도 푸르냐, 산은 벌판은 왜 저렇게 어제도 오늘도 내일도 푸르냐는 조물주에게 대한 저주의 비명이 아니고 무엇이랴.

아이들은 짖을 줄조차 모르는 개들과 놀 수는 없다. 그렇다고 모이 찾느라고 눈이 벌건 닭들과 놀 수도 없다. 아버지도 어머니도 너무나 바쁘다. 언니 오빠조차 바쁘다. 역시 아이들은 아이들끼리 노는 수밖에 없다. 그런데 대체 무엇을 가지고 어떻게 놀아야 하나, 장난감 하나가 없는 그들에게는 영영 엄두가 나서지를 않는 것이다. 그들은 이렇듯 불행하다.

그 짓도 5분이다. 그 이상 더 길게 이 짓을 하자면 그들은 피로할 것이다. 그들은 도로 나란히 앉는다. 앉아서 소리가 없다. 무엇을 하나. 무슨 종류의 유희인지 유희는 유희인 모양인데 - 이 권태의 왜소 인간들은 또 무슨 기상 천외의 유희를 발명했나.

5분 후에 그들은 비키면서 하나씩 둘씩 일어선다. 제각각 대변을 한 무더기씩 누어 놓았다. 아 - 이것도 역시 그들의 유희였다. 속수무책의 그들 최후의 창작 유희였다. 그러나 그 중 한 아이가 영 일어나지를 않는다. 그는 대변이 나오지 않는다. 그럼 그는 이번 유희의 못난 낙오자임에 틀림없다. 분명히 다른 아이들 눈에 조소의 빛이 보인다. 아 - 조물주여, 이들을 위하여 풍경과 완구를 주소서.

## 어린 시절

박완서

누군가가 뒷간에 가자 하면 똥이 안 마려워도 다들 따라가서 일제히 동그란 엉덩이를 까고 앉아 힘을 주곤 했다. 계집애들도 치마 밑에 엉덩이를 까고 앉아 힘을 주곤 했다. 대낮에도 뒷간 속은 어둑시근해서 계집애들의 흰 궁둥이가 뒷간 지붕의 덜 여문 박을 으스름 달밤에 보는 것처럼 보얗고도 몽롱했다.

엉덩이는 깠지만 똥이 안 마려워도 손해날 것은 없었다. 줄느런히 앉아서 똥을 누면서 하는 얘기는 왜 그렇게 재미가 있었는지, 가히 환상적이었다. 옥수수 먹고 옥수수같이 생긴 똥을 누면서 갑순네 누렁이가 새끼를 여섯 마리나 낳았는데 누렁이는 한 마리도 없고 검둥이하고 흰 바탕에 검정 점이 박인 것밖에 없으니 참 이상하다는 따위 하찮은 얘기가 그 어둑시근하고 격리된 고장에선 호들갑스러운 탄성을 지르게도 하고, 옥시글옥시글 재미난 상상력을 불러일으키게도 했다.

그러나 무엇보다도 뒷간에서는 잘생긴 똥을 많이 누는 게 수였다. 똥은 더러운 것이 아니라 땅으로 돌아가 오이 호박을 주렁주렁 열게 하고, 수박과 참외의 단물을 오르게 한다는 것을 우리는 알고 있었다. 그래서 본능적인 배설의 기쁨뿐 아니라 유익한 것을 생산하고 있다는 긍지까지 맛볼 수가 있었다.

뒷간도 재미있지만 뒷간에서 너무 오래 있다 나왔을 때의 세상의 아름다움은 유별났다. 텃밭 푸성귀와 풀숲과 나무와 실개천에서 반짝이는 햇빛이 너무도 눈부시고 처음 보는 것처럼 낯설어 우리는 눈을 가느스름히 뜨고 한숨을 쉬었다. 뭔가 금지된 쾌락에서 놓여난 기분마저 들었다. 훗날 학생 입장 불가의 영화를 교복의 흰 깃을 안으로 구겨 넣고 보고 나와 세상의 밝음과 낯섦에 접할 때마다 나는 유년기의 뒷간 체험이 되풀이되고 있는 것처럼 느끼곤 했다.

그로부터 더 오랜 훗날 이상의 「권태」라는 수필을 읽을 기회가 있었다. 놀이기구라고는 없는 오륙 명의 시골 아이가 무얼 가지고 어떻게 놀아야 될지 몰라 돌멩이로 풀을 짓이기다가 곧 싫증이 나서 하늘을 향해 두 팔을 벌리고 괜히 기성을 지르다가 맨 나중에는 나란히 앉아서 대변을 한 무더기씩 누더라는 얘기였다. 이상은 그것을 속수무책의 그들 최후의 창작유희라고 묘사해 놓고 있었다. 그런 설명이 없더라도 그의 뛰어난 글솜씨 때문에 돌파구 없는 권태의 극치가 실감되는 글이었다.

그러나 그건 어디까지나 뼛속까지 서울내기인 이상의 감수성이 만들어 낸 관념의 유희일 뿐 정말은 그렇지 않다. 시골 애들은 심심해서 어떻게 살까 불쌍하게 여기는 건 서울내기들의 자유이지만 내가 심심하다는 의식이 싹트고 거기 거의 짓눌리다시피 한 것은 서울로 오고 나서였다. 서울 아이들의 장난감보다 자연의 경이가 훨씬 더 유익한 노리갯감이었다고 말하는 것도 일종의 호들갑일 뿐, 그 또한 정말은 아니다.

우리는 그냥 자연의 일부였다. 자연이 한시도 정지해 있지 않고 살아 움직이고 변화하니까 우리도 심심할 겨를이 없었다. 농사꾼이 곡식이나 푸성귀를 씨 뿌리고, 싹트고 줄기 뻗고 꽃피고 열매 맺는 동안 제아무리 부지런히 수고해 봤자 결코 그것들이 스스로 그렇게 돼 가는 부산함을 앞지르지 못한다.

아이들도 마찬가지였다. 우리는 어려서부터 삼시 밥 외의 군것질거리와 소일거리를 스스로 산과 들에서 구했다. 삘기, 찔레순, 산딸기, 칡뿌리, 메뿌리, 싱아, 도토리가 지천이었고, 궁금한 입맛뿐이 아니라 어른을 기쁘게 하는 일거리도 많았다. 산나물이나 버섯이 그러했다. 특히 항아리버섯이나 싸리버섯은 어찌나 빨리 돋아나는지 우리가 돌아서면 땅 밑에서 누가 손가락으로 쏘옥 밀어올리는 것 같았다.

마을 도처에 흐르는 실개천에서 물장구치며 놀 때도 누가 해진 체 하나만 가지고 나오면 오도방정떨기 선수인 보리새우를 얼마든지 건져올려 저녁의 된장국을 구수하게 만들어 줄 수가 있었다. 가지고 놀 것도 다 살아 있는 것들이었다. 왕개미의 새큼한 똥구멍을 핥아 보다가 불개미 떼들한테 종아리를 뜯어 먹히기도 했고, 잠자리를 잡아서 날씬한 꽁지를 자르고 대신 더 긴 밀집 고갱이를 꽂아서 날려 보내기도 했다.

풀로 각시를 만들어 쪽찌어 시집보낼 때, 게딱지로 솥을 걸고 솔잎으로 국수 말고, 새금풀로 김치를 담갔다. 마지막으로 쇠비름뿌리를 뽑아 열심히 "신랑 방에 불 켜라. 각시방에 불 켜라." 주문을 외면서 손가락으로 비벼서 새빨갛게 만들어서 등불을 밝혀 주었다. 가지고 놀 것은 무궁무진했고 우리는 한번도 어제 놀던 걸 오늘 또 가지고 놀 필요가 없었다.

〈뙤약볕에 내리쬐는 한여름에는 실개천이 합쳐져서 냇물이 된 동구 밖까지 원정을 나갈 때도 있었다. 그럴 때 만나는 소나기는 실로 장관이었다. 서울 아이들은 소나기가 하늘에서 오는 줄 알겠지만 우리는 저만치 앞벌에서 소나기가 군대처럼 쳐들어온다는 걸 알고 있었다. 우리가 노는 곳은 햇빛이 쨍쨍하건만 앞벌에 짙은 그림자가 짐과 동시에 소나기의 장막이 우리를 향해 쳐들어오는 것을 볼 수가 있었다. 우리는 아무도 이해할 수 없는 기성을 지르며 마을을 향해 도망치기 시작한다. 그 장막이 얼마나 빠르게 이동하나를 알고 있기 때문에 우리는 죽자꾸나 뛴다. 환희인지 불안인지 모를 것으로 터질 듯한 마음을 부채질하듯이 벌판의 모든 곡식과 푸성귀와 풀들도 축 늘어졌던 잠에서 깨어나 일제히 웅성대며 소요를 일으킨다. 그러나 소나기의 장막은 언제나 우리가 마을 추녀 끝에 몸을 가리기 전에 우리를 덮치고 만다. 채찍처럼 세차고 폭포수처럼 시원한 빗줄기가 복더위와 달음박질로 불화로처럼 단 몸뚱이를 사정없이 후려치면 우리는 드디어 폭발하고 만다. 아아, 그건 실로 폭발적인 환희였다. 우리는 하늘을 향해 미친 듯한 환성을 지르며 비를 흠뻑 맞았고, 웅성대던 들판도 덩달아 환희의 춤을 추었다. 그럴 때 우리는 너울대는 옥수수나무나 피마자나무와 자신을 구별할 수가 없었다.〉

두 편의 글 중에서 어느 글이 더 나은 글인지 말하기는 어렵다. 둘 다 제 나름의 관점을 명확히 하여, 짜임새 있으면서도 재미있게 묘사하고 있기 때문이다. 그러나 한 쪽은 서울사람의 입장에서, 즉 국외자의 처지에서 바라본 시골 아이들의 노는 모습을 그리고 있는 반면에, 다른 한 쪽은 그 반대이다. 그 결과로 앞쪽의 글은 말놀음에 가까운 반면에 뒤쪽은 진실에 가깝다.

# 2. 단어와 문장

## 2.1. 단어의 선택

글은 문장이 모여 이루어지고, 문장은 단어가 모여 이루어진다. 그러므로 글에서는 자립적인 가장 작은 뜻 단위인 단어를 잘 선택해야만 좋은 글이 될 수가 있다. 단어를 잘 선택하려면 어떻게 해야 할까?

첫째로는 정확한 단어를 사용해야 한다. 그 문장 안에서, 또는 그 문맥 안에서 정확하게 들어맞는 단어를 사용해야 말하고자 하는 뜻을 제대로 전달할 수가 있다. 특히 한자어를 쓸 경우에는 그 의미를 정확하게 알고 써야만 의미 전달에 오해가 생기지 않는다. 다음 보기 글에서 밑줄 친 단어들은 잘못 사용된 것들이다. 이들을 바로잡아 보자.

(1) 왜 우리나라 사람들은 시간 약속을 하찮게 보고 지키려는 노력을 하지 않는 것일까? 첫 번째로 배려의 문제이다. 내가 단 몇 분이라도 늦음으로 인하여 기다리는 상대방이 겪을 초조함과 걱정스러움, 그의 시간 계획이 틀어질 수 있다는 것을 걱정하고 배려하지 않는다.

(2) 검증되고 확인된 사실 이외의 무책임한 추측 기사에 아까운 지면을 할애함으로써 언론의 신뢰성에 그들 스스로 먹칠함은 물론이거니와, 자극적이고 원색적인 용어의 열거는 성난 대중 다수를 냉정하게 해 주기는커녕 되려 심리적 공황 상태

에 빠져들게 하고 있다.

(1)에서 '우리나라' 라는 낱말을 쓰게 되면 너무 일반화한 것이므로 사실에 맞지 않다. '배려(配慮)' 라는 단어는 '남을 도와주거나 보살펴 주려고 마음을 씀' 이라는 사전적인 의미를 가지고 있다. 그러므로 문장 (1)에서의 '배려' 는 잘못 사용된 것이다. 단어 하나만 바꾸어 쓴다면 '고려' 로 바꿀 수 있을 것이다. 문장 표현 자체를 바꾸어 써 보자.

(2)에서 '공황(恐惶)' 은 '두려워서 어찌할 바를 모름' 이란 뜻을 가지고 있고, '공황(恐慌)' 은 '근거 없는 두려움이나 공포로 갑자기 생기는 심리적 불안 상태' 란 뜻을 가지고 있다. 어느 쪽도 위의 문장에서는 적합하지 않다. 위 문장에서는 '공황' 대신에 '흥분' 이란 단어가 적합하다. 위 글을 쓰는 학생은 문장 자체를 어렵게 쓰는 경향이 있어 문장 전체를 쉬운 말로 바꿔 쓰는 것이 좋다.

(1′) 왜 어떤 사람들은 시간 약속을 하찮게 여겨 정확히 지키려는 노력을 하지 않는 것일까? / 왜 우리나라 사람들은 시간 약속을 하찮게 여겨 정확히 지키려는 노력을 하지 않는 경향이 있을까? 첫번째로는 남을 생각하는 마음이 부족하기 때문이다. 상대방이 기다리는 동안 초조함과 걱정스러움을 느낄 뿐 아니라, 그리고 상대방의 시간 계획이 틀어질 수도 있다는 것을 생각하고 걱정하지 않기 때문이다.

(2′) 검증되고 확인되지 않은 무책임한 추측 기사를 아까운 지면에다 실음으로써 언론의 신뢰성에 그들 스스로 먹칠함은 물론이거니와, 자극적이고 원색적인 용어를 나열하여 성난 다수의 대중을 냉정하게 해 주기는커녕 도리어 흥분하게 만들고 있다.

다음 예들에서도 잘못 사용한 단어들은 고쳐 써야 한다.

(3) 중학교에 들어가기 전까지는 학교에서 배워(→가르쳐) 주는 것은 그대로 받아들여 왔다.

(4) 정부의 그르친(→그릇된) 판단이 화를 불러일으켰다.

(5) 오직 이산 가족들만은 그들의 소망이 불가능하다는 절망에 부딪쳤다(→빠졌다).

(6) 가계 적자(→수지)는 당분간 더 나빠질 가능성이 많다.

(7) 10시가 가까워 오자 인파가 나타나기(→밀려오기) 시작했다.

(8) 한국에서도 사람마다 족보에 대한 시각이 많이(→매우) 다르다.

(9) 지금은 난국(→시국)이 악화되고 있는 국면이다.

(10) 명절에 귀향하는 사람들은 승용차를(→승용차 이용을) 삼가야 한다.

(11) 지금 점심 식사가 한참(→한창)이다.

(12) 미국 언론이 동으로 가면 한국 언론도 동으로 간다는 말이 있다. 이 말은 무슨 뜻일까? 우리 언론이 그만큼 정치에 구속(→예속)되어 있다는 것이다.

(13) 서예(→붓글씨)를 쓰기 위해서는 문방사우 중 어느 하나라도 없어서는 안 된다.

(14) 편집부가 따로 있어서 그 기사를 신문사의 기조(→방침/의도)에 맞게 첨가·삭제하여 싣고, 편집의 핵심인 표제까지 정하여 넣는 것이다.

(15) 좁은 버스 안이니만큼 다른 개방되어 있는 장소보다 훨씬 더 조심스러워야(→조심해야) 한다.

(16) 부실 공사의 원인은 어떻게든 저렴한 자본으로(→적은 비용으로) 공사를 하려는 건설 업체들의 얄팍한 상술(→장삿속) 때문이다.

(17) 수련이 끝나면 오붓이 앉아 차도 마시고 다과도 하고(→과자도 먹고) 때로는 술도 마셨다.

(3~17)은 자주 나타나는 용례들을 모아서 정리한 것이다. 위에서 밑줄 친 부분들은 모두 괄호 속의 말로 고쳐 적어야 한다. 그리고 다음과 같이 입말에서 쓰는 말들도 글에서는 적합하지 않다.

근데(→그런데), 암튼(→아무튼), 넘(→너무) 미안했다, 무지(→몹시) 반가웠다, 담(→다음 부터는)

둘째로는 쉬운 단어를 쓰도록 해야 한다. 글을 읽을 독자를 염두에 두고 그 독자들이 잘 이해할 수 있는 쉬운 단어를 골라 쓰도록 해야 한다. 아무리 좋은 내용이라도 독자들이 말 그 자체를 이해할 수 없다면, 그 글은 아무 소용이 없는 글이 된다. 쉬운 단어에 대한 구체적인 내용은 앞의 '쉬운 글' 항목을 참조하기 바란다.

## 2.2. 정확한 문장

한 편의 글은 여러 개의 문단으로 이루어져 있고, 문단은 여러 개의 문장으로 이루어져 있다. 완결된 생각의 최소 단위인 각 문장의 의미가 정확해야 문단의 의미가 정확해질 것이고, 문단의 의미가 정확해야만 글 전체의 의미가 분명하게 드러날 것이다.

문장은 여러 가지 문장 성분들이 모여서 이루어진다. 그러므로 문장 성분들이 호응 관계를 잘 유지하고 있어야만 바른 문장이 된다. 각 유형끼리 모아 보면 아래와 같다. 다음 (1~5)는 주어와 서술어가 호응이 되지 않는 용례이다.

(1) 생활 철학이란 위대한 철학자가 말하는 그런 철학이 아니라, 자연물 하나에서라도 어떤 의미를 찾는다고 하는 것이 더 나을 것이다.

(3) 악덕 업체가 외국인 근로자들을 심히 푸대접하거나 때로는 폭행을 당하는 일도 없지 않았다.

(3) 예외 없이 그 명목은 교육의 국제경쟁력 강화를 위한 자율경쟁 체제의 확립이다.

(4) 정부의 해명은 "그 당시로서는 IMF 관리 체제를 벗어나는 것이 급선무였기 때문에 불가피한 선택이었다."고 밝히고 있다.

(5) 이 연구의 목적은 자연환경이 인간의 인격 형성에 미치는 영향을 밝히는 것을 목적으로 한다.

국어는 주어와 서술어 사이에 다른 문장 성분들이 끼어든다. 그래서 문장의 내용이 복잡해질수록 주어와 서술어의 거리가 멀어지게 되므로 주어와 호응하지 않는 서술어를 적게 되는 일이 많다. (1)에서는 '찾는다'를 '찾는 것이라'로 고쳐야 앞의 서술어 '아니라'와 함께, '생활 철학이란'이라는 주어와 호응이 된다. (2)에서는 '당하는'을 '행하는'으로 바꾸어야 앞 절의 서술어 '푸대접하거나' 와 함께 주어 '악덕 업체가' 와 호응이 될 수 있다. (3)은 '명목은 ~ 확립이다.' 이므로 '명목은 ~ 확립에 둔다' 로 고쳐 써야 한다. (4)의 경우 '정부의 해명은 밝히고 있다.' 이므로 역시 주어와 서술어의 호응이 되지 않는다. '정부의 해명은 ~ 밝히는 것이다' 로 고쳐 써야 한다. (5)는 '목적은 ~ 밝히는 것을 목적으로 한다' 구문이다. 그래서 '목적은 ~밝히는 것에 있다' 로 고쳐야 한다.

다음 (6)은 주제어와 부사어가 논리적으로 호응되지 않는다.

(6) 소음의 공해로부터 벗어나는 일은 대기 오염에 못지않게 우리들 인간의 영원하고도 본질적인 과제가 아닐 수 없다.

위 (6)에서는 '소음의 공해로부터 벗어나는 일은' 이란 주제어와 '대기 오염에' 라는 부사어가 논리적으로 호응이 되지 않는다. '대기 오염에' 를 '대기 오염에서 벗어나는 일에' 로 바꾸어야 앞 뒤 말과 호응이 될 수 있다.

주어 서술어의 호응뿐만 아니라 병렬되는 요소 사이의 호응도 중요하다. 문장에서 병렬되는 요소들은 동질적인 내용이어야 하며 그 기능도 동질적이어야 하기 때문이다. 다음은 이러한 호응 관계를 어긴 용례이다.

(7) 공원의 형상을 해치거나 시설의 손괴 행위를 금한다.
(8) 자기 몸을 보호해 주리라고 믿는 물체를 목과 허리에 걸어 장식하였다.
(9) 영화는 스크린이라는 일정한 공간 위에 시간적으로 흐르는 예술이며, 연극은 무대라는 제한된 공간 위에서 시간적으로 형상화된다.
(10) 전화 또는 직접 오셔서 신청해 주세요.
(11) 이 라면은 맛도 건강도 좋다.
(12) 육체피로 · 자양강장에 좋은 음료
(13) 푸른 산과 맑은 물이 흐르는 계곡

(7)은 밑줄 친 '손괴' 를 '(시설을) 손괴하는' 으로 바꾸면 '해치거나' 의 목적어인 '형상을' 과 같은 품사가 되어 호응이 된다. (8)은 '목' 과 '허리' 가 이질적이어서 짝이 되지 못한다. '목' 은

어떤 물체를 걸 수 있는 신체 부위이지만 '허리'는 그렇지 않다. 밑줄 친 부분은 '목에 걸고, 허리에 둘러' 정도로 고쳐야 한다. (9)의 '예술이며'는 '체언+-이다' 형인 반면, 이와 대응하는 서술어는 그렇지 않다. 그래서 밑줄 친 '형상화된다'는 '형상화되는 예술이다.'로 고쳐 적어야 한다. (10)의 경우 '또는'의 좌우로 대등한 구조가 있어야 하지만 명사구인 '전화'와 동사구인 '직접 오셔서'로 되어 있어서 균형을 이루지 못해 부적절한 표현이 되었다. (11)은 '이 라면은 맛이 좋다 + 이 라면은 건강에 좋다'를 줄인 문장이다. 그래서 '이 라면은 맛도 좋고, 건강에도 좋다'라고 고쳐 써야 한다. (12)는 '육체피로에 좋은 음료 + 자양강장에 좋은 음료'를 줄인 문장이기 때문에 '육체피로에 좋은 음료'보다는 '육체피로 해소에 좋은 음료'가 적합한 표현이다. (13)의 경우도 서술어인 '흐르는'이 '푸른 산'과는 호응하지 못한다. 그래서 '푸른 산과 맑은 물이 있는 계곡'으로 고쳐야 한다.

문장의 주요 성분을 무분별하게 생략해도 어색한 문장이 된다. 글쓴이는 생략된 요소를 인식하고 있지만 읽는이는 그렇지 않기 때문이다.

(13) 헨델에게 있어서 새로운 길이 열렸는데, 비운에 빠진 그를 아일랜드 총독이 연주회에 초청한 일이다.
(14) 인간은 자연을 지배도 하고, 복종도 해 가며 살고 있다.
(15) 이와 같은 관계를 봉건제도라고 하며, 맨 위에 국왕, 그 다음 영주, 제후, 승려, 기사, 그리고 평민과 농노로 이루어지는 철저한 계급사회가 되었다.
(16) 입산 통제 구역 내 허가 없이 입산하면 20만원 이하의 과태료를 부과합니다.
(17) 산림법에 의거 다음과 같이 천연 보호림으로 지정 · 고시합니다.

(13)에서는 뒷 절의 주어가 없다. '그것은'이란 주어를 보충해야만 '초청한 일이다'라는 주어와 호응이 될 수 있다. (14)에서는 뒷 절에 부사어가 빠져 있다. '자연에'라는 말을 보충해야 정확한 문장이 된다. (15)는 주어가 생략된 문장이다. '중세 시대'를 주어로 삼고 서술절 '계급사회가 되었다'를 전체 서술어 '계급사회였다'로 고쳐야 된다. (16)은 '-하면'으로 이어진 문장이다. 앞의 조건절은 특정한 주어를 상정하기 어렵기 때문에 이를 생략하는 것이 자연스럽다. 그러나 주절의 주어가 조건절의 주어와 다름에도 불구하고 주절의 주어마저 생략되었기 때문에 '우리 기관에서는' 정도로 주절의 주어는 밝혀주는 것이 좋다. (17)은 목적어가 필

요한데도 불구하고 목적어가 없다. '지정 · 고시하다'는 '○○을' 형의 목적어가 필요한 표현이기 때문에 '○○을' 이라는 목적어를 보충하여야 한다.

위와 같이 문장 내에 있는 여러 성분끼리 문법적으로나 논리적으로 호응이 되어야 하고 무분별하게 생략해도 안 된다. 그런데 아래와 같이 긴 문장에서는 이어진 문장 속의 앞뒤 절이 논리적 관계를 잘 맺어야만 바른 문장이 될 수가 있다.

(18) 영수도 풀지 못하는 문제인데, 하물며 네가 풀겠다고 덤볐다.

(19) 순수 예술을 전공하는 사람들은 가난한 생활에서 벗어날 수 없으며, 나는 결국 응용 예술을 선택하기로 하였다.

(20) 더욱이 민주적으로 의사 결정을 할 수 있는 능력을 지방 자치제를 통해서 연습하지도 못했고, 입시 지옥에 시달리면서 정상적인 도덕 교육을 받지도 못했다.

(18)에서는 '하물며'와 호응하려면, '덤볐다'를 '덤볐니' 또는 '덤비다니'로 고쳐야 하며, (19)에서는 앞뒤 절의 내용이 인과 관계를 맺고 있기 때문에, '없으며'를 '없기 때문에'로 고쳐야 한다. 그리고 (20)에서 '-면서'는 동시 동작을 나타내는 말이므로 앞뒤 내용을 바르게 잇지 못하고 있다. '시달리느라' 또는 '시달려서'로 바꾸어야 한다.

## 2.3. 표현과 수사

같은 영화를 보았더라도 영화의 내용을 재미있게 말해주는 사람이 있는 반면 그렇지 못한 사람이 있다. 글도 마찬가지이다. 같은 내용이라도 읽는이에게 전달하고자 하는 내용과 느낌을 그대로 전달되도록 글을 써 나가야 한다. 즉, 무엇보다도 글의 내용이 분명하고 구체적이어야 한다. 자신이 전달하고자 하는 내용을 읽는이가 알기 쉽게 적는 것은 글을 쓰는 본질적인 목적이기도 하다. 그러나 어휘력이나 표현력이 부족할 경우 내용이 막연하거나 추상적인 문장이 되기도 한다.

(1) 단추는 종이나 천을 잘라서 일정한 위치에 붙여 본다.

(2) 이 분량을 디자인이나 체형에 따라 필요한 부분에서 접어 박는 것을 다아트라

고 한다.

(3) 면직물은 일반적으로 참신하고 매력적인 옷감으로 입어서 편하고 특히 더운 날씨에 좋은 직물이다.

(4) 부인들은 남편보다 자녀들을 더 사랑한다.

위 (1, 2)의 밑줄 친 '일정한 위치, 필요한 부분'은 무엇을 가리키는 것일까? 읽는이는 그 내용을 파악하기가 쉽지 않다. (3) 역시 더운 날씨는 기온이 몇 도 정도가 되어야 하는지 불분명하다. 수필이라면 몰라도 논리와 객관성을 확보해야 하는 논문에는 적합하지 않다. 이렇게 불필요한 수식과 추상적 어휘는 때론 모호한 내용의 문장이 되게 한다. (4)의 경우 문장 부호를 찍지 않았기 때문에 두 가지로 해석되는 문장이다. '부인들은, 남편보다 자녀들을 더 사랑한다.'나 '부인들은 남편보다, 자녀들을 더 사랑한다'가 되어야 한다. (4)와 같은 구조의 문장은 글쓴이가 의도하지 않더라도 읽는이에게 혼란을 준다.

그리고 아래 (5~8)과 같은 표현도 적합하지 않은 표현이다.

(5) 깨끗했던 물이 이렇게 더러워지는 이유는 뭘까? 먼저 아파트이다 보니 인구 밀도가 높아 매일매일 하천을 지나다니는 사람이 많다는 것이다.(→많다. 그 많은 사람들이) 하천에 쓰레기가(→를) 하루에 한 개씩만 버려진다고(→버린다고) 해도 그 양은 어마어마해질 것이다.

(6) 그렇다면 길거리에서 담배를 피우는 것에 대한(→것을 그만두게 할/금지할) 방안은 없을까?

(7) 올해 휴학을 한 언니는 아침에는 아르바이트를(→아르바이트를 하고), 오후에는 자격증을 따기 위해 학원을 다닌다.

(8) 집 근처 하천은 여름만 되면 온갖 악취와(→악취를 풍기고) 벌레들의 온상지가 되어 버린다.

위 (25~28)은 모두 부정확한 표현이다. 이런 표현은 글의 내용을 읽는이에게 간명하게 전달하는 데 장애가 된다. 밑줄 친 부분을 모두 괄호 속의 표현으로 바꾸면 글의 내용이 읽는이에게 훨씬 쉽게 와 닿는다.

그리고 '-화한(시킨, 된, 되어진)다, 갖는다, 가진다' 등과 같이 흔히 쓰는 서술어들도 그 뜻이 명확하지 않은 경우가 많다. 이런 경우도 적절하게 바꾸면 문장의 뜻이 훨씬 더 분명하게 된다.

(9) 헌법에 의하여 체결 · 공포된 조약과 일반적으로 승인된 국제법규는 국내법과 같은 효력을 가진다. (헌법 제6조 제1항) → 국제 법규에는 국내법과 같은 효력이 있다.
(10) 여야 대표 모임을 갖고 현안 문제 타결할 예정 → 여야 대표가 만나서
(11) 의사들이 연극 공연을 갖는다 → 의사들이 연극 공연을 한다.
(12) 실업계 고등학교 교육을 향상하기 위해 노후화된 기자재를 교체하기로 결정하였다. → 노후한
(13) 정장 차림의 공무원 복장이 여름철을 맞아 간소화된다. → 간소해진다.
(14) 북한도 변화되고 있다. → 변하고
(15) 사회가 산업화되어지고, 도시화되어짐에 따라 사람들이 스트레스를 받는 기회가 많아서 위궤양 환자가 늘어나고 있습니다.→ 산업화하고 도시화 됨에 따라

기자 회견, 정상 회담, 입학식, 졸업식, 준공식, 지위 · · · · · ' 등을 '갖는다, 가진다' 라는 서술어로 표현하는 경우가 많은데 이 또한 좋지 못한 표현이다. (9~11)의 밑줄 친 부분을 화살표의 지시대로 고치면 같은 내용을 전달하면서도 문장이 훨씬 간명하게 된다. (12~15)의 '-화한다, -화시키다, -화된다, -화되어진다' 등도 마찬가지이다. 이 역시 화살표의 지시대로 고치면 훨씬 간략하고 쉬운 표현이 된다.

이 외에도 간혹 외국어나 입말체의 표현을 적기도 하는데 이 역시 적합하지 않다.

(16) H신문사와 BIG3(→3대 신문)의 언론 전쟁으로 시작된 언론 전쟁은 일반인들에게 퇴폐적인 우리 언론의 문제점을 알려 주는 좋은 계기가 되었다.
(17) 할머니, 저는 무척 잘 지내고 있고요(→있습니다.), 올해 경상대 00과에 입학했어요.(→입학했습니다.
(18) 선생님, 졸업식 때 인사한 뒤로는 한번도 뵙지 못한 것 같네요(→못해 죄송합니다.)

외래어나 외국어의 남발은 적절하지 않을 뿐 아니라, (16)에서와 같이 'BIG3'가 무엇인지 모르는 사람에게는 전하고자 하는 뜻을 바르게 전달할 수 없다. (17, 18)의 밑줄 친 구어체 표현은 친구에게 쓰는 편지글에는 몰라도 예의를 지켜야 하는 어른께 쓰는 편지글에는 적합하지 않다.

## 3. 작문의 절차

### 3.1. 주제 설정

글을 쓰는 바탕이 되는 자료를 소재라고 한다. 산에 대해서 글을 쓸 수도 있고, 가을에 대해서 글을 쓸 수도 있고, 친구에 대해 글을 쓸 수도 있다. 한 편의 글은 단지 하나의 소재에 대해서 쓸 수도 있고, 여러 개의 소재로 쓸 수도 있다. 예컨대, '친구' 라는 큰 소재로 글을 쓴다고 할 때, 친구를 처음 만나게 된 학교 운동장에 있는 느티나무를 등장시키고, 친구와 자주 간 영화관과 음식점을 끌어오기도 하며, 친구와 놀러갔던 바닷가에 대해 묘사하기도 한다. 이처럼 한 편의 글에서 소재는 여러 가지가 있을 수 있다. 이 가운데 여러 소재를 싸잡을 수 있는 소재이면서, 중심 되는 소재를 제재라고 부른다. 그러므로 한 편의 글에서 제재는 단 하나이어야 한다. 예컨대, 쓰고자 하는 글의 핵심 자료가 '친구' 그 자체일 수 있고, '친구의 우정' 일 수도 있다. 글을 쓸 때는 이 제재를 확실히 해 두어야 한다. '친구' 를 제재로 하여 '친구' 의 여러 가지 모습을 다양하게 쓸 것인가, 그렇지 않으면, '친구의 우정' 에 한정해서만 쓸 것인가를 확실히 해 두어야 한다. 그래야만 글의 초점이 흔들리지 않는다.

그리고 이 제재를 통하여 글을 쓰는 이가 나타내고자 하는 중심 되는 생각을 주제라고 부른다. 중심 되는 생각은 하나의 명제로서 한 개의 문장으로 나타낼 수가 있다. '친구는 무엇과도 바꿀 수 없는 소중한 존재다.' 라는 생각을 글로 나타낼 수 있고, 구체적인 것으로는 '내 친구는 특이한 성격을 가지고 있다.' 라는 생각이 주제가 될 수도 있다. 앞의 제재에 대해서 말한 것과 같이 한 편의 글에서 주제는 하나이어야 한다. 주제가 모호하거나 둘 이상인 것으로 오해가 생길 수 있는 글은 좋은 글이 아니다.

### 천만 원짜리 모피 코트

(학생 글)

몇 달 전의 일이다. 친구와 백화점을 돌아다니며 이곳 저곳을 구경하고 있었다. 그러다가 숙녀복 매장을 지나치면서 화려하게 전시되어 있는 모피 코트를 보았다. 무척이나 모피가 좋아 보여서 '이 옷 꽤 비싸겠다.'는 생각을 하며 가격표를 보니 그것은 1000만 원짜리 옷이었다. 그 어마어마한 가격에 놀라면서, 그 모피 코트를 더 살펴보려고 하니 점원이 눈치를 주어서 그냥 나오고 말았다. 그러다 며칠 뒤, 텔레비전을 통해 뉴스를 보는데, 백화점에서 작게는 몇 백만 원에서 많게는 몇 천만 원이나 하는 고가의 옷들을 할인 가격이라고 50% 할인된 가격에 내 놓으면 아무도 사 가지 않는다고 했다. 오히려 배나 비싼 그 가격 그대로 두어야 물건이 잘 팔리기 때문에 그런 옷들은 할인을 하지 않는다고 했다.

IMF(→외환 위기) 때문에 많은 사람들이 직장을 잃고 끼니를 걱정하며 사는 이 때에 우리나라의 얼마 안 되는 부유층들은 이렇게나 사치를 하며 호화롭게 사는 것이다. IMF 때문에 매년 실직자가 늘어만 가고 있고, 길거리에는 노숙자가 많아지며, 대학을 졸업하고도 직장을 구하지 못하는 학생들로 넘치는 이 판국에 같은 옷을 조금이라도 비싸게 주고 사려는 사람들이 이해가 되지 않을 따름이다. 비단 <u>저런</u>(→그런) 사람들뿐만 아니라, 평범한 서민층에서도 IMF 중이라도 경기가 조금만 나아지면 유흥비와 외식비가 증가한다고 한다. 경제 위기 때문에 나라가 휘청거리는 이 시기에 정말 <u>우스운</u>(→걱정스러운) 일이 아닐 수 없다.

우리는 빨리 IMF 상황에서 벗어나야만 한다. 그러기 위해서는 먼저 생각을 바꾸는 것이 필요하다. 이러한 IMF 상황을 정상적이라 여기고 저축보다는 소비를 더 많이 하는 우리나라 사람들의 의식 변화가 절실한 것이다. IMF로 나라가 어렵다는 사실을 인식하고, 실직으로 인해 가족은 물론 자신도 굶주리는 사람이 있다는 것을 생각해서, 과소비나 쓸데없는 곳으로의 지출은 피하도록 해야 한다. 의식이 바뀌면 행동이 바뀐다. 남을 먼저 생각하는 마음이 생긴다면 우리는 그렇게 과소비하지 못할 것이다. 그리고 국가에서도 정책적으로 효율성 있게 나라를 꾸려 나가야 한다. 1000만 원짜리 코트를 사는 사람들과 같이 사치성 과소비를 하는 사람들에게는 세금을 부과해야 한다. 이젠 필수품이 된 세탁기가 사치 제품이라고 하여, 이 세탁기에 누진세를 적용하고 있다는 신문 기사를 읽은 적이 있다. 이러한 낡은 정책은 과감히 바꾸어서 정말로 필요한 곳에 알맞게 적용되어야 한다.

작게는 우리의 생각을 바꾸고, 크게는 우리나라의 정책을 올바르게 바꾸어 나가면 우리는 빠른 시일 내에 경제 위기를 극복하고, IMF를 벗어날 것이다. IMF는 우리 모두에게 닥친 것이지 일부 사람들에게만 닥친 것이 아니다. 그것을 알고 (∅→모두가) 빨리 경제 위기를 극복할 수 있게 노력해야 할 것이다.

이 글은 주제가 무엇인지 불분명하다. 글 들머리(서두)로 보아서는 이 글의 주제가 '외환위기를 극복하기 위해서 부유한 계층 사람의 각성이 있어야 한다.' 일 것이라고 예상되었는데, 글 전개 과정에서는 들머리의 내용과는 달리 '국민 전체가 각성해야 한다.' 는 주장으로, 또 '정부는 정책을 바르게 해야 한다.' 는 주장을 내세우기도 한다. 어느 쪽에 초점을 맞추어 글을 쓰고 있는지 종잡기 어렵다. 이 중 어느 하나만을 주제로 삼아 글을 써 나가야만 글다운 글이 될 수가 있다.

### 초등학교 영어 교육

이태동

정책을 결정하고 실행하는 위치에 있는 사람들이 가장 경계해야 할 것은 탁상공론식의 졸속 의사결정이다. 충분한 현장 검증과 정책 시행 이후의 파급 효과를 고려하지 않은 밀어붙이기식의 정책은 발전 지향만을 추구하던 과거에나 효력을 발휘할 뿐 급속도로 변화하는 현대사회에서는 적용되기 어려운 위험한 방법이다.

97학년도부터 전격적으로 시행된 초등학교 영어 교육의 경우 이러한 졸속 탁상공론의 전형적인 모습을 보여주고 있다고 해도 지나친 말이 아니다. 현 정부가 초등학생을 대상으로 영어 교육을 시행할 것이라는 정책을 발표할 당시, 이미 많은 교육계 인사들이 열악한 한국교육 현실에서 그것이 가능할 것인가 하는 회의적인 반응을 보이며, 이 정책이 과연 충분한 준비와 검증을 거친 것인지를 의심했다.

초등 영어 교육은 10살 전후의 어린이에게 필요한 창의적인 국어 교육을 등한시할 위험성을 내포하고 있다. 모국어의 능숙한 구사를 위한 체계적이고 지속적인 교육은 외국어 교육에 우선되어야 한다. 실제로 국어를 제대로 사용할 수 있어야만 영어도 잘 할 수 있다는 주장은 경험에 바탕을 둔 것으로서 적지 않은 설득력을 지니고 있다. 이것은 단순히 민족의 정체성 확립에 관한 추상적인 문제에만 국한되는 것이 아니다. 교육 심리학 차원에서 보더라도 초등학생 연령에 있는 어린이는 한 가지 일에 자발적인 흥미가 생겨 집중적인 학습을 거친 뒤, 다른 분야로 전이하는 특성을 지니고 있다.

일본의 교육학자 오오니시 세이이치로는 이와 관련해 "아동의 발달과 교육방법에는 일정한 순서가 있다"고 지적한 바 있다. 이는 현재 시행중인 초등학생에 대한 성급한 영어 교육이 학생들의 바람직한 성장과 특성을 얼마나 무시하고 있는가를 잘 뒷받침해 준다.

아울러 올바른 영어의 기초를 다질 수 있는 교사의 질적, 양적 부재가 유소년기의 언어 학습에 가져올 수 있는 기회를 상실하게 만들 우려가 높다. 초등 영어 교육 시행 이후, 영어 교육에 전문적인 교사의 추가 임용은 수요를 무시할 정도로 미미했으며 방학을 이용한 단기연수를 거친 비전공 교사들이 지도를 맡고 있다. 정확한 발음 등은 어릴 때부터 그 기초를 제대로 배우지 못하면 성인이 되어서도 바로잡기가 쉽지 않다.

사회적인 측면에서도 너무 이른 영어 교육은 부모들의 교육 과열 심리를 부추기고 사교육비의 추가적인 부담을 초래했다. 수십만 원을 호가하는 초등학생 대상의 영어 교재가 제대로 검증되지 않은 채 난립하고 있으며, 중고생을 능가하는 과외

열풍이 초등학교 주변에 휘몰아지고 있다. 최근 사회 문제화된 초등학생의 조기 유학 바람도 같은 측면에서 설명될 수 있을 것이다.

차기 정부의 정권 인수 위원회는 이런 여러 문제점을 고려한 때문인지 조기 영어 교육을 폐지할 것을 검토 중이라 한다. 정권이 바뀔 때마다 교육 제도를 바꾼다는 국민들의 비난 여론이 아니더라도 거듭되는 '시행착오'에서 오는 손실을 생각하면 개탄스러운 일이 아닐 수 없다.

그러나 시행착오에 따른 손실이 큰 낭비가 될지라도 잘못된 교육 정책이 학생과 학부모들에게 더 큰 부담을 가져오는 것이 확실시된다면 조기 영어 교육은 폐지하는 것이 현명한 선택일 것이다.

〈한겨레 신문, 1998. 1. 8.〉

위의 글은 초등학교에서 영어 조기 교육을 실시함으로써 일어날 문제점을 들면서, '영어 조기 교육을 폐지하는 것이 바람직하다' 라는 한 개의 주제를 드러내기 위해 글 전체의 내용이 일관된 흐름을 가지고 있다. 이처럼 한 편의 글에서는 하나의 주제만을 가지고 있어야 좋은 글이 될 수가 있다.

## 3.2. 구성 – 단락의 개요 작성

주제가 설정되고, 그 주제를 글로 드러내기 위한 자료들이 모아졌다면 글을 쓰기 위한 얼개를 만들어야 한다. 글의 얼개는 글의 짜임새라고도 하고 글의 구성이라고도 한다. 집을 지을 때 설계를 한 후에 집을 짓듯이, 글을 쓸 때도 전체 글에 대한 설계를 한 후에 글을 써야만, 한 편의 반듯한 글이 될 수가 있다. 고향에 계신 부모님께 편지를 쓴다고 할 때, 편지지에다 바로 '아버지, 어머니 그 동안 안녕하셨습니까? 저는 부모님 덕분에 학교에 잘 다니고 있습니다.' 로 시작하게 되면 인사말이 끝나자 바로 무엇을 써야 할지 막막하게 되는 수가 많다. 그러므로 편지를 쓰기 전에 먼저 편지 속에 무엇 무엇을 어떤 순서로 이야기해야겠다는 생각을 정리한 다음에 글을 시작해야, 하고 싶은 이야기를 제대로 할 수가 있다. 단지 문안 편지를 쓴다고 하더라도 고향 이야기가 궁금하면, 그 궁금한 것을 몇 가지로 나누어 써야 하고, 내 소식을 전해 드리고 싶다면, 내 하숙 생활 이야기, 내 대학 생활 이야기, 대학 생활 이야기 중에서 동아리 활동 이야기 등등, 전하고 싶은 이야기의 순서를 미리 잘 정해서 글을 써야만, 하고 싶은 이야기를 차분히 잘 이끌어 갈 수가 있다.

글의 얼개란, 예컨대 글을 몇 개의 단락으로 나누어 쓴다고 할 때, 각 단락에 어떤 내용의 글을 쓸 것인가를 미리 생각해 두는 것이다. 짧은 한 편의 글은 대개 세 단락에서 다섯 개의 단락으로 이루어지는데, 이 각 단락 속에 어떤 내용의 글을 써서 각 단락의 글이 유기적으로 이어지게 만들 것인가 하는 것이다. 유능한 목수는 집 한 채를 지을 때, 머릿속에 집 전체에 대한 얼개를 가지고 집을 짓는다. 그에겐 설계도란 필요가 없다. 설계도에 해당하는 내용이 머릿속에 다 들어 있기 때문이다. 그러나 목수가 설계도 없이 집을 지을 수 없듯이, 글 쓰는 사람들이 글에 대한 얼개 없이 글을 쓸 수가 없다. 유능한 글꾼이 되기까지는 글에 대한 설계도가 필요하다. 글의 설계도는 단락의 개요를 작성함으로써 이루어진다. 단락의 개요는 긴 글에서는 복잡한 구조를 가지겠지만, 한 편의 짧은 글에서는 간단한 메모로 쓰게 된다. 그래서 단락의 개요를 작성하는 것을 흔히 구상 메모라고도 한다. 각 단락에 어떤 내용의 글을 쓰겠다고 간단히 메모를 해 두는 것이기 때문이다. 이 단락의 개요를 옆에 두고, 이 짜여진 순서에 따라 글을 써 나가게 되면, 글은 짜임새 있게 써 나갈 수가 있다.

## 개요 작성의 예

개요는 크게 화제(話題)형 개요와 요약형 개요로 구분된다. 화제형 개요은 글의 내용을 구(句)나 절(節)로 화제를 간략하게 제시하는 방식이고, 요약형 개요는 글의 개략적인 줄거리 및 서술 의도, 표현 방법, 단락간의 관계 등을 간략하게 요약된 문장으로 정리하는 방법이다. 다음의 1)은 화제형 개요의 예이고, 2)는 요약형 개요의 예이다.

### 1) 화제형 개요

제목 : 방학 동안의 아르바이트

① 중심 글감 - 방학 동안 음식점에서 한 아르바이트

② 주제문 작성 – 아르바이트를 통해 돈 버는 일이 힘들다는 것을 알았다.

서두 – 아르바이트를 하게 된 동기(배경)
본문 – 주제문과 관련된 이야기 3~5가지
㉠ 주인의 꾸중과 잔소리
㉡ 손님들의 무례한 행동
㉢ 약속 불이행
마무리 – 정리

### 2) 요약형 개요

제목 : 방학 동안의 아르바이트
① 중심 글감 – 방학 동안 음식점에서 한 아르바이트
② 주제문 작성 – 아르바이트를 통해 돈 버는 일이 힘들다는 것을 알았다.

서두 – 아르바이트를 하게 된 동기(배경)
–용돈을 벌기 위해 음식점에서 아르바이트를 하게 되었다.
본문 – 주제문과 관련된 이야기 3~5가지
㉠ 주인이 잔소리가 많았다.
㉡ 실수를 하여 주인아주머니에게 꾸중을 들었다.
㉢ 손님들의 무례한 행동이 불쾌했다.
㉣ 마치는 시간이 일정하지 않아 힘들었다.
마무리 – 아르바이트를 통하여 좋은 경험을 하였다.

위에 제시된 바와 같이 화제형 개요는 소주제의 중요도에 따라 화제를 제시하기 때문에 화제의 상호간의 관계가 뚜렷하게 드러나는 장점이 있다. 그렇지만 너무 간략하게 제시하게 되면 의도했던 바를 잘 파악하지 못할 수도 있으므로, 너무 간략하지 않도록 구체적으로 기술해야 한다. 요약형 개요는 완결된 문장으로 표현되기 때문에 글에서 쓰고자 하는 의도를 잘 파악할 수 있다. 다음 예시문을 읽어 보고 개요를 작성하여 글을 써 보자.

## 예문

〈개 요〉

1. 삶을 잘 살려면 삶의 설계가 필요하다.
2. 내 인생의 설계는 내가 해야 한다.
3. 인생 설계의 이상적인 모형은 정해져 있지 않다.
4. 그러나 이상적인 인생의 모형이 없는 것은 아니다.
5. 인생의 설계는 이상적인 모형의 테두리 안에서 자유롭게 할 일이다.
6. 어떤 모형으로 인생을 설계하든 자유이나 기본 원칙은 지켜야 한다.

【쓴글】

### 삶과 일

김태길

오두막이나 초가삼간 정도라면 설계도가 없더라도 지을 수가 있다. 그러나 웅장하거나 예술적인 건축을 위해서는 정교한 설계도가 있어야 한다. 인생의 경우에도 사정은 비슷하다. 아무렇게나 되는 대로 살기를 작정한다면 굳이 인생 설계를 거론할 필요가 없으나, 좀 더 보람 있고 뜻있는 삶을 살기 위해서는 미리 청사진을 그릴 필요가 있다. 한 개인의 생애를 하나의 작품으로 생각할 수 있다면 각자는 자신의 생애를 건축하는 작가에 해당하며, 하나의 아담한 생애를 창작하기 위하여 각자는 우선 자신의 삶을 슬기롭게 설계해야 할 것이다.

집이 필요한 사람이 새 집을 짓고자 할 때는 전문적인 건축 설계사에게 맡기는 것이 보통이다. 그러나 인생의 설계는 남에게 부탁할 성질의 것이 아니다. 남의 조언을 참고로 하는 것은 바람직하나, 필경 자신의 삶은 본인 스스로 설계할 수밖에 없다. 인생이란, 건축처럼 단순하고 기계적인 과정이 아니어서 항상 변동하는 상황에 주체적 결단으로 대처해야 하는 까닭에 조언자가 늘 붙어다닐 수 없는 한, 남이 만든 설계는 별로 쓸모가 없다. 뿐만 아니라 자기의 삶은 자기가 주체적으로 살아야 마땅하다는 관점에서 보더라도 인생 설계의 마지막 결정은 본인 스스로 내려야 한다. 내 인생은 내가 스스로 설계해야 하고, 내가 스스로 살아야 한다.

우리가 여기서 우선 부딪치는 문제는 '나는 내 인생을 어떻게 살 것인가?' 하는 물음이다. 하나의 이상적인 삶의 모형이 있어서 모든 사람들이 그 모형을 따라서 살아야 한다고는 생각되지 않는다. 만약 그런 모형이 이미 정해져 있다면 삶의 설계는 미리부터 결정되어 있는 셈이며, 따로 내 인생을 설계하고 말고 할 여지가 없듯이, 인생의 경우에도 오직 한 가지 삶의 방식만이 옳다고 생각할 이유가 없다. 어떠한 모양의 집을 짓든 또는 어떠한 크기의 집을 짓든 각자가 알아서 할 일이듯이, 어떠한 목표와 방식을 따라서 살 것이냐 하는 문제도 각자가 자유롭게 결정할 문제이다. 세상의 모든 사람들이 똑같은 집을 짓고 산다면 볼품없는 마을 또는 볼품없는 도시가 생길 것이다. 삶의 경우에도 다양한 모습과 다양한 방식의 설계가 조화를 이룰 때 바람직한 사회의 탄생을 볼 수가 있을 것이다.

모든 사람이 거울로 삼아야 할 이상적인 인간의 틀이 정해져 있다고 주장한 학설이 없었던 것은 아니다. 예컨대, 아리스토텔레스는 항상 이성적으로 사유하고 이성적으로 행동하는 사람을 이상으로 삼았으며, 스피노자는 정념(情念)에 의하여 흔들리지 않고 언제나 태연자약한 인물이 되라고 권장하였다. 불가(佛家)에서는 세속의 번뇌를 벗어나서 열반의 경지에 이르는 것을 이상으로 가르쳤으며, 유가(儒家)에서는 학덕이 높은 성현의 경지에 이르는 것을 최고의 목표로 제시하였다.

그러나 철학 또는 종교의 스승들의 교설(教說)은 이상적 인간상의 대체적 윤곽을 제시했을 따름이지, 이상적 인간상의 세부적인 모습까지를 일일이 규정한 것은 아니다. 그들의 가르침 가운데서 어떤 하나를 신봉한다 하더라도, 그 테두리 안에서 세부의 모습이 서로 다른 여러 가지의 삶을 설계할 수 있는 여지는 남을 것이다. 인류의 역사 안에서 여러 가지 철학설과 종교설이 있고, 그들이 가르치는 이상적 인간상에는 공통점도 있으나 차이점도 있다. 이상적 인간상에 관한 여러 가지 학설 또는 종교설 가운데서 어느 하나만이 절대로 옳다고 믿는 사람도 있을 것이고, 그렇지 않다고 믿는 사람도 있을 것이다. 어떤 하나의 철학설 또는 종교설만이 옳다고 믿는 사람은 각자 자기가 옳다고 믿는 가르침의 테두리 안에서 인생을 설계할 일이다. 내가 그렇듯이, 어떤 하나의 가르침만이 절대로 옳다고 고집할 논리적 근거가 없다고 믿는 사람은, 과거의 철학이나 종교에 구애됨이 없이 보다 자유롭게 인생을 설계할 일이다.

그러나 어떤 하나의 철학설 또는 종교설을 믿지 않는 사람이라 할지라도, 아무렇게나 삶을 설계해도 좋다고는 생각되지 않는다. 집이 필요해서 집을 짓는 사람이 양옥을 짓든 한옥을 짓든, 이층집을 짓든 단층집을 짓든, 그것은 각자가 자유롭게 정할 일이다. 그러나 쓸모 있고 아름다운 집을 짓기 위해서는 건축 공학과 건축 미학의 기본 원칙은 지켜야 한다. 다시 말하면, 집을 짓고자 할 때 어떤 집을 짓든 자유이기는 하나, 제대로 집을 짓기 위해서는 건축 공학과 건축 미학의 기본 원칙을 지키는 범위 안에서 그 자유의 권리를 행사해야 한다. 인생의 경우에도 사정은 마찬가지라고 보아야 한다. 어떤 인생을 설계하든 그것은 각 개인의 자유이기는 하나, 보람 있고 뜻있는 생애를 얻기 위해서는 인생 설계의 기본 원칙을 지키는 범위 안에서 그 자유를 누려야 한다.

이 글의 주제는 맨 마지막 문단에 들어 있다. 이 주제를 드러내기 위하여 이 글은 점층적으로 논리를 전개시키는 짜임을 가지고 있다. 이런 긴밀한 짜임새를 가지고 있기 때문에 이 글은 쉽게 이해될 수 있는 것이다. 이처럼 글을 쓸 때는 주제를 정한 다음 위와 같은 긴밀한 짜임새를 가진 글을 쓸 수 있도록 전체적인 글의 얼개를 마련하는 일, 즉 구성을 잘 해야 한다.

## 3.3. 단락의 전개

주제가 정해지고, 쓸 글의 얼개가 만들어지면, 이를 바탕으로 글을 써 나가게 된다. 글을 써

나가려면 쓰고자 하는 글의 성격에 따라, 적절한 양식을 택하게 된다. 이 양식은 주로 글 쓰는 이의 의도에 따라 달라지는데, 그 의도란 어떤 사실을 남에게 전달하려고 하거나, 어떤 사물을 그려내려고 하거나, 논리적으로 증명하려고 하거나, 이해시키려 하는 것이다. 이들을 각각 '서사, 묘사, 논증, 설명이라고 한다. 한 편의 글은 글 전체가 이 하나의 양식으로만 되어 있는 것도 있지만, 대부분의 글들은 한 편의 글 속에 이 네 가지 양식이 두루 사용되고 있다. 글을 쓰는 사람들은 글을 쓰는 의도나, 글의 주제에 따라 이들 중 어느 양식을 골라 글을 쓰게 된다.

### 1) 서사

있었던 일이나, 진행되고 있는 일, 일어날 가능성이 있는 일들을 서술하는 것을 서사라 하고, 사실을 써나간 글을 서사문이라고 한다. 서사문의 대표적인 글은 신문 기사이다. 신문 기사는 그 날 그 날 있었던 일, 또는 지난 일 중에서 중요한 일들은 사실대로 기록해 전함으로써 독자들로 하여금 세상 돌아가는 일들을 잘 알 수 있게 해 준다. 신문 기사가 사건을 정확하게 전달해 주지 못한다든지, 사건을 왜곡해서 전하게 되면, 독자들로 하여금 그릇된 판단을 하게 하여 사회적 문제를 일으키게 된다. 그러므로 신문 기자들은 독자들에게 더 새롭고 정확한 기사를 전하기 위해 온갖 노력을 기울인다. 조선 왕조 실록과 같은 역사를 기록한 글들도 후세 사람들이 당시에 있었던 사건을 정확하게 알고 그것을 바탕으로 올바른 가치 판단을 할 수 있도록 하기 위하여 사관들이 엄정하게 사건들을 기록한 것이다.

서사문을 잘 쓰기 위해서는 무엇보다 먼저 있었던 일에 대한 정확한 정보를 가지고 있어야 하고, 사건의 전체 흐름을 꿰뚫어 보는 안목이 있어야 한다. 그러기 위해서는 자신이 직접 본 사건을 기록하는 것이 가장 좋다. 자신이 직접 본 것을 자신의 이름으로 기록한 것이라야 가장 믿을 수가 있다. 그러나 한 사건이라 하더라도 사건 전체를 모두 직접 볼 수는 없기 때문에 남의 이야기를 듣고 사건의 내용을 보충하기도 한다. 남의 이야기를 들을 때는 믿을 만한 이야기인지에 대한 판단을 잘 해야 하고, 될 수 있는 한 사실 확인을 해야 한다. 남의 말을 듣고 그대로 기록했다가는 낭패를 당하는 수가 있기 때문이다. 남의 말인 경우에는 누가 한 말이라고 밝혀 두는 것이 책임의 소재를 가릴 때 꼭 필요하다.

앞서 말한 것처럼 서사문에서 사건을 서술할 때는 엄정하게 객관적으로 기록해야 한다. 엄정하게 객관적으로 사건을 서술하는 것, 이것이 서사문의 생명이다. 누가 보더라도 그러했다고 인정할 수 있도록 서술해야 한다. 주관적인 견해를 배제하고 오로지 사건 내용을 있었던

대로 서술할 수 있도록 최선을 다해야 한다. 사건에 관계되는 잡다한 일들도 많이 있게 된다. 그럴 경우에는 전달할 취지나 분량에 따라 사건 내용을 취사선택을 하는데, 이 때에도 엄정하게 전체 사건의 맥락을 잘 이해할 수 있도록 선택에 각별히 유의해야 한다.

서사문은 일반적으로 시간의 흐름에 따라 사건을 배열한다. 그러나 사건을 좀 더 효과적으로 전달하기 위하여 시간 순서를 바꾸기도 한다. 그러나 이런 경우에도 독자가 오해하지 않도록 시간이 바뀌었음을 잘 명시해 주어야 한다.

## 새로운 시작

(학생 글)

기상나팔이 울릴 때 나는 벌써 깨어 있었다. 밤새 숨이 가쁘고 몸이 뜨거워 잠을 이루지 못하고 뒤척거린 뒤였다. 술기운 때문만은 아니었다. 주변을 간단히 정리하고 점호를 받으러 나갔다. 전날 해질녘에 내린 소나기 탓인지 새벽 공기가 매웠다. 마악 떠오르려는 해가 하늘 한쪽을 빨갛게 물들이고 있었다. 달력에 적힌 날짜를 하나하나 지워나갈 때에도, 바로 전날 저녁에 술에 취해 정말로 믿기지 않던 느낌이 그제야 한꺼번에 몰려들며 가슴을 울렁이게 했다. 9월 17일, 그 날은 내가 제대하는 날이었다.

하지만 마냥 들떠 있을 수는 없었다. 대한민국 사내들 중에서 젊은 시절 한 때를 군에서 보내지 않은 이는 별로 없을 것이고, 내 제대가 그들이 겪었던 것보다 특별할 이유도 없었다. 게다가 나는 입대할 때부터 벼르고 벼르던 일이 남아 있었다. 한 시간도 낭비하지 않고 학교로 돌아가 공부를 다시 시작하는 것이었다. 그 때문에 나는 지난 서른 달 동안 학교 신문을 받아보고, 빠듯한 시간을 쪼개가며 공부하던 분야의 책을 계속 읽어 왔었다.

점호를 마친 뒤 나는 가져갈 짐을 챙기기 시작했다. 세 해 동안 별다른 느낌 없이 썼던 물건들이 저마다 한두 가지 이야기를 가지고(→사연을 지니고) 있었다. 훈련을 받다 찢어져 바느질한 자리가 생생한 얼룩무늬 옷, 페인트가 묻은 손으로 그냥 들고 읽다가 책장 구석구석에 퍼런 페인트가 묻은 책(→를 묻힌 책), 군화발로

밟아 다리가 부러져 버린 검은 안경 따위 물건들을 더러는 개어 넣고 더러는 신문지로 싸 넣으면서, 나는 잠깐씩 생각에 잠기곤 한다. 그러다 정말로 잊지 못할 추억이 담긴 물건을 챙길 때면 잊지 못할 사람으로 생각이 이어지고, 다시 그 생각이 이리 저리로 이어져 나는 한동안 멍하니 앉아 있을 수밖에 없었다.

퍼뜩 정신이 들어 시계를 보니 여덟 시가 가까워 오고 있었다. 부대 본부에서 치를 전역식은 아홉 시로 정해져 있었다. 서둘러 나머지 짐을 쌌다. 오전에 제대에 필요한 일들을 마치고 오후에는 학교에서 복학 절차를 밟아야 했다. 짐 싸는 일을 마치자, 거의 출근을 했지만 비번이라 내무실에 남아 있는 동료들과 작별 인사를 했다. 악수를 하고 돌아서며 눈물을 흘리는 이들이 몇 있었다. 나도 다른 일은 접어두고 오래오래 서로 눈물을 닦아주며 이별을 하고 싶었다. 하지만 내겐 시간이 많지 않았다. 마음을 굳게 먹으며 어깨를 다독여 동료들을 위로하고 건물을 나섰다.

부대 본부에 다다르자 시계가 여덟 시 사십 분을 가리키고 있었다. 전역식까지는 아직 시간이 있었다. 훈련을 같이 받고 부대에도 같이 왔지만, 소속이 달라져 오랫동안 만나지 못했던 동료들과 만나 그 동안의 이야기를 나눴다. 아무리 찾아보아도 보이지 않는 친구들이 있어 어떻게 된 일인지 물어보니, 사고를 당해 죽거나 먼저 제대했다고 했다. 그 가운데는 나와 무척 친했던 이들도 있어 안타까운 생각이 들었다.

전역식은 삼십 분이 채 걸리지 않았다. 끝없이 길어 보이던 지난 세 해를 마무리 짓는 행사가 이렇게 짧으니 마치 연습을 하고 있는 것 같아 얼른 실감이 나지 않았다. 하지만 오후에도 할 일이 있는 나로서는 오히려 다행스런 일이었다. 옆에 있던 친구들에게 내 전화번호를 적어 주며 진주에 올 일이 있으면 꼭 찾아달라고 부탁했다. 그리고 다시 발걸음을 서둘러 인사처와 관리처에서(→가서) 신분 증명에 필요한 서류와 돈을 받았다. 모든 절차가 끝나고 시계를 보니 열 시를 조금 지나고 있었다.

한숨을 돌리고 나자 남아 있는 일이 생각났다. 전날 저녁의 술자리로 같은 부서의 사람들과는 작별을 했지만, 군대 생활을 하면서 업무 관계로 자주 만나다 친해진 사람들이나 가끔씩 들러 따뜻한 말로 위로를 해주고, 힘든 일이 있을 때 몇 가지 편의를 보아준 간부들에게는 아직 인사를 하지 못했던 것이다. 하루만 지나면 다시 보기는 힘들 사람들이었다. 어깨에 멘 짐도 무겁고 다리도 아팠지만 나는 다시 고마운 이들이 있는 사무실과 작업장을 돌며 마지막 인사를 했다. 영어 발음이 좋지 않아 조종사들을 긴장시켰던 관제탑 이 중사, 전화로 나와 욕까지 해가며 싸우다가 둘이 함께 벌을 받았던 작전과 황 병장, 나와 내 동료들의 사소한 군기 위반을 눈감아 주었던 헌병대 선임하사, 결국 실현되지는 않았지만 나를 볼 때마다 일하기 수월한 데로 옮겨 주겠다며 큰소리를 치던 정비대 선임하사, 그리고 좋은 감정으로 나를 대해준 다른 이들. 모두 할 일이 바쁜 중에도 잠깐씩 시간을 내어 내 제대를 축하해 주고 더러는 생각지도 못한 선물을 주어 나를 너무 기쁘게 했다.

더 이상 인사할 곳이 생각나지 않게 되어서야 나는 부대 정문으로 발길을 옮겼다. 몇 번이고 다시 생각해 보고 확인했지만 아무래도 내가 해야 할 일이 남은 것 같아 자꾸 걸음을 멈추게 되었다. 그렇게 싫어했던 우리 부대에 미련이 남아 있다고 생각하니 이상하게 느껴져, 나는 정문에 이를 때까지 피식거리며 웃었다.

정문을 지키던 보초병들이 부럽다는 표정으로 축하한다는 말을 건냈다(→건넸다). 나는 기쁜지 슬픈지 잘 모르겠다는 말을 하고 싶었지만, 그 친구들이 이해하지 못할 것 같아 그만두었다. 문을 나서면서 나는 그들에게 서른 달은 그리 길지 않으니 조금만 참고 기다리라고 말했다.

주차장에 도착해 진주로 가는 버스를 타고 앉자 갑자기 긴장이 풀리면서 졸음이 쏟아졌다. 그렇지만 나는 잠들고 싶지 않았다. 버스가 부대 앞을 지날 때 마지막으로 부대를 보고 싶었던 것이다. 버스가 사천 시가지를 벗어나 진사 국도로 접어들면서 철조망 너머로 부대 안의 모습이 한눈에 들어왔다. 코가 찡해지는 느낌이 들어 나는 얼른 고개를 숙이고 눈을 가렸다.

마음이 가라앉고 나자 배가 고파왔다. 바빠서 아침도 먹지 못했다는 것이 생각났다. '집에 도착하며 식사를 한 후, 짐을 풀고 학교로 가서 복학원을 내고 내일부터 학교를 다닐 것이다.' 집에 가서 할 일을 생각해 놓고 나서 눈을 감았다. 당장은 쉬고 싶었다. 버스가 빨리 도착하기를 바라며 나는 등받이에 몸을 기댔다. 별안간 천둥소리 같은 것이 들려 차창 밖을 내다보니 삼성항공에서 막 만들어낸 F-16 한

대가 시험 비행을 하느라 부대 활주로에서 하늘로 치솟고 있었다.

위 글은 제대하는 날 오전에 있었던 일을 지난날의 추억을 곁들이면서 시간의 흐름에 따라 잘 서술하고 있다. 서사문으로서의 조건을 잘 갖추고 있는 글이다.

### 2) 묘사

묘사란 어떤 사물의 형상이나 마음의 상태를 그림을 그리듯이 글로 드러내는 것을 말한다. 글의 대상이 되는 형상이나 상태를 그것을 보지 못한 사람이라도 눈앞에 보는 것처럼 머리 속에 떠올릴 수 있도록 글로 드러내는 작업이다.

그림에서도 사물을 있는 그대로 잘 묘사해 내는 것이 쉽지 않듯이 글에서도 묘사하는 일은 쉽지 않다. 묘사를 잘 하려면 묘사하는 대상의 특징을 잘 파악해야 한다. 사람의 경우 우선 외모의 특징이 어떠한지를 잘 파악해야 한다. 머리카락이 곱슬머리인지, 얼굴이 네모진지, 부드럽게 생겼는지, 눈, 코, 입, 귀, 턱 등에서 특징적인 모습이 있는지, 키가 큰지, 몸집이 작은지 하는 등등의 외모를 잘 파악하는 일이 중요하다. 이런 특징들을 통해 그 사람만이 가진 특징적인 외모를 잘 드러낼 수가 있는 것이다. 물건이나 장소의 경우도 마찬가지이다. 어떤 물건이나 장소도 각기 그 나름의 특징이 있게 마련이다.

그리고 같은 사물이나 장소라도, 그 공간 자체는 움직이지 않는 것이지만, 그 공간을 바라보는 위치나 각도에 따라, 또는 계절과 일기, 햇빛이 비치는 시간에 따라, 그리고 보는 사람에 따라 달리 보일 수 있다. 이런 공간에 대한 특성을 잘 이해한다면 묘사하고자 하는 공간의 아름답고 신비로운 모습을 잘 포착할 수가 있다.

이렇게 사물과 장소의 특징을 파악했으면, 묘사문의 글의 전개는 서사와는 달리 공간을 질서 있게 이동시켜 가며 사물의 특징을 드러내어야 한다. 한 위치에서 멈추어 서서 전후, 좌우, 상하로 시야를 순서 있게 옮겨가며 사물이나 장소를 묘사하기도 하고, 큰 물체나 넓은 장소일 경우에는 공간을 이동해가며 묘사하기도 해야 한다. 두 경우 모두 공간을 일정한 순서에 따라 묘사해야 독자들이 묘사한 공간을 제대로 잘 이해할 수가 있게 된다.

## 작지만 큰 공간 – 우리 집 옥상

(학생 글)

사람들은 많은 공간에 부대끼며 산다. 어디에 있든, 사람들이 사는 곳은 어떤 공간 속에서이지 그것을 벗어날 수 없다. 공간이 없다면 존재 자체가 부정되기 때문이다. 그러한 커다란 의미를 가지는 공간, 그 중에서도 내가 가장 아끼며 좋아하는 곳은 우리 집 옥상이다.

우리 집 옥상은 특별히 주위 경치가 좋은 곳도, 잘 다듬어진 곳도 아니다. 여느 집의 옥상과 마찬가지로 보통 크기의 그저 평범한 모습을 하고 있을 뿐이다. 하지만 우리 집 옥상에서는 주위에 높은 건물이 없어 사방이 탁 트인 넓은 하늘을 볼 수가 있다. 특히 별이 초롱초롱한 밤이면, 우리 집 옥상은 그대로 하나의 작은 우주가 된다. 자리를 깔고 누우면 시야가 온통 까만 하늘과 별, 달만으로 가득 차기 때문에, 내가 어느 우주 공간에 떠 있는 듯 황홀한 느낌마저 든다. 그리고 그런 날 모든 것을 있는 그대로 드러내는 하늘을 바라보며, 내 자신의 모습을 숨김없이 그대로 드러내 솔직하게 바라보게 하는 곳도 바로 우리 집 옥상이다. 그래서 우리 집 옥상은 참 친근하고 다정한 느낌이 든다.

어디 이뿐이랴. 우리 집 전체에서 우리 집 옥상이 가지는 의미는 대단히 크다. 식구가 많은 우리 집에선 속상한 일이 있을 때면, 부모님들에게 걱정을 끼쳐 드릴까 봐 방안에서 그것을 풀어낼 수 없다. 나뿐만이 아니라 우리 가족 모두 속상한 일이 있을 때면 옥상으로 올라간다. 우리 집 옥상에서 부는 바람에 속상함을 날려 보내기도 하고, 온갖 근심, 걱정을 털어 버리기도 한다.

이 밖에도 우리 집 옥상은 하루도 빠짐없이 널어야 하는 우리 집 식구의 빨랫감을 말리는 장소로 탁월한 공간이 되어 준다. 빨랫감만이 아니라 옥상 군데군데 말리는 물건도 많다. 한약재를 비롯해 건조를 요하는 물건들은 어김없이 제 있을 장소에서 수분을 날린다. 그리고 가족의 건강을 위해 식구 모두가 참여해 농사 지어 수확한 깨라든지 콩, 고추 등도 볕에 마르기를 기다리며 옥상에 눕는다.

우리 가족 모두에게 이렇게 우리 집 옥상은 참 좋은 장소가 된다. 우리 집 옥상을 아끼고 사랑하는 사람이 비단 나뿐이랴마는, 그 중에서도 특히 나는 우리 집 옥상에 많은 애정을 가지고 있다. 우리 집 식구들의 삶에 많은 기여를 하면서, 한편으로는 듬직한 지붕으로서의 역할을 다하는 우리 집 옥상. 오늘 저녁엔 그 곳에 가고 싶다.

옥상은 흔히 있는 아주 평범한 장소임에도 글쓴이의 관심과 남다른 관찰에 의해 잘 묘사되어 있다. 글 전체가 모두 묘사로 일관된 것은 아니지만, 옥상을 머릿속에 떠올릴 수 있도록 그려 놓은 부분이 많아 묘사문이라 부르기에 충분하다.

### 식영정, 그림자가 쉬고 있는 정자의 숨은 뜻

자미탄 여울가에 있는 정자 중 언덕배기 벼랑에 위치하여 가장 좋은 전망을 갖고 있는 것은 식영정(息影亭)이다. 별뫼라고도 부르는 성산(星山) 자락 끄트머리에 정면 두 칸, 측면 두 칸의 골기와 팔작지붕에 한 칸짜리 서재와 넓은 툇마루로 구성된 정자이다.

주위에는 아름드리 노송이 에워싸고 있는데, 훤칠하게 뻗어올라간 모습이 그렇게 시원스럽고 아름답게 보일 수가 없다. 낙락장송이라는 말에 어울리는 듬직한 소나무도 있고, 마치 이상좌(李上佐)의 「송하보월도(松下步月圖)」에 나오는 멋쟁이 소나무, 곁가지가 현애(懸崖)를 치며 늘어지는 꺾임새를 자랑하는 소나무도 있다. 그리고 뒤뜰로 돌아서면 배롱나무 노목들이 몇 그루 심어져 있으니, 자미탄의 모습을 여기서 상상해 볼 수도 있다.

식영정 툇마루에 앉아 절벽 아래쪽 자미탄 여울을 내려다보면, 아직도 그물을 갖고 물고기를 잡는 동네 아이들을 볼 수도 있고, 천둥 벌거숭이로 미역감는 모습이 펼쳐질 때도 있다. 시야를 멀리 여울 아래쪽으로 돌리면 광주호가 한눈에 들어온다. 인공 호수로 근래에 만들어진 호수이니, 그 옛날 식영정 주인은 보지 못했을 풍광이 우리의 눈맛을 시원스럽게 해 준다. 언제 어느 때 보아도 잔잔한 호숫물은 햇빛에 반사되어 어른거린다. 그것은 엷은 시정(詩情)의 세계가 아니라 깊은 사색의 세계로 이끌어 가는 평온이다.

### 선운사 동백꽃

보길도와 강진의 동백꽃은 3월말이면 다 질 정도로 일찍 피지만, 선운사 동백꽃은 동백나무 자생지의 북방 한계선에 있기 때문에 4월말이 되어서야 절정을 이루며, 고창군에서 주관하는 선운사 동백연(冬柏燕)도 이 무렵에 열린다. 동백꽃은 반쯤 져갈 때가 보기 좋다. 떨어진 동백꽃이 검붉게 빛 바랜 채 깔려 있는 데, 밝은 햇살을 받아 반짝거리는 이파리 사이사이로 아직도 붉고 싱싱한 동백꽃 송이들이 얼굴을 내밀고 있는 모습은, 마치 그림 속에 점점이 붉은 악센트를 가한 한 폭의 명화를 연상케 한다. 그 날 따라 하늘이 유난히 맑다면 가히 환상적이다.

그러나 동백꽃이 지는 모습 자체는 차라리 잔인스럽다. 꽃잎이 흩날리며 시들어가는 것이 꽃들의 생리겠건만 동백꽃은 송이째 부러지며 쓰러진다. 마치 비정한 칼끝에 목이 베어져 나가는 것만 같다.

〈유홍준, 『나의 문화 유산 답사기』에서〉

위의 글은 식영정의 위치와 모습, 주위에 있는 소나무의 모습, 식영정 아래쪽의 여울과 광주호의 전경을 묘사한 글이다. 유려한 문체로 특정한 공간을 잘 묘사하고 있다. 그리고 아래쪽의 글은 동백꽃의 아름다운 모습과 동백꽃이 질 때의 잔인한 모습을 잘 묘사하고 있다.

그는 여(余)가 ㅇㅇ촌(村)에 가기 일 년쯤 전, 빈손으로, 이웃이라도 오듯 후닥닥 ㅇㅇ촌에 나타났다 한다. 생김생김을 보면 얼굴이 쥐와 같고, 날카로운 이빨이 있으며, 눈에는 교활함과 독한 기운이 나타나 있으며, 발록한 코에는 코털이 밖으로까지 보이도록 길게 났고, 몸집은 작으나 민첩하게 생겼고, 나이는 스물 다섯에서 사십까지 임의로 볼 수 있으며, 그 몸이나 얼굴 생김이, 어디로 보든 남에게 미움을 사고 근접하지 못할 놈이라는 느낌을 가지게 한다.

그의 장기는, 투전 잘하고, 싸움 잘하고, 트집 잘 잡고, 칼부림 잘하고, 색시에게 덤벼들기 잘하는 것이라 한다.

〈김동인, 『붉은 산』에서〉

김동인의 '붉은 산'에 등장하는 '정 익호'라는 인물의 외모와 행동을 묘사한 글이다. 이처럼 묘사문에서는 묘사한 대상이 특정한 공간이든지, 인물이든지 그 글만 읽고도 그 공간이나 인물을 마치 눈앞에 훤히 떠올릴 수 있도록 묘사하여야만 좋은 글이 될 수 있다.

### 3) 논증

논증은 어떤 사실에 대하여 논리적인 증거를 들어서 주장을 내세우는 일이다. 합리적인 증거를 들어 이치를 따져 가면서 옳고 그름, 맞고 틀림, 참과 거짓, 타당함과 타당하지 않음 등을 밝히는 행위이다. 그러므로 논증의 생명은 합리성이며, 이 합리성을 드러내기 위해서는 합리적인 증거가 있어야 한다. 이치에 맞는지, 맞지 않는지, 그리고 이치에 맞는 증거가 있는지를 잘 따질 수 있는 능력이야말로 논증의 밑바탕이 된다. 반면에 이치에 맞지도 않고, 증거도 없이 주장함은 억지 주장이요, 강변에 불과하므로, 이는 논증을 할 때 가장 경계해야 할 일이다.

논증을 잘 하기 위해서는 논리적인 사고력이 있어야 한다. 논리적인 사고력이란 쉽게 말하면 이치를 잘 따질 수 있는 힘을 말한다. 이 힘은 하루아침에 길러지지 않는다. 오랜 숙달을 통하여 쌓여지는 힘이다. 그렇기는 하지만 글을 쓰면서 골똘히 생각에 생각을 거듭하게 되면 별 생각 없이 쓰는 것보다는 훨씬 글에 논리성이 붙을 수 있고, 그로 인해 논리적인 사고력이 길러지기도 한다. 그러므로 논증하는 글을 쓸 때는 언제나 깊이 생각해서 글을 쓰는 습관을 길러야 한다.

논증문에서 가장 중요한 것은 자기의 주장과 그 주장을 뒷받침하는 근거를 제시하는 것이다. 쓰고자 하는 글의 주제에 따라 논증문에서 논거를 제시하는 유형은 다양한데 가장 대표적인 유형은 옹호형이며, 그 외에 원인 분석형, 설명형, 비판형 등 여러 가지가 있을 수 있다.

#### ① 옹호형

이 유형은 단순 명료하여 주장하는 바가 찬반양론으로 분명하게 구분되는 글에 적합하다. 서로 다른 두 의견이 제시된 상태에서 한 쪽의 입장을 택하여, 그것을 옹호하면서 동시에 상대의 의견을 반박하는 유형이다. 옹호형의 논증문은 대개 다음과 같은 방식으로 전개한다.

서론에서는 자기 입장을 정하고 문제를 제기한다. 본론에서는 자기 견해를 옹호하기 위해 상대 논거를 비판하기도 하고 자기 견해를 제시한다. 이 때는 정확하고 객관적인 자료를 제시하여 자기의 주장과 상대의 논거를 비판하는 근거를 꼭 제시해야 한다. 결론에서는 논의를 정리하면서 제언과 전망을 덧붙이면 된다.

## 세계화 뒤엔 불평등 있다

필립 골럽

세계화와 신자유주의 경제의 장점만이 강조되는 오늘날에도 제3세계 경제학자인 아마르티아 센 영국 케임브리지대 교수의 목소리에 주목할 필요가 있다. 1998년 노벨 경제학상을 수상한 센 교수는 경제이론에 윤리적인 관점이 도입돼야 한다고 말한다. 그는 최근 미국 LA타임스지에 기고한 글에서 국제 정상회의의 단골손님이 돼버린 대규모 군중시위는 '세계가 안고 있는 박탈감과 불평등' 때문이라고 썼다. 따라서 그는 정책적 제도적 변화를 통해 국가 사이는 물론 개별 국가 내에서 부의 공평한 분배를 이루는 것이 시급하다고 주장한다. [문제 제기]

그의 말대로 점점 늘어나는 전 세계 단위의 자유시장은 사람들을 신자유주의 경제학자들이 주장하는 '기회와 번영을 공유하는 황금시대'로 안내하지 않는다. 대신 국가와 국가 사이는 물론 개별 국가 내에서의 불평등을 심화시킨다. 하나하나 따져보자. 세계화 옹호론자들은 세계화가 선진국과 후진국의 거리를 좁히면서 이른바 '남(빈국)'과 '북(부국)'의 간극을 좁힌다고 주장한다. 과연 그럴까. [상대 주장 제시]

많은 통계들은 세계경제에서 후진국 경제가 차지하는 비중이 19세기에 비해 줄었다는 것을 보여준다. 많은 후진국이 옛날보다 나아졌을 수는 있지만 선진국이 발전하는 속도보다는 훨씬 느리게 나아진 것이다. [상대 주장 비판]

1860년에는 이른바 제3세계의 제조업 생산량이 전 세계 제조업 생산량의 16.8%를 차지했다. 그러나 오늘날에는 단지 9%에 불과하다. 유엔개발계획(UNDP)에 따르면 1960년대 최빈국 수준 국민들의 평균 수입은 부유한 나라 국민 평균 수입의 30분의 1이었으나 오늘날에는 74분의 1로 급감했다. 이런 통계 수치들을 살펴볼 때 동아시아 신흥 산업국들을 예외로 하고는 세계화가 부국과 빈국의 소득 차를 좁히

기는커녕 넓히고 있다. [비판의 논거]

세계화는 개별 국가 내에서의 불평등도 키운다. 서구 세계의 지속적인 성장과 늘어난 부의 총량에도 불구하고 자유주의 경제정책이 도입된 1980년대 초 이후 개별 국가 내의 소득 불평등은 심화돼 왔다. 보다 구체적인 연구들에 따르면 1980, 90년대에 보통 근로자 가정의 수입은 감소한 반면 고소득자들의 수입은 기록적으로 증가했다. [자기 주장]

미국을 예로 들면 1950년부터 1978년까지는 인구의 5분의 1에 해당하는 부자들의 가계 수입은 99% 증가했다. 같은 기간 가난한 인구 5분의 1의 가계 수입은 140% 증가했다. 모두 재산이 늘었지만 가난한 사람들의 재산 증가 비율이 더 높았다. 그러나 1990년대에 들어와서 이처럼 평등으로 향하던 추세가 바뀌었다. 70년대 미국내 소득의 5.5%를 차지했던 가난한 5분의 1의 소득이 90년대엔 3.7%로 줄었다. 부유한 5분의 1의 소득이 국내 소득에서 차지하는 비율은 50%를 기록했다. [자기 주장의 논거]

99년에는 미국인 가운데 1%에 속하는 부자 한 사람의 세후(稅後) 평균 소득이 극빈자 100만 명의 수입에 맞먹었다. 80년대 이후 20년 만에 미국사회는 19세기 말이나 20세기 초의 불평등 사회로 되돌아간 셈이다. 유럽에서도 지난 20년간 비슷한 현상이 일어났다. 이런 불평등의 심화는 시장에만 맡겨둔다고 해서 부가 평등하게 배분되지 않는다는 점을 분명히 말해준다. 자연히 정부의 개입을 생각하지 않을 수 없다. [논거의 부연]

제2차 세계대전 이후 서방 세계에는 정부가 자본가와 노동자 사이의 사회적 계약을 보증해야 한다는 생각이 광범위하게 퍼져 있었다. 하지만 오늘날에는 정부가 자본가와 노동자 사이의 계약에 개입하는 것이 의문시되고 있다. 이 때문에 극소수만이 세계화된 시장에서 부를 수확하고 있다. 표면적으로는 인도와 브라질의 농민들과 유럽이나 미국의 노동자들은 공통점을 찾기 어렵다. 그러나 그들은 모두 자유시장이 자신들에게 적정한 몫을 돌려주지 않을 것이란 공통적인 우려를 안고 있다. [논거의 부연]

많은 국가의 지도자들은 이런 우려에 대해 언급하려 하지 않는다. 이들은 불평등이 불만을 키울 뿐만 아니라 결국에는 사회조직을 분열시킬 것이란 사실을 외면하는 듯하다. 또 경제적 사회적 분야에서 윤리의식이 제 몫을 찾지 못하면 반세계화 시위가 계속될 것이며 더욱 강렬해질 것이라는 점도 이해하지 못하는 것 같다. 이제 센 교수 같은 이의 목소리를 경청할 때가 됐다. [제언, 전망]

〈동아일보, 2001. 8. 15.〉

논증문은 대부분 논쟁거리가 되는 특정 현상에 대한 자신의 견해를 적게 되므로 위와 같은 옹호형의 논증문은 가장 널리 쓰는 유형이다. 글쓴이는 노벨상을 수상한 학자의 의견을 인용하면서 '세계화가 불평등을 야기한다.'는 논제를 제시하면서 글을 시작한다. 그런 다음 '세계화가 부국과 빈국의 간격을 좁힌다.'는 상대 의견을 제시하고 그 의견을 반박한 다음 자신의 의견을 펼치고 있다. 논증문에서 주장이 설득력을 가지게 되는 힘은 객관적이고 적절한 논거를 제시하는 것이다. 이 글에서는 70년대 이후에 빈부의 차이가 더 커졌음을 구체적인 숫자를 제시함으로써 주장의 논거로 삼고 있다. 글쓴이의 전문성이 돋보이는 이 글은 옹호형 글의 좋은 보기가 된다.

② 원인 분석형

이 유형은 제시된 문제 상황에 대해 문제 상황 자체나 그 원인을 분석하고자 할 때 유용하다. 원인 분석에 그치지 않고 그 대책을 마련할 수도 있다. 서론에서는 논의할 제재의 실상을 제시하면서 문제를 제기한다. 그런 뒤에 본론에서는 원인 분석과 그 해결 방안을 모색하면 된다. 이 때 해결 방안은 실현가능하고 구체적일수록 좋다. 그래서 적절한 예를 제시하여 부연 설명을 하거나 주장의 근거를 마련하는 것이 좋다. 결론에서는 요약을 하며 제언을 덧붙이는 것이 무난하다.

### 시대 반영 못하는 학교교육

박성휴

지난 1월 한국개발연구원(KDI) 주최로 열린 '전국 고등학생 경제경시대회'에 출제된 문제 하나. "홍길동은 인기가수의 콘서트 입장권을 5만원에 샀는데, 막상 콘서트 당일이 되자 갑작스러운 일이 생겨 갈 수 없게 됐다. 인터넷에서 급히 콘서트 입장권을 사려는 사람을 찾자 다행히 황진이가 구입의사를 밝혔다. 황진이에게 입장권을 택배로 보내는 비용은 5,000원으로 홍길동이 전액 부담키로 했다. 홍길동이 합리적인 사람이라고 가정한다면 황진이와 얼마이상의 가격부터 흥정해야 하는가. ①5만5천원 ②5만원 ③4만5천원 ④4만원 ⑤5,000원" [도입]

이 문제의 정답은 ⑤번이다. 홍길동은 5만원을 주고 입장권을 샀지만 자신에게는 이미 휴지가 된 것이나 마찬가지다. 경제용어로는 이를 '매몰비용(sunk cost)'이라고 한다. 홍길동이 합리적인 사람이라면 '택배비 이상만 받고 팔아도 좋다'고 생각해야 옳다. 경시대회에 참가한 고등학생 4,000명 가운데 이 문제의 정답을 맞힌 학생은 16%에 그쳤다. 우리나라 고등학교의 금융 및 경제교육이 얼마나 부실한지를 보여주는 단적인 예이다. [제재의 실상]

고등학생 중 경제를 선택과목으로 배우는 학생은 소수에 불과하다. 교과서의 내용도 경제학 원론에만 치중돼 있어 실생활에 유용한 금융 및 소비자 교육은 매우 빈약한 실정이다. 이를 보완할 만한 교재도 찾아보기 힘들다. [원인 분석]

교육인적자원부 관계자는 "고등학교 2학년들이 선택하는 사회과 과목 11개 중 경제를 선택하는 학생은 극소수에 불과하다."며 "대부분의 학생들이 경제학에 수학적 개념이 들어있어 어려워하는 것 같다."고 말했다. [원인 분석 부연]

한충영 교사(구리고)는 "학생들이 경제를 골치 아프다고 여기는 것에는 실생활과 괴리된 내용으로 채워진 교과서도 한몫 하고 있다."고 설명했다. 그는 "환율 문제의 경우 교과서는 '외화의 수요와 공급에 의해 환율이 결정된다.'고 쓰여 있지만 학생들은 '외화의 수요와 공급'이 무엇을 의미하는지 잘 모른다."며 "갖가지 사례를 들어 설명하지만 온전히 이해하는 학생은 그리 많지 않다."고 안타까워 했다. [원인 분석 부연]

실제로 고교 경제 교과서는 미시·거시 경제 등 경제학 원론을 훑는 데 그치고 있다. 대학 입시를 준비하는 학생들은 경제원리를 이해하기보다 어려운 경제용어를 암기하는 데만 급급해하고 있다. 배운 것을 실생활과 연결지으려는 노력도 찾

아보기 어렵다. [원인 분석]

실업계 고교는 더욱 심각하다. 맹철호 교사(동두천정보산업고)는 "실업계 고교생의 경우 인문계 고교 학생들보다 일찍 사회에 진출하는데 정작 사회생활에 필요한 경제·금융 지식은 학교에서 배울 수 없다."고 말했다. 그는 "특히 교과서에는 올바른 소비생활과 재테크 등에 관한 내용은 전무한 실정"이라고 비판했다. [원인 분석 부연]

중학교 3학년 교과서는 2개 단원에서 경제를 다루고 있으나 금융이나 소비생활과 관련된 내용은 빠져 있다. 대전의 한 중학교 교사는 "교과서는 국민경제에 대한 이해, 소비자로서 정당한 권리 찾기 등을 가르치는 데 미흡해 학생들의 인식은 '무조건 절약해야 한다.'는 수준에 머물러 있다."며 "교과서 개정이 필요한 시점"이라고 강조했다. [원인 분석 부연]

경제를 가르치는 일선 학교 교사들의 교육도 시급하다는 지적도 나온다. 천규승 KDI 경제교육실장은 "우리나라 경제가 단기간에 압축성장을 이룩한 반면 학교 경제교육은 이를 따라가지 못하고 옛 패러다임에 갇혀 있다."고 진단했다. 그는 "최근 몇 년간 중·고교 경제담당 교사를 상대로 연수를 실시한 결과 교과서도 문제지만 교과서에 나온 내용을 현재 벌어지고 있는 경제현상과 관련지어 설명할 능력을 갖춘 교사도 그리 많지 않은 것으로 나타났다."고 말했다. [원인 분석]

경제과목에 시사적인 것이 많기 때문에 이를 반영하기 위해서는 교과서를 수시로 개편해야 한다는 주장도 있다. 현재 중·고등학교에서 쓰고 있는 교과서가 신용카드 등 신용경제 부문을 다루지 않는 것은 카드사태가 터지기 전인 2002년 만들어졌기 때문이다. [대책]

천실장은 "실물경제는 급변하고 있는데 교과서는 한번 만들어지면 10년 가량 바뀌지 않는다."며 "이로 인해 경제관련 교과서에 이미 없어진 경제기구가 언급되는 사례도 있었다."고 말했다. 그는 "현실 경제에 맞게 수시로 교과서를 개편하고, 일선 교사에 대한 교육을 더욱 강화해야 할 것"이라고 주장했다. [대책, 제언]

〈경향신문, 2005. 7. 14.〉

위의 글에서 제시한 것과 같은 교육 문제는 '현상 제시 – 원인 – 해결책' 유형의 글에 적합하다. 이런 유형의 글은 문제의 원인을 진단하고 해결책을 제시하는 것이 일반적이다. 위의 글에서는 학교에서 경제 교육이 제대로 이루어지지 못하는 원인을 '부실한 교과서, 교사의 문제' 등으로 제시한 뒤, 그 원인을 실제 예를 들면서 부연 설명하고 있다. 그런 뒤 대책으로 교과서를 수시로 개편하고 일선 교사의 교육을 강화할 것을 제시하고 있다.

③ 설명형

이 유형은 어떤 개념이나 주장의 의미를 구체적으로 설명할 필요가 있을 때 적용할 수 있다. 단순히 설명하는 데 그치지 않고 글쓴이의 견해까지도 밝히는 것이 좋다. 서론에서는 쓸 글의 제재나 명제의 개념과 의의를 제시하고 본론에서는 그 명제나 제재에 대한 해설과 그 근거 그리고 자신의 견해를 적는다. 결론은 요약 정리하는 것이 무난하다.

### 한글의 우수성

조규태

훈민정음이 창제된 지 2000년을 기점으로 보면 550년 너머의 세월이 흘렀다. 이 긴 세월 동안 훈민정음이 제대로 글자 대접을 받은 것은 20세기에 들어와서였다. 20세기에 들어 이 글자는 이름도 한글이라 불리게 되었고, 비로소 겨레 전체 글자로서의 구실을 하게 되었다. 글자 수효도 다소 변화가 생겼다. 애초에 이 글자가 만들어질 때의 기본 글자는 28자였으나, 지금은 이 가운데에서 'ㅿ ㆆ ㆁ ㆍ' 네 글자가 쓰이지 않게 되어, 자음 글자 'ㄱㄴㄷㄹㅁㅂㅅㅇㅈㅊㅋㅌㅍㅎ' 열네 자와 모음 글자 'ㅏㅑㅓㅕㅗㅛㅜㅠㅡㅣ' 열 자 모두 24자가 쓰이고 있다. 이 기본글자 외에 기본글자를 두 자 또는 세 자를 합한 겹글자들도 세월이 흐르는 동안 정리되어 지금 자음 글자로는 'ㄲ, ㄸ, ㅃ, ㅆ, ㅉ' 다섯 자가 쓰이고 있고, 모음 글자로는 'ㅐㅒㅔㅖㅘㅙㅚㅝㅞㅟㅢ' 열한 자가 쓰이고 있다. 그러니 실제로는 자음 글자 19자, 모음 글자 21자 모두 40개의 한글 자모가 우리말을 표기하는 데 쓰이고 있는 셈이다. 한글은 흔히 세계에서 가장 우수한 글자라고 말하고 있다. 과연 한글이 세계에서 가장 우수하다고 말할 수 있는지 그 우수성을 살펴보기로 하자. [제재 설명, 논제 제시]

첫째로 한글은 음소문자이기 때문에 우수하다. 인류가 만들어 써 온 글자는 단어문자, 음절문자, 음소문자의 세 종류가 있다. 단어문자는 단어의 수효만큼 글자가 있어야 하고, 음절문자는 음절의 수효만큼 글자가 있어야 하며, 음소문자는 음소의 수효만큼 글자가 있어야 한다. 따라서 가장 적은 수효의 글자인 음소문자가 가장 우수하다. 글자는 말소리를 적는 기호일 뿐인데, 기호는 적을수록 배우기 쉽고 쓰기 쉬운 것이다. 오늘날 지구상에 쓰이고 있는 글자들이 한자와 가나를 제외하고는 모두 음소문자인 것은 이러한 이유 때문이다. [설명, 근거]

둘째로 한글은 한국어의 음소와 거의 1:1의 대응 관계를 갖고 있기 때문에 우수하다. 음소 수보다 글자 수가 많으면 읽기는 별 문제가 없으나 쓰기가 불편하다. 같은 음소를 적는 글자가 둘 이상이면 어느 글자를 써야 할지, 일일이 기억해 두지 않으면 바르게 쓸 수가 없다. 영어의 /k/ 음소는 'k' 자로도 때로는 'c'로도 적는데, 어떤 경우에 'k' 자를 쓰고 어떤 경우에 'c' 자를 쓰는가는 단어에 따라 달리 쓰인다고 말할 수밖에 없다. 반면에 음소 수보다 글자 수가 적으면 쓰기는 쉬우나 읽기는 불편하다. 한 글자가 둘 이상의 음소를 표기하는 데 쓰인다면 그 언어에 능통한 사람이 아니고서는 어떻게 읽어야 할지 알기 힘들기 때문이다. 몽고 문자는 음소 /t/와 /d/, /o/와 /u/, 그리고 /o/와 /u/를 같은 글자로 적기 때문에 단어에 따라 달리 읽을 수밖에 없다. 그러면 한글의 경우는 어떠한가? 한글의 음소와 한글은 정확하게 일대일로 대응한다. 따라서 한글은 발음 기호 없이도 읽을 수 있고 소리와 글자의 대응 관계만 알면 쉽게 적을 수 있으므로 우수한 글자이다. [설명, 근거]

셋째로 한글의 자음 글자는 그 글자를 발음할 때의 발음 기관의 모양이나 발음 기관의 움직임과 관련이 있어, 글자를 보고 그 글자의 음가[소릿값]를 알 수 있으므로 소리글자의 특징을 잘 살릴 수 있어 우수하다.

ㄱ : 혀뿌리가 목구멍을 막는 모양(ㄲ, ㅋ)

ㄴ : 혀끝이 윗잇몸에 닿는 모양(ㄷ, ㅌ, ㄸ, ㄹ)

ㅁ : 입모양 (ㅂ, ㅃ, ㅍ)

ㅅ : 이모양 (ㅆ, ㅈ, ㅉ, ㅊ)

ㅇ : 목구멍모양 (ㅎ)

또한 글자의 모양이 극히 단순하여 글자 익히기와 쓰기가 아주 쉽다. 한글은 직선과 동그라미로만 되어 있어 세계의 어떤 글자보다도 그 모양이 단순하므로 단 몇 시간만 익히면 누구라도 쉽게 쓸 수가 있다. [설명, 근거]

넷째로 한글은 체계적인 글자이기 때문에 우수하다. 세계의 어떤 글자도 글자 사이에 체계성을 가지고 있지 않다. 그런데 우리 한글은 우리말의 음소 체계를 잘 고려하여 만든 글자이기 때문에 글자들 사이에도 체계가 있어 배워 쓰기가 쉽게 되어 있다. (표4)에서 보다시피 자음 글자들 대부분은 같은 조음 위치에서 발음되는 소리들이 서로 관련이 있는 글자들로 이루어져 있다.

(표4) 자음 글자 체계표

| | 입술소리 | 혀끝소리 | 구개음 | 연구개음 |
|---|---|---|---|---|
| 예사소리 글자 | ㅂ | ㄷ ㅅ | ㅈ | ㄱ |
| 된소리 글자 | ㅃ | ㄸ ㅆ | ㅉ | ㄲ |
| 게센소리 글자 | ㅍ | ㄷ ㅅ | ㅊ | ㅋ |
| 비음 글자 | ㅁ | ㄴ | | |
| 유음 글자 | | ㄹ | | |

위의 표를 보면 같은 조음 위치의 글자들은 긴밀히 관련되어 있음을 알 수 있다. 된소리 글자들은 예사소리 글자가 겹쳐져 있는 것이며, 거센소리 글자는 예사소리 글자에 획이 하나 또는 둘씩 그어져 있다. 그리고 비음 글자는 예사소리 글자에서 획이 하나 또는 둘씩 감해져 있으며 유음 글자는 예사소리에 글자 두 획이 더해져 있다. 자음 글자 중에서 'ㅇ, ㅎ' 두 글자만 다른 글자와 관계를 맺고 있지 않을 뿐, 나머지 글자들은 서로 관련이 있어 예사소리 글자만 제대로 알게 되면 나머지 글자들은 쉽게 알 수가 있도록 짜여져 있다. 세계의 어떤 글자도 이처럼 체계적으로 되어 있는 글자는 없다. 따라서 한글은 세계에서 가장 우수하고 과학적인 글자

라고 말할 수 있는 것이다. 모음 글자들도 자음 글자만큼은 덜 하지만 서로 관련을 지울 수 있는 글자들이 많이 있다. 모음 글자들의 경우는 단모음 글자와 이중모음 글자들이 서로 관련을 맺고 있다. [설명, 근거]

이중모음 글자들은 모두 단모음 글자와 관련이 있는데, 반모음 ㅣ(/j/)계 이중모음 글자들은 각 단모음 글자에 획이 하나씩 그어져 있고, 반모음 ㅜ(/w/)계 이중모음 글자들은 각 단모음 글자에 'ㅗ'나 'ㅜ' 글자가 덧붙어 있어 서로 관련을 맺고 있다. [근거]

다섯째로 한글은 음소글자이면서도 모아씀으로써 표의성을 드러낼 수 있기 때문에 우수하다. 글자는 또 그 글자로 쓰여진 글을 눈으로 읽어 그 뜻을 빨리 알아 낼 수 있을수록 좋은 글자이다. 그런데 한국어는 한 음절이 하나의 뜻덩이[형태소나 단어]를 나타내는 경우가 많이 있기 때문에 이와 같은 한국어의 특징을 살려 뜻을 이해하기 쉽도록 하려면 글자를 음절 단위로 모아쓰는 것이 좋다. 한글맞춤법은 우리말의 이와 같은 특징을 살려 표기하도록 규정하고 있기 때문에, 우리는 빠른 속도로 글을 읽을 수 있다. [설명, 근거]

또한 한글은 모아쓰기를 함으로써 세로로도 쓰고 가로로도 쓸 수가 있다. 세계의 글자 중 가로쓰기와 세로쓰기를 모두 할 수 있는 글자는 일본의 카나와 한자밖에 없다. 그런데 카나는 음절문자이고 한자는 낱말글자이므로 음소글자보다는 뒤떨어진 글자이다. 한글은 음소글자이면서도 음절 단위로 모아쓰기를 함으로써 글자를 적을 물질의 모양에 따라 가로로도 세로로도 쓸 수 있는 참으로 편리한 글자이다. [설명, 근거]

한글은 한국어의 음소 체계와 거의 1:1로 대응하는 우수한 음소 문자이며, 글자와 발음 그리고 글자들 사이에 긴밀한 체계성을 가지고 있을 뿐만 아니라, 표의성을 드러내도록 모아쓰기를 함으로써 세계의 수많은 글자 중에서 가장 배우기 쉽고 쓰기 쉬운 글자이다. 한글은 몇 가지 결함이 있기는 하지만 한국어를 표기하는 완벽한 글자이기 때문에 이 글자로써 글을 배우는 한국 사람들의 문맹률이 세계에서 가장 낮다. [요약 정리]

〈조규태, 『번역하고 풀이한 훈민정음』에서〉

이 글은 '한글은 세계에서 가장 우수한 글자인가?' 라는 논제를 증명하기 위하여 다섯 가지 증거를 내세우고 있다. 설명형 논증문은 위와 같이 설명을 나열하는 것이 효과적이다. 각각의 설명과 근거들은 주장을 구체화시키며 읽는이에게 다양한 관점에서 논제에 접근할 수 있게 한다. 이 글에서도 각각의 설명과 주장에 대해서는 증거가 생명이다. 아무리 논리적으로 그럴듯해 보여도 증거가 명확하지 않으면, 내세운 주장은 힘이 약하거나 거짓이 되기 일쑤이다. 그래서 논증문을 쓰는 사람들은 명확한 증거를 대기 위해 자료를 철저히 조사하고 그 증거가 허점이 없는지 고심을 하게 되는 것이다.

④ 비판형

이 유형은 어떤 행동이나 견해를 특정의 조건이나 준거에 견주어 비판하는 경우에 적합하다. 그래서 타당하고 합리적인 준거를 설정하고, 반박당할 여지가 없을 만큼 충분한 근거를 제시하는 것이 중요하다. 서론에서는 써야 할 내용을 확인하고 논제를 제시한다. 본론에서는 주장과 그 주장의 뒷받침이 되는 논거를 제시하면 된다. 결론은 요약을 하고 제언을 하면 된다.

네티즌 여론의 명과 암

민경배

개똥녀에서 황우석까지 올 한해 인터넷 공간에는 네티즌 여론의 거센 폭풍이 끊임없이 불어닥쳤다. 지하철 공간에서 벌어진 작은 사건 하나를 온 세상이 떠들썩하도록 증폭시킨 것도, 그리고 'PD수첩' 광고의 전면 퇴출과 진달래꽃 흩뿌리며 모여든 난자기증 서약 행렬이라는 사상 초유의 사태를 이끌어낸 것도 모두 네티즌 여론이었다. [문제 제기]

어느새 네티즌은 거대한 권력을 거머쥐게 되었다. 키보드를 두드리는 손끝에서 나오는 네티즌의 의사 표출이 새로운 넷피니언(Netizen+Opinion) 권력을 등장시킨 것이다. 그리고 때로는 그 힘이 정부나 언론을 압도하는 막강한 영향력을 행사하기도 한다. 특히 오랜 권위주의 정권의 역사 속에서 민초들의 언로가 막혀있던 것에 대한 반작용인지 한국 사회에서 네티즌 여론은 유난히 폭발적인 양상으로 분출

되고는 한다. [문제 확인]

네티즌 여론의 급부상은 두 개의 얼굴로 다가온다. 그것은 한편으로 민주주의의 확장에 대한 기대감을 불어 넣는다. 인터넷 공간에 쏟아지는 네티즌들의 성역 없는 비판의식, 그리고 여과 없이 표현되는 자유로운 발언과 수시로 펼쳐지는 온라인 토론의 향연은 곧 참여 민주주의를 위한 축복이다. 하지만 다른 한편으로 이것은 포퓰리즘의 위험성을 동반하기도 한다. 감성적이고 자극적인 선전과 선동의 난무, 무차별적인 인신공격과 근거 없는 유언비어 유포는 네티즌 여론을 통한 민주주의 확장의 기대에 찬물을 끼얹는 사회악이다. [논제 제시]

일찍이 아리스토텔레스는 "민주주의란 그 참뜻을 바로 아는 사람들이 모인 사회에서는 최상의 제도이지만, 아무것도 모르는 우매한 대중들이 모인 사회에서는 최악의 제도가 된다."고 말한 바 있다. 오늘날 네티즌 여론에서 나타나는 두 개의 얼굴이야말로 아리스토텔레스의 예견을 적나라하게 보여주는 징표이다. 특히 "악화가 양화를 구축한다."는 그레셤의 법칙이 작용하듯 최근 잇달아 형성되고 있는 네티즌 여론의 흐름 속에는 몇 가지 우려스러운 모습들이 엿보인다. [논거 제시]

그것은 첫째, 네티즌 여론이 사뭇 폭력적인 양상으로 치닫고 있다는 점이다. 개똥녀나 'PD수첩' 같은 특정 개인 혹은 집단을 '공공의 적'으로 설정하고, 벌떼처럼 달려들어 끝장이 날 때까지 공격해댄다. 네티즌 여론이 자유로운 의사표현의 차원을 넘어 폭력적인 여론재판으로까지 이어지고 있는 것이다. [논거의 부연]

둘째, 네티즌 여론이 집단적 획일성을 띠고 있다는 점이다. 인터넷은 다양한 의견들의 공존과 교류가 보장되는 자유로운 공론장이어야 한다. 그러나 최근 일련의 네티즌 여론 과정에서는 생각을 달리하는 소수 의견이 온전히 설 자리가 없을 정도로 과도한 여론의 쏠림 현상이 나타나고 있다. 다원주의는 민주주의의 가장 기본적인 조건이다. 하지만 지금의 네티즌 여론은 다원주의의 정반대인 전체주의와 오히려 가깝다. [논거의 부연]

셋째, 이번 황우석 사건을 둘러싸고 제기되었던 '국익' 논란에서도 드러났듯이 네티즌 여론의 밑바탕에는 항상 강한 민족주의 정서가 흐르고 있다는 점이다. 실제로 그동안 네티즌 여론을 강력하게 결집시켰던 주요 사건들을 살펴보면 민족주의 정서를 자극했던 현안들이 상당수를 차지했다. 물론 오랜 식민지 지배와 외세에 의한 분단이라는 뼈아픈 역사를 감안한다면 강한 민족주의 정서는 이해할 수 있는 일이다. 하지만 민족주의가 다른 모든 중요한 가치들을 압도하는 무조건적인 최우선 가치로 간주된다면, 나아가 민족의 이익만을 맹목적으로 추구하는 배타적 민족주의로 치닫는다면 사태는 아주 심각해진다. [논거의 부연]

폭력성, 집단적 획일성 그리고 배타적 민족주의는 과거 독일과 이탈리아에 광풍처럼 휘몰아쳤던 파시즘을 연상시키는 단어들이다. 최근 일련의 네티즌 여론 과정에 대해 우려의 목소리가 제기되는 것도 바로 이 때문이다. 그래서 앞서 언급했던 아리스토텔레스의 말을 인터넷 공간에 다시 적용한다면 아마도 이렇게 바꿀 수 있을 것 같다. "인터넷이란 그 참뜻을 바로 아는 네티즌들이 모인 사회에서는 최상의 여론 매체이지만, 아무것도 모르는 우매한 대중들이 모인 사회에서는 최악의 흉기가 된다."라고. [제언]

〈경향신문, 2005. 12. 25.〉

위와 같은 비판형 논증문은 자신의 주장을 근거와 함께 열거한다는 점에서 옹호형이나 설명형과 비슷하다. 그러나 옹호형과 같이 상대방의 주장을 제시하여 비판하는 부분이 없으며, 설명형과 달리 나름대로의 기준을 설정해 놓고 자신의 주장을 펼치고 있다. 위 글에서 글쓴이는 '감성적이고 자극적인 선전과 선동의 난무, 무차별적인 인신공격과 근거 없는 유언비어 유포'는 민주주의가 아니라 '포퓰리즘의 위험성'을 동반한다는 준거를 제시한다. 그런 뒤 아리스토텔레스의 주장으로 근거를 제시함으로써 자신의 주장이 되는 준거를 한번 더 확인한다. 본론에서는 적절한 주장과 함께 적절한 예시를 들고 있는데 구체적인 사건들을 일일이 열거하면서 차근차근 비판하고 있어서 설득력이 있다. 그리고 결론에서는 서론에서 거론하였던 아리스토텔레서의 주장을 인터넷에 적용시켜 글의 결속성을 높이고 있다.

논증문에는 위의 논증문들처럼 어떤 사실을 논리적으로 증명하는 데 초점을 둔 글이 있는가 하면, 논증문의 하나로 남을 설득시키는 데 초점을 둔 글도 있다. 후자를 흔히 설득문이라고도 하는데, 논리적으로 이치를 따져 나간 글이라는 점, 근거를 들어 써야 한다는 점에서 설득문도 논증문의 일종으로 볼 수 있는 것이다.

설득은 어떤 주장을 논리적으로 전개하여 상대방의 마음을 바꾸려고 하는 행위이다. 그러므로 상대방을 설득시키기 위해서는 내세우는 주장이 명확해야 하고, 그리고 그 주장을 뒷받침하는 이유들이 타당해야 한다.

남을 설득시키기는 여간 어려운 일이 아니다. 말하는 사람의 말을 믿고 따르게 하려면, 우선 정서적으로 통해야 하고, 말하는 사람을 신뢰할 수 있어야 한다. 이것이 남을 설득할 때의 전제 조건이 된다. 아무리 타당한 말로, 정당한 주장을 한다 하더라도 이 전제 조건이 성립되지 않으면, 남을 설득한다는 것은 애초부터 포기해야 한다. 이 전제 조건에서 남을 설득한다고 할 때에도 내세우는 주장이 타당해야 한다. 주장이 타당하기 위해서는 주장하는 말을 뒷받침하는 타당한 근거들이 있어야 한다. 타당한 근거도 없이 목소리만 크게 외쳐대는 것은 억지 주장밖에 되지 않는다.

### 국회의원들의 비리와 해결책

(학생 글)

국회의원이란 국민을 대표하여 나라의 크고 작은 일을 돌보는 이들이다. 그런데 그들은 국민이라는 엄청난 세력을 앞에 두고도 아랑곳하지 않고, 그들의 사리사욕을 채우기에만 정신이 팔려 있다. 과연 이들을 우리가 뽑은 국민의 대표라 할 수 있을지 의심스럽다. 분명 우리가 투표하여 뽑았지만, 이들은 단지 표를 조금이라도 더 얻기 위한(→위해) 거짓 공략을 펼친 것이다. 우리는 이들에게 분노를 금치 못한다. 지금 우리 국회의 상황을 보면, 여야가 서로 헐뜯기를 밥 먹듯이 하고 있다. 서로 자기네들이 잘 났다고 떠들고 있을 때, 우리 사회의 혼란은 가중되고 있다는 것을 아는지 모르는지 매일같이 싸우기만 한다. 또한 그들은 국회의사당에서 의회를 열 때에도 참석하지 않고, 몇몇이 모여 골프장에서 골프를 치거나, 도박을 하는 등 나라의 일에는 전혀 무관심한 사람들도 있다. 그리고 그들은 국회의원이라는 직위를 이용하여 사업가들에게서 엄청난 액수의 돈을 받는다. 이러한 사실이 드러나 검찰이 이들을 소환해 조사하려 해도, 이들은 국회의원 특별법이라는 제도를 악용하여 빠져나가기 십상이다. 과연 이 사람들이 국회의원일까? 결국 우리 사회의 혼란은 국회의원들의 비리에 의해 생겼다고 하여도 과언이 아니다. 이러한 현 시점에서 국회의원들은 자신이 해야 할 일이 무엇인지 깨닫고 그들의 일에 대한 사명감을 가져야만 혼란은 수습될 것이다. 그들의 사명감은 바로 국민을 위한다는(→위하는) 것이고, 나라를 위한다는(→위하는) 것이다. 그러므로 국회의원들은 현 상황을 알고 올바른 사회 건설을 위해 앞장서야 할 것이다. 또한 부정부패의 사실이 드러난 국회의원들은 올바르게 처벌하기 위한 사회적 제도를 마련해야 할 것이고, 이들에 대한 처벌 또한 강화되어야 할 것이다.

이 글은 국회의원들의 비리를 해결하기 위한 대책을 제시하며 설득하고 있는 글이다. 그런데 설득하려는 대상이 명확하지 않다. 국민 전체를 보고 주장하는 말도 있고, 국회의원을 보고 주장하는 말도 있다. 설득문에서는 먼저 설득하고자 하는 대상이 분명해야 한다. 그래야만 그 사람에게 맞는 언어로 설득할 것이고, 그 사람에게 맞는 설득 논리를 내세울 수가 있다. 다음으로 위 글에서는 국회의원들이 저지른 비리를 바로잡기 위한 방안을 제시하면서 왜 그런 주장을 하는지에 대한 타당한 근거를 제시하고 있지 않다. 그저 일반적인 논리에 기대어 말하고 있을 뿐이다. 이런 주장은 공허한 말밖에 되지 않는다. 국회의원들이 저지른 비리가 있다면-전개 부분에서와 같이- 결론 부분에서는 그 비리에 적합한 해결 방안을 제시해야만 설득력이 있는 것이다.

### 자유의 종을 난타하는 기수의 일익을

서울대학교 학생회

상아의 진리탑을 박차고 거리에 나선 우리는 질풍과 같은 역사의 조류에 자신을 참여시킴으로써 이성과 진리, 그리고 자유의 대학 정신을 현실의 참담한 박토(剝土)에 흩뿌리려 하는 바이다.

오늘의 우리는 자신들의 지성과 양심의 엄숙한 명령으로 하여 사악(邪惡)과 잔학의 현상을 규탄(糾彈) 광정(匡正)하려는 주체적 판단과 사명감의 발로임을 떳떳이 선명하는 바이다.

우리의 지성은 암담한 이 거리의 현상이 민주와 자유를 위장한 전제주의의 표독한 전횡(專橫)에 기인한 것임을 단정한다. 무릇 모든 민주주의의 정치사는 자유의 투쟁사다. 그것은 또한 여하한 형태의 전제도 민중 앞에 군림하는 "종이로 만든 호랑이"같이 헤설픈 것임을 교시(敎示)한다.

한국의 일천(日淺)한 대학사가 적색(赤色) 전제(專制)에의 과감한 투쟁의 거획(巨劃)을 장(掌)하고 있는 데 커다란 자부심을 느끼는 것과 꼭 같은 논리의 연역에서, 민족주의를 위장한 백색 전제에의 항의를 가장 높은 영광으로 우리는 자부한다.

근대적 민주주의의 기간(基幹)은 자유다. 우리에게서 자유가 상실되어 가고 있다는 것을, 아니 송두리째 박탈되고 있다는 것을 우리는 이성의 혜안(慧眼)으로 직시한다.

이제 막 자유의 전장엔 불이 붙기 시작했다. 정당히 가져야 할 권리를 탈환하기 위한 자유의 투쟁은 요원의 불길처럼 번져가고 있다. 자유의 전역(全域)은 바야흐로 풍성해가고 있는 것이다.

민주주의와 민중의 공복이며 중립적 권력체인 관료와 경찰은 민주를 위장한 가부장적(家父長的) 전제 권력의 하수인으로 발벗었다. 민주주의 이념의 최저의 공리인 선거권마저 권력의 마수 앞에 농단(壟斷)되었다. 언론, 출판, 집회, 결사 및 사상의 자유의 불빛은 무식한 전제 권력의 악랄한 발악으로 하여 깜박이던 빛조차 사라졌다. 긴 칠흑과 같은 밤의 계속이다.

나이 어린 학생 김주열의 참시(慘屍)를 보라! 그것은 가식 없는 전제주의 전횡의 발가벗은 나상(裸像)밖에 아무 것도 아니다.

저들을 보라! 비굴하게도 위하(威嚇)와 폭력으로 우리를 대하려 한다. 우리는 백보를 양보하고라도 인간적으로 부르짖어야 할 학구(學究)의 양심을 강렬히 느낀다.

보라! 우리는 기쁨에 넘쳐 자유의 횃불을 올린다. 보라! 우리는 캄캄한 밤의 침묵에 자유의 종을 난타하는 타수의 일익(一翼)임을 자랑한다. 일제의 철퇴 아래 미친 듯 자유를 환호한 나의 아버지, 형들과 같이.

양심은 부끄럽지 않다. 외롭지도 않다. 영원한 민주주의의 사수파는 영광스럽기만 하다. 보라! 현실의 뒷골목에서 용기 없는 자학을 되씹는 자까지 우리의 대열에 따른다. 나가자! 자유의 비밀은 용기일 뿐이다.

우리의 대열은 이성과 양심과 평화, 그리고 자유에의 열렬한 사랑의 대열이다. 모든 법은 우리를 보장한다.

(이해의 편의를 위하여 한자어에는 모두 한자를 명시하였음)

위 글은 4 · 19때 쓰여진 글이라 어려운 한자어들이 많이 있어 글을 이해하는 데 다소 지장이 있다. 그리고 글 전체의 구성은 대체로 '(1) 자유를 쟁취하기 위해 나서는 우리들 행동의 이유와 정당성 (2) 현재의 시국 상황 (3) 동참하기를 권유함' 의 세 문단으로 되어 있으나, 각 단락이 모두 이 문단의 내용에 질서 있게 배열된 것은 아니다. 그러나 독재 정권에 맞서서 투쟁하고자 하는 논리적 근거가 여러 가지로 잘 드러나 있고, 남을 설득하는 강렬한 의지가 잘 드러나 있어 설득하는 글로서는 잘된 편이다.

### 4) 설명

설명이란 어떤 사실을 알기 쉽게 풀이하는 행위이다. 그러므로 어떤 사실을 설명하는 행위에는 설명을 듣는 사람이 설명하는 사람보다 정보나 지식이 부족하다는 것이 전제가 된다. 이 전제 아래서 설명하고자 하는 사람은 상대방이 무엇을 모르고 있는지, 어느 정도 모르고 있는지에 대한 인식이 있어야 한다. 이 인식이 부족하면 상대방이 이미 다 알고 있는 이야기를 하거나, 상대방이 알고자 하는 범위를 벗어난 엉뚱한 이야기를 하거나, 상대방이 알아들을 수 없는 너무 수준이 높은 이야기를 하게 되기도 한다. 요컨대 설명자는 상대방이 가진 정보나 지식 정도에 따라 설명의 폭과 깊이를 조정해야 한다.

이와 함께 잘 알 수 없는 어휘나, 모호한 문장을 쓰는 것은 설명문에서 가장 피해야 할 일이다. 설명문을 쓰는 사람은 내가 쓰는 말을 독자들이 잘 알아들을 수 있을까 하는 생각을 잊지 말아야 한다.

| 태평양<br>화이트키스치약<br>---<br>산소방울(CP+BS) 치아 미백<br>---<br>양치질시 아주작은 산소 방울이 생겨나 치아표면의 작은틈 사이와 치아 구석진 곳에 낀오염을 깨끗이 하여 이가 하얘지고 BS의 구취억제 효과와 세정 기능으로 개운함을 오래토록 유지시켜드립니다. | 태평양<br>화이트키스치약<br>---<br>이를 아름답고 희게 해 주는 치약<br>---<br>이를 닦을 때 아주 작은 산소 방울이 생겨나 이 겉면의 작은 틈 사이와 이 구석진 곳에 낀 찌꺼기를 없애 주므로 이가 하얘지고 냄새가 없어져 입안이 오래도록 개운합니다. |
|---|---|

위의 표 중에서 왼쪽 글은 어느 회사에서 치약을 선전하고 있는 글이다. 이 회사 치약이 어떤 제품인지를 설명하고 있는 내용이 주류를 이루고 있다. 그러나 이 제품의 설명은 '미백, BS, 구취, 세정' 등의 어려운 단어를 쓰고 있을 뿐만 아니라, 문장도 복잡하다. 그래서 이 글을 읽는 사람은 이 치약이 어떤 효능이 있는지에 대한 정보를 얻기가 쉽지 않다. 그 반면에 이 글을 바꾸어 쓴 오른쪽 글은 글 내용을 받아들이는 데 조금도 어려움이 없다. 이처럼 설명문을 쓰는 사람들은 독자들이 쉽게 알아들을 수 있도록 글을 써야 한다는 것을 명심해야 한다.

### 의 자

의자는 사람이 앉거나 몸을 기대거나 하는 도구의 하나다. 사람이 의자를 사용하게 되는 것은 그것이 일을 하는 데 편하거나 편히 쉬는 데 편리하기 때문이다. 그러니까 의자는 활동과 휴식을 위한 도구라고 할 수 있다. 활동하는 데에는 능률적인 것이 좋고, 쉬는 데에는 안락한 것이 좋다. 이 때문에 의자는 능률과 안락의 직능을 가진 도구라 말할 수도 있다. 그러나 의자의 능률적인 기능도 근본적으로는 의자가 주는 안정성에 있으며, 의자가 활동의 도구로서보다는 휴식의 도구로서 더 많이 사용되는 것이라면, 의자의 중요한 직능은 안락한 것에 있다고 보아야 한다. 안락해 보이는 의자를 보면 누구나 앉아 보고 싶어하는 것은 사람은 누구나 안락하기를 원하기 때문이 아닐까? 아니 이보다는 사람들은 크게는 저 하늘을 믿지 않고서는 살 수 없듯이 적게는 자기 몸을 의지하지 않고서는 살 수 없기 때문인지도 모른다. 이것이 의자가 육체적으로만 요구되는 것이 아니라, 심리적으로도 정신적으로도 요구되고 있는 이유가 아닐까?

이 글은 의자의 효용 가치를 쉽게 풀이하고 있다. 추상적인 용어도 더러 있으나, 말과 말 사이를 쉽게 이어가고 있기 때문에, 이 글을 이해하는 데 아무런 지장이 없다.

## 웃음

웃음은 사람의 마음을 표정 변화나 소리로 나타내는 방식의 하나이다. 마음의 긴장이 갑자기 무너지고, 즐거움・여유・대상을 관찰할 수 있는 심리적 거리가 생길 때 웃음이 나온다. 예사 웃음은 얼굴의 표정 변화와 목구멍을 거듭 울리는 소리를 아울러 가지고 있다. 표정 변화만 있고 소리는 없는 웃음, 소리만 있고 표정 변화는 없는 웃음은 웃음의 특수 형태이다. 웃는 사람이 남자인가 여자인가, 나이가 얼마나 되는가, 또는 왜 웃는가에 따라서 웃음이 각기 다르다. 표정 변화는 주로 입언저리에서 나타내지만, 경우에 따라서는 눈으로 웃기도 한다. 웃음소리를 '하하'・'해해'・'허허'・'호호'・・・・・・ 등으로 적는데, 실제로는 그보다 훨씬 복잡하다.

많은 동물 가운데 사람만 웃는다. 일반 동물도 노여움・슬픔・기쁨・즐거움을 나타낼 줄 안다. 그러나 기쁨이나 즐거움을 웃음으로 표현하지는 않는다. 소가 웃는다고 하지만, 사람에게 그렇게 보일 뿐이다. 고사를 지낼 때 웃는 모습을 하고 있는 돼지머리를 비싸게 사다 쓰는 기묘한 풍속에서 동물의 표정에 대한 사람 나름대로의 판단이 더 잘 드러난다. 동물은 안면 근육이 제대로 웃을 수 있게 발달되어 있지 않을 뿐만 아니라, 살아가는 데 웃음이 필요하지도 않다. 웃음은 생리적이라기보다는 심리적 반응이고, 문화적인 의미를 가지므로 더욱 중요시된다. 복잡한 생각을 한편으로는 말로, 또 한편으로는 웃음으로 나타내는 능력은 표리 관계에 있으며, 사람을 다른 동물과 구별되게 하는 징표이다.

생리적인 웃음은 사람이라면 누구에게서나 그리 다를 바 없다. 지능이 성숙되고 지각 반응이 세련된 사람의 웃음은 어느 민족의 경우나 비슷하게 다채롭다. 그러면서 심리적인 특징에 있어서는 서로 다를 수 있다. 웃음을 대상으로 하거나 표현의 소재로 삼아 이룩한 문화적인 창조물은 이차적인 웃음이고, 문화적인 웃음이라 할 수 있다. 이런 웃음은 민족에 따라서 커다란 차이를 나타낼 수 있어서 민족 문화 연구의 불가결한 대상이 된다. 웃음에 관한 일반론이 많이 나와 있으나, 인류 문화에 있어서의 웃음을 총괄하여 논한 것은 아니며, 아직 그럴 단계에 이르지 못하였다.

〈『한국 민족 문화 백과 대사전』에서〉

이 글은 웃음의 개념을 설명한 글이다. 웃음의 일반적인 특징을 다음과 같이 세 가지로 나누어 설명하고 있다. '(1) 웃음은 표정 변화나 소리로 나타낸다. (2) 동물 가운데 사람만 웃는다. (3) 이차적인 웃음은 민족마다 다르다.' 웃음의 특징을 주로 비교와 대조, 분류의 방식으로 설명하고 있다.

### 옥포 해전

1592년(선조 25) 임진왜란 때 옥포(玉浦 : 경상남도 장승포시 옥포동) 앞바다에서 이순신(李舜臣)이 지휘하는 조선 수군이 왜의 함대를 무찌른 해전. 부산진과 동래성을 점령한 왜적이 계속 북상하자, 당황하여 남해현 앞바다에 피신해 있던 경상 우수사 원균(元均)은, 율포 만호(栗浦萬戶) 이영남(李英男)을 이순신에게 보내어 적의 상황을 알리고 구원을 요청하였다. 전라 좌수사 이순신은 휘하의 장수와 의논 끝에 출전하기로 결정하고 이를 조정에 알리는 한편, 원균에게 양도의 수군이 집결할 장소를 약속하였다. 조정의 출전 명령을 받자, 본영(本營 : 지금의 여수) 앞바다에 집결한 휘하 장병과 전선을 점검한 뒤, 전대(戰隊)를 편성하니, 전선(戰船) 24척, 협선(挾船) 15척, 포작선(鮑作船) 46척, 도합 85척이었다. 5월 4일 본영을 출발하여, 소비포(所非浦 : 고성군 하일면 춘암리)에서 하룻밤을 자고, 당포 앞바다에 이르러 원균의 전선 4척, 협선 2척과 합세하여 송미포(松未浦 : 거제군

동부면)에서 작전을 계획하였다. 이 곳에서 하룻밤을 잔 뒤, 5월 7일 전 함대가 동시에 출항하여 옥포 근해에 이르자, 척후장(斥候將)인 사도 첨사(蛇島僉使) 김완(金浣)으로부터 적을 발견한 신호를 받았다. 이 때 도도[藤堂高虎] 지휘하의 왜선 30여 척은 홍백기를 달고 해안에 흩어져 있고, 왜적들은 포구로 들어가 분탕하고 있다가, 아군의 기습 공격에 당황하여 6척을 앞세워 해안을 따라 도주하기 시작하였다. 아군은 이를 포위하고 맹렬하게 포격을 가하여 왜선 26척을 격파하고, 왜적에게 포로가 되었던 3명을 구출하여, 임진왜란 중 해전에서의 첫 승리를 거두었다. 이 날 전투에서 탈출에 성공한 왜선은 몇 척에 불과하였으며, 미처 승선하지 못한 왜적은 육지로 달아났다. 아군은 달아나는 왜적을 추격하여 영등포(永登浦 : 거제군 장목면)를 거쳐 합포(合浦 : 마산시)에서 5척, 다음날 적진포(赤珍浦 : 통영시 광도면)에서 11척을 각각 분파하고 본영으로 돌아왔다. 이순신은 이 전공으로 가선대부(嘉善大夫)의 관계(官階)를 받았다.

〈『한국 민족 문화 백과 대사전』에서〉

임진왜란 중 해전의 하나인 옥포 해전을 서사적으로 설명하고 있다. 역사적 사건에 대한 설명은 주로 이와 같이 서사적 설명으로 이루어진다.

### 3.4. 다듬기(퇴고)

다듬기란 글을 다 쓰고 난 뒤, 쓴 글을 읽으면서 잘못된 부분이나 만족스럽지 못한 부분을 바로잡는 일을 말한다. 아무리 글을 잘 쓰는 사람이라 하더라도 쓴 글을 다시 읽어 보면, 틀리게 쓴 부분이나 만족스럽지 못한 부분이 적어도 한두 군데는 있게 마련이다. 그러므로 글을 다 쓴 다음에는 반드시 다듬는 일을 해야만 글이 완성된다는 점을 잊지 말아야 한다. 다듬고 또 다듬어야만 글다운 글이 되는 것이다. 글을 다듬을 때는 대체로 다음 순서에 따르는 것이 좋다.

1. 글의 짜임새가 바르게 되어 있는가?
2. 글의 주제와 제목이 일치하는가?
3. 틀린 문장은 없는가?
4. 잘못 사용한 낱말은 없는가?
5. 한글 맞춤법 · 표준어 규정에 어긋나는 말은 없는가?
6. 알기 쉬운 말로 고쳐야 할 것은 없는가?

다음 글을 읽으면서 여기에 제시된 순서에 따라 글을 다듬어 보기로 하자.

### 낯선 ID의 E-Mail 그리고, 새로운 시작

(학생 글)

① 아침의 쌀랑함이 이제 가을이구나 하는 느낌을 들게 한다. 생명의 마지막 힘을 다 쏟아 붓듯이 간간히 들리는 매미 울음소리가 애처롭게 들리기도 한다.

② 9월 1일, 2학기 개강을 한 뒤 거의 일주일이 지난 어제의 일이다.

③ 강의가 다 끝나고 개강 총회를 한 나와 나의 친구 몇몇은 남은 하루의 시간을 채우기 위해 후문 근처의 가까운 PC방에 갔다. 자리에 앉아서 메일 확인하러 인터넷을 시작한 나는 낯선 ID의 메일을 발견하고, 그것을 클릭해서 읽었다. 그 메일을 쓴 사람은 다름 아닌 나의 고등학교 3학년 때 담임 선생님이셨고, 난 무지 반가웠다.

④ 메일은 학기가 시작되었으니 계획 잘 세우고, 술 많이 마시지 말고, 마무리 잘해서 군대 가라는 내용을 담고 있었다. 어찌 보면 아주 당연한 글이고, 해야 할 말만 적은 글-그냥 쉽게 넘어갈 수 있는 내용-이었지만, 한 주일간을 아무 할 일 없이 멍하게 지내온 나에게는 아주 따끔한 충고가 되었다. 학기가 시작되어도 정신 차리지 못하고 빈둥빈둥 놀고 있는 제자에게 걱정과 당부의 메일을 보내신 당신의 마음이 충분히 느껴졌다. 사실 학기 초가 행사나 모임 때문에 이것저것 하는 일없이 바쁘고 얼렁뚱땅 넘어가지만 학기 중 아주 중요한 시기라 할 수 있다. 이 시기에 보내신 선생님의 메일은 내게 지난 학기에 대한 반성과, 이번 학기의 다짐

을 만들어 주었다.

⑤ PC방을 나와서 우리들은 기숙사 입방식을 한다고 치킨과 콜라를 사들고 가서 방 선배와 애들이랑 후딱 먹어치우고 잠자리에 들었는데, 이상하게 잠이 오질 않았다. 잠이 오질 않은 터에 방 선배랑 그냥 시시콜콜한 얘기를 주고받았다. 그 내용 중에는 나 자신에 대한 내용이 대부분이었는데, 나와 관련된 가족 이야기, 선배, 동기, 학교 이야기를 나누었다. 사실, 필요 없고, 무의미한 일상생활 얘기였지만 나에겐 좀 다르게 들려 왔다. 지난 학기 멋모르고 지냈던 일을 선배랑 이야기하고, 반성하고 많은 것을 얻을 수 있었다.

⑥ 다짐이야 항상 하는 것이지만 이번에 하는 다짐은 뭔가 다르다. 비록 1학기뿐이었지만, 대학 생활에 어느 정도 감이 잡히고 이제 새 학기니깐 뭔가 달라져야 된다고 생각한다. 멍하게 시작한 2학기의 시작이 옛 선생님의 이·메일 한 통으로 인해 좀 달라질 것 같다. 방학 때 많이 찾아 뵙지 못해 죄송스러운데, 이 모자란 나를 위해 걱정하시는 은사님을 생각해서라도 좀 더 나은 생활을 하기 위해 노력해야겠다.

이 글은 다듬어야 할 곳이 많다. 그 중 우선 글의 짜임에 대해서만 살펴보자. 이 글은 9월 1일 은사님이 보내 주신 전자 우편을 받고 대학 생활에 대해 새로운 다짐을 한 것이 주된 내용이다. 그런데 ⑤번 단락은 그저 오늘 있었던 일 중의 하나에 불과할 뿐, 글의 주제와는 무관하다. 그러므로 이 단락은 이 글에서는 빼는 것이 좋다. 그러고 보면 ①단락도 새로운 다짐을 하는 내용이 주류를 이루는 이 글의 흐름과는 무관하다. 그러므로 이 단락도 없는 것이 좋다. 그리고 ②번 단락과 ③번 단락은 한 단락으로 이어 써야 한다. ③번 단락의 내용이 글의 흐름이 바뀌는 새로운 내용이 아니기 때문이다.

둘째로 살펴볼 것은 주제와 제목의 일치 여부인데, 이 글의 주제는 앞서 말한 것처럼 '은사님의 전자 우편을 받고 새로운 다짐을 하다.' 이므로 글의 주제와 제목이 일치한다.

그밖에 다듬을 문장, 단어 등을 아울러 바로잡아 보자. 대체로 순서는 문장, 단어, 맞춤법·표준어 순서이지만 이 순서는 별로 중요하지 않다. ①⑤ 단락을 포함하여 이 셋을 다듬은 내용을 모두 싸잡아 보이면 아래와 같다.

① 아침의 쌀랑함이 이제 가을이구나 하는 느낌을 들게 한다. 생명의 마지막 힘을 다 쏟아붓듯이 간간히(→간간이) 들리는 매미 울음소리가 애처롭게 들리기도 한다.

② 9월 1일, 2학기 개강을 한 뒤 거의 일주일이 지난 어제의 일이다.

③ 강의가 다 끝나고 개강 총회를 한 나와 나의 친구 몇몇은(→마치자 친구 몇 명과 함께) 남은 하루의 시간을 채우기 위해 후문 근처의 가까운 PC방에 갔다. 자리에 앉아서 메일(→우편을) 확인하러 인터넷을 시작한 나는 낯선 ID의 메일을 발견하고, 그것을 클릭해서 읽었다. 그 메일(→편지를)을 쓴 사람은 다름 아닌 나의 고등학교 3학년 때 담임 선생님이셨고,(→다.) 난 무지(→너무나) 반가웠다.

④ 메일은 학기가 시작되었으니 계획 잘 세우고, 술 많이 마시지 말고, 마무리 잘해서 군대 가라는 내용을 담고 있었다. 어찌 보면 아주 당연한 글이고, 해야 할 말만 적은 글-그냥 쉽게 넘어갈 수 있는 내용-이었지만, 한 주일간을 아무 할 일 없이 멍하게 지내온 나에게는 아주 따끔한 충고가 되었다. 학기가 시작되어도 정신 차리지 못하고 빈둥빈둥 놀고 있는 제자에게 걱정과 당부의 메일을 보내신 당신의 마음이 충분히 느껴졌다. 사실 학기초가(→는) 행사나 모임 때문에 이것저것 하는 일없이 바쁘고 얼렁뚱땅 넘어가지만(→넘어가기 일쑤이지만) 학기 중 아주 중요한 시기라 할 수 있다. 이 시기에 보내신 선생님의 메일은 내가(→게) 지난 학기에 대한 반성과, 이번 학기의 다짐을 만들어(→하게 해) 주었다.

⑤ PC방을 나와서 우리들은 기숙사 입방식을 한다고(→하기 위해) 치킨(→통닭)과 콜라를 사들고 가서(→기숙사로 들어갔다.) 방 선배와 애들이랑 후딱 먹어 치우고(→먹어 치우는 것으로 입방식은 끝이 났다.) ( ∅ →곧) 잠자리에 들었는데, 이상하게 잠이 오질 않았다. 잠이 오질 않은 터에(→나처럼 잠을 이루지 못하는) 방 선배랑 그냥 시시콜콜한 얘기를 주고받았다. 그 내용 중에는 나 자신에 대한 내용이 대부분이였는데(→었는데), 나와 관련된 가족 이야기, 선배, 동기, 학교 이야기를 나누었다.(→들도 있었다.) 사실, 필요 없고, 무의미한 일상생활 얘기였지만 나에겐 좀 다르게 들려 왔다. 지난 학기 멋모르고 지냈던 일을 선배랑 이야기하고, 반성하고(→며) 많은 것을 얻을 수 있었다.

⑥ 다짐이야 항상 하는 것이지만 이 번에 하는 다짐은 뭔가 다르다. 비록 1학기뿐이었지만, 대학 생활에 어느 정도 감이 잡히고(→익숙해지고) 이제 새 학기니깐 뭔가 달라져야 된다고 생각한다. 멍하게 시작한 2학기의 시작이 옛 선생님의 이·메일(→전자 우편) 한 통으로 인해 좀 달라질 것 같다. 방학 때 많이(→자주) 찾아 뵙지 못해 죄송스러운데, 이 모자란 나를 위해 걱정하시는 은사님을 생각해서라도 좀 더 나은 생활을 하기 위해 노력해야겠다.

위와 같이 다듬은 뒤에 전체 글을 다시 읽으면서, 문맥에 맞게 손질을 하여 다시 써 보이면 아래와 같이 된다.

### 낯선 주소의 전자우편, 그리고 새로운 시작

9월 1일, 2학기 개강을 한 뒤 거의 일주일이 지난 어제의 일이다. 강의가 다 끝나고 개강 총회를 마치자 친구 몇 명과 함께 남은 하루의 시간을 채우기 위해 후문 근처에 있는 가까운 피씨방에 갔다. 자리에 앉아서 전자우편을 확인하려 인터넷을 시작한 나는 낯선 주소의 편지를 발견하고는, 그것을 클릭해서 읽었다. 그 편지를 보낸 사람은 다름 아닌 나의 고등학교 3학년 때 담임 선생님이셨다. 난 너무나 반가웠다.

편지에는 학기가 시작되었으니 계획 잘 세우고, 술 많이 마시지 말고, 마무리 잘 한 뒤 군대 가라는 내용을 담고 있었다. 어찌 보면 아주 당연한 글이고, 해야 할 말만 적은 글 - 그냥 쉽게 넘어갈 수 있는 내용 - 이었지만, 한 주일간을 아무 할 일 없이 멍하게 지내온 나에게는 아주 따끔한 충고가 되었다. 학기가 시작되어도 정신 차리지 못하고 빈둥빈둥 놀고 있는 제자에게 걱정과 당부의 편지를 보내신 당신의 마음이 충분히 느껴졌다. 사실 학기 초는 행사나 모임 때문에 이것저것 하는 일없이 바쁘고 얼렁뚱땅 넘어가기가 일쑤이지만, 학기 중 아주 중요한 시기라 할 수 있다. 이 시기에 보내신 선생님의 편지는 내게 지난 학기에 대한 반성과, 이번 학기의 다짐을 하게 해 주었다.

다짐이야 항상 하는 것이지만 이번에 하는 다짐은 뭔가 다르다. 비록 1학기뿐이었지만, 대학 생활에 어느 정도 익숙해지고 이제 새 학기니까 뭔가 달라져야 된다고 생각한다. 멍하게 시작한 2학기의 시작이 옛 선생님의 전자 우편 한 통으로 인해 좀 달라질 것 같다. 방학 때 자주 찾아 뵙지 못해 죄송스러운데, 이 모자란 나를 위해 걱정하시는 은사님을 생각해서라도 좀 더 나은 생활을 하기 위해 노력해야겠다.

위와 같이 다듬고 보면 문맥이 자연스레 이어지고 주제도 선명하게 드러난다. 다만 단락을 두 개나 삭제하여 글의 내용이 좀 빈약해졌다. 둘째 단락과 셋째 난락 사이에 지금까지 지내온 일들에 대해 되돌아보고 반성하는 내용을 덧붙인다면 좋은 글이 될 수가 있을 것이다.

# 4. 보고서(리포트) 작성법

## 4.1. 보고서의 성격과 형식

대학은 중 · 고등학교와 달리 학생 스스로 공부하여야 하고, 공부할 범위도 한정되어 있지 않다. 학생의 능력에 따라 공부할 수 있는 범위는 무한하다. 학생들에게 능동적으로 배운 지식을 정리하고, 많은 참고서적의 탐독과 새로운 자료 조사를 통해 해당 분야에 대한 이해를 넓히기 위해 부과되는 것이 보고서이다. 대학에 들어와서 도서관을 이용하는 방법을 익히고, 도서 목록 찾는 법, 참고 열람실 이용법, 해당 분야 전공 도서 및 논문의 목록을 섭렵할 수 있는 기회는 보고서를 작성하면서 주어진다. 보고서는 한 가지 주제를 중심으로 자료를 분석 · 정리하고, 생각을 정돈하여 나름대로 독창적인 새로운 학문적 사실과 결론을 제시할 수 있는 능동적 학습자로 학생을 이끌어 준다.

보고서는 사실상 소논문의 범주에 들어간다. 물론 독창성을 제시하는 데 한계가 있기는 하지만, 보고서 작성 과정을 통해 새로운 방법론을 익히고, 나름대로 전문분야에 대한 새로운 시각을 갖게 한다는 점에서 소논문의 성격을 지닌다고 할 수 있다. 물론 소논문이 원래 학회지나 학보 같은 곳에 실릴 것을 전제로 하여 쓴 짧은 논문을 의미하기는 하지만, 학생들이 제출한 보고서 중에서 우수한 것을 교수가 추천하여 학회지나 교지 등에 실어 주게 되는 경우가 종종 있는 것으로 보아서는, 소논문 성격을 지닌다고 말할 수 있다. 따라서 보고서를 쓰는 입장에 있는 학습자는 이러한 성격을 숙지하여, 단순히 이미 있는 내용을 요약 · 정리하는 데 머물지 말고, 새로운 견해나 방법론을 제시할 수 있는 단계에까지 이르도록 노력하여야 한다.

보고서의 형식은 보통 《목차-서론-본론(흔히 몇 가지 소항목으로 나누어 짐)-결론-참고문헌 제시》의 골격을 취하게 된다. 그리고 반드시 서론-본론 단계에서 논지를 전개할 때는 도움받은 견해에 대해 충실하고 명확한 각주를 달아야 한다. 이를 빠뜨린다는 것은 남의 글을 도적질하는 것과 다를 바 없는 것이다.

## 4.2. 보고서의 작성 과정

① 논제에 대한 충분한 이해 : 자료 조사에 착수하기에 앞서 보고서의 제목을 충분히 검토하고, 출제자의 의도를 파악하는 것이 중요하다. 제출한 과제물의 20~30%정도는 제목과 별로 관계없는 내용을 요약한 경우가 많다는 점을 상기할 필요가 있다.

② 풍부한 참고 문헌의 조사 및 탐독 : 논제에 대한 검토의 다음 단계는 풍부한 참고 자료를 수집하는 것이다. 이 과정에서는 도서관을 찾아가 도서 목록 카드를 뒤지고, 계간지 · 월간지 등 학술잡지 목록을 찾아보는 작업이 선행되어야 한다. 그리고 백과 사전 및 전문 대사전을 찾아 필요한 부분을 요약하는 것도 잊지 말아야 한다. 그 다음 보고서와 관련되는 필독 도서는 필히 구입하여 개인 장서를 늘여 가는 것도 고학년에 올라가 학습을 용이하게 하는 한 방법이 된다. 그래도 구할 수 없는 자료는 지도 교수나 대학원생 등 선배들을 찾아가 자문을 구하거나, 빌려보는 방법을 이용할 수도 있겠다.

③ 자료의 분석 · 정리 : 이 단계에서는 카드를 이용하여 앞서 조사한 자료를 충실히 섭렵 · 탐독하고, 그 핵심적인 사항을 분류 · 정리하는 것이 필요하다. 자세한 방법은 다음 장(논문작성법)을 참조하기 바란다.

④ 구상 및 개요 작성 : 보고서 작성에 앞서 카드에 정리된 자료를 반복해서 읽으면서, 생각을 정돈할 필요가 있다. 구상의 단계를 거치지 않고 바로 보고서 작성에 착수할 경우 일관성을 잃을 염려가 많으므로, 반드시 그 구상을 도식화하여 메모를 작성해야 한다. 주제와 그에 종속하는 논점을 찾고, 그 논점의 세목을 정리한 뒤에 주제 논점 세목을 알기 쉽게 목록를 만드는 것이다. 이것이 바로 개요 작성의 순서이며 요령인 것이다.

⑤ 보고서의 체계 및 내용 설정 : 구상의 다음 단계로는 보고서의 뼈대 및 형태를 설정하는 작업이 요구된다. 이는 목차를 먼저 만들어 거기에 살을 붙이는 방법으로 보고서 작성 작업을

진행해야 함을 의미한다. 특히 내용과 형식의 조화에 무엇보다 많은 신경을 써야 한다. 대개 부실한 보고서의 대부분이 분량을 적절하게 배분하여 체계를 세우지 못한 데 기인한다. 몸통은 큰데, 살이 없든지, 머리는 큰데 몸체는 없는 보고서가 많다는 점을 항상 염두에 둘 필요가 있다.

⑥ 충실한 각주 제시 및 세심한 참고문헌 목록작성 : 보고서를 작성해 가면서 특히 신경을 써야 할 점은 풍부한 참고 자료를 적절하게 활용하여 최대한의 효과를 살려야 한다는 점이다. 물론 보고서에 인용이 너무 많아도 감점 대상이 될 수 있지만, 핵심적이고 논리 전개에 꼭 필요한 참고 자료는 과감하게 직접 인용과 간접 인용 방법을 할 필요가 있다. 또 가능한 참고 문헌을 제시하는 것이 좋은 평가를 받는 데 도움이 된다는 점을 간과해서는 안 된다.

⑦ 초고 검토 및 퇴고 : 일단 초고를 쓴 다음, 그것을 반복해서 읽으면서 문장의 주 · 술 관계 및 맞춤법, 띄어쓰기 등을 점검해야 한다. 그리고 낡고 낯선 학술 용어는 매끄럽고 생동감 있는 용어로 대체하는 것이 좋다.

⑧ 정서 : 보고서는 평가받기 위해 교수에게 직접 제출하는 것이므로, 학습자로서의 예의를 최대한 갖추어야 한다. 어떤 학생의 경우 초고를 그냥 내는 경우가 있는데, 이는 예의에 어긋난다. 배우는 입장에 있는 대학생 시절부터 정서하는 습관을 들이는 것이 바람직한 것이다.

## 4.3. 보고서의 체제

보고서는 일반적으로 다음과 같은 체제를 지닌다.

● 겉표지

1. 제목과 내용의 차례를 적는다.
2. 제출자의 인적 사항을 적는다 : 학과, 학년, 학번, 이름

● 속표지

1. 도표나 그림의 차례를 적는다.

● 본문 부분

1. 서론

1) 조사/연구의 필요성

2) 문제 제기

3) 조사/연구의 목적과 방법

4) 조사/연구의 범위 설정

2. 기존 조사/연구의 문헌 검토

3. 조사/연구의 내용

4. 결론

●참고 자료

· 참고문헌

· 부록

모든 보고서가 반드시 위와 같은 체제로 되는 것은 아니나(인문 · 사회분야와, 자연 · 이공분야는 그 특성에 따라 다소 차이가 있다.), 큰 테두리는 위와 같다고 할 수 있다.

## 4.4. 보고서의 평가 기준

보고서의 채점 기준은 크게 세 가지를 근거로 한다. 첫째, 논문의 체제 · 구성이 제대로 이루어져 있는가에 대한 평가이다. 여기에는 앞서 설명한 (1) 보고서의 형식을 제대로 갖추었는가를 주로 점검해 보게 된다. 둘째, 주제에 대한 이해, 사고력 · 판단력의 적정성 등 논문의 내용면에 대한 검토가 가장 비중 있게 다루어진다. 특히 논리적인 사고에 독창적인 견해까지 더해진다면 가장 바람직한 평가를 받을 수 있을 것이다. 끝으로 가장 기초적인 원고작성법 및 표기법에 대한 점검을 하게 된다. 그리고 좋은 우리말을 적절하게 부려 쓰도록 노력해야 할 것이다.

**〈자연계 · 이공계의 보고서 쓰기〉**

자연계와 이공계의 보고서는 주로 실험 보고서이다. 그렇기 때문에 실험 준비에서부터 결과까지의 과정을 자세하게 잘 정리하고, 자기가 실험한 결과를 정확하게 보고(발표)해야 한다. 실험 보고서를 작성할 때는 다음 사항들이 포함되어야 한다.

(1) 실험자와 실험 일자, 환경(온도, 습도, 기압)

(2) 실험의 목적

(3) 실험의 이론(원리)

(4) 실험 기구 및 시약

(5) 실험 방법

(6) 측정값

(7)계산 및 결과 자료의 처리 과정(오차 처리과정 및 그래프 등)

(8) 실험을 통해 얻어진 결론

(9) 검토

위의 내용들을 쓸 때는 다음과 같은 점을 유의해야 한다.

(가) 실험의 목적, 이론 등은 교과서와 참고서를 통하여 충분히 이해한 다음 그 개략적인 것을 쓴다.

(나) 사용한 실험 기구는 자신이 실제로 사용한 것을 구체적으로 적는다.

(다) 실험 도중 계산은 너무 자세하게 쓰지 않아도 된다. 계산 도중에는 유효숫자보다 한두 자리 더 취하여 계산하고 최종 결과에서 반올림한다.

(라) 측정값과 결과 등에는 반드시 단위를 명기한다.

(마) 측정값을 대표하는 평균값, 편차와 오차를 계산하고, 유효숫자 자릿수를 생각하여 무의미한 숫자를 나열하지 않도록 한다.

(바) 실험결과의 검토는 실험이 끝난 후 형식적으로 하지 말고, 실험 도중에 현상을 직접 관찰하면서 기록해 두었다가 정리하며, 실험결과가 참값과 잘 일치하는가를 알아보고 오차가 발생했으면 그 이유를 기록한다. 또한 오차의 요인들을 어떻게 하면 줄일 수 있고, 쉽게 제거될 수 없는 오차의 요인들은 어떤 것이 있는가를 기록하며, 또 실험 과정에서 중요하다고 느낀 점들을 기록한다.

# 5. 논문 작성법

## 5.1. 논문의 성격과 종류

### 1) 논문의 성격

대학생이 대학에 다니는 동안에 가장 많이 쓰게 되는 글은 역시 논문이나 소논문에 가까운 글일 것이다. 그 이유는 대학 생활의 대부분이 새로운 학문 세계에 접어들거나, 학문 도야를 통한 진리 탐구에 몰두하는 시기이기 때문이다. 이렇게 대학 생활을 통해 연구해 낸 진리를 과학적으로 규명하여 이론적으로 체계를 잡아 설명해 놓은 글이 바로 논문이다. 학문 도야를 통해 진리에 좀 더 가깝게 접근해 가기 위해서는 강의 시간에 충실히 공부하는 이외에 많은 참고 도서를 읽어야 하고, 읽은 내용을 토론하고 요약 · 정리하여야 하며, 새로운 사실이나 자료를 조사 · 정리하기도 해야 한다. 이렇게 올바른 논문을 쓰기 위해서는 많은 과정과 단계를 거쳐야 하는 것이다.

그런데 흔히 논문이라고 하면, 논설문과 혼동하는 경우가 많다. 그러나 정확히 말하면 이것은 잘못된 견해이다. 논문은 인문과학, 사회과학, 자연과학 분야에 걸쳐 학문상의 연구를 체계적으로 규명해 낸 것을 가리키는 데 반해, 논설문은 신문, 잡지 등에 실린 시사평론의 글을 말한다. 따라서 논설문은 본격적인 논문의 범주에 들어갈 수는 없는 것이다.

연구 논문이 가치 있는 것이 되기 위해서는 다음과 같은 성격을 갖추어야 한다. 첫째, 논문은 그 논문이 다루는 중요한 측면에 있어서 새로운 내용을 가지지 않으면 안 된다. 사실의 발굴을 목적으로 하는 논문이라면 그것에 의하여 밝혀진 사실이 새로운 것이어야 하며, 방법론의 개척을 목표로 하는 논문이라면 그 방법론이 새로운 것이어야 하고, 해석의 변화를 시도하는 논문이라면 그 해석이 새로운 것이어야 한다.

둘째, 논문은 그 논의가 타당한 것이어야 한다. 주장이나 학설이 아무리 새롭고 신기한 것이라고 할지라도 그것을 정당화하는 데 성공하지 못하면 그것은 그 존립의 근거를 상실한, 허황된 주장이 되고 만다. 논의가 타당한 것이 되기 위해서는 제시된 자료가 주장을 뒷받침할 만큼 충분하고 가치 있는 것이어야 하고, 그 유형에 있어서 전형적인 것이어야 하며, 이를 토대로 한 이론적인 전개에 논리적인 결함이 없어야 한다.

셋째, 논문은 논문이 되기 위하여 필요한 내적 혹은 외적인 형식을 갖추어야 한다. 논문의 내적 형식이란 논문의 내용을 어떠한 방식으로 제시하느냐 하는 문제이다. 서론을 어떻게 얼마나 쓰며, 본론을 어떻게 전개시키느냐, 또 결론을 어떻게 쓰느냐 하는 것은 내적 형식의 범주에 든다.

넷째, 논문은 공표되어야 비로소 논문으로서의 자격을 가지게 된다. 여기서 공표란 학계에 널리 알려진 학술지에 게재, 인쇄화 · 활자화의 과정을 거치는 것을 말한다. 소규모의 집단에서만 통용되는 잡지에 논문이 실리는 일도 있지만, 논문의 목적은 우리가 이제까지 이룩하지 못했던 것을 이룩하여 세상에 알리는 것이기 때문이다.

## 2) 논문의 종류

논문을 분류하는 방식은 매우 다양하다. 일반적으로 논문은 그 목적이나 다루는 대상에 따라 연구 논문, 보고 논문, 학위 논문, 서평, 논설문, 과제물 등으로 분류한다.

### ① 연구 논문

본격적인 학술 논문을 말한다. 일정한 주장이 있고, 그 주장을 뒷받침하기 위한 논거가 제시되고 논증의 과정이 수반된다. 연구 논문이 그 내재적인 속성으로 가지는 필수적인 요건은, 그 주장에는 반드시 새로운 것이 있어야 한다는 것이다. 이전의 주장을 되풀이하기 위한 논문이라고 하더라도 그 자료나 해석에 새로운 것이 있어야 한다. 동일한 자료, 동일한 해석, 동일한 주장이라면 논문은 다시 쓸 필요가 없다. 즉, 논문은 '독창성'이 생명이므로, 자료나 연구 방법론, 결론 중 어느 한 가지에 새로운 창의성이 나타나야 논문으로서의 생명을 지닐 수 있게 된다.

② 보고 논문

연구 논문이 해석이나 논리적인 추론에 중점을 둔 것이라면, 보고 논문(report)은 연구자가 직접 관찰 · 측정한 사실이나 현상, 또는 실험에 관한 자료나 제시에 중점을 둔 논문을 말한다. 이 글의 경우 가장 중요한 것은 정확성이므로, 허위적, 주관적, 추정에 의한 보고가 되지 않도록 주의해야 한다.

③ 학위 논문

대학이나 대학원에서 일정한 학점을 이수한 뒤 학사, 석사, 박사 등의 학위를 취득하기 위하여 제출하는 연구 논문을 말한다. 지도 교수의 지도 아래 논문 작성에 임하여 엄격한 형식적 요건을 갖추어야 한다는 것이 일반 학술 논문과는 다른 점이다. 학위에 따라 그 요구하는 수준에도 적지 않은 차이가 있고, 그 양에 있어서도 많은 차이가 있다. 어느 것이건 그 학위에 합당한 내용과 그 수준을 유지하고 있어야 한다.

④ 서평

서평(review)이란 주로 학술적인 내용을 가진 책이 세상에 처음 출간되었을 때, 그 책이 가지는 의의와 가치에 대한 평가를 목적으로 하는 논문을 말한다. 일반적으로 책 전체의 내용을 요약하고 그 책이 다루고 있는 주요 사실이나 이론 또는 주장에 대하여, 그 장점이나 단점 또는 문제점 등을 지적하게 된다. 단지 소개를 위한 목적으로 쓰는 경우도 있으나, 책의 가치에 대한 평가가 주된 기능이므로, 때로는 서평이 학문의 방향을 결정하는 데 큰 영향을 미치기도 한다. 따라서 서평은 객관적이고 공정해야 한다. 주관적이고 편협한 서평은 책의 가치나 학문의 방향을 오도할 위험이 있기 때문이다.

⑤ 기타

그 밖에 대학 신문이나 학보 또는 해당 학과나 단위 대학에서 발간하는 잡지에 게재되는 짧은 소논문이 있다. 이것은 그 길이가 짧으니, 내용은 응축되어 있어야 하고, 아이디어는 신선해야 한다.

## 5.2. 논문 작성의 절차

### 1) 문제의 발견과 주제의 선정

여기서 '문제'라고 하는 것은 '무엇을 연구할 것인가?' 또는 '무엇에 대하여 논문을 쓸 것인가?'라고 할 때의 그 '무엇'에 해당하는 내용을 말한다. 이를 흔히 '연구 테마(thema)' 혹은 '논문 테마'라고 한다. 넓은 의미의 '주제'라고도 할 수 있을 것이다. 연구의 주제가 정해지고 그것을 자기의 것으로 선택했을 때, 문제에 대한 탐구가 시작된다는 점에서 문제의 발견은 연구의 방향을 결정하는 중대한 계기가 된다.

연구자 스스로 새로운 문제를 발견해 내기 위해서는 다음과 같은 방법과 태도가 도움이 될 수 있을 것이다.

첫째, 연구자의 관심과 흥미를 끌 수 있는 문제를 다룬 가장 최신의 논문을 구하여 정독한다.

둘째, 인간이 이룩한 것 가운데 완전한 것, 절대적인 것, 확실한 것은 아무 것도 없다고 가정하고 자신감을 가지고 연구에 임한다.

셋째, 동일한 사실, 동일한 현상을 바라보는 시각에는 수없이 많은 다른 방법이 있을 수 있음을 잊지 않는다. 이는 문제를 단순히 평면적으로만 관찰하지 않음을 의미한다. 한 가지 사실이나 현상이 그 자체로만 따로 떨어져 독립적으로 존재하는 일이란 없는 것이기 때문에 문제를 평면적으로만 관찰하는 것은 언제나 사태의 어느 일면만을 보게 된다.

넷째, 논리적으로는 완벽한 이론이나 주장이라고 하더라도, 오류나 잘못이 있을 수 있음을 전제로 한다. 논리도 인간이 만들어 낸 것이므로, 따라서 약점이 있을 수 있다.

다섯째, 어떠한 이론이나 주장이 어떠한 기본 전제에 입각해 있는가를 검토한다.

여섯째, 어떠한 이론이나 주장에 대하여 예외가 있는가를 검토한다. 현상이나 사실을 다루는 논의에 예외가 포함되지 않는 일이란 매우 드문 경우에 속한다. 따라서, 주어진 주장에 대하여 어떠한 예외들이 있으며, 그러한 예외들을 어떻게 설명할 수 있는가를 검토하는 것은 그 이론이나 주장을 수정할 수 있는 계기가 된다.

일곱째, 아주 자명하여 의심의 여지가 없는 사실이라고 하더라도, 실험을 통하여 확인해 본다. 의심스러운 실험결과는 자신이 직접 다시 해봄으로써 그 결과를 확인해야 하는 것은 물론이며, 어떤 과학자 집단이 진리로 믿고 있는 실험의 결과도 스스로 검증해 본다는 자세가 중요하다.

여덟째, 새로운 문제만이 연구해야 할 가치가 있는 것은 아니며, 아직 이 세상에 등록되지 않은 문제만이 훌륭한 성과를 가져오는 것은 아니라고 생각해 본다. 낡은 문제라고 하더라도 새로운 방법론을 적용해 볼 수 있고, 남들이 가치 없는 것으로 생각하는 문제라도 문제의 중요성에 따라서는 훌륭한 연구 성과를 거둘 수 있다.

### 2) 자료 조사와 채록

여기서 '자료' 라 함은 논문의 주제와 직접적으로나 간접적으로 관련되는 문헌 자료 외에도, 실험이나 관찰을 통하여 얻은 자료 혹은 측정이나 조사를 하여 얻은 일체의 자료가 모두 포괄될 수 있다.

논문의 집필에 착수하기 전에 반드시 충분한 자료를 조사 · 수집하는 절차가 필요하다. 먼저 중요한 것은 지금까지 연구된 그 분야의 참고 도서를 모두 찾아내어 필요한 부분을 요약 · 정리하는 작업이다. 그 다음 그것을 분석 · 분류 · 정돈하는 작업이 요구된다. 이러한 자료 수집과 정리를 거치지 않은 논문은 수필의 범주를 벗어나기 어렵다. 학술 논문인 경우, 객관성에 바탕을 두어야 하는데, 이는 엄정한 자료 분석을 통해서만 가능하게 되는 것이다.

우선 자료 조사 단계에서는 선정한 문제의 성격을 분명하게 파악하기 위해 그 문제의 보편적인 개념을 이해하는 것과 구체적인 방향을 설정하는 것이 필요하다. 전자를 위해서는 도서관의 참고 열람실을 방문하여 사전류(세계 문예 대사전, 경제학대사전, 경영 대사전, 철학 사전, 백과 사전 등)를 먼저 뒤져보는 것이 지름길이다. 그 다음 구체적인 방향을 설정하고, 세부적인 자료 조사에 착수해야 한다. 이 단계에서는 도서관의 도서 목록 카드를 뒤져 필요한 참고 문헌을 모두 메모하여 자료를 구하거나 자료를 복사하고, 단행본뿐 아니라 계간 · 월간 · 불특정 기간의 학술지나 전문 학술잡지 등도 목록을 조사하여 빠뜨린 것이 없는지 검토해야 한다. 이 단계에서 못 구한 자료는 부득이 개인의 장서에 의존할 수밖에 없다. 따라서 지도 교수의 연구실을 방문하거나, 대학원에 진학한 선배를 찾아가 자문을 구하고 자료를 빌려 보아야 한다. 이 단계에서도 구하지 못한 참고자료는 개인이 직접 구입 할 수밖에 없다. 적어도 한 분야를 4년 동안 공부해야 한다면 그 분야의 기본 전공도서 정도는 반드시 구입하여 갖추고 있어야 한다. 대학생에게 있어서 전공도서는 군인에 있어서 총과 마찬가지인 것이므로, 폭넓은 진리 탐구를 위해서는 자주 서점에 들러 필요한 도서를 구입하는 성의를 보여야 한다.

### 3) 자료 정리와 개요 작성

필요한 자료의 조사와 목록 작성이 끝났다면, 그 다음 단계는 자료를 채록 · 정리하는 작업이 진행되어야 한다. 자료의 채록 방법으로는 카드(card)를 사용하거나, 노트를 사용하는 방법이 있는데, 그중 전자를 사용하는 것이 좀 더 편리하다.

카드에는 보통 두 종류가 있는데, 하나는 서명 카드(또는 master card라고도 함)이고, 다른 하나는 완전 인용 카드나 요약 인용 카드 등의 내용 카드이다. 서명 카드는 필요한 자료의 서지 사항만을 기입한 것을 뜻하며, 내용 카드는 필요한 자료의 전부나 일부를 그대로 카드에 옮겨 놓고 그 아래 서지 사항을 명기해 놓은 것을 말한다.

#### 카드 사용의 예

〈맛보기〉

"나는 시를 감상(鑑賞)한다는 말 대신에 시를 맛본다는 말을 쓴다. 한자말인 감상은 鑑과 賞을 뜻대로 풀면 뜻이 모호하기 때문이다. 말할 것도 없이 감상은 예술작품의 아름다움을 이해하여 즐기고 평가한다는 뜻을 담고 있다. 그러나 옥편에는 鑑이 밝을 감, 비칠 감, 거울 감, 책이름 감 등으로, 賞은 구경할 상, 아름다울 상, 상줄 상 등으로 풀이되어 있어서 두 자의 뜻을 연결하여 작품을 맛본다는 뜻을 이끌어 내기가 어렵다."

〈강희근,『시 읽기의 행복』(을유문화사,2000),13쪽〉

집필하는 과정에서 직접 10여 권이나 되는 참고 문헌을 펼쳐놓고 인용하면서 글을 쓸 수는 없다. 따라서 자료를 내용 카드에 정리해 놓았을 경우에 20-30여 장의 카드를 읽는 데는 많은 시간이 소요되지 않으므로 여러 모로 편리하다. 특히 논문을 쓸 때 하루에 다 쓸 수 없기 때문에 일관성을 유지하기가 어려운데, 카드를 이용하면 이런 어려움은 쉽게 극복될 수 있다.

이처럼 수집된 자료를 분류하고 정리하는 데에 어떤 절대적인 기준이 있는 것은 아니다. 연구의 주제나 연구자의 관심 혹은 연구하는 대상의 성격에 따라 대체로 다음과 같은 분류 방식을 채택할 수 있다.

① 자료를 시간적인 순서에 따라 정리한다. 이것은 주로 시간 상의 변화나 역사적인 문헌을 다루는 경우에 매우 효과적인 정리 방법이 된다.

② 자료를 공간적인 순서에 따라 정리한다. 이것은 시간의 흐름을 일단 정지시키고 그 안에서 지역적인 차이에 따른 변화나 사회적인 위상에 따른 차이를 다루는 논문의 경우에 효과적인 분류 방식이다. 방언조사를 할 때에는 일정한 지역 전체에 대한 포괄적인 연구를 한다고 하여도 그 지역 내부에 서로 다른 지역 사이에 나타나는 차이가 주목될 때 이러한 방법을 원용하게 된다.

③ 자료를 현상별로 분류한다. 일정한 시대, 일정한 지역에 국한된 문제라고 하더라도 그 안에는 같은 현상만 있는 것이 아니라, 서로 이질석인 내용의 현상이 있을 수 있다. 이 때에는 그 현상의 논리적인 순서에 따라 자료를 정리하게 된다. 여기서 논리적인 순서란 간단한 현상에서부터 복잡한 현상으로, 또는 잘 알려졌거나 쉬운 현상으로부터 잘 모르는 현상이나 어려운 현상으로, 구체적인 현상에서부터 추상적인 현상으로, 소리에 관한 현상으로부터 의미에 관한 현상으로, 혹은 이러한 방법의 역(逆) 방향 순서를 말한다.

④ 자료를 문제별로 분류한다. 연구의 주제가 학계에서 제시되고 있는 어떤 문제를 해결하려고 하는 경우, 그 문제의 순서에 따라 자료를 분류하는 것을 말한다. 문제에 대한 논리적인 순서는 위의 현상에 대한 논리적인 순서의 경우와 흡사하다.

⑤ 자료를 원인과 결과별로 분류한다. 인과관계에 따른 현상의 추적이나 논리의 수립 혹은 실험 결과의 제시를 목적으로 하는 연구의 경우에 이러한 방법이 흔히 쓰인다.

⑥ 자료를 연역적 방식 혹은 귀납적 방식에 따라 분류 · 정리한다.

위의 과정을 거쳐 자료 정리가 끝나면, 논문 전체의 윤곽을 확정함과 동시에 그 세부적 개요를 작성하지 않으면 안 된다. 개요는 자료 정리 도중에도 일부 혹은 전부가 작성될 수 있다. 논문을 쓰려고 할 때에는 개요작성이 반드시 필요하다는 점을 명심해야 한다. 짧은 글의 경우와는 달리 논문은 비교적 많은 분량으로 되어 있기 때문에, 각 단위 장이나 절, 혹은 항이나 목에서 다루게 될 내용의 범위를 확정하고 논지가 다른 곳으로 일탈하는 것을 방지하기 위하여 되도록 상세한 개요를 작성하는 것이 필요하다. 여기서 말하는 '개요' 란 '아우트라인' 과 성격이 같은 것으로, 연구 계획서 같은 데에 적는 '개요' , 즉 문장 개요나 문단 개요와는 다른 것이다. 목차의 성격을 가지는 어구(語句)식 개요를 말한다.

## 5.3. 논문의 체제와 내용

일반적으로 논문은 갖추어야 할 기본적인 체제와 형식이 있다. 이러한 체제는 거의 통일되어 있는 절차가 있으므로 이 중 어느 부분을 함부로 빼서는 안 된다. 반드시 갖추어야 할 사항은 다음과 같다.

1) 서두

① 표제지

② 머리말 또는 일러두기

③ 차례

④ 수표 목록

⑤ 도표 목록

2) 본문

① 서론

② 본론

③ 결론

3) 참고 자료

① 참고 문헌

② 부록

③ 색인

④ 초록

### 1) 서두 부분

본문 이전에 갖추어야 할 사항으로서 표제지와 차례는 거의 필수 요건이다.

① 표제지(또는 표지)

표제지란 논문의 제목이 적히는 앞표지를 말한다. 일반적으로는 단순히 '표지' 라고 하며, '논제 표지' 라는 이름으로 부르기도 한다. 논문에 제목을 붙일 때에는 다음과 같은 점에 유의해야 한다.

가. 논문의 제목은 문제의 범위를 정확하게 드러내야 한다.

나. 논문의 제목은 논의의 성격을 명확히 드러낼 수 있어야 한다. 논문의 제목은 '~(대한) 연구, ~에 대한 고찰, ~소고, ~에 대하여, ~현상, ~시론, ~문제의 제기, ~새로운 고찰' 등등과 같은 방식으로 붙일 수 있다. 이때 작은 문제에 대하여 단편적인 의견을 진술한 내용의 논문에 '~연구'와 같은 제목을 붙여서는 그 성격을 왜곡시키게 된다.

다. 논문의 제목은 되도록 간결해야 한다.

라. 논문의 제목은 예리하고 신선한 맛을 풍겨야 한다.

논문의 제목은 그 논문의 성격을 대표하는 역할을 하는 것이므로 결코 소홀히 붙일 수 없는 것이다.

② 머리말(또는 일러두기)

본문의 서론과 다르다. 논문을 쓰게 된 일반적 동기나 독자에게 특히 알려 두고자 하는 말을 쓴다. 저서가 아닌 논문에서는 생략하는 일이 있으며, 비록 쓰더라도 간단히 하는 경우가 많다.

③ 차례

일부 약식 소논문을 제외하고는 대부분의 논문은 차례를 둔다. 차례는 논문 내용의 개요(outline)를 짐작할 수 있도록 체계 있게 작성되어야 한다. 차례의 양식은 주로 사용 부호에 따라 수문자식, 숫자식, 장절식 또는 단락식으로 나누어 볼 수 있다.

수·문자식은 숫자와 문자를 교대로 쓰면서 장, 절, 항 등을 표시하는 방식이다. Ⅰ, Ⅱ 따위 로마 숫자는 장, 1, 2 따위 아라비아 숫자는 항을 각각 표시하는 것이 한 관례로 되어 있다.

숫자식은 부호를 숫자만으로 표시하는 방식이다. 일례를 들면 앞의 Ⅰ, Ⅱ 따위는 한 자리 수 1, 2 따위로, A, B 따위는 두 자리 수 1.1. 1.2. 따위로, 항부호는 세 자리 수 1.1.1. 2.1.2. 따위로 대신 쓰는 방식이다.

장절식은 '제1장', '제1절' 따위로 부호 대신 쓰는 방식이다.

단락식은 장 이하(또는 절 이하)는 단락으로 구분하여, 일련 번호를 붙이는 방식이다.

〈보기 1〉

| Ⅰ. 서론<br>Ⅱ. 고려 말기의 척불 운동의 발생<br>　1. 고려조의 불교 존숭과 억불의 기운<br>　2. 고려 말기의 유학의 흥기와 척불운동의 발생<br>　　(1) 여말의 유학의 흥기와 억불<br>　　　1) 여말의 유교계 |
|---|

〈보기 2〉

| 1. 서론<br>2. 고려 말기의 척불 운동의 발생<br>　2.1. 고려조의 불교 존숭과 억불의 기운<br>　2.2. 고려 말기의 유학의 흥기와 척불운동의 발생<br>　　2.1.1. 여말의 유학의 흥기와 억불<br>　　　2.1.1.1. 여말의 유교계 |
|---|

④ 수표 목록과 도표 목록

수표는 주로 숫자로 나타낸 표인 데 반하여, 도표는 시각적인 그림(graph, 사진 따위)으로 내용을 예시한 것이다. 이 두 목록은 따로따로 제시하는 것이 원칙이다. 그러나 각각 1, 2개 정도면 목록을 작성할 필요가 없다.

목록의 양식은 차례와 비슷하나 1, 2, 3 등의 번호를 맨 왼편에 쓰고, 해당표나 수표의 제목(본문의 것이 길면 줄인다)을 쓴다.

### 2) 본문 부분

서두 부분이 논문이 갖추어야 할 형식적인 요소들이라고 한다면, 본문 부분은 논문의 핵심부라고 할 수 있다. 이 본문 부분은 일반적으로 서론과 본론 및 결론으로 이루어진다.

① 서론

본문은 서론에서 비롯된다. 다루어질 문제의 성질과 범위를 한정한다든지, 적용될 이론이나, 방법론의 간단한 풀이 등이 제시되기도 한다. 서론은 본문의 제 1 장으로 치는 것이 보통이다. 대체로 서론에는 다음과 같은 사항이 포함된다.

ⓐ 연구나 조사의 목적을 분명히 밝힌다.

ⓑ 문제의 중요성을 명확히 밝힌다. 이것은 왜 이 문제를 다루는가 하는 의의와 관련된다.

ⓒ 연구의 배경을 간략히 소개한다. 여기서는 이전의 연구에 대한 간략한 연구사를 소개한다. 이전에 자신이 가지고 있었던 가정과 달라진 것이 있으면 그것을 밝힐 수도 있다.

ⓓ 연구나 조사의 방법론을 명시한다.

ⓔ 그 논문에서 제외된 사항을 명시한다. 이것은 연구나 조사의 목적과 관련될 수도 있다. 제외된 사항은 앞으로의 과제가 될 수도 있고, 단순히 논문과는 직접적으로 관련되지 않는 문제일 수도 있다.

② 본론

논문에 있어서 본론은 서론에서 제기한 문제를 본격적으로 발전, 심화시켜 일정한 결론을 도출하는 과정에 관한 진술을 말하는 것으로, 논문의 정수라고 할 수 있다.

ⓐ 논의 전개의 방법

모든 문제점이나 가설의 검증이 이루어지는 곳도 본론이며, 부정할 수 없는 증거들에 의하여 필연적인 결론을 이끌어 내는 것도 본론 부분이다. 그러므로 논의를 어떻게 전개하느냐가 논문의 성패를 좌우하게 된다.

㉮ 논거의 제시

논거란 어떤 가설이나 잠정적인 결론 또는 최종적인 결론을 뒷받침할 수 있는 자료나 현상 또는 이론이나 다른 사람의 주장 등을 말한다. 사실과 관련되는 자료나 현상을 어떤 주장에 대한 증거로 내세울 때, 그것을 사실 논거라고 하며, 다른 사람의 주장이나 언급을 자기 주장에 대한 증거로 내세울 때, 그것을 소견 논거라고 한다.

논거를 제시할 때에는 다음과 같은 점에 주의하지 않으면 안 된다.

㉠ 논거는 확실해야 한다. 여기서 말하는 '확실성' 이란 객관적인 타당성을 의미한다.

㉡ 논거는 자기의 이론을 뒷받침할 수 있어야 한다.

㉢ 될 수 있으면, 소견 논거에 크게 의존하는 것을 피한다. 논문은 객관적인 사실을 밝히려는 것이므로, 다른 사람의 주장이나 결론 또는 이론에 지나치게 의존하는 것은 바람직하지 못하다.

㉯ 논의

논의는 제시된 자료나 이론을 중심으로 어떤 가설을 세우고 그러한 가설이나 대안의 정당성을 추구해 가는 과정이다. 따라서, 논의에 있어서는 주어진 자료가 가지는 가치나 의의 및 그 중요성에 대한 면밀한 검토가 행해지지 않으면 안 된다. 그런 뒤에 그러한 자료를 바탕으로 하여 성립될 수 있는 대안들에는 어떤 것이 가능한가를 모두 검토해야 한다. 물론, 자기의 대안이 가지는 문제점이나 예외들도 낱낱이 검토되고 그러한 문제점에 대해서도 자기 대안의 정당성을 입증할 수 있어야 한다.

㉰ 논지의 전개

이것은 논문의 구성의 측면에서 논거를 제시하고 논의를 이끌어 가는 방식을 말한다. 작은 문제를 먼저 다룰 것인가 아니면 큰 문제를 먼저 다룰 것인가, 혹은 중요한 문제를 먼저 다룰 것인가 아니면 사소한 문제를 먼저 다룰 것인가, 또는 어려운 문제를 먼저 다룰 것인가 아니면 쉬운 문제를 먼저 다룰 것인가 하는 논리적인 순서에 관한 일체의 문제를 포함한다. 논문 전체를 연역적인 방법으로 진행할 수도 있고, 귀납적인 방법에 의하여 진행할 수도 있을 것이다. 그러나 하나의 작은 논의가 끝난 뒤에는 그 결과를 효과적으로 요약하여 소결론을 지어 가면서 논의를 전개하는 것이 독자의 이해를 도모할 수 있다.

ⓑ 논의 전개의 요령

논의하고자 하는 내용을 어떤 형식을 통해 나타내는지 그 보기를 들어가며 살펴보자.

㉮ 항목 구분

논문의 본론은, 여러 단계의 항목으로 구분하여 체계 있게 짜여져야 한다. 목차에서 보인 장, 절, 항의 3단계 구분 이외에, 여러 세부 항목 구분이 필요한 경우가 많다. 항목의 서열은 우선 체계적인 부호를 사용함으로써 나타낼 수 있다. 가령 수문자식의 부호체계를 가지고, 개요(outline)를 만들어 본다면 다음 보기와 같다.

| 1. 언어 기술의 가치<br>　　　A. 말하기<br>　　　　2. 정신 능력의 척도<br>　　　　　(a)한국적 유형<br>　　　　　　i )제 1류<br>　　　　　　ii)제 2류 |
|---|

㉯ 인용

학술 논문에서는 남의 글을 인용하는 경우가 많다. 믿을 만한 전거를 인용함으로써 그 글의 객관성을 유지하는 데 큰 도움이 되기 때문이다. 그렇지만 인용이 너무 많이 들어가서 자기의 논문이 다른 사람의 글을 여기저기서 끌어 모아 놓았다는 인상을 주는 것은 좋지 못하다. 다른 사람의 글을 인용할 때는 반드시 그 원문과 완전히 일치함을 원칙으로 한다. 심지어 원문의 오자나 오류 부분까지도 그대로 인용하는 것이 원칙이다.

인용의 종류에는 크게 두 가지가 있다. 하나는 직접 인용(direct quotation)이고, 다른 하나는 간접 인용(indirect quotation)이다. 직접 인용은 다른 저서나 참고 문헌으로부터 원문을 그대로 인용하는 방법이다. 직접 인용은 ㉠ 법률 조문, 정부 시행령, 중요 포고문, ㉡ 수학이나 과학에서 쓰는 공식, ㉢ 필자가 표현한 대로 옮기는 것이 절대적으로 중요시될 때, ㉣ 어떤 특수한 생각이 특별한 표현 방법을 통해서만 표현되었을 경우 등에 주로 사용된다. 인용문이 대개 원고지 3~4행을 넘지 않았을 때는 큰따옴표(" ")를 양 끝에 붙여 원문을 그대로 인용하면 된다. 이 경우를 우리는 흔히 '짧은 인용' 이라고 부른다. 그러나 원문이 3~4행을 넘어 상당히 길 경우 겹따옴표를 써서 그냥 처리하기가 곤란할 경우가 있다. 왜냐하면 원고지 한 페이지를 넘어서 인용할 경우 어느 부분까지가 인용한 글이고, 어느 부분까지가 필자의 글인지 잘 알 수 없게 되기 때문이다. 따라서 이런 긴 인용의 경우에는 행을 바꾸어 다른 문단을 잡아 처리해 주는 것이 바람직하다. 이 경우에는 따옴표는 생략하고 인용문의 앞 뒤 한 행씩을 비우고 원고지 좌측에서 한 칸을 안으로 들여 쓰기 하여 처리해 주면 된다. 또 인쇄의 경우 긴 인용 부분은 본문보다 한 호 작은 글자로 기입하게 된다. 예를 들면 다음과 같다.

### 예문

민족 문학은 조선 민족을 하나로 묶어 모국어를 갈고 닦는 문학, 넉넉한 여유와 화해 정신을 부여하는 문학이다. 신변 잡담이 아니라 민족 공감대를 자아내는 문학, 개인의 사상 노리개가 아닌 민족 공유물인 문학이다.

(신경득,『한민족 문학사상론』)

간접 인용은 자기 말로써 다른 연구자의 업적 내용을 간접적으로 인용해주는 방법이다. 즉 남의 생각을 그 사람이 말한 그대로 인용하지 않고 일단 논문 작성자의 말로써 바꿔 인용하는 의역(paraphrase)의 경우가 여기에 해당한다. 이 경우에는 인용문의 양 끝에 따옴표를 붙이지 않고, 그냥 인용문의 끝에 주석 번호를 달고 각주에서 그 출전을 명시해 주면 된다.

### 예문

일제 강점기에 창작된 소설들을 살펴보면 하나의 뚜렷한 양상을 볼 수 있다. 고향을 떠나는 이향(離鄕)의 문제를 다룬 작품들이 많다는 것이다. '문학은 사회의 표현이라고 하듯이' 1), 어느 일정 시기의 문학작품에서 어떤 양상이 두드러지게 나타난다는 것은 그 시기의 보편적 삶의 모습이 문학에 반영된 것이라 하겠다.

㉰ 각주

학술 논문은 앞서 언급한 바와 같이 다른 논문의 견해를 끌어와 인용할 수밖에 없다. 특히 학문적인 양심이 살아 있다면 인용한 글에 대해서는 반드시 자료의 출전을 명확히 밝혀주어야 한다. 충실한 인용과 명확한 출전의 명시는 학자의 정직성과 관련되며, 어떤 의미에서는 학자의 의무라고 말할 수도 있다. 자신의 논리를 풍부하게 또는 효율적으로 전개시키기 위해 인용에 의한 인증의 방법을 쓰기도 하고, 본문의 어느 일부분에 대하여 개념을 더욱 명백히 하거나 한정시키기 위하여 보충 설명을 넣기도 하는데. 이를 위해서 흔히 주를 달게 된다. 각주의 경우 대개는 그 글의 하단여백에 처리해 주는 것이 보통이다.

각주에는 참고 문헌 각주와 내용 각주의 두 종류가 있다. 전자는 인용문의 출처 원전에 관한 사항을 밝히는 데 쓰이고, 후자는 본문의 내용 전개에 있어서 따로 보충하거나 지적해 두어야 할 사항이 생길 때 사용한다.

참고 문헌 각주에는 또 정식 각주(1차 각주)와 약식 각주(2차 이상 각주)의 두 종류가 있다. 단행본 저서의 경우 정식 각주는 저자, 서명, 출판 지역, 출판사, 출판년도, 페이지 명시의 순서로 기입한다. 논문의 경우 저자, 논제, 논문집 이름, 호수, 발행년월일, 페이지(쪽) 순서로 기입한다.

### 각주의 예

1) 김수업, 『배달문학의 갈래와 흐름』(서울 : 현암사, 1992), 330쪽.

2) 강희근, 『시읽기의 행복』(서울 : 을유문화사, 2000), 88~89쪽.

3) 조구호, "「모밀꽃 필 무렵」 다시 읽기", 『경상어문 5 · 6 합집』(2000년 5월), 20쪽.

③ 결론

결론은 본론에서 전개한 논의의 결과를 요약하여 정리하는 부분이다. 논리적으로 필연적인 과정을 거쳐 도출된 결론이라면, 결론 자체가 매우 중요한 의미를 띠게 된다. 일반적으로는 본론에서 이미 제시해 놓은 소결론들을 종합하여 결론을 삼는다.

어느 경우에나 결론은 그 논문에서 밝혀진 가장 중요한 사실이나 결과를 제시해야 한다. 그러므로 주변적인 논점이나 사소한 문제는 결론에서는 과감하게 제거한다. 그러나, 결론에서 그 논문에서는 명확하게 다루지 못한 미진한 부분, 좀 더 철저하게 파헤치지 못한 부분, 논문의 주제와 관련되는 다른 문제들, 혹은 앞으로 더 밝혀져야 할 문제들을 명시해 두면은 같은 문제를 다루게 될 후학들이나 다른 사람에게 큰 도움을 줄 수 있다.

이처럼 결론은 지금까지 서술되어 온 논지를 재정리하여 내용을 되풀이하여 간추린 것으로, 논문의 이해를 위해서 중요한 역할을 하는 것이다.

### 3) 참고 자료 부분

① 참고 문헌

연구를 진행하는 동안 참고를 하였거나 비판이나 언급을 한 모든 연구 문헌이나 자료 문헌을 일정한 순서와 양식에 의하여 논문이나 저서의 끝부분, 즉 본문 부분이 끝난 뒤에 정리하여 배열한 것을 말한다. 전통적인 방식에 따라 주를 자세하게 단 경우에는 때로 이 난을 생략하는 일도 있으나 점차 이 난은 논문을 작성할 때 필수적으로 작성해야 할 부분이 되고 있다. 우선 모든 참고 문헌을 동양서와 서양서로 나눈다. 동양서는 필자의 성씨 가나다 순으로 배열하고, 서양서의 경우, 그 필자의 "Surname(last name)"에 따라 알파벳 순으로 배열한다.

② 부록

논문의 본문 부분에서는 다루기 어려운 자료나 참고 사항 또는 도표나 연표, 긴 인용문이나 법률 조문, 독자들이 구해 보기 어려운 자료나 사진자료 등을 묶어서 제시하는 부분이다. 어떠한 경우에서도 부록은 독자들에게 참고가 된 만큼 가치가 있는 것이어야 하고, 부록 자체의 논리적인 순서에 따라 일관성을 유지하고 있어야 한다.

③ 색인

색인은 '찾아보기'라고도 하는 것으로, 저서의 경우에 그 책의 가장 끝부분에 작성하게 된다. 책에서 다루어진 주요 사항이나 술어를 독자들이 부분적으로 참조하거나 찾아보기 쉽도록 하는 것이 목적이다.

④ 초록

초록은 연구의 내용이나 결과를 극도로 간추려 요약한 글로서 해당 논문의 소재 언어가 국어인 경우에는 다른 외국어로 작성해야 한다. 초록을 흔히 요약이라고도 한다. 가령 초록을 영문으로 작성한 경우 이를 영문 요약이라고 부른다. 종래의 실례에 의하면 초록은 참고 문헌 다음에 둔다. 그러나, 학문 분야나 게재지에 따라서는 논문의 국문 제목(논문의 목차가 있는 경우에는 목차)다음에 두는 경우도 있다. 그러한 체제라고 하면 저서의 경우는 목차 앞장에 초록을 두게 된다.

앞서 강조하였듯이 좋은 논문을 꾸미기 위해서는 갖추어야 할 몇 가지 기본 요건이 있다. 그것은 '독창성' · '객관성' · '정확성' · '검증성' · '완결성' 등이다. 논문은 새로운 학문의 세계를 파헤치는 분석 작업의 결과이므로 자료나 방법론이나 결론 중 어느 한 가지에라도 '독창적인' 새로운 사실이 담겨 있어야 생명력을 가질 수 있다. 또 논문은 공평무사해야 하며, 한쪽으로 편향되는 내용은 되도록 피하는 것이 좋다. 또 주관적인 해석 작업을 통해 객관적인 결과를 제시하는 행위가 연구 작업이므로, 그 결과인 논문은 '객관성'을 지녀야 한다. 따라서 논문에서는 항상 객관적인 자료를 명시하여야 하고, 연구 과정에서 분석된 데이터를 증거로서 확실하게 제시할 필요가 있는 것이다. 논문에서 독창성 못지 않게 중요한 것이 '정확성'이다. 특히 자연과학 계통의 논문에서 통계 숫자, 각종 부호, 화학 기호, 인명, 지명 등을 자세하게 명기하는 이유는 바로 정확성을 기하려는 데 있는 것이다. '논증성'이란 논문이 지향하고 있는 방향과 그 결과를 과학적인 논증 방법을 통해 설득력 있게 규명해야 그 논거가 타당성을 지닐 수 있음을 뜻한다. '완결성'이란 논문을 작성하는 필자가 애초에 생각한 기본구상을 자료의 분석, 종합, 이해, 평가 작업을 통해 옹근 생각으로 정리하여 한 편의 논문으로 완결지어야 함을 뜻한다. 비신한 것은 다음 논문을 통해 새롭게 논리를 전개할 수도 있으나, 한 번 제시한 논제는 그것에 걸맞게 충실한 자료 섭렵과 명쾌한 논리 전개, 타당한 평가 · 해석 작업을 통해 무언가 완결된 결론을 제시해야 하는 것이다.

# Ⅱ. 작문의 실제

## 1. 어제 또는 지난주에 있었던 일

가장 쉽게 글감에 접근할 수가 있고, 큰 부담 없이 써 나갈 수 있는 글은 있었던 사실을 써 나가는 글이다. 그것도 몇 년 전에, 또는 몇 십 년 전에 있었던 일이 아니라 엊그제 겪었던 일을 글로 쓰는 것은 우선 글감에 대한 부담을 줄일 수 있다. 다만 이 경우에도 일반적인 글짓기의 경우에서와 같이 몇 가지 염두에 두어야 할 사항들이 있다. 예컨대, 어제 있었던 일을 글로 쓴다고 해서 어제 있었던 일을 하나도 빠짐없이 소상히 쓰려고 해서는 안 된다. 어제 있었던 일 중에서 가장 인상에 남는다거나, 가장 중요하다고 생각되는 일 중에서 하나를 골라 그 일에 관해 집중적으로 써 나가야 한다. 그래야만 말하고자 하는 바가 분명하게 드러나게 된다. 한 글 속에 여러 가지 일이나 사건에 관해 쓸 수도 있다. 그러나 이 경우에도 그 여러 일이나 사건들이 어떤 주제 속에 하나로 이어질 수 있어야 한다. 사건만 나열하는 것은 흔히 누구나 겪는 일이기 때문에 이런 일은 굳이 글로 쓸 필요가 없는 것이다. 글은 무언가 남에게 도움을 줄 수 있어야 하기 때문에 자기 나름대로 의미를 부여할 수 있는 일이라야만 글로 써 낼 가치가 있는 것이다. 다음 글을 보자.

## 대학에서의 첫 하루

(학생 글)

입학식이 있는 날 친구와 나는 평소에는 거의 타지 않는 26번 버스를 타고 학교에 도착했다. 벌써 많은 사람들이 와 있었고, 그 중에 아는 사람이라곤 간혹 가다가 한두 명이었다. 모든 게 어색했다.(→낯설었다./서먹서먹했다.)

입학식을 하는 운동장에 가서 000학과를 찾아갔지만 어색하긴 마찬가지.(→낯설긴 마찬가지였다.) 용기를 내어 옆 친구에게, '이름이 뭐니? 어디 사니?' 이런 사소한 것을 물어보며 대답하며 간간이 대화가 이루어졌다. 이러고 있을 때 벌써 입학식은 진행되고 있었다. 고등학교 때는 항상 선생님이 돌아다니시며 주의 주시고 소리 지르곤 하셨는데, 그런 게 거의 없었다. 이런 생각을 하는 와중에(→도중에) 신입생 선서가 이루어졌는데(→있었는데), 같이 선서를 하면서도 내가 참으로 꿈꾸던 대학생이 된다는 것이 실감 나지 않았다.

식이 모두 끝나고 각 과 학생들이 흩어져서 수업이 있는 강의실을 찾아 나섰다. 고등학교 때완 달라 약간 불편함도 있었다. 첫 수업이라 그런지 교수님들이 수업은 하지 않으시고, 앞으로 수업 방식(→강의 진행 방법)에 관한 간단한 설명만 하셨다. 그래서 남은 강의 시간과 공강을 합치니 1, 2시간은 보통이었다.(→수업 시간 사이에 비는 수업 시간이 1, 2시간은 보통이었다.) 그 긴 시간 동안 대학 구석구석 구경하러 다녔는데, 미용실, 우체국, 서점 등 학교 안에 별의별 것이 다 있었다. 학교가 너무 넓어서 걸어다니는데 다리가 아팠다. 그렇게 구경을 했는데도 시간이 많이 남았다. 고등학교 때는 불과 10분 정도였는데……. 그래서 그런지 도저히 할 일이 없었다. 앞으로 이렇게 많은 시간을 어떻게 활용해야 할지 앞이 막막했다. 나머지 강의가 끝나고 처음으로 뒷풀이(→뒤풀이)라는 것을 했다.

한 선배가 대학 문화에서 빠질 수 없는 것이 뒷풀이(→뒤풀이)라고 했는데, 그 말이 맞는 것 같다. 왜냐하면 선·후배간, 동기간에 술을 마시며 각자 인사를 하고 해서 어색하고 낯설기만 하던 사람들이 친해졌다. 모든 이런 것들이 누가 시킨 것이 아니라 자발적으로 인사를 나누고 했다.(→선후배끼리, 동기끼리 술을 마시며 인사를 하는 동안 서먹서먹하고 낯설었던 사람들이 친해졌다. 물론 이런 일들은 자연스레 자발적으로 이루어졌다.) 근데(→그런데) 가만히 살펴보니 자발적인 사람은 대부분이 선배들이었다. 아직도 수동적이기만 한 신입생들! 그 중 나도 한몫 했지만 ……. 그러나 그 간의 모든 교육 방식이 그러했기 때문에 순식간에 바꾸기란 어려울 것 같았다.(→같다) 하지만 나도 이제 대학생이 아닌가! 그러므로 적극적이고 능동적인 사람이 되도록 노력해야겠다는 다짐을 하게 되었다. 대학에서의 첫 하루는 한 단어(→마디)만 나에게 남겨 주었다. 능동적인 자세!!

이 글을 쓴 학생은 대학에 들어와서 처음 겪은 일들을 자세히 쓰려고 노력하였다. 크게 세 가지 일들이 나열되어 있다. 그런데 이 세 가지 일들이 단지 시간의 흐름에 따라 이어져 있을 뿐 아무 관계를 맺지 못하는 일들이다. 그러므로 이 학생은 이 중에서 어느 한 가지만 골라서 그 일에 관해서만 집중해서 쓰면 좋은 글이 될 수가 있다.

다음으로는 글을 짜임새 있게 써 나가야 한다. 남이 흥미를 갖도록 서두를 잘 꺼 낸 뒤에 있었던 일을 시간의 흐름에 따라 잘 전개하여 쓴 다음, 자기의 생각이나, 느낌, 각오 등으로 마무리를 지어야 읽는 사람들이 쉽게 읽어 나갈 수가 있다. 글을 많이 써 보지 않은 학생들은 글을 써 나가기 전에 미리 구상을 하고 그것을 간단히 메모한 뒤에 그 순서에 따라 글을 써 나가면 글을 질서 있게 잘 엮어 나갈 수 있다.

마지막으로는 글을 다 쓴 다음에는 반드시 다시 읽으며 글을 다듬어야 한다. 아무리 정성 들여 쓴 글이라도 다시 읽어 보면 고쳐야 할 곳이 있음을 발견하게 된다. 문단의 순서를 바꾸어야 할 곳도 있고, 문맥을 바로 잡아야 할 곳도 있고, 고쳐야 할 문장도 있고, 단어를 바꾸어 써야 할 곳이 있는가 하면, 심지어는 맞춤법에 맞게 고쳐야 할 말도 있다. 위의 학생의 글 중에서 밑줄 그은 것들은 모두 다른 말로 바꾸어야 할 말들이다. 이런 말들이 글에 그대로 쓰인 것은 다듬기를 제대로 하지 않았기 때문이다. 정성껏 잘 다듬어야만 글다운 글이 될 수 있음을 명심해야 할 일이다. 같은 날 같은 경험을 한 학생 중에서 위의 요건들을 잘 염두에 두고 쓴 글을 한 편 살펴보자.

## 대학을 경험하며

(학생 글)

드디어 내가 기대하던 대학생이 되었다. 청춘 프로에서 보아 오던 대학생들의 모습, 한가한 잔디밭에 앉아 책을 읽고 있는 연인들, 팔베개를 하고 잠시 눈을 붙이고 있는 멋있는 남자, 수업 시간의 자율적인 분위기 등등. 중·고등학교를 여자들이 북적대는 곳만 나온 나에게 대학이라는 곳은 더없이 멋진 공간으로 여겨졌다.

이렇게 막연한 환상을 품고 있던 나에게 실망이라는 어두운 그림자가 닥쳐왔다. 기대가 크면 실망도 크다더니…….. 중·고등학교 시절, 잘 짜여진 수업 시간과 점심시간, 교실에 앉아 있으면 시간만 되면 으레 잘 찾아오시는 선생님들, 별 보며 학교 갔다가 별 보며 집으로 돌아오는 생활, 그런 생활에 익숙해 있던 나에게 갑자기 대학이라는 자율적인 공간에 발을 내딛고 보니, 머리가 너무 혼란스러웠다.

9시에 첫 수업이 있고, 오후 2시에 두 번째 수업이 있는 날이면, 그 비는 시간을 어떻게 활용해야 할지 막막했다. 친구들은 비는 시간에 같은 학과의 잘 모르는 친구들이랑 선배들을 익혀야 한다고 하여, 막상 과방에 가면 선배들은 일부 아는 애들과 대화를 나누고 있거나, 자기 할 일을 하고 있어서 그냥 나오기가 일쑤였다. 그런 시간이 너무 많다 보니 하루하루가 너무 재미없게 느껴졌다. 물론 자기하기 나름이라고, 사교성 없는 나에게 문제가 있기는 하다. 그러고 보니 대학이라는 곳은 이 남아도는 시간을 자신이 얼마나 잘 활용하는 지에 따라서 앞으로의 방향이 결정되는 것 같다. 솔직히 나도 처음에는 고등학교 때처럼 공부에 얽매이기보다는 대학을 즐기면서 여유롭게 살자는 생각이었다. 그러나 며칠간의 대학 생활을 경험한 지금, 대학을 즐기되 진정 내가 하고 싶은 일을 하며 즐겨야겠다는 생각이 든다. 고등학교 때 그렇게 싫었던 영어회화를 학과 공부 이외에 하고 싶다. 그러기 위해서는 비는 시간을 잘 활용해야겠다.

막연히 환상적으로만 생각해오던 대학. 실망도 크지만, 내가 대학 생활을 얼마나 잘 해나가는가에 따라, 특히 빈 시간들을 얼마나 잘 활용하는가에 따라 내 미래는 달라질 것이다. 앞으로의 생활에 대한 설계를 잘 하여, 주어진 시간들을 적극적으로 활용하는 개척인이 되어야겠다.

위 학생은 대학에 들어와 느낀 일 중에서, 강의 시간 사이의 빈 시간들에 대해서만 초점을 잡아, 그 동안 겪었던 일과 앞으로의 각오를 쓰고 있다. 깊은 내용을 없지만 한 가지 제재만을 가지고 그것에 관해 집중해서 쓰고 있기 때문에, 글다운 글이 되어 있다. 짜임새나 문맥의 흐름에도 손댈 곳이 없는 글이다. 다만 빈 시간들을 보내기 위해 고민한 갖가지 생각들, 그리고 그것을 해결하기 위해 노력한 일들을 더 자세히 썼다면 더 좋은 글이 될 수 있었을 것이다.

다음은 지난 학기 동안 있었던 일 중에서 가장 기억에 남은 일을 쓴 글이다.

〈글의 개요〉

글감 – 수업시간에 수행한 프로젝트에서 일등한 일
주제문 – 프로젝트를 수행하면서 힘들었지만 1등을 해서 매우 뿌듯했다.

서두 – 1학기 수업 중에 SOC설계라는 수업을 통해 프로젝트를 수행했다.
본문 – 전공에 대한 기초지식 부족으로 어려움을 겪었다
– 조원들끼리 세미나를 해가며, 프로젝트 수행에 필요한 공부를 했다.
– 예상외로 진행이 잘 되어서 가장 먼저 발표를 했다.
– 완성된 프로젝트를 발표하여 일등을 했다.
마무리 – 처음에는 어려움을 겪었으나, 열심히 해서 좋은 결과를 거둘 수 있었다.

## 1학기 동안 가장 기억에 남는 일

(학생 글)

나는 1학기 중에 가장 기억에 남는 일로 SOC설계라는 전공과목에서 수행했던 프로젝트를 떠올렸다. 전공과목 중에 SOC설계라는 과목이 있다. 이 과목은 기본적으로는 이론을 공부해야 하겠지만, 수업의 최종 목표는 컴퓨터 프로그래밍을 통해 자신이 원하는 반도체칩을 설계하는 것이다. 수업의 진행 순서는 이론적인 것에

대해서 공부한 후, 이론을 바탕으로 실제 자신이 원하는 동작을 수행할 수 있는 반도체칩을 설계하는 것이다. 이론도 어렵지만 실제 반도체를 설계하는 프로그래밍 과정이 어렵다.

먼저 우리는 조를 편성했다. 일단 나는 선배들 3명과 함께 2조에 편성되었다. 학기 초반이라서 그런지 처음에는 다들 의욕도 넘치고 생기가 있었다. 하지만 진행 도중에 어려움이 무척 많았다. 수업시간에 이론을 대해서 강의를 듣지만 그래도 몰랐던 것을 알아간다는 것이 쉽지가 않았다. 흔히 우리가 tool이라고 부르는 반도체를 설계하는 소프트웨어를 공부하고 익혀 나가는 과정은 매우 어려웠다. 그렇지만 어렵다고 해서 다들 손을 놓고 있을 수는 없었다. 내가 가장 먼저 나섰다. 왜냐하면 나는 이전에 그 tool을 해본 적이 있었기 때문이다. 먼저 세미나를 통해서 기초적인 지식부터 공부했다. 혼자서는 이론 전부를 다 해나간다는 것을 어렵기 때문에, 조원들끼리 각각 부분을 맡아서 공부해 오도록 했다. 그렇게 한 결과 책임감 때문인지 다들 열심히 해 오는 것 같았다. 그렇게 하여 어렵게만 느껴졌던 반도체에 대한 기본 이론을 알 수 있게 되었다.

다들 잘 해 나갔다. 나도 신이 나서 하다 보니 tool을 사용해서 프로그래밍을 하면서 밥 먹는 시간을 놓쳤던 적이 한두 번이 아니다. 그렇게 해서 우리조는 가장 먼저 발표를 할 수 있게 되었다. 가장 먼저 발표를 해서 시간적으로 조금 불리한 면도 있었지만, 우리조는 전혀 개의치 않았다. 왜냐면 우리가 열심히 해서 설계한 반도체에 대해서 자신감이 있었기 때문이다. 결국 우리는 가장 먼저 발표함으로써, 가장 짧은 시간을 프로젝트에 투자했음에도 불구하고 학기말 시상에서 1등을 하였다. 시상식이 있은 후 우리 조원들과 함께 밥을 먹었다. 모두들 과정은 힘들었지만, 그 후에 찾아오는 달콤함에 푹 빠져들기도 했다.

이번 프로젝트를 수행하고 결과물을 만들어 내는 과정에서 많은 것을 겪었다. 우리는 흔히 학교 공부나 일상생활을 하다보면 수많은 어려움에 직면하게 된다. 나도 이번 프로젝트를 하면서 그 과정을 되풀이하기도 했으나 예전과는 다른 점이 있었다. 보통의 경우에는 해보지 않고, 그냥 '이건 내가 절대로 할 수 없을 만큼 어려운 일일 꺼야' 라고 생각하지만 나는 생각이 달랐다. 그 어려움이 내가 해결할 수 없을 만큼 어려운 것일지는 모르지만, 그것을 해보고 실패하는 것과 아예 해보지 않는 것과는 차이가 많다고 생각했다. 어려워서 전혀 해보지 않는다면 단 하나의 무엇도 얻을 수가 없지만, 일단 실패하더라도 해보기만 한다면 뭔가 얻을 수 있을 것이라고 생각했다. 그러한 생각으로 프로젝트에 임했기 때문에 결과 또한 좋을 수 있었다고 생각한다.

위 글은 1학기 중에 가장 기억에 남는 일로 SOC설계라는 전공과목에서 수행했던 프로젝트에 관하여 적은 것이다. 힘든 과목을 열심히 노력하여 좋은 결과를 얻었다는 전체적인 내용은 무난하나, 조별활동의 내용이 보다 구체적으로 설명되었으면 좋다. 힘들었던 일들이 구체적으로 어떤 것이지, 어려운 일을 대하는 조원들의 태도는 어떠했는지 등이 설명되었으면 글을 읽는 사람이 전후사정을 더 잘 파악할 수 있을 것이다. 글을 읽는 사람이 글의 내용을 잘 파악할 수 있어야 좋은 글이 될 수 있다.

## 2. 가족 이야기

'가족'은 쉽게 쓸 수 있는 글감 중의 하나다. 한 집에서 살을 맞대고 사는 가족은 어떤 누구보다도 서로를 잘 알기 때문이다. 서로를 잘 아는 만큼 쓸거리도 많고 남들이 알지 못하는 이야기들도 많을 것이다. 하지만 가족에 대해 알고 있는 모든 것을 다 적을 수는 없다. 두드러진 특징을 중심으로 남들과 다른 개성적인 가족의 삶을 서술해야 한다. 가족 공동체의 특징, 구성원들의 성격이나 특기 등을 차례로 나열하면 한 편이 글이 될 수 있을 것이다. 이 글감은 글의 단락을 이해하는 데도 효과적이다. 가족 구성원들의 특징을 차례로 서술하다보면 자연스럽게 글의 단락을 이해할 수 있기 때문이다.

### 가족의 소중함

(학생 글)

공기의 소중함을 모르듯이 우리 또한 가족의 소중함을 깨닫지 못하고 살아간다. '가족'이라는 영화가 있었다. 주현과 수애가 나와 아버지의 사랑을 표현해 우리의 코끝을 찡하게 만들었던 영화이다. 그 영화에서 설정한 상황이 우리를 감동시켰을 지 몰라도 사실 모든 가족의 사랑은 우리의 코끝이 찡하게 만들기 충분하다. 단지 우리가 가족의 사랑을 잘 알지 못할 따름이다. 언제 한번 가족에 대해서 깊이 생각하고 누군가에게 소개해 봤어야지 말이다. 생각해볼 기회가 없었으니 소중함을 깨닫기도 어려울 수밖에 없다. 그래서 오늘 나는 우리 가족에 대해서 소개해 보려 한다.

과거 우리 가족은 아버지 어머니 큰언니 작은언니 나 이렇게 다섯 명이었다. 하지만 현재 집에 남아있는 사람은 어머니 아버지 나 이렇게 세 명이다. 큰언니와 작은언니는 결혼해서 각 각 창원과 평택에 살고 있다. 비록 같이 살지는 않지만 그들도 엄연한 가족임에는 틀림없기에 그들도 함께 소개하려한다.

먼저 우리 아빠는 전라도 목포 분이시다. 어머니 한 분만 보고 거제도로 오신 용감한 분이시다. 과거 전라도와 경상도의 사이가 좋지 않을 시절 알게 모르게 눈치도 많이 받으셨을 것이다. 이곳 사람들이 전라도 사람은 약았다고 말하기도 하지만 난 우리 아빠 같은 남자를 만나고 싶다. 아빠는 전라도 분이시라 그런지 굉장히 가정적이시다. 시장 보는 것과 잡다한 물건을 사오는 건 엄마가 아니라 아빠다. 그래서 동네 분들이 엄마에게 도대체 뭘 먹고 사냐고 물어 보신단다. 도대체 음식을 사러 장에 나오지 않으니 말이다. 또 과묵하고 무뚝뚝한 경상도 남자와 달리 꽃을 좋아하는 엄마를 위해 꽃을 꺾어 오는 센스를 가지신 분이다. 요즘도 아빠는 집에 하루에 두세 번 씩 전화해 엄마의 안부를 묻고 시장 볼 것을 물어 보신다. 아빠는 단 한 번도 집에서 술주정을 하거나, 횡포를 부리거나, 엄마나 우리를 괴롭힌 적이 없으시다. 말 그대로 모범 가장이다. 물론 그렇다고 아빠에게 안 좋은 점이 없는 것은 아니다. 아빠는 우리집에는 안 그러시나 밖에 나가면 자기주장이 강하셔서 지지 않으신다. 그래서 가끔 엄마와 내가 곤란한 경우도 있다. 또 좋고 싫음이 분명하셔서 좋은 사람에겐 한없이 잘해주지만 그렇지 않은 사람에게는 차갑게 대하신다. 그래도 막내딸에게는 끔찍하시니 난 할 말이 없다

엄마는 무남독녀 외동딸이시다. 그래서 혼자서도 잘 지내시고 같이도 잘 지내신다. 있는 듯 없는 듯하신 분이지만 한번 맡은 일은 똑 부러지게 해내시는 분이다. 원래는 은행에 근무하시다가 아빠를 만나 결혼해 목포에 살다가 홀로 남겨진 거제도의 부모님을 위해 아빠와 함께 거제도로 오셨다. 엄마는 내가 가장 존경하는 분이다. 엄마는 내가 아는 사람 중 가장 완벽하게 아내와 엄마의 역할을 해내신 분이

다. 엄마는 감정적으로 누군가를 대하지 않으셨다. 항상 인내하셨고 사랑으로 대하셨다. 엄마는 모든 사람을 최선을 다해서 사랑하고 섬겼다. 엄마의 외모도 그동안의 세월이 담겨 참 따뜻하게 생기셨다. 흰 피부에 넉넉한 살들이 따뜻함을 말해준다. 엄마는 실핏줄이 다 보일 정도로 살이 희시다. 키는 155정도 되시고 몸무게는 제법 나가신다. 엄마는 살을 빼야지 하시면서도 남은 음식을 버리지 못하는 전형적인 주부시다. 요리하는 것도 좋아하고 가정일도 힘들다는 말 한마디 없이 해내신다. 엄마는 나에게 설거지해라 빨래해라 라고 말하지 않으신다. 그저 더 열심히 설거지하실 따름이다. 난 미안해서 고무장갑을 끼지 않을 수 없나. 말보다 행동으로 먼저 말씀하시는 우리 엄마이다.

우리 집의 장녀인 큰언니는 2002년 결혼해 지금은 창원에 살고 있다. 지금은 동희 동주 종민이의 엄마로 한 가정의 엄마가 되어 있다. 큰언니의 성격은 냉철하고 직설적이다. 그래서 많은 사람들이 상처 받기도 하지만 사실 속은 누구보다 여리다. 한번 내 뱉은 말에는 책임을 질줄 알고 이성과 감정을 구분할 줄 아는 사람이다. 나에게 있어 큰언니는 선생님 같은 사람이다. 나와 12살이나 차이가 나니 그럴수밖에 없다 언니와 내가 공감대를 형성하기란 좀처럼 쉽지 않았다. 초등학교 중학교 방학숙제를 언니가 해주는 일은 없었다. 그저 옆에서 도와주고 검사했을 따름이다. 그래서 언니는 나에게 자매라기보다 스승에 가깝다. 하지만 냉정하고 이성적인 언니 덕에 철없던 내가 바르게 자랄 수 있었던 것 같다.

작은 언니는 작은 키에 부러질 것 같은 허리를 가졌다. 그래서 쓰러질 것 같이 생겼으면서도 어디서 그런 힘이 나오는지 힘든 일을 척척 일을 해낸다. 작은언니는 항상 하하하 스마일이다. 즐거워도 스마일, 힘들어도 스마일, 하하 거리다가 가끔 엉엉 우는 사람이다. 지금은 해군인 형부를 따라 경기도 평택에서 쌍둥이 현이와 민이, 막내 현빈이의 엄마로 살고 있다. 옛날에 작은언니는 동안이란 소리도 곧잘 들었는데 지금은 세월은 이길 수 없는지 얼굴에 나이가 묻어 있다. 작은언니는 항상 막내인 나를 위해서 먹을 것과 입을 것을 챙겨주는 고마운 언니이다. 작은언니는 나와 큰언니가 싸울 때 항상 가운데서 큰언니와 나를 달래주는 역할을 했다. 그런 언니가 지금은 평택에 있어 자주 보지 못해 안타깝다.

마지막으로 우리집의 늦둥이이자 마지막 남은 딸, 나를 소개한다. 나는 딸 셋 중

막내로 늦둥이이다. 난 큰언니와는 12살 작은언니와는 10살 차이가 난다. 말이 세 자매이지 사실 언니와 함께한 추억은 거의 없다. 초등학교 들어가기 전 어린 시절은 기억나지 않고 내가 기억을 할 만한 나이가 되었을 때에 언니는 다 대학에 가 버렸다 그리고 한집에서 언니가 직장생활을 하고 내가 고등학교에 다닐 쯤 언니는 시집을 갔다. 그래서 난 거의 외동딸처럼 자랐다. 혼자 지내는 일이 처음엔 외롭지만 익숙해지면 생각보다 즐길만하다. 지금도 그 때문인지 외로움을 잘 타지 않는 편이다. 하지만 큰 고생 없이 자라 어려움에 대한 대처 능력과 끈기가 부족한 단점이 있다. 지금은 마지막 남은 딸로서 열심히 효도하려 노력하는데 잘 되지 않는다.

이렇게 우리 가족은 아빠, 엄마, 큰언니, 작은언니, 나 다섯이다. 다섯이서 같이 할 땐 몰랐는데 부모님은 거제에 큰언니는 창원에 작은언니는 평택에 나는 진주에 이렇게 지내다 보니 이제야 가족의 소중함을 알겠다. 항상 옆에 있었기 때문에 그 소중함을 몰랐다. 우리 모두는 가족이라는 울타리 안에 살아간다. 기쁜 일도 슬픈 일도 그들과 함께 느끼고 나눈다. 이 세상에서 가장 사랑하는 건 바로 이 가족인데 가장 사랑한단 말을 적게 한 것도 가족인 것 같다. 쑥스럽지만 오늘은 집에 전화해서 사랑하단 말을 해야겠다.

이 글은 짜임이나 내용도 대체로 잘 된 글이다. 전체 8개의 단락으로 이루어졌는데 단락별로 소주제가 분명하게 정리되어 있다. 첫째 단락에서 '가족' 이라는 영화에 대한 이야기를 하면서 가족의 소중함을 말하고 있다. 글의 서두를 주제와 관련된 적절한 화제를 활용하여 쓰는 것은 글쓰기의 좋은 방법이다. 그리고 두 번째 단락에서 가족 구성원에 대한 개략적인 소개를 하고, 이어서 구성원들을 차례로 한 단락씩 이야기를 하고, 마지막 단락에서 가족의 소중함을 강조하는 것으로 마무리를 했다. 이렇게 단락별로 정리하여 쓰면 글쓰기를 쉽게 할 수 있다.

## 3. 나에게 소중한 것

이 글감은 누구나 쉽게 접근할 수 있는 것이다. 대부분의 사람들은 자기에게 소중한 것을 한 가지 이상 가지고 있고 그것에 대한 애착이 있기 때문이다. '어제 있었던 일' 과 같은 글은 시간의 흐름에 따라 글을 서술하는 것이 중심이었지만, 이 소재를 글로 쓸 경우는 좀 다르다. 나에게 소중한 것은 어떤 물건이거나 대상이기 때문에 그것의 특징과, 그것에 얽힌 이야기 등이 중심이 되어야 한다. 학생이 쓴 글을 한 편 살펴보자.

### 휴대폰

(학생 글)

내가 좋아하는 물건은 많다. 하지만 꼭 하나를 고르라면 휴대폰이라고 말하고 싶다. 그것은 우리에게 이로움도 주고 해로움도 준다. 물론 쓰는 사람에 따라 다르겠지만 내 생각에는 장점이 더 많은 것 같다. 적어도 나에게는 말이다.

휴대폰이 나온 지는 얼마 되지 않지만 그것이 보편화되는 데에는 너무나도 시간이 짧았다. 그래서 나도 휴대폰을 사용한 지는 얼마 되지 않지만, 이 짧은 기간 동안에도, 나는 그것에서부터 많은 도움을 받았다. 무슨 일이 생겨서 약속 장소에 10

분 정도 늦게 갈 일이 생기면, 나는 당장 친구에게 전화를 해서 그 사실을 말한다. 그래야만 그 친구도 그렇게 알고 초조해하지 않을 것이기 때문이다. 전에 휴대폰이 없었을 때에는 누구든지 외출을 하면 연락이 되지 않았다. 그러나 그 시절에는 연락을 취할 방법이 없었기 때문에 서로 '무슨 일이 생긴 게지.' 란 생각으로 용서가 되었다. 하지만 요즈음에는 그런 것이 통하지 않는다. 왜냐하면 무슨 일이 생기면 휴대폰으로 연락을 해서 그 이유를 말할 수 있으니까.

또 다른 이점은 휴대폰은 인간관계를 더 넓혀 주는 데 이용되기도 한다. 옛날 같으면 꼭 필요하거나 중요한 사항이 아니면 집의 전화번호를 묻지 않는다. 왜냐하면 그 사람이 집에 없을 수도 있고, 또 이른 아침에 전화를 하면 그 집에 있는 온 식구가 잠을 깰 수도 있기 때문이다. 하지만 휴대폰이 있는 지금에는 그 사람에게만 소리가 울릴 수 있어 다른 사람에게는 소리 인해 피해가 가지 않아 언제라도 전화를 할 수가 있다. 또 꼭 필요한 용건이 아니더라도 안부 인사도 할 겸 전화해 줄 수도 있다. 그로 인해 친구 간에는 우정을 더욱 더 돈독히 할 수가 있을 테고, 애인에게는 더욱 더 사랑을 받을 수 있지 않을까 생각한다.

마지막으로 휴대폰은 자기 존재의 표시로 쓰일 수가 있다. 요즈음 휴대폰이 없다면 그 사람은 '인기가 없거나 혹은 친구가 많지 않나' 하고 생각되기 쉽다. 물론 휴대폰이 과소비를 조장한다고 해서 가지고 있지 않을 수도 있겠지만 꼭 그렇지만은 않다. 전화 요금이 많이 나오면 걸지 않고 받기만 하면 되기 때문이다. 기본료만 내고도 휴대폰을 유지할 수 있기 때문이다. 약 1,5000원 정도로 다양한 혜택을 볼 수 있다면 휴대폰을 하나 장만하는 것이 낫지 않을까?

이처럼 요즈음 휴대폰은 없어서는 안 될 물건으로 자리 잡고 있다. 단점도 있겠지만 그보다는 장점이 더 많다고 생각한다. 나는 앞으로도 이 휴대폰으로 내 생활을 좀 더 활기차게 꾸려나가고 싶다.

이 글은 휴대폰을 좋아하는 이유를 휴대폰의 장점을 들어가면서 서술해 가고 있다. 자기 경험에만 밀착해 쓰지 않고, 휴대폰의 일반적인 장점을 중심으로 이야기 하였기 때문에 독창성이 부족한 글이 되었다. 그러나 다섯 문단글 가운데 세 문단에서 휴대폰의 장점을 이야기하고 있는데, 글의 짜임이 질서 있게 잘 맞추어져 있다. 위 글을 쓴 학생은 앞으로 좋을 글을 쓸 수 있는 바탕이 갖추어져 있다.

## 내 꿈을 키워준 장난감

(학생 글)

나는 누가 보물 1호가 무엇이냐 물으면 서슴없이 대답할 수 있는 물건이 있다. 어릴 때 가지고 놀던 블록이다. 언제인지 확실히 기억은 나지 않지만 내가 건축설계사라는 꿈을 가지게 되면서부터 블록을 가장 소중하게 여겼다. 내 꿈을 키우게 된 가장 큰 영향을 미쳤기 때문이다.

어릴 때 난 블록을 가지고 놀기 좋아했다. 다 만든 뒤 인형으로 노는 것보다 만드는 과정을 재밌어 했다. 두세 시간을 걸쳐 만들고 실제로 놀이를 하는 건 몇 분 되지 않았다. 나는 만들면서 '어떻게 하면 더 이쁘고 특이하게 만들까' 하는 고민도 하고, '집을 고쳐드립니다'라는 텔레비전 프로를 본 것을 떠올리기도 했다. 보통 블록은 남자 아이들이 많이 가지고 놀았다. 그런데 난 인형놀이보다 블록을 가지고 노는 것을 더 좋아했다.

중3 때였던가. 그 당시 내가 컸기 때문에 내 블록을 탐냈던 친척들이 많이 있었다. 그 중에 한 분인 숙모가 어느 날 우리집에 오셨다. "너는 이제 다 컸으니 이 블록 내 아들 주면 어떻겠니?"라고 말씀하셨다. 난 주고 싶은 마음이 전혀 없어 아무말도 못하고 가만히 있었는데 엄마께서 내주고 말았다. 그 뒤로 블록만 생각하면 펑펑 울곤 했다. 내 꿈을 키워준, 내 손때가 묻은 소중한 장난감인데 너무 아까웠다. 1년 정도 지나서 내가 너무 안되 보였는지 아빠께서 그 친척에게 새 것을 사주고 내꺼는 거의 뺏다시피해서 돌려 받았다. 그 친척에겐 부끄럽고 미안했지만 다시 돌려받은 기쁨이 더 컸다.

지금 나에게는 블록이 필요 없다. 나보다 어린애들을 주면 잘 가지고 놀텐데 아직까지 내 책꽂이 위에 그대로 놓여 있다. 내 어릴 적 손때가 묻어있는 유일하게 남은 장난감이고, 내 꿈을 키워준 장난감이기 때문이다. 후에 내가 건축설계사가 되었을 때, 이 블록을 가르키며 이것의 영향력이 가장 컸다고 말하고 싶다. 그리고 내 어릴 때 손때가 묻은 장난감을 내 자식들에게 물려주고 싶다.

위의 글은 4개의 단락으로 잘 구성되어 있다. 그런데 둘째 단락의 내용 배열과 표현이 자연스럽지 않다. 둘째 단락의 내용을 재배열하고 표현을 다듬어 다시 써 보면 다음과 같다.

〈고친 글〉

## 내 꿈을 키워준 장난감

나는 누가 **나의** 보물 1호가 무엇이냐 물으면 서슴없이 대답할 수 있는 물건이 있다. 어릴 때 가지고 놀던 블록이다. 언제인지 확실히 기억은 나지 않지만, 나는 건축 설계사라는 꿈을 가지게 되면서부터 블록을 가장 소중하게 여겼다. 내 꿈을 키우게 된 가장 큰 영향을 미쳤기 때문이다.

어릴 때 난 블록을 가지고 놀기를 좋아했다. **보통 블록은 남자 아이들이 많이 가지고 놀았지만, 난 인형놀이보다 블록을 가지고 노는 것을 더 좋아했다.** 다 만들어진 인형을 가지고 노는 것보다 만드는 과정**이 더 재미가 있었기 때문이다.** 나는 만들면서 '어떻게 하면 더 예쁘고 특이하게 만들까' 하는 고민도 하고, '집을 고쳐드립니다'라는 텔레비전 **프로그램에서** 본 것을 떠올리기도 했다. 한 채의 큰 집을 짓기도 하고, 울타리가 있는 자그마한 집을 짓기도 하고, 탑을 쌓아 보기도 하는 등, 만들 때마다 떠오르는 갖가지 생각대로 블록을 붙이고 쌓고 하였다. 블록으로 놀이를 할 때는 밥 먹는 일도, 숙제하는 일도 모두 나의 몫이 아니었다.

중3 때였던가. 내가 블록을 가지고 놀 나이가 넘었을 때가 되자, 내 블록을 탐냈던 친척들이 많이 생겨났다. 그 중의 한 분인 숙모가 어느 날 우리 집에 오셨다.

"너는 이제 다 컸으니 이 블록 내 아들 주면 어떻겠니?"

라고 말씀하셨다. 난 주고 싶은 마음이 전혀 없어 아무 말도 **하지 않고** 가만히 있었는데, 어머니께서 내주고 말았다. 그 뒤로 블록만 생각나면 펑펑 울곤 했다. 내 꿈을 키워준, 내

손때가 묻은 소중한 장난감이었던지라 너무 아까웠다. 1년 정도 지나서 내가 너무 안 **돼** 보였는지 아빠께서 그 친척에게 새 것을 사주고 **내 것은** 거의 뺏다시피 해서 **돌려받았다.** 그 친척에겐 부끄럽고 미안했지만 다시 돌려받은 기쁨이 더 컸다.

지금 나는 블록을 가지고 놀지 않는다. 어린애들을 주면 잘 가지고 놀 장난감이지만, 아직까지 내 책꽂이 위에 그대로 두고 있다. 내 **어릴 적** 손때가 묻어 있는 유일하게 남은 장난감이고, 내 꿈을 키워준 장난감이기 때문이다. 후에 내가 건축설계사가 되었을 때, 이 블록을 가리키며 이것의 영향력이 가장 컸다고 말하고 싶다. 그리고 내 어릴 때 손때가 묻은 장난감, 블록을 내 자식들에게 물려주고 싶다.

## 나의 온 정성을 담은 스크랩북

(학생 글)

누구나 한번쯤은 스크랩을 해 본 적이 있을 것이다. 나도 초등학교 시절에 우표, 곤충, 식물 등 여러 가지 스크랩을 해 본 적이 있다. 그러나 어느 것에도 그리 애착을 두고 꾸준히 지속시킨 것 같진 않다. 부모님께서 많이 도와주셔서 그나마 '스크랩'이란 명분을 가질 수 있었다. 그러던 내가 초등학교 6학년 때 스포츠 경기를 보는 것을 좋아하면서 관심 있는 스포츠에 대한 기사나 사진을 모아 스크랩북을 만들기 시작했다.

그때부터 만든 스크랩북 중에 내가 가장 좋아하는 것은 단연 94, 98년 월드컵경기에 대한 것이다. 내가 월드컵에 관심이 있게 된 것은 초등학교 때 본 어느 만화 영화 때문인데 그 만화 영화는 현재까지 약 100여 년 되는 역사를 가진 월드컵 경기를 어린이들이 쉽게 이해할 수 있도록 재미있게 구성해 놓았었다. 나는 당시 저렇게 재미있는 경기가 실제로 있다는 것에 무척 놀라워했고, 얼마 후 월드컵 경기를 볼 수 있다는 소식을 듣고 기대에 부풀어 올라 있었다. 역시나 월드컵 경기는 나의 기대를 저버리지 않을 만큼 무척 재미있었고, 나는 매일매일 신문에 연재되는 여러 가지 월드컵에 대한 기사와 사진을 오려 조그마한 스케치북에 스크랩을 했다.

스크랩을 통해 나는 축구에 관한 여러 가지 상식이나 정보를 얻을 수 있었다. 당시 초등학교 6학년 여학생이 축구의 여러 가지 규칙들을 알기에는 충분한 나이가 아니었고, 나도 사실 구체적인 것들에 대해서는 무방비 상태였다. 하지만 나는 그 스크랩을 통해 조금이나마 축구에 대한 견문을 넓힐 수 있었다.

또한 스크랩은 내가 얼마나 축구를 좋아하는지를 표출해내는 일종의 도구라고도 할 수 있다. 축구를 좋아했던 내가 마냥 운동경기를 보며 환호하며, 좋아하는데 그치지 않고 스크랩을 만듦으로서 나의 축구에 대한 애정을 눈으로 확인할 수 있게 한 것이다.

내게는 초・중학교를 다닐 때 만들어 놓은 여러 가지 운동경기에 관한 스크랩북이 있다. 요즘에도 방정리를 하다가 그 스크랩북이 눈에 띄면 다시 펼쳐서 구경하면서 그 때의 경기를 회상해 보곤 한다. 나의 정성이 함뿍 담긴 나의 스크랩북. 이들은 내가 가장 좋아하고 아끼는 물건의 하나라 해도 전혀 손색이 없다.

이 글은 모두 5개의 단락으로 이루어져 있다. 그런데 4번째 단락과 5번째 단락은 나눌 필요가 없는 단락이다. 둘 다 '스크랩북을 만들면서 얻게 된 좋은 점'에 관한 내용이다. 그리고 지나치게 긴 문장이 있어 내용 이해에 지장이 있는 곳도 있다. 이 두 단락을 합치고 표현을 다듬어 다시 써 보면 다음과 같다.

〈고친 글〉

## 나의 정성이 담긴 스크랩북

누구나 한번쯤은 스크랩을 해 본 적이 있을 것이다. 나도 초등학교 시절에 우표, 곤충, 식물 등 여러 가지로 스크랩을 해 본 적이 있다. 그러나 어느 것에도 그리 애착을 두고 꾸준히 지속시킨 것 같진 않다. 부모님께서 많이 도와주셔서 그나마 '스크랩북'이라 불릴 수 있는

**몇 개 있을 뿐이었다.** 그러던 내가 초등학교 6학년 때 스포츠 **경기** 보는 것을 좋아하면서 관심 있는 스포츠에 대한 기사나 사진을 모아 스크랩북을 만들기 시작했다.

그 때부터 만든 스크랩북 중에 내가 가장 좋아하는 것은 단연 94, 98년 월드컵 경기에 대한 것을 스크랩한 것이다. 내가 월드컵에 관심을 갖게 된 것은 초등학교 때 본 어느 만화영화 **때문이었다.** 그 만화 영화는 약 100여 년 되는 역사를 가진 월드컵 경기를 어린이들이 쉽게 이해할 수 있도록 재미있게 구성해 놓았었다. 나는 당시 그렇게 재미있는 경기가 실제로 있다는 것에 무척 놀라워했고, 얼마 후 월드컵 경기를 볼 수 있다는 소식을 듣고 기대에 부풀어올라 있었다. 역시나 월드컵 경기는 나의 기대를 저버리지 않을 만큼 무척 **재미있었다.** 나는 매일매일 신문에 연재되는 여러 가지 월드컵에 대한 기사와 사진을 오려 조그마한 스케치북에 스크랩을 했다.

스크랩을 통해 나는 축구에 관한 여러 가지 상식이나 정보를 얻을 수 있었다. **축구의 여러 가지 규칙들을 알기에는 충분한 나이가 아닌 여느 초등학교 6학년 학생들처럼, 나도 사실 축구 규칙에 대한 구체적인 것들에 대해서는 무지한 상태였다. 하지만** 나는 그 스크랩을 통해 조금이나마 축구에 대한 견문을 넓힐 수 있었다. 또한 스크랩은 내가 얼마나 축구를 좋아하는지를 표출해내는 일종의 **도구 역할도 하였다.** 축구를 좋아했던 내가 마냥 운동경기를 보고 환호하며 좋아하는데 그치지 않고, 스크랩을 만듦으로서 나의 축구에 대한 애정을 눈으로 확인할 수 있게 한 것이다.

내게는 초 · 중학교를 다닐 때 만들어 놓은 여러 가지 운동 경기에 관한 스크랩북이 있다. 요즘에도 방 정리를 하다가 그 스크랩북이 눈에 띄면 다시 펼쳐 놓고 구경하면서 그 때의 경기를 회상해 보곤 한다. 나의 정성이 듬뿍 담긴 나의 스크랩북. 이들은 내가 가장 좋아하고 아끼는 물건의 하나라 해도 전혀 손색이 없다.

## 친구

(학생 글)

나에게 가장 소중한 것을 꼽으라면 제일 우선으로 생각하는 것이 친구이다. 초등

학교, 중학교, 고등학교를 다니며 사귄 친구들이 많다. 다들 대학을 가게 되고 서로 뿔뿔이 흩어졌지만 정기적으로 모임을 가져 친목을 다진다. 친구들 끼리 모였을 때 항상 외치는 말이 있다. 바로 '친구는 재산 이다.' 라는 말이다. 이 말을 들을 때 마다 친구가 소중함을 느끼게 된다.

고등학교 시절, 부모님의 이혼으로 잠시 방황 했던 적이 있다. 학교 공부를 소홀이 하고, 매일 밤늦게까지 놀기도 하였다. 그럴 때 승백이가 술을 사들고 집으로 찾아 왔다. 승백이는 고등학교 1학년 때 같은 반이어서 친해진 친구인데, 초등학교, 중학교, 고등학교 모두 학생회장을 지낸 친구이다. 아주 듬직하고 믿음이 가는 친구였다. 승백이는 나와 둘이서 이야기를 나눌 게 있다고 했다. 무엇 때문에 학교생활에 소홀이 하는지 물어 보았다. 친한 친구라서 그간의 사정을 이야기했더니, 그런 일로 그렇게 흔들리면 되냐고, 그럴수록 네가 더 잘해서 부모님 걱정 안 하시게 해줘야 하는 거 아니냐고 충고를 하였다. 승백이와 한참 동안 이야기를 나누면서 많은 생각을 하게 되었다. 그리고 3학년 중반부터 정신을 차리고 수능 공부를 조금씩 하게 되었다. 승백이는 ○○대학교 경영학과를 가게 되었고, 나는 승백이 덕분에 ○○대학교 기계항공공학부로 가게 되었고, 승백이와 학교 앞에서 자취를 하고 있다. 이처럼 친구는 서로 옳지 못한 쪽으로 기울면 서로 서로 올바른 방향으로 인도 해줄 수 있는 길잡이가 되어 준다.

그리고 집안 사정으로 인해 고등학교 때부터 자취 생활을 하게 되었는데, 그 때 같이 살던 진환 이라는 친구 덕분에 중요한 것을 배웠다. 나는 성격이 소심하고 내성적이어서 사람과 잘 어울리지 못했고, 진환이는 털털하고 남자다워 항상 먼저 나서는 친구였다. 정 반대인 사람하고 같이 지내니 서로 마음이 안 맞았던 적이 많았다. 하지만 매일 같이 다니면서, 운동도 하고 같이 놀러가고 하다 보니 진환이를 많이 닮게 되었다. 내성적인 성격을 많이 고치고, 소심했던 마음도 많이 넓히게 되었다.

진환이는 자취를 하면서도 집안일은 아예 손도 대질 못했다. 나는 어렸을 때부터 집안일을 많이 도와서 음식을 한다거나 청소, 빨래 이런 일들을 어렵지 않게 했었다. 그러나 진환이는 한번도 해 본적이 없다면서 아예 하질 못 했다. 진환이가 모르는 게 있으면 내가 가르쳐 주고, 처음에는 라면도 못 끓였었는데 지금은 혼자서 자취를 해도 밥 꼬박 꼬박 잘 챙겨 먹을 정도로 많이 낳아졌다. 이처럼 친구는 서로 부족한 점을 가르쳐주고 서로의 장단점을 알고 장점은 배우고 단점은 꼬집어주는 서로의 스승이 되어 준다.

가끔 힘든 일이 있거나 고민이 생겼을 때 가족보다도 먼저 찾게 되는 것이 친구이다. 친구만큼 편한 상대가 없고, 친구만큼 서로 의지 할 수 있는 상대가 없다. 같은 처지에 놓인 친구라면 더더욱 서로가 위로 해주고 아껴줄 수 있다. 승백이, 진환이 모두 친한 친구이다. 서로 고민이 있으면 언제든지 서로 찾아가 고민을 털어놓고 이야기를 나눈다. 힘든 일이 있을 때는 먼저 찾아가서 도움이 되어 준다. 승백이, 진환이뿐 아니라 다른 모든 친구가 서로의 든든한 버팀목이 되어 준다.

지금 대학교에 막 입학하고 새로운 친구를 사귀게 되었다. 시간이 지나면서 서로 장단점을 발견하고, 서로 의지할 수 있는 친구도 생길 것이다. 서로 조금씩 양보를 하고 항상 친구가 먼저라는 생각을 가진다면 더욱더 우정을 쌓을 수 있을 것이다. '옷은 새 옷이 좋고, 친구는 옛 친구가 좋다.' 라는 말이 있다. 친구는 오래 사귈수록 정의가 두텁다는 말이다. 항상 친구를 가족처럼 생각하고 변치 않는 우정을 간직할 수 있도록 해야 할 것이다.

이 글은 친구의 소중함에 대하여 설명하고 있다. 집안 사정으로 힘들어 할 때 옆에서 위로해주었던 친구로 인해 힘든 시절을 잘 지낼 수 있었고, 성격이 다른 친구와 함께 자취를 하면서 서로의 장점을 배울 수 있었던 것을 적었다. 친구로부터 도움을 받은 일과 좋은 점들을 배울 수 있었던 전후사정을 소상하게 적었기 때문에 친구를 소중하게 생각하는 마음이 잘 드러났다.

## 4. 제시문 읽고 글쓰기

제시문을 읽고 글을 쓰게 하는 것은 제시문에 대한 이해력과 글쓰기 능력을 함께 점검할 수 있어 작문능력 시험에서 자주 이용된다. 읽기와 쓰기는 불가분의 관계에 있다. 많은 글읽기를 바탕으로 좋은 글쓰기가 이루어질 수 있는 것이기 때문이다. 그렇지만 아무리 많이 읽었다고 해도 글쓰기를 싫어하고 직접 해보지 않으면 글쓰기는 잘 되지 않는다. 제시문을 읽고 글쓰기를 할 적에는, 제시문에 대한 올바른 이해가 이루어져야 한다. 제시문을 제대로 파악하고, 그것을 근거로 자신의 생각을 정리하여 써 나가야 한다.

### 제시문 –1

#### 세대 갈등의 골 좁히기

강원택

며칠 전 오랜만에 만난 어릴 적 친구들과 저녁을 함께하고 뒤풀이로 노래방에 갔다. 돌아가면서 한두 곡씩 불렀는데 대부분의 레퍼토리는 우리가 20대 전후였던 1970~80년대의 인기곡들이었다. 하지만 몇몇 친구들은 최근의 신곡을 멋들어지게 불렀는데 그들은 야유와 부러움을 동시에 받았다. 왠지 그런 신곡이 우리 나이에 걸맞지 않은 것처럼 느껴졌기 때문일 것이다.

탄핵 이슈 외에 별다른 쟁점이 없었던 이번 총선에 뜻밖에 세대 간 갈등이 첨예하게 부각되고 있다. 외형상으로는 열린우리당 정동영 의장의 실언에 대한 정치적 공방으로 진행되고 있지만 사실 세대 갈등은 2002년 대통령 선거 과정 이후로 계속해서 나타나고 있는 현상이다. 얼마 전 있었던 우리 사회의 어른이라 할 수 있는 김수환 추기경의 발언에 대한 비판 논란도 이러한 세대 갈등의 심각성을 잘 보여주는 것이다. 그러나 세대별로 각기 다른 생각을 갖게 되는 것은 지극히 자연스러운 일이다. 내 친구들이 요즘 젊은이들과는 달리 2004년이 되어도 여전히 70~80년대의 노래에 정감을 느끼는 것처럼 세대별 정치적 성향과 시각에는 커다란 차이가 있게 마련이다.

50대 이상의 세대는 분단, 한국전쟁, 뒤이은 냉전과 지독한 가난을 경험한 세대다. 미국의 지원 없이는 국가의 안위를 보장할 수 없었고 '중공 오랑캐'와 '북괴'를 물리쳐야 한다는 반공이념은 당시 국민적 합의였다. 그러나 70~80년대 대학을 다녔던 세대는 반공이 통치수단으로 악용되었던 어두운 시절을 기억한다. 많은 동료 학생과 민주 인사들이 박정희 · 전두환 정권에 저항했다는 이유로 공산주의자로 몰렸고 국가보안법에 의해 고문과 고통을 겪었던 모습을 지켜보았다. 이들 세대 간 반공을 바라보는 인식은 서로 다를 수밖에 없다. 한편 지금 강의실에서 내가 만나게 되는 학생들은 80년대에 태어난 학생들이다. 이들은 경제적으로 풍요로운 여건에서 성장해 왔고, 이들이 세상 물정을 조금이라도 알기 시작했을 무렵 소련과 동구의 사회주의 국가는 이미 존재하지 않았다. 대신 이들 세대가 주목한 것은 86년 아시안게임, 88년 서울올림픽, 2002년 월드컵, 그리고 박찬호와 박세리 등 국제 사회에서 성장한 우리의 모습이었다.

서로 살아온 경험이나 환경이 이처럼 다른데 모든 세대가 동일한 생각을 할 수 있을 것이라고 기대하기는 어렵다. 세상이 변하고 사람이 변하고 또 의식도 변하는 것은 너무도 당연한 일이기 때문이다. 더욱이 우리 사회처럼 짧은 시간 동안 압축적 성장을 통해 엄청난 변화를 경험한 곳에서 세대 간의 시각의 차이는 그만큼 더 커질 수밖에 없다.

그런데 지금처럼 세대 간 갈등의 골이 깊어진 까닭은 각 세대가 서로의 차이를 인정하려 들지 않기 때문이다. 서로 자신의 경험과 판단만이 옳다고 강변하고 관철시키려고 한다. 나이든 세대는 자신들이 이룩해 놓은 과거의 업적과 논리를 강요하고 싶어하고, 젊은 세대들은 그러한 주장이 철지난 것이라고 일축하려 한다. 그리고 세대 갈등은 정당 간 정략적인 정치공방을 통해 더욱 확대 재생산돼 왔다. 이와 같은 세대 간 갈등을 풀어내기 위해서는 서로의 경험과 환경이 다를 수 있다는 점을 인정하고, 이념과 인식의 다양성을 상호 존중하려는 태도가 중요하다. 내가 겪은 경험만이 옳고 정의롭다고 주장하며 다른 세대의 경험과 인식을 무시하려 든다면 세대 간 갈등은 앞으로도 쉽게 가라앉지 않을 것이다.

지난주 우리 학과 학생들의 수련회에 다녀왔다. 마지막 날 밤 술 한잔 하는 자리에서 한 학생이 일어나서 노래를 불렀다. 50년도 더 되었을 옛날 가요였다. 많은 학생이 함께 따라 부르며 흥겨워했다. 요즘 애들도 이런 노래를 부르는구나, 나는 놀랐다. 젊은 세대라고 요즘 노래만 부르는 것도 아니고, 나이든 세대라고 모두 옛날 노래만 부르는 것은 아니다. 지역으로 우리 사회를 갈라놓았던 정치가 이제 세대 간 갈등마저 부추기고 있다. 세대 간 다른 삶의 여정이 갈등이 아니라 경험과 지혜의 공유로 이어질 수 있도록 중지를 모아야 할 때다.

〈중앙일보, 2004. 4. 10.〉

〈제시문 읽고 쓴 글〉

## 세대 간의 갈등과 해소 방안

(학생 글)

어느 사회나 갈등은 존재하기 마련이다. 그것이 종교든 지역이든 정치든 간에 사람들은 갈등의 세계 속에서 살아가고 있다. 그 중에서도 세계 어느 곳이나 존재하는 것은 바로 세대갈등이다. 그리고 지금 내 옆에서도 일어나고 있는 일이다.

기성세대들은 신세대들에게 자신의 생각을 강요하려 한다. 옷을 단정하게 입어라, 염색하지 마라, 이성 친구를 사귀지 말라 등등 자신들이 예전에 겪어왔던 과정을 그대로 그 다음세대들에게 전달하고 있는 것이다. 그 과정에서 요즘 세대 아이들은 이를 받아들이지 못하고 반항하면서 세대 간의 갈등이 발생하게 되는 것이다.

그렇다면 우리 주위에서 가장 흔하게 접할 수 있는 세대 갈등에는 무엇이 있을까? 바로 가족끼리의 텔레비전 프로그램의 시청권이 아닐까 싶다. 드라마를 본다는 사람, 뉴스를 본다는 사람, 오락프로를 본다는 사람, 각각 서로가 보고 싶어 하는 프로그램이 다르기 때문에 약간의 분쟁이 생길지도 모른다. 특히 보수적인 가정인 경우에는 그 정도가 더욱더 심할 것이다.

우리 집 같은 경우에는 부모님이 즐겨보시는 프로그램은 〈이제는 말할 수 있다〉라는 역사 프로그램이다. 이 프로그램은 식민지 시대의 독립투쟁부터 광복, 6.25전쟁, 군부정권에 이르기까지 한국 현대사의 문제를 주로 성찰한다. 하지만 단순히 역사적 내용을 언급하는데 그치는 것이 아니라, 성역을 깨고 가려져 있던 역사적 진실을 찾아내어 재해석하는 것에 초점을 맞추고 있다. 이 프로그램은 시청자들의 역사적 인식을 확대시켜 주고 있다. 그냥 우리가 무심코 지나갔던 역사적 사실을 다시 한 번 재조명하면서 새로운 해석을 내리는 역사적 증언자의 역할을 하기 때문이다.

반면에 내가 즐겨보는 프로그램은 〈스펀지〉이다. 이 프로그램은 교과서에서도, 매스컴에서도 다루지 않았던 숨은 지식들 또는 새로운 지식들을 소개한다. 또 세상의 곳곳에서 일어나는 재미난 일과 언론에서 다루지는 않지만 네티즌 사이에 인기를 끌고 있는 검색어도 소개하곤 한다. 어떻게 보면 단순한 유머 프로그램처럼 보일 수 있지만 자세히 살펴보면 하나 하나가 삶의 활력소가 되기도 한다. 나는 이 프로그램을 통해서 '에나'라는 진주말이 '진짜'를 뜻한다는 것을 알 수 있었다. 그 외도 재미있고 유익한 것들을 많이 알 수 있었다. 이 프로그램은 단순히 웃고 넘길 수 있는 사실뿐만 아니라 도움이 되는 새로운 사실을 알려주는 것이다.

그런데 부모님은 내가 보는 것이 단순한 오락채널인 줄 아시고, 가끔가다 꾸중을 하시곤 한다. 이왕이면 도움이 되는 프로그램을 보지 왜 웃고 떠들고 나면 끝나는 것을 보느냐고 말이다. 하지만 나는 그렇게 생각하지 않는다. 그 시간만큼은 내가 몰랐던 재미난 사실을 알 수도 있고 웃으면서 그동안 쌓였던 스트레스도 풀 수 있기 때문이다. 이러한 것은 부모님이 즐겨보시는 프로에 대해서도 마찬가지가 아닌가 싶다. 부모님이 재미있어 하고 즐겨보는 프로들은 대개 나에게는 재미없는 것이기 때문이다. 부모님은 광복 후 혼란했던 사회를 살아오면서 그 내용을 공감하실 수 있을 것이다. 하지만 나는 그 시대를 경험하지 않았기에 부모님처럼 흥미를 느끼지 못한다.

부모님과 나는 살아온 세대가 다르고, 그렇기에 거기에 따른 가치관의 차이도 분명히 있을 것이다. 그것이 아마 부모님과 내가 서로의 의견 차이를 보이는 가장 큰 이유일 것이다. 하지만 의견차이가 있다고 해서 그것을 그대로 내버려 둔 채 지낼 수는 없다. 조그마한 의견 차이가 나중에는 서로를 분열시킬 수도 있기 때문에 반드시 해결해야만 한다. 재사회화 과정을 통해 새로운 문화를 습득하는 것도 좋은 방법이기는 하지만, 우선 대화를 통해 서로를 이해하는 노력을 해야 할 것이다. 수십 년 간의 벽을 한 번의 대화로 무너뜨릴 수는 없지만, 그러다 보면 언젠가는 갈등의 골이 없어질 것이라 믿어 의심치 않는다.

위 글은 제시문의 내용을 잘 파악하고 자신의 견해를 잘 썼다. 제시문에서 말한 세대 간의 갈등을 텔레비전 시청에서 빚어지는 가족 간의 갈등을 중심으로 갈등의 양상과 해결 방안을 설명을 하였다. 이와 같이 제시문을 읽고 쓰는 글은 주어진 글의 요점을 잘 파악하여 자기가 경험한 일을 중심으로 쓰는 것이 효과적이다. 글을 잘 써야 한다는 생각에 잘 알지도 못하는 내용을 피상적으로 언급하는 것보다는, 자기가 잘 알고 있는 일을 중심으로 쓰는 것이 바람직하다.

### 제시문 -2

## 대통령은 반드시 대학 이상 나와야한다

지만원

"다음 대통령은 대학 다닌 경험 있는 분이 적절하다"는 전여옥 씨의 표현은 오랜만에 듣는 적절한 표현이었다고 생각했다. 하지만, 유감스럽게도 전여옥 의원은 반대편에 선 사람들로부터 공격을 받자, 즉시 둘러대기부터 했다. "학력 자체를 말한 게 아니라 학력 콤플렉스에 걸리지 않은 사람이 대통령을 했으면 좋겠다"는 취지에서 한말이었다 한다. 전여옥 의원에게 주었던 플러스 점수가 이 변명 하나로 마이너스가 됐다.

필자는 전 의원의 첫 번째 발언이 마음에 든다. 이는 노무현 씨가 미워서가 아니라 논리적으로 옳기 때문이다. 차별이란 말은 영어의 DISCRIMINATION을 의미한다. 인종차별,

연령차별, 남녀차별을 하지 말아야 하는 것처럼, 학력에도 그런 차별을 하지 말아야 한다는 것이 발끈한 사람들의 생각일 것이다.

'차별화' 라는 것도 있다. 영어로 말하자면 DIFFERENTIATION! 제품의 차별화가 있다. 품질에 따라 제품가격이 다른 것이다. 사람의 능력에도 차별화가 있다. 능력에 따라 연봉이 다른 것이다. 서울대와 여타의 대학들과에도 차별화가 있다. 1983-85년 사이, 필자는 서울대와 고려대에서 매트릭스, 확률, 실험설계 등 수학과목을 동시에 강의한 적이 있다. 필자는 학생들의 소화능력에 천지 차이가 있음을 느꼈다. 서울대와 고려대가 1류와 2류 정도의 차이가 아니라 1등과 10등 간의 차이라고 생각했다. 이는 필자의 생각이기 때문에 고대 인구들로부터 항의를 받을 그런 성격의 것이 아니라고 생각한다. 이렇듯 분명히 등수가 있는 것을 부정하고 무조건 차별화하면 안 된다고 생각하는 사람들 때문에 지금의 교육과 사회가 삐뚤어지고 있는 것이다.

제품이든 사람이든 용도에 대해서는 차별화가 반드시 있어야 한다. 선진국에서는 호텔에 근무하는 종업원도 외국어를 몇 개 하느냐에 따라 몸값이 다르다. 이는 용도에 대한 차별화이지 인격에 대한 차별이 아니다. 외국어라면 담을 쌓은 사람과 외국어를 5개씩이나 하는 사람이 호텔에 근무하려면 연봉의 차별대우를 받아야 한다. 그러나 이 두 사람을 인격적으로 차별하는 행위는 있을 수 없다.

분석력을 훈련받지 못한 사람들은 인격적 DISCRIMINATION과 용도의 DIFFERENTIATION을 구분할 줄 모른다. 전여옥 의원의 발언을 문제 삼은 사람들이 그랬고, 전 여옥 의원이 그랬다. 필자는 둘러대는 것을 가장 싫어한다. 둘러대기의 명수로는 누가 감히 김대중을 따라갈 수 있을까? 그런데! 전여옥, 당신처럼 아름다운 여인도 둘러대는가?

대통령! 대통령은 용도의 자리이지 인격의 자리가 아니다. 기업과 국가는 다르다. 규모가 다르고 복잡성이 다르다. 일개 기업을 경영하는 데에도 많은 배움과 학문적 이론이 필요하다. 하물며 국가경영에는 얼마나 많은 배움과 학문적 이론이 필요하겠는가?

대통령이라 해도, 한 사람이 혼자서 수많은 전문분야를 모두 익힐 수는 없다. 많은 전문가들을 활용해야 한다. 그러나 문제에 따라 어떤 전문가의 도움을 받아야 할 것인지를 아는 데에도 대학 이상의 교육과정이 필요한 것이다. 그런 걸 몰라 노무현 씨는 S-프로젝트를 비전문가와 향우회에 맡기지 않았는가? 지금은 옛날 링컨 시대와는 다르다. 전문가에게 자기가 알고 싶어 하는 문제가 무엇인지 딱 부러지게 정의해 줄 수 있는 것도 대학 이상의 능력이다. 전문가의 지식을 용도에 따라 짜낼 수 있는 유도능력도 대학 이상의 학력을 필요로 한다.

대학을 나왔다고 해서 누구나 이런 능력을 가질 수는 없다. 대학을 나온 후에 오랜 동안 자기발전 노력을 경주하지 않은 사람은 죽었다 깨도 이런 능력을 가질 수 없다. 좋은 대학을 나오고, 그 후에도 독서와 자기발전 노력을 많이 해온 사람도 국가를 제대로 경영하지 못할 판인데, 대학도 제대로 다니지 못하고, 젊은 시절을 경찰에 쫓기고, 감옥에 가고, 남을 증오하고, 학문적 이론을 익히지 못하고, 독서로 가슴을 가꾸지 못한 사람들이 무슨 수로 국가를 경영한다는 말인가? 국가경영능력이 타이타닉에서의 잭-도슨처럼 도박해서 딴 승선권인 줄 아는가?

대학을 나오지 못한 사람은 학문적 이론을 접할 틈이 없는 사람이다. 김대중처럼 주워들은 것만 많고, 역사 책 나부랭이를 많이 읽었다고 해서 학문적 이론을 배우는 것이 아니다. 그런 것들은 문제를 논리적으로 풀 수 있는 과학적 지식이 아니라 원주민적 지식이다. 원주민은 절대로 사회를 진보시키지 못한다. 과학적 이론을 훈련하지 못한 사람은 그에 맞는 직업을 선택하여 자연인으로 살면 된다. 그런 그들을 누가 인격적으로 차별하겠는가? 그러나 그런 능력이 없는 사람이 국가를 경영하는 자리에 가면 국가와 5천만 국민이 비참해 진다. 못 배운 사람이 높은 곳에 더 오르면 오늘수록 그만큼 죄가 더 커지는 것이다.

용도의 차별과 인격의 차별, 차별화와 평준화에 대한 개념조차 알지 못하는 사람들이 바로 대학조차 나오지 못한 사람들인 것이다.

필자는 대학을 나오지 않은 분들 중에서 그야말로 인격자를 많이 알고 있다. 그 분들이 인격적인 대우를 받는 이유는 분수를 지키기 때문이다. 모든 국민이 자기 능력에 맞게 분수를 지켜 살아간다면 우리 사회가 이렇게까지는 퇴화되지 않았을 것이다.

대통령은 반드시 대학 이상을 나와야 한다!

〈중앙일보, 2005. 6. 8.〉

〈제시문 읽고 쓴 글〉

## 대통령은 대학을 나오지 않아도 된다

(학생 글)

대통령은 반드시 대학을 나와야 한다는 이 글에 대한 나의 생각은 많은 부분에서는 글쓴이의 견해에 공감하지만 대통령은 반드시 대학을 나와야 한다는 주장에 대하여는 반대한다.

먼저 내가 동의하는 부분에 대하여 이야기해 보겠다. 차별과 차별화에 대한 개념과 차별화해야 한다는 주장에 대하여는 나도 글쓴이의 의견에 동의한다. 사람이 자신의 선택과 노력에 의하여 얻어지는 것이 아닌 태어날 때부터 타고난 것, 예를 들면 인종, 국가, 성별 등의 차별은 없어야 하지만 능력에 따른 차별화는 있어야 한다. 능력이란 자신이 얻고자 노력해서 가질 수 있는 것이기 때문이다. 능력이 뛰어난 사람이 능력이 없는 사람보다 좋은 대우를 받는 것은 당연하다는 것이다. 만약 능력에 대한 차별화를 하지 않는다면 누가 능력을 얻기 위해 노력할 것인가? 그렇게 된다면 개인이나 국가는 발전이 없을 것이다. 용도의 차별은 있어야 하고, 인격의 차별은 없어야 한다는 글쓴이의 주장은 옳다고 생각한다.

그런데 이 글에서 강조하고 있는 핵심인 대통령은 반드시 대학을 나와야 한다는 주장에 대해서는 동의하지 않는다. 대학은 말 그대로 학문을 하는 곳이다. 대학은 학문을 연마하는 곳이지 대통령이 될 사람을 교육시키는 곳은 아니다. 그렇다고 대통령이 될 사람은 대학을 다닐 필요가 없다는 것은 아니다. 대학은 학문의 연마 장소이지 대통령이 되는 것과는 무관하다는 말이다.

글쓴이의 주장대로 대통령이 되어 국가를 경영하려면 남다른 능력이 있어야 할 것이다. 그러나 그것이 대학을 졸업했다고 해서 되는 것은 아니다. 그것은 우리나라의 대통령들 중에서 대학을 졸업한 사람들이 정치를 했던 시기를 떠올려보면 쉽게 알 수가 있다. 이승만, 최규하, 김영삼 등의 대통령은 다 대학을 졸업한 사람들이다. 이들 중에는 미국의 유명한 대학에서 박사학위를 받은 사람도 있다. 그런데 그들의 정치는 어떻게 평가를 받고 있는가? 대학을 나오지 못한 대통령보다 나은 것이 없고 오히려 못한 부분이 더 많다.

대통령의 능력은 대학을 졸업했는가, 그렇지 않는가의 문제가 아니라, 그 사람이 얼마나 능력이 있느냐가 문제이다. 국가를 경영할 능력이 없는 사람이 대통령이 되었을 때는 글쓴이의 주장대로 모두가 불행한 일이 되겠지만, 대학을 나오지 않아도 국가를 경영할 수 있는 능력이 있으면 국가적으로는 행운이 되는 것이다.

개인의 능력은 각자의 노력에 따라 얼마든지 달라질 수 있다. 독학으로 공부를 한 사람이 세계적인 발명품을 만들기도 하고, 초등학교시절엔 낙제생이 뒤늦게 천재성을 발휘하기도 한다. 그것은 개인이 얼마나 노력하느냐에 따른 것이지, 대학을 졸업했느냐에 따른 것이 아니다. 대통령도 대학을 졸업했느냐보다는 개인적인 능력이 얼마나 되느냐에 따라 업적이 다르게 평가될 것이다.

위 글은 제시문의 내용을 잘 파악하고 자신이 견해도 논리적으로 잘 적었다. 대통령의 국가 경영 능력은 개인적인 능력에 의한 것이지 학벌과는 무관하다는 것을 대학을 나온 대통령의 경우를 예시하면서 설명하고 있다. 자기가 주장하고자 하는 바를 강조하기 위해서 적절한 예를 제시하는 것은 효과적인 방법이다.

### 제시문 –3

## 인터넷 실명제 왜 필요한가

배 영

인터넷 실명제에 대한 찬성의 목소리가 높아지고 있다. 최근 정보통신부와 인터넷 포털 업체들이 실시한 여론조사에서 평균 73%의 네티즌들이 찬성을 표명했다. 인터넷 실명제에 대한 논란은 과거에도 계속돼 왔지만 현재와 같이 도입 찬성에 압도적 의견이 나타난 것은 처음이다. 그렇다면 무엇이 이른바 '넷심'을 결집하는 원인으로 작용한 것인가?

사이버 공간은 익명성(匿名性)과 익면성(匿面性)을 특징으로 한 영역이다. 오프라인보다 다양한 자유와 실험이 이루어질 수 있는 새로운 공간이다. 한국은 초고속 통신망 구축과 인터넷 이용시간에서 세계 최고 수준이고, 이는 새로운 국가경쟁력의 원천이 되고 있다. 하지만 경찰청에 접수된 사이버 범죄 신고 건수도 2002년에 11만8000여 건, 2003년에는 16만5000여 건, 그리고 2004년에는 20만 건을 훌쩍 넘어선 것으로 나타났다. 물론 신고 되지 않은 사례는 그 몇 배에 이를 것이다. 순기능과 함께 역기능도 급속히 늘어가는 것이다.

사회학자인 고프만은 현대사회의 인간행위를 전면영역과 후면영역이라는 공간 개념을 도입하여 설명하였다. 전면영역은 사회적 규범이나 역할과 같은 개인에 외재하는 사회적 강제가 인간행위에 강한 영향을 미치는 영역이다. 반면 후면영역은 이러한 사회적 강제가 완화될 수 있는 공간으로 사이버 공간과 부합하는 면이 많다. 현실에서의 개인은 두 영역을 넘나들며 생활하는데, 삶이 복잡다단해질수록 후면영역의 역할은 오히려 중요해진다. 긴장의 이완과 새로운 에너지 충전의 필요 때문이다. 최근의 문제는 이완의 공간에서 새로운 긴장과 불안이 증폭되고 있다는 데 있다. 그리고 컴퓨터 너머에 살고 있는 수많은 사람에 대한 불신의 골이 깊어지는 데 있다.

물론 인터넷 실명제가 이러한 긴장과 불안, 그리고 불신을 완전히 해소하진 못할 것이다. 정보통신부의 실명제 실시에 대한 구체적인 계획이나 범위도 아직은 알 수 없다. 다만 그 형태가 완전 실명제가 되든, 부분 실명제가 되든 사이버 일탈에 대한 예방적 효과는 클 것이다. 실명제 실시에 반대하는 입장에서는 다음과 같이 말한다. 세계 어느 곳에서도 인터넷 실명제를 실시하는 나라는 없고, 이미 대다수 기관과 업체에서 실명제가 사실상 실시되고 있다고 말이다.

하지만 우리는 세계 어느 나라보다 커뮤니티와 게시판을 이용한 활동이 왕성한 나라다. 이를 통한 정보의 확산 속도는 놀라우리만큼 빠르다. 객관적으로 비교하기 어려운 우리의 특수성이 존재하고 있는 것이다. 또 회원 가입 시 실명확인을 필수적으로 실시하고 있는 업체가 늘어나고 있지만, 비회원들이 접할 수 있는 콘텐트의 내용이 여전히 많다는 점과 댓글이 허용되는 경우가 많고, 고정 IP가 아닌 유동 IP 이용 때 추적과 판별에 보통 한 달 이상이 소요된다는 점 등은 제도적 보완이 시급한 문제들이다.

'영리한 군중(Smart Mobs)'의 저자인 레인골드는 한국의 '개똥녀' 사건에 대해 '요즘 세상은 국가와 같은 빅 브라더(Big Brother)가 아닌 우리의 이웃을 조심해야 한다'고 말했다. 보이지 않는 감시의 주체가 바뀌었다는 말이다. 원하지 않는 자신의 정보와 일상의 유통이 없어지려면 궁극적으로는 새로운 사회적 규범의 확립과 정착이 필수적이다. 이를 위해서도 실명제를 통한 책임감 있는 자기 행위의 관리와 견제가 필요한 것이다. 사이버 공간은 이제 저 너머에 존재하는 또 하나의 영역이 아니라 지금 그리고 여기에서 이루어지는 바로 우리들의 삶이기 때문이다.

〈한겨레신문, 2005 .7. 17.〉

〈제시문 읽고 쓴 글〉

## 인터넷 실명제 반대

(학생 글)

최근에 와서 인터넷 실명제를 놓고 찬반 여론이 팽팽히 맞서고 있다. 그러면 과연 인터넷 실명제란 무엇인가? 간단히 말하자면 인터넷 실명제란 2004년 3월 12일 개정 공포된 '공직선거 및 선거부정방지법'에 규정된 개념으로, 인터넷 언론사의 게시판에 선거에 관한 의견을 게시할 때 의견 게시자가 기입하는 성명과 주민등록 번호의 일치 여부를 확인한 후 일치하는 경우에 한하여 의견을 게시할 수 있도록 하는 기술적 조치를 말한다.

그러면 인터넷 실명제가 도입된 이유는 무엇일까? 정보화 사회로 넘어 오면서 대중매체의 기능은 더욱 중요시 되었다. 특히 오늘날에 이르러서는 인터넷의 확산이 눈에 띠게 증가하여 TV만큼, 아니 혹은 TV보다도 더 큰 비중을 차지하게 되었다. 이렇듯 비중이 높아지자 인터넷상에 많은 글들이 올라오게 되고 이에 따라 정부는 최근 인터넷을 통한 명예훼손이나 인격모독, 사이버 폭력사건 등의 부작용을 더는 방치하기 어렵다는 판단에서 가장 효과적인 방안으로 인터넷 실명제 도입을 검토하기 시작했다. 일부 특정 사이트의 댓글부터 적용한 뒤 단계적으로 확대하는 방안을 연구 중인 것으로 알려졌다. 또 민간 기구를 발족시켜 익명성의 역기능 연구 등을 통해 각종 정책을 수립하고, 공청회를 열어 각계 의견을 수렴할 계획이라고 한다.

그렇지만 실명제를 시행하기는 부적합해 보인다. 일단 인터넷 실명제를 실시하는 자체가 표현의 자유를 제한하는 인권 침해이다. 개인의 자유를 제한하는 것은 민주주의 원칙에 어긋난다. 그리고 인터넷 실명제를 실시할 경우 다음과 같은 부작용이 예견된다.

첫째로 인터넷 실명제는 익명 표현의 자유를 침해한다. 정치적 표현의 자유의 핵심은 비판의 자유를 보장하는 것이며, 비판의 자유는 익명으로 표현할 수 있는 자유가 보장되어야 비로소 완전해진다. 이름 없는 시민의 과감한 비판과 용감한 고발은 언제나 사회를 바꾸는 원동력이 되어 왔고, 이런 소중한 익명표현을 보장하고 존중하는 것은 민주주의의 오랜 전통이기도 하다. 둘째로 인터넷 실명제는 국민의 정치참여를 가로막는다. 어느 나라에서나 선거시기에는 국민에게 정치적 표현의 자유를 최대한 보장해주고 있으며, 비밀투표의 원칙에서도 찾아볼 수 있듯이 선거 시 익명표현의 자유는 절대적으로 보장되어야 한다. 선거 시기에조차 국민으로부터 비판의 자유를 빼앗는다면 민주주의는 요원해지고 국민은 정치인의 들러리로 전락할 수밖에 없을 것이다. 셋째로 인터넷 실명제는 광범위하게 주민등록번호를 수집하고 사용하게 하여 이의 오남용을 낳는다. 주민등록번호와 실명은 한번 유출되면 돌이킬 수 없는 피해를 입힐 수 있는 매우 민감한 개인정보이다. 이미 주민등록번호의 유출로 인한 프라이버시 침해가 사회적 문제가 될 정도로 심각한 수준에 이르렀으며, 지난해 개인정보침해유형 통계에서 주민등록번호를 도용한 사고가 가장 많은 것으로 나타난 바 있다고 한다.

사이버 상의 일부사람들의 몰지각한 행동으로 많은 사람들이 피해를 입는다. 경제적인 측면보다는 인권적 정신적 피해가 크기 때문에 대처할 대안이 시급한 것은 사실이다. 하지만 이것을 막기 위해 인터넷 실명제를 도입한다면, 얻는 것보다 잃는 것이 더 많을 것이다. 익명성으로 인해 발생하는 범죄행위에 대해서는 이미 현행법상에서도 충분히 해결 가능하며 올바른 게시판 문화 만들기는 국가가 개입해서 할 일이 아니라 네티즌들이 자율적으로 해결해야 할 문제이다. 욕설을 하고 문제가 되는 글을 올리는 것은 주로 10-20대 층이지만 인터넷이 보편화되면서 연령층이 넓어지고 그에 따라 놀라운 자정능력을 보여주고 있다. 이와 같은 이유들로 인터넷 실명제는 도입되어서는 안 된다.

이 글은 제시문을 잘 읽고 반박하기보다는 인터넷 실명제에 대한 반대를 적었다. 이와 같이 제시문을 근거로 반박하지 않고 인터넷 실명제의 일반적인 사항에 대해 반대하면 제시문을 잘 파악하지 않았다는 지적을 받게 된다. 제시문을 읽고 글쓰기를 할 적에는 제시문을 토대로 글쓰기를 하는 것이 중요하다. 그리고 위 글은 인터넷 실명제에 반대하는 이유로 표현의 자유를 침해한다는 것, 정치 참여를 제한한다는 것, 남의 주민등록번호를 도용하여 개인 정보의 유출이 많아질 것이라는 점을 들었다. 이와 같은 문제들은 누구나 생각할 수 있는 일반적인 문제들이다. 이러한 내용보다는 개인적인 경험을 중심으로 써 나가면 훨씬 독창적인 글이 된다.

## 5. 내가 존경하는 인물

인물에 대해 쓰는 글은 그 인물이 살아온 삶을 서술해 가는 서사적인 설명 방법이 있고, 그 인물의 성격, 외모 등을 묘사하는 방법이 있다. 한편의 글에서는 이 둘 중 어느 하나를 택하는 써 나갈 수도 있고, 두 가지 방법을 병행해서 써 나갈 수도 있다.

### 내가 존경하는 분, 경비 아저씨

(학생 글)

지금 살고 있는 아파트는 내가 초등학교 시절부터, 그러니까 약 10년이란 시간 동안 자라 왔던 곳이다. 10년이란 긴 시간이 지나는 동안 옆집 아주머니는 벌써 세 차례(∅→사람이)나 바뀌었고, 동네 코흘리개 꼬마들은 어느새 키가 훌쩍 자라나 교복을 입고 중학교에 다니고 있다. 10년이란 긴 시간 동안 변하지 않는 것이 과연 있을까. 아마 별로 없으리라. 하지만 한 가지 변하지 않은 게 있다면 그것은 우리 아파트 경비원 아저씨이다. 긴 세월이 흐르는 동안 머리카락이 하얗게 세긴 하셨지만 경비 아저씨는 예나 지금이나 변함없이 친절하시고 성실하시다.(→한 그 분이시다.)

보통 경비원이라고 하면 게으르고 퉁명스러운 할아버지를 쉽게 연상하곤 한다. 삶이 힘겹고, 세상에 찌들어서 살다보면 미소도 잃게 되고 무뚝뚝해지기 쉽상(→십상)이기 때문이다. 하지만 우리 아파트 경비 아저씨와 맞지 않는 말이다. 아저씨는 항상 해가 뜨나 비가 오나 눈이 오나 하루도 거르지 않으시고 매일 어두컴컴한 새벽에 일어나 아파트 주변을 청소하신다. 항상 성실하시고 상냥하시며 묵묵하게 일을 하시는 그 모습……. 맡은 일이 아니라도 기꺼이 하시고, 때로는 다른 동 경비 아저씨의 일을 도와 드리기도 할 만큼 마음 씀씀이도 좋으셨다.

① 몇 년 전 봄 무렵이었다. 기나긴 겨울이 지나고 황량하기만 했던 아파트 앞 꽃밭에서 꽃이 피어있는 게 내 눈에 들어왔다. 겨우내 얼었던 마음까지 녹여주었던 색색의 아름다운 꽃들. 다른 동은 여전히 황량했는데 우리 동만 푸르렀다. 이것은 경비 아저씨가 꽃씨를 심으셨기 때문이었다고 한다. ② 또 분리 수거를 할 때면 원래 아파트 주민들이 조를 짜서 하는 것인데 경비 아저씨는 즐거이 이 일을 도와주시곤 하셨다.

③ 우리 아파트에 관련된 일이라면 어떤 궂은일도 마다하지 않고 척척해내시는 경비 아저씨! 무뚝뚝하게 공지 방송을 하는 타동 아저씨완 달리 "밤새 안녕히 주무셨습니까. 다름이 아니오라" 이런 식으로 정말 상쾌한 아침을 만들어 주는 즐거운 공지 방송을 해주시는 경비 아저씨...

이곳에 사는 동안 아저씨가 계속 경비 아저씨로 계시게 건강하셨으면 하는 조그만 바램을 가져본다.

위 글 ①, ②, ③ 세 단락 모두 경비 아저씨에 관한 이야기인데, 그 위의 단락과는 내용이 균형이 맞지 않는다. 그 위의 단락은 경비 아저씨에 관해 자세히 서술되어 있는데 반해, 이 세 단락은 그렇지 못하다. 좀 더 자세히 써야 단락 사이의 균형이 맞는다.

## 수녀님, 나의 수녀님

(학생 글)

야윈 듯한 체구에 하얀 얼굴, 조용히 내려감은 눈, 곱게 모은 두 손. 이른 새벽, 성당에서 기도하시는 수녀님을 난 그런 모습으로 만났다. 가타리나 수녀님. 언제나 환한 미소로 사람을 대하시는 수녀님. 그런 수녀님과 인사를 나누고 나면 기분이 참 좋아진다. 무언가 선물을 하나 받은 듯한 기분. 그 기분은 무엇과도 바꿀 수 없는 소중한 선물이다. 언제나 환하게 웃으시는 수녀님께

"뭐가 그리 좋으세요?"

하고 물으면,

"비밀이예요.(→비밀이에요.)"

하고 웃고 넘기신다. 미소 하나로 다른 사람을 행복하게 해 주는 마법사 같은 수녀님이셨다.(→수녀님이시다.)

난 수녀님이라고 하면 조용하시고(→조용히) 매일 기도만 하는 신비한 존재로만 여겨왔다. 그런데 수녀님께서는 그런 나의 환상을 기분 좋게 깨 주셨다. 초등부 주일 학교 아이들이 오면, 수녀님은 먼저 가서 장난을 거신다. 꼬마 녀석들이 그냥 넘어갈 리 만무하다. 나름대로 수녀님께 반격해 보지만 수녀님의 장난(?) 수준을 넘어갈(→넘어설) 순 없다. 녀석들도 웃으며,

"수녀님이 이겼어요."

하고 웃는다. 수녀님께선 녀석들을 잊지 않고 꼭 안아 주신다. 그것이 전부가 아니다. 어디서 들으셨는지 최근에 유행하는 재미있는 이야기는 모두 알고 계시며, 노래도 정말 재미있게 부르신다. 만약 수녀가 되지 않았으면 경보 선수가 됐을 거라며 뒤뚱뒤뚱 경보 걸음을 걸으실 땐, 나의 웃음보는 수습하지 못할 지경에 이른다. 그 때 맺힌 내 눈가의 즐거운 눈물. 난 그 눈물이 참 좋다.

내가 수녀님을 좋아하는 이유는 수도자라는 딱딱한 이미지를 먼저 깨고, 사람들과 일상 생활에서 함께 하시는 모습 때문이 아닐까 싶다. 먼저 인사 건네시고, 웃음으로 행복을 전하시는 수녀님. 짧은 만남이었지만 수녀님과의 시간을 잊을 수가 없다. 언제나 건강하시고 청빈과 순종으로 수도 생활을 잘 하시도록 멀리서 기도해 본다.

카타리나 수녀님의 외모를 먼저 묘사한 다음, 아이들을 위해 하시는 순진한 행동들을 서술하였다. 주로 수녀님의 모습, 행동과 같은 수녀님의 겉모습에 초점을 두고 구체적인 예를 들어가며 글을 적었다. 이 수녀님을 한 번도 본 적이 없는 사람이라도 수녀님을 눈앞에 훤히 그려볼 수 있도록 잘 표현되어 있다. 욕심을 낸다면 수녀님과 좀 더 오랜 관계를 맺어, 수녀님의 삶의 태도와 같은 내면적인 모습을 덧붙여 쓴다면 아주 좋은 글이 될 수 있다.

## 내가 존경하는 의사 선생님

(학생 글)

버스를 타고 상봉동 쪽으로 가다 보면 곽OO 신경정신과 의원이란 곳을 찾을 수 있다. 그곳에 원장님으로 계시는 곽OO이란 분은 아빠와 절친한 친구이시다. 자주 뵙지는 못했지만 가끔씩 뵙게 되면 인상도 좋으시고 항상 미소 짓는 모습에 편안함을 느끼곤 한다.

(누구나 생각하기에) 신경정신과라는 곳을 편안하다고 여기는 사람은 아무도 없을 것이다. 하지만 내가 고등학교 때 입시로 인한 스트레스 때문에 아저씨에게 상담을 받으러 간 적이 있는데, 그 때마다 아저씨는 의사와 환자 사이를 떠나서 친딸처럼 함께 고민해 주시고 많은 조언도 해 주셨다. 그로 인해 나는 입시에 대한 부담을 덜 수 있었고, 아저씨 같은 사람이 되어야겠다고 생각하곤 했었다. 그뿐만 아니라 그분은 꼭 한 달에 한 번씩 교도소에 가셔서 교화도 하시고, 죄수와 교화인의 관계를 떠나서 교도소에 있는 사람들과 삶에 관한 진솔한 이야기를 나누시곤 한다. 요즘같이 삭막한 세상에 이런 분이 더 많이 계신다면 좀 더 살기 좋은 곳이 되지 않을까 생각해 본다.

의사라는 직업은 분명 환자를 치료하고 처방해 주는 사람임에 틀림이 없다. 하지만 그분처럼 치료를 받으러 오는 입장에서 함께 생각하고 함께 좋은 방향을 모색하는 의사 분들이 늘어난다면 병의 깊고 얕음에 상관없이 병원을 찾는 사람들.

이 글에서 서술하고자 하는 곽OO이라는 의사는 훌륭한 의사인 것으로 보인다. 그럼에도 이 글을 읽고 감동을 받을 수 있는 사람은 별로 없을 것이다. 그것은 이 의사가 한 구체적인 삶의 모습이 전혀 드러나 있지 않기 때문이다. 글 쓴 사람의 설명을 통해 어떤 훌륭한 일을 하시는 분임을 '알 수 있을' 따름이다. 이런 글에서는 글쓴이의 설명보다는 드러내고자 하는 인물이 행한 또는 행하고 있는 구체적인 삶의 이야기를 들려주어야 한다. 그래야만 그 훌륭한 삶에 대해 공감을 하고 가슴으로 느낄 수 있기 때문이다.

## 6. 대학생의 자세 / 지식인의 역할

'대학생의 자세'는 대학생이 되어 한 번쯤 생각해 봄직한 문제이다. 대학생으로 어떤 자세로 학교생활에 임하고, 가정과 사회에서는 어떤 자세를 취해야 할 것인지 생각해 보아야 할 문제이기 때문이다. 대학생은 중·고등학생과는 달리 학생이기도 하면서 사회인이기도 하다. 그렇기 때문에 학생으로서의 자세와 사회인으로서의 자세가 함께 고려되어야 할 것이다. 이와 같은 글감은 선배나 교수들로부터 대학생활에 대한 경험담을 들어보고 자기의 생각을 정리해 보는 것도 한 방법이 되겠다.

### 글로벌시대에 맞는 대학생의 자세

(학생 글)

대학생은 시대에 걸맞은 자세와 마음가짐을 갖추어야 한다. 21세기는 글로벌이라는 단어가 핵심적이다. 글로벌 시대답게 어학연수나 유학을 가는 학생들의 수도 급증하고 있다. 이러한 글로벌 시대에 맞는 대학생의 자세와 마음가짐에 대해 이야기 해보겠다.

우선, 자신의 정체성 고민부터 시작해야 된다고 생각한다. 세계로 나가기 전에 일단 자신을 찬찬히 들여다보는 연습이 선행되어야 좋은 결과를 얻을 수 있다. 실제로 엄청난 규모의 대학생들이 해외로 눈을 돌리고 있다. 하지만 실패하는 경우도 많다. 그 이유는 '내가 누구인가' 라는 고민이 없었기 때문이다. 또한 해외의 경험이 실패로 끝날 확률이 높다. 자기 자신을 들여다보고, 나아가 한국인이라는 뿌리를 확고히 한 후에 해외로 진출한다면 지금보다 더 나은 경험을 쌓을 수 있을 것이다.

둘째, 인간이 되어야 한다. 초등학교부터 우리나라의 학생들은 입시에만 찌들어 살아왔다. 대학에서 그동안 입시에 맞춰진 사고방식을 바꾸기는 어렵다. 대학생들은 자기 정체성보다는 자기 이기심이 더 많이 자리하고 있다. 취업만을 위해 자신을 희생해서는 안 된다. 이는 성숙하는 데 지장이 많다. '나 혼자만 잘 사는' 경쟁체제는 국제적 마인드가 아니다. 모두 공생할 수 있는 선의의 경쟁이 필요하다. 따라서 대학생들은 인성교육을 충분히 받아야 할 것이다. 인성교육을 받은 대학생과 받지 않은 대학생은 하늘과 땅의 차이가 날 것이다.

셋째, 조국에 대해 자부심을 가져야 한다. 글로벌한 사고를 가진 인재가 되기 위해서는 먼저 조국에 대한 자부심을 가져야 한다. 우리나라를 사랑하고 아끼는 마음 없이 글로벌 마인드를 기를 수 있다는 것은 오해다. 자기가 태어난 조국에 대한 자부심이 뒷받침돼야 건전한 글로벌 마인드를 가질 수 있다. 우리나라는 지리학적으로 외국과 거래할 수 있는 중간역할을 오래 전부터 해왔다. 하지만 쇄국정치와 일본의 통치 아래 오랫동안 잠자고 있었다. 우리나라의 인적 자원은 그 어느 나라보다 잠재적 가능성이 크다. 잠재성을 믿고, 조국에 대한 자부심을 가진다면 글로벌한 대학생이 되는데 문제가 없을 것이다.

넷째, 세계를 활동무대로 삼아야 한다. 과거의 리더는 수직적인 사고방식과 가부장적 성격이 강했다. 그렇기 때문에 자기기만에 빠지게 되고, 흑백논리만 강조해왔다. 결국 계속 '폐쇄적'인 인간형으로 굳혀 나갔던 것이다. 그러나 21세기 리더가 될 대학생들은 달라야 한다. 세계가 나의 무대라는 생각부터 가져야 한다. 대학생들이 힘을 키워 세계로 나가게 되면, 그 영향이 자연스럽게 한국에 미치게 된다. 인재가 세계 곳곳으로 진출해 있어야 비로소 한국은 튼튼해진다. 대표적인 예가 박세리 선수다. 그가 나오기 전까지는 그 누구도 해외에서 여성 골퍼가 승리하리라고는 꿈을 꾸지 못했다. 하지만 한국이라는 테두리를 벗어나 넓은 시야를 갖게 되면 누군들 박세리 선수가 되지 못하리라는 법은 없다.

글로벌시대라 해서 어렵게 생각할 필요는 없는 것 같다. 자기 자신을 알고 그게 맞게 행한다면 진정한 글로벌 대학생이 될 것이다.

위 글은 흔히 지구촌시대라고 말하는 오늘날에 대학생이 갖추어야 할 몇 가지 조건을 설명하고 있다. 한국인이라는 정체성을 확고히 하고, 건전한 인성을 함양하고, 열린 시각으로 사물을 대할 수 있는 자세 등을 나열하고 있다. 그런데 위 글에서 제시하고 있는 조건들은 누구나 생각할 수 있는 것이고, 그 내용도 구체적이지 않고 일반적인 것이다. 누구나 생각할 수 있는 일반적인 이야기는 설득력이 약하다. 말하고자 하는 내용을 구체적으로 제시할 때 설득력을 지니게 된다. 그러기 위해서는 자기가 경험한 일이나 알고 있는 분명한 사례를 근거로 언급하는 것이 효과적이다.

## 지식인의 역할

(학생 글)

'지식인'이란 문자 그대로 아는 것이 많은 사람이다. 우리 사회에서 '지식인'임을 가늠하는 척도는 주로 '학력'이며 나는 대학생까지 지식인의 범주로 보겠다. 남들보다 더 많이 안다는 것은 부담스러운 일이다. 왜냐하면 자기가 알고 있는 것을 알지 못하는 사람에게 설명해주고 가르쳐줘야 할 것만 같은 의무감 때문이다. 이렇듯 '지식인'이라는 꼬리표를 달고 있는 사람들은 사회적으로 몇 가지의 역할을 수행해야 하는데 여기에 대해 몇 가지 알아본다.

첫째, 지식인은 가르침에 적극적이어야 한다. 여기서 가르침이란 비단 사람들을 모아놓고 강의를 하는 것만은 아니다. 학생들을 대상으로 하여 올바른 사회가치와 지식을 전수하는 '선생님'이라는 지식인 그룹도 있지만 학생이 아닌 일반시민을 대상으로 하여 크게는 강연회를 열거나 작게는 내 주위사람들에게 올바른 지식과 가치를 심어주는 역할을 해야 하는 게 지식인이다. 소수의 지식인들만의 힘으로는 올바른 사회형성을 추구할 수 없으므로 그들의 앎을 대중에게 전달하는 역할이 중요하다.

둘째, 지식인은 사회의 부패한 부분이나 잘못된 점을 바로잡는데 앞장서야 한다. 대학교에서는 학생들이 '등록금투쟁'이나 학교예산부분에 대해 개선을 촉구하는 운동이 많이 있다. 비록 대학교에서의 운동은 좌파적인 성향을 띠고 협상의 개념이 아닌 개혁의 개념이지만, 그들이 학생들에게 부당한 학교제도를 알리고 같이 동참하길 외침으로 하여 모르고 그냥 지나칠 수 있는 부분에 대해 관심을 가지도록 하고 나아가 개선운동에 함께 하도록 한다. 대학이라는 작은 사회에서의 모습이지만 지식인들은 사회의 개선할 부분에 대해 일반시민들에게 널리 알려서 고치도록 해야 한다.

셋째, 지식인은 사회적 약자 편에 서서 그들의 권익을 옹호해야 한다. 사회적 약자라 하면 보통 아동, 노인, 여성을 말하며 여기에 빈곤한 사람이나 많은 종류의 소수집단을 포함시킨다. 그들은 사회적으로 열등한 대우를 받으면서도 적극적인 대응을 할 수 없다. 왜냐하면 가진 것이 적고 지적수준이 높은 사람은 몇 안 되기 때문이다. 지식인은 이러한 불평등을 겪는 사회적 약자 편에서 그들의 욕구나 문제점을 사회 바깥으로 끄집어내어 이슈화하고, 일반시민들이 그들의 상황에 관심을 기울이고 국가에 제도적 개선을 요구하는 여론을 형성하도록 해야 한다. 지식인의 주장은 일반시민들의 신뢰를 받을 수 있고 사회적 파장을 일으킬 수 있는 힘이 있기 때문이다.

넷째, 지식인은 사회와 결탁하여 시민들의 눈과 귀를 혼란시키면 안 된다. 많은 수의 지식인들은 그들의 이익추구를 위해 언론과 결탁하거나 정치적으로 매수되어 일반국민들의 알권리를 침해하기도 한다. 다양한 시각으로 사회를 바라보는 것이 아니라 정치적 성향에 따라 한쪽으로 치우친 시각을 국민들에게 강요하는 것은 그들의 막중한 역할을 잊은 채 참지식인이 되기를 포기한 행동이다. 자신의 많은 앎을 사회적 부조리와 결합시킬 것이 아니라 올바른 사회형성이라는 가치를 가슴에 품고 국민들의 올바른 눈과 귀가 되어 그들을 대신해 바른 말을 할 수 있어야 한다.

이렇듯 지식인은 남들보다 많이 배웠다는 이유로 여러 사회적 역할을 수행해야 한다. 한 지식인의 올바른 태도가 미치는 사회적 영향을 고려하여 어떤 금전적, 물질적 유혹에도 그들의 지위를 악용하지 않는 곧은 심지를 가지는 것이 중요하다. 실로 우리사회에는 자신의 실리만을 추구하여 사회적 물의를 일으킨 지식인들이 많다. '백 마디의 말보다 한 번의 행동이 낫다' 라는 말이 있듯이 지식인들은 입으로만 떠들 것이 아니라 모범적인 행동으로 올바른 사회형성에 앞장서야 할 것이다.

지식인은 일반적으로 '특정분야에 많은 지식을 습득하고, 사회에 대해 지배적인 여론을 형성하여 사회적 영향력을 행사하는 사람' 이라고 알려져 있다. 이런 지식인의 역할을 간략하게 서술하기란 쉽지가 않다. 위 글은 학력을 기준으로 지식인을 정의하고, 지식인의 역할을 네 가지로 설명하고 있다. 그런데, 네 가지의 역할이 중복되기도 하고, 논리의 전개도 설득력이 약하다. '지식인의 역할' 과 같이 개념 규정이 포괄적인 글감은 가능하면 그 범위를 좁혀서 접근하는 것이 효과적이다. 예컨대 대학교수를 지식인의 한 전형으로 제시하고, 대학교수의 역할을 설명하는 것도 한 방법이 되겠다.

## 7. 논란이 되고 있는 사안 토론하고 글쓰기

이런 유형의 글쓰기는 학생들이 좋아하는 것 중의 하나다. 논란이 되고 있는 사안에 대한 여러 사람의 이야기를 듣고, 그것을 바탕으로 자신의 생각을 정리하면 쉽게 한 편의 글을 쓸 수 있기 때문이다.

### 1) 교원평가제에 대하여

교원 평가제 찬성

교육인적자원부가 발표한 '교원평가제도 개선방안'은 공정한 평가를 통해 교원의 지도능력 및 전문성을 강화해 학교 교육의 질을 높이기 위한 것이다. 또, 현행 교원 근무 평가 제도가 객관성 또는 공정성이 부족하고, 교원들의 능력개발에 도움을 주지 못한다는 비판이 지속적으로 제기됨에 따라 공정한 평가체계를 구축하고자 마련되었다. 한국 사회에 만연한 공교육의 붕괴 및 사교육에 대한 의존도 심화의 양상이 극에 치닫는 이 시점에 그간 교사들의 실력 및 능력에 대한 평가가 어떠한 역할을 해온 것인가 하는 논란이 분분해 진 것이다.

교육부가 내놓은 "교원평가제" 시안의 핵심 내용은 크게 다음 세 가지다. 첫째, 교원평가제 실시 목적은 '학업성취도 향상을 위한 교사의 수업 전문성 신장'이므로 수업활동 평가에 한한다. 둘째, 자기 자신뿐만 아니라 교장·교감·동료교사·학부모·학생 등이 모두 참여하는 다면평가 형식이다. 셋째, 평가 결과 우수교원에게는 해외연수 등 인센티브를 주고 능력개발 희망 교원의 경우는 "능력향상 연수과정"(나머지 공부)을 실시한다는 것이다.

이에 대해서, 교원단체 측에서는 교원평가제의 도입을 반대하고 있는데 그에 대한 근거는 3가지가 있다. 첫째, 교육부의 교원평가 시안은 현행 근무평정과의 모순을 해결하지 못하고 1일 공개수업 형태를 주요한 평가방법으로 채택하고 있어 보여주기 수업으로서 형식화할 뿐 수업 전문성 신장에 거의 도움을 주지 못한다는 것이다. 둘째, 정부가 교원평가제를 실시하려는 의도와 배경이 불순하다는 것이다. 즉, 교육부는 자신들의 잘못을 돌아보기는커녕 교육정책의 실패를 교원들에게 전가하고 있다는 것이다. 셋째, 만약 교원평가제가 이대로 시행된다면 학교현장은 황폐화될 것이고 학교 현장에서 협력적 교육활동은 거의 자취를 감출 것이라는 의견이다. 교사들은 인기에 영합하는 연예인이 되고 말 것이며 아이들을 친절하게 돌보거나 진지하게 상담하고 순수한 열정으로 가르치는 일을 조금씩 포기하고 오로지 "학업성취도 향상"을 위한 점수 따기 교육과 보여주기 수업을 위한 기술연마에만 매진하기를 강요받을 것이라는 말이다. 이처럼 한국교원단체총연합회 및 전국교원노동조합, 한국교원노동조합 등의 교원 단체 3곳은 교사의 권위 실추 및 교원평가를 잣대로 인사 반영에 영향을 끼친다는 점에 심한 불쾌감을 드러내며 교원평가제의 부당함을 토로하고 있다.

하지만 과연 그들의 주장이 옳은 것인지 의구심이 들지 않을 수 없다. 소위 제 밥그릇 챙기기라는 비판이 사회 일각에서 제기되는 것도 내 생각과 궤를 같이 한다고 볼 수 있다. 아이들을 바르게 가르치고 인도하는 스승으로서의 사명감 보다는 돈을 벌기 위한 직장인으로 서 아이들을 대하고 대충 시간만 때우는 교사들을 많이 봐왔기에 내 개인적인 생각은 교원평가제가 도입되어야 한다는 쪽이다. 공교육 붕괴의 근본적 원인은 교사의 능력과 실력에 있다고 본다. 그들이 진정으로 부단히 노력해서 양질의 교육 서비스를 학생들에게 제공한다면 과연 한국 사회의 만성 고질적 병인 사교육 의존으로 인한 폐해가 도처에서 발생할 수 있을까? 일반 학원 강사와 명확히 대비되는 공무원이라는 특수성을 안은 채 정년이 보장되는 온갖 안이함에 젖은 그들이 얼마나 공교육 정상화에 노력을 기울였을까? 학교도 엄연한 시장 세계이다. 학생들은 보다 좋은 실력과 능력을 갖춘 교사의 수업을 받기를 원하는 수요자이고, 교사는 자신의 갈고 닦은 지식을 소비자에게 팔아 이윤을 극대화하는 공급자인 셈이다. 공급자는 끊임없는 연구와 개발로 양질의 서비스와 재화를 싼값에 소비자에게 팔 때야만 이윤을 창출 할 수 있지, 어떠한 노력 없이 기존의 것과 동일한 품목을 판다면 경쟁에서 도태될 수밖에 없다. 교사도 마찬가지이다. 학생들은 교사의 교육 서비스에 대한 부족함과 반발심을 학원 및 과외라는 공급자에게 거액을 들여가며 자신의 교육 욕구를 충족시킨다. 그로 인해 한 해 사교육비용은 천문학적 수준으로 늘어가고 빈부간의 수입 소득 격차로 인한 갈등은 더욱 커져만 간다.

교사들의 경쟁을 부추기고 가열화 시키는 교원 평가제의 도입은 교사들에게 있어서 극약 처방이 될 수도 있을 것이다. 하지만 더 이상의 사교육으로 인한 막대한 사회적 비용과 폐해를 방관 할 수는 없다. 경쟁을 통해서 학생들의 기대에 부응하는 실력과 능력을 겸비하여 공교육 정상화에 일조를 할 수 있는 교사들의 적극적 태도가 필요하다. 물론 교사들에겐 곤욕이 아닐 수 없겠지만 자신들의 밥줄을 생각하기보단 사회와 국가를 위해 자신을 기꺼이 헌실 할 수 있는 윤리관의 정립이 요구되는 시점이다. 또한, 교원평가제의 도입으로써 학교가 교사들에게 있어 단지 경쟁에서 살아남기 위한 죽음의 레이스의 장이 되는 것이 아니라 공교육 정상화에 도움이 되는 건설적인 경쟁의 장이 될 수 있도록 교사들은 좀 더 전향적인 태도와 자세를 갖추어야 할 것이다. 그리하여 21세기를 이끌 우수한 인재들이 우수한 교사 아래서 양성되고 배출 될 수 있는 그런 날이 오길 기대해본다.

이 글은 교원평가제에 찬성하는 입장에서 쓴 글이다. 그런데 글쓴이가 주장하고자 하는 논제를 제시한 전반부는 비교적 잘 되었는데, 논제에 반박하여 자신의 주장을 펼치는 부분은 논리적이지 않다. 교원평가제를 찬성하는 근거로 교사들의 안일함과 교육 수요자인 학생들이 요구에 부응하는 교육을 해야 한다는 것을 제시하고 있다. 그런데 글쓴이가 제시하는 근거들이 포괄적이고 구체적이지 않다. 논란이 되고 있는 사안에 대하여 반박하는 글에서는 근거가 명확해야 한다. 교원평가제를 반대하는 측에서 주장하는 세 가지 사항에 대하여 하나씩 반박하며 자신의 주장을 전개하는 방법이 효과적일 것이다.

### 교원평가제 반대

(학생 글)

교원평가제란 교장·교감·동료교사·학부모 등으로부터 평가받고, 교감은 학교 교육활동 지원능력이라는 측면에서동료 교원과 학부모로부터 평가받으며, 교장 또한 학교경영능력이라는 면에서 교원과 학부모, 교육청이 지정하는 평가자에게 평가받는 제도이다. 이 제도에 대해 국민의 70% 이상이 찬성한다고 했다. 그동안 학부모라는 이름의 약자 입장에 있던 사람들의 불만과 비정규직으로 넘쳐나는 분위기 속에서 '교사 너희들만 철밥통이야! 너희도 정리해고 되어야 해'라는 심리가 반영되어 교원평가제 도입을 찬성하고 있는 것 같다. 그러나, 나는 교육부의 교원평가제 도입에 반대한다. 그 이유는 다음과 같다.

첫째, 교육부의 교원평가제 도입은 작년 2월에 발표된 '사교육비 경감대책'의 일환이다. 이것은 곧, 교육 현장에 있는 교사들이 실력이 없어 학생들이 학원으로, 개인 과외로 몰린다는 것이다. 여기서 실력이라는 것은 학생들의 대입 수능을 준비시키는 능력 정도를 말한다. 나는 이런 생각에 반대한다. 서울대는 면접이라는 형식을 빌려 실제로는 본고사를 부활시키겠다고 공공연하게 발표했다. 이어 고려대, 연세대 등 소위 말하는 명문대라는 곳에선 일제히 자신들도 그렇게 하겠다고 말하고 있다. 이렇듯 사교육비가 증가하는 것은 교사의 문제가 아니다. 명문대 입학이 곧 좋은 취업 보장이라는 공식이 없어지지 않는 한 어떤 평가제도를 가지고 오든 그 평가제도에 맞추어 사교육은 활개를 치게 될 것이다. 이것은 곧 대학 서열화와 그에 따른 대입 제도의 실패를 교사 개인에게 은연 중에 떠넘기는 교육부의 책임회피에 불가하다.

둘째, 이미 미국, 일본, 영국 등 미국식 교육철학이 나름대로 확립된 나라들에선 교원평가를 도입했다. 그러나, 그 결과는 좋지 못하다. 일본은 국가주의의 충성도로 교원평가 내용이 진행되고 있고, 영국은 교직 자체에 대한 인기도 하락으로 교사들을 다른 영어권 나라에서 수입해 오고 있는 상황이다.

셋째, 법정교원수라는 것이 있다. 이것은 학교에 필요한 교사의 수를 법으로 정해놓은 것이다. 현재 법정교원확보율은 초・중・고 모두 합쳐서 80%정도가 안 되는 것으로 알고 있다. 교육부가 예산의 문제로 필요한 교사를 임용하지 않고 있는 것이다. 이는 학교현장의 교사들에게 업무과중으로 이어진다. 교사들의 업무과중은 곧 수업의 부실과 학생 생활지도에 대한 염증으로 나타난다. 이런 상황에서 교육부는 교원평가제도를 이야기하고 있다. 이는 교사가 교육현장에서 안정적으로 교육활동을 할 수 있는 여건은 조성하지 않은 채 교육부가 다시 한 번 교육의 문제를 교사 개인에게 떠넘기고 있는 것이다.

넷째, 이미 교육학적으로 교사가 학생의 수업능력에 영향을 미치는 비율은 10% 안팎이라는 결론이 나왔다. 서울대, 연세대, 고려대 등 소위 명문대를 무더기로 보내는 서울 8학군의 학교 교사들이 시골 벽촌의 교사들보다 뛰어나서 그런 것이 아니라, 그곳 학부모들의 경제적이 다른 지역보다 월등하기 때문이다.

이와 같은 상황에서 학부모들의 문화자본을 높이기 위한 어떠한 노력 없이 교원평가제도를 통한 수업의 질 개선이라는 것은 공염불에 불과하다.

이 글은 교원평가제에 반대하는 내용을 적었다. 반대하는 이유를 네 가지로 구분하여 하나씩 정리하였다. 이와 같은 방법으로 주장하는 바를 서술하게 되면 논리적인 글이 된다. 그런데 이글에서는 네 번째 주장의 근거가 미흡하다. 경제적 여건이 학생들의 학력 수준과 밀접한 관계가 있다고 했는데, 그 주장을 뒷받침할 근거가 없다. 그리고 마무리도 전체를 종합하여 정리하는 것이 좋겠다.

### 2) 사형제도의 존폐에 대하여

## 사형제 찬성

(학생 글)

사형제에 관한 토론에서 가장 불꽃 튀는 쟁점은 인권이라는 가치의 문제이다. 즉, 사형판결을 받은 흉악범이라도 인간의 기본적 권리, 생명권을 침해받을 수는 없다는 것이다. 또한 그러한 심판을 같은 인간이 하게 됨으로써 일어날 수 있는 오판가능성이 있다는 것이 사형제 폐지론자들의 강력한 주장이다. 여기서는 이 두 가지 주장에 대해 논의해 보도록 하자.

우리나라 헌법에서는 인간의 타고난 기본적 권리를 보장하면서, 동시에 국가안전보장, 사회질서유지와 공공복리에 의해 필요한 경우 제한할 수 있도록 하고 있다. 그러나 그 때에도 권리의 가장 본질적인 내용은 침해할 수 없도록 한다. 이것이 바로 사형제 반대론자가 주장하는 사형수의 생명권이다. 아무리 극악무도한 흉악범이라고 해도 그에게는 타고난 인권이 있으며, 이것은 같은 인간이 말살할 수는 없다는 것이다.

이 주장은 얼핏 타당한 것처럼 보이지만, 그 안에 논리적 오류를 가지고 있다. 첫째, 인간이 인간의 생명을 박탈할 수 없다는 논리적 오류이다. 법관은 물론 인간이지만, 그는 국가의 공무원으로써 국가의 공권력을 대행하고 있는 자이다. 법관은 개인이 아닌, 공익의 수호자로서 판단하고 공권력으로서 심판한다. 곧 사형수의 생명권박탈은 침해가 아닌 정당한 제한이며, 그것은 사회전체로부터 위임된, 공권력에 의한 것이다.

다음으로, 사형수의 인권을 옹호하고 있는 오류이다. 사형판결을 받는 경우는 여러 경우가 있지만, 최근에는 흉악한 범죄를 저지른 사람에게만 사형을 선고하고 있다. 사형제 폐지론자들의 주장은 흉악한 범죄자라도 타고난 기본적 인권은 보장받아야 하며, 생명권을 박탈하는 형벌은 행형의 목적인 교정·교화의 이념과 조화될 수 없다는 것이다. 그 주장대로라면, 흉악한 범죄자로 인해 죽임을 당한 피해자의 인권은 어떻게 되는 것인가? 인권을 먼저 침해당한 쪽은 피해자이며, 가해자에게는 그의 인권을 말살할 권리가 없다. 오히려 사람들은 서로의 인권을 존중할 의무를 가진다. 그로 인해 자신의 인권도 존중받을 수 있음을 알기 때문이다. 그래서 보통의 사사로운 생활관계에서 사람들은 자신의 권리가 침해되었을 때, 상대방에게 그로 인한 피해의 배상을 요구할 수가 있다. '네가 나의 팔을 부러뜨렸기 때문에 나도 너의 팔을 부러뜨리겠다'와 같은 자력구제와 보복은 허용되지 않는다. 자력구제가 허용되지 않기 때문에 재판을 통해 공권력을 빌려서만 구제 받을 수 있고, 보복이 허용되지 않기 때문에 원칙적으로 배상방법은 금전배상으로 이루어진다. 그러나 생명권을 침해받은 피해자는 어떠한가. 궁극적으로 그는 어떠한 구제도 받을 수가 없다. 그는 이미 살아있는 사람이 아니기 때문이다. 피해자는 정작 가장 중요하고 본질적인 인권을 침해받았음에도 불구하고, 그 중요한 생명을 잃었기 때문에 권리능력 자체를 가질 수가 없는 까닭이다. 그런데도 가해자의 인권을 존중해 줘야 하고, 교화를 시켜서 반성을 하게 해야 하나? 가해자가 뒤늦은 후회와 반성을 한다해도, 그것이 범죄행위의 책임을 경감시키지는 못한다. 그리고 용서는 피해자가 해주는 것이지 주위 사람들이 해주는 것이 아니다. 피해자는 바로 그 가해자로 인해 용서를 해 줄 수 없게 되었으므로, 가해자는 누구에게도 용서받을 수 없는 죄인이 된다.

이런 까닭에 가해자의 인권은 보장받을 수 없으며, 극악무도한 범죄자를 극형에 처하는 것이 마땅한 것이다. 앞서 말했듯이 그를 처벌하는 것은 직접적인 피해자의 구제를 위한 것이 아니다. 그를 처벌하는 것은 첫째, 피해자와 직접적인 관계를 맺고 있었기 때문에 피해자의 죽음으로 인해 피해를 보게 되는 사람-가족이나 친지-등을 위해서가 된다. 그 다음으로는 서로의 권리를 존중할 의무를 어긴 가해자로 인해 흐트러진 사회적 관계를 회복하기 위해서이다. 이것을 위해 공권력은 흉악범을 극형에 처해야 한다. 흉악한 인명 살상범이 극형에 처해지지 않는다면 일반의 정의감에 배치되고, 피해자 측의 사적복수심이 증대할 것이다.

사형제 폐지론자들의 또 다른 핵심적 주장은, 재판관의 오판으로 인해 사형에 처해진다면, 오판임이 밝혀졌을 때 되돌릴 수가 없다는 것이다. 그러나 재판은 인간이 하는 일이라 항상 오판의 가능성이 있다. 3심제를 두어 법관의 판단에 대해 최소한 세 번의 반발기회를 주고 있지만 그렇다고 해도 오판은 일어날 수 있다. 그러나 오판임이 밝혀졌을 때 박탈당한 시간, 권리를 되돌려 받을 수 없는 것은 사형뿐 아니라 어떤 재판결과라도 마찬가지이다. 그리고 사형판결은 그렇게 쉽게 내려지는 것이 아니다. 우리나라는 직업 법관에 의해 재판이 이루어지고, 법관은 사형이라는 것이 생명을 빼앗는 극형임을 잘 알고 있기 때문에 심사숙고하여 판결하기 때문에 사형판결에 있어 오심가능성은 거의 없다. 그리고 현재 사형수 60명 중 범행을 부인하는 경우는 3건에 불과하며, 그나마 그 3건도 유전자 감식 등 직접 증거가 있다고 한다.

이렇게 사형제 폐지론자들의 인간이 인간의 타고난 기본권을 박탈하는 심판을 할 수 없으며, 인간이 하는 심판이기에 오판가능성이 있다는 주장에 대해 반박할 수 있다. 사형제도가 인권이라는 가치와 오판가능성에 대해 아무런 문제를 가지고 있지 않다는 것을 알게 되면, 사형제도가 피해자 인권의 구제와 일반의 정의감을 위해 반드시 필요한 것임을 알게 된다.

위 글은 논리적으로 자기의 주장을 펼치고 있다. 사형제 폐지를 주장하는 사람들이 오류를 하나 씩 반박하며 자기의 주장을 펼치고 있다. 이렇게 논란이 되고 있는 사안에 대한 비판, 또는 동조를 할 경우 자기의 주장이 논리적으로 전개되어야 한다. 이글에서와 같이 반대편에서 주장하는 바를 꼼꼼하게 따져 그 오류를 하나씩 반박해나가는 것도 좋은 방법이라 하겠다.

## 사형제도 반대

(학생글)

사형제도는 개인적으로 구시대적인 발상이라고 생각한다. 문명이 발생하기 전부터 사형제도는 존속해 왔었다. 큰 범죄를 저지른 사람을 지금처럼 사형을 처하는 것이 아니라 대중 앞에서 아주 잔인하게 사형을 집행했다. 많은 사람들 앞에서 사형을 처하는 모습을 보여준 것은 죄를 처벌해야하는 것보단 오히려 공포심을 부각하여 범죄를 예방하려는 의도가 많았다고 하겠다. 그렇지만 연구조사에 따르면 사형제도와 범죄가 줄어드는 것에는 상관이 없는 것으로 판명되었다. 사형제도는 범죄를 저지르는 사람들에겐 큰 영향을 주지 못하는 것이다. 그렇다면 사형제도가 존재할 필요가 있을까. 나는 사형제도가 폐지되어야 한다고 생각한다.

사형제도의 문제점은 사형제도로 인해서 무고한 사람이 죽을 수도 있다는 것이다. 사람은 신이 아닌 이상 실수를 한다. 완벽하지 못한 인간이 아무리 철저한 조사를 하더라도 항상 실수는 존재한다. 인간의 실수로 인한 오판은 죽은 사람을 다시 살릴 수는 없다. 잘못된 사형선고는 한 사람을 억울하게 죽일 뿐 아니라 죄 없는 사람을 죽였으니 그 또한 죄가 될 수 있다. 그렇다고 우리는 오판한 재판장을 범죄자로 몰 순 없지 않는가? 인간의 생명은 너무 소중하고 위대해서 신이 아닌 우리가 판단하기엔 사람은 너무 부족하다고 생각한다.

사형제도가 폐지되어야 할 이유는 또 있다. 사람이 잘못했다고 사형을 처하는 것은 나무의 썩은 가지를 잘라내어 나무를 살릴 수는 있는 것처럼 사람들도 많은 사람이 살기위해 사람을 그렇게 단순히 잘라 버리는 것과 같다. 그렇지만 사람의 생명이 그렇게 사소한 것이 아니다. 나무의 썩은 부분을 잘라내는 것보단 문제를 찾아내서 해결을 하고 같이 살 수 있게 하는 것이 사람의 도리라고 생각하기 때문에 사형제도는 사라져야 한다고 생각한다.

그리고 사형제도의 문제점 중에서 가장 큰 문제점은 바로 인권을 무시하는 것이다. 인간은 누구나 법으로 보호받을 권리가 있다. 죄는 미워하되 사람은 미워하지 말라는 말이 있다. 죄를 지은 것이 사람이긴 하나 사람이라는 이유만으로 우리는 그들을 조금은 용서하는 차원에서 사형까지는 가지 말아야 하겠다. 그리고 범죄를 없앨 수 있는 다른 방법을 찾기 위해 노력해야 하며 범죄 없는 나라를 만들기 위해 국민모두의 도덕성이 살아 있어야 하겠다.

위 글은 사형제도의 문제점을 지적하며 사형제도를 반대하고 있다. 사형제도가 지닌 문제점을 지적한 부분은 공감할 점이 있으나, 글의 전체적인 짜임은 엉성하다. 글이 서두에서 사형제도의 부정적인 면을 부각하고, 그것에 대한 근거를 하나씩 설명하면 짜임새 있는 글이 된다. 앞의 사형제도에 찬성하는 글과 같이 글이 서두에서 사형제도의 부정적인 면을 언급하고, 그것을 몇 가지로 나누어 차려로 설명하면 짜임새 있는 논리적인 글이 될 수 있을 것이다.

## 8. 우리 사회의 문제점과 그 개선 방안

이 제재는 그 범위가 상당히 넓어 대학생이 다루기에는 벅찬 것이다. 그러나 대학생도 사회 구성원의 한 사람이요, 어느 정도 식견이 갖추어 진 사람들이라, 대학생의 안목으로 본 사회의 문제점을 제시할 수 있을 것이다. 그리고 문제점만 잘 제시한다면, 그에 따른 해결책도 마련해 볼 수 있을 것이다. 이 제재는 '우리 사회에는 이런 문제점들이 있는데, 이 문제를 해결하는 방안은 이러하다.' 라는 논증 양식으로 쓸 수도 있고, 문제점을 제시한 다음 문제 해결 방안을 설득 양식으로 제시할 수도 있다.

미국에 예속된 나라

(학생 글)

우리 사회는 자립심이 결여되어 있고, 의존성이 너무 강한 것 같다. 우선 우리 나라의 정치 세태를 보면, 미국이라는 거대한 그물 아래 구속되어 마치 로봇마냥(→로보트처럼) 시키면 시키는 대로 그저 이끌려 가는 실정이다. 우둔한 정치인을 탓하기 보다, 우리 사회의 속성을 이해해야 하는 게 현실인 것이다.(→먼저 알아야 할 것이다.) 일제 치하에서 겪었던 그 나태함과 의존성이 짙은 그 무력함을 다시 되풀이하고 있는 것이다.[사실이 아니다.] 우리 사회의 속성은 비단 정치 세계에서만 발견되는 것은 아니다. 음반 하나를 제작하더라도 제작자는 우리의 기술만으로 노래 한 곡을 만들지 못한다. 외국인의 세련된 기술을 빌리고, 적당히 외국 곡을 표절해서 곡을 만드는 것이다. 그렇게 만들어진 노래를 어찌 우리나라의 노래라 할 수 있으며, 우리나라 사람의 정서에 맞다고 할 수 있겠는가? 그저 한심할 뿐이다. 나 또한 예외일 수는 없다. 이런 사회에서 살아가다 보니 자연스럽게 사회에 맞춰 가게 되는 것이다. 사회를 탓하기보다 우선 나태한 내 자신을 반성해야겠지만.

우리 사회의 이런 문제점은 마땅히 개선되어야 한다. 그렇지만 그 개선책을 찾기란 좀처럼 쉽지 않다. 한 사회의 흐름을 감히 어떻다고 평가할 수 없는 것이다. 그저 흘러가는 대로 내버려두는 것이 가장 바람직할 것이다. 단지 우리 사회의 구성원들은 사회의 움직임에 맞춰가면서 사리에 어긋난다고 인식하면 사회에 조금의 질책을 가하면 되는 것이다.

이 글은 여러 가지 문제점을 많이 가지고 있다. 먼저 우리 사회의 문제점들을 아무 근거 없이 제시하고 있으며, 해결 방안도 제대로 제시하고 있지 않다. 그리고 제시한 문제점도 우리 사회를 제대로 인식하고 제시한 것 같지 않다. 즉 우리나라를 마치 미국의 속국처럼 인식하고 있으며, 그 근본적인 원인은 우리가 게으른 탓이라고 하고 있다. 그리고 그 개선 방향도 극히 소극적으로 제시하고 있을 뿐이다.

## 언론 매체의 문제점

(학생 글)

하루라도 방송 매체를 접하지 않으면 세상에서 도태되는 기분을 누구든 한 번쯤은 느껴 본 적이 있을 것이다. 자기 주변이나 세계 여러 곳곳에서 무슨 일이 일어나고 있는지에 대해 우리는 텔레비전이나 신문지상에서 정보를 얻고 있기 때문이다. 하지만 매일매일 쏟아져 나오는 정보에 대해 우리는 그저 받아들일 줄만 알았지 그것에 대해 의문을 제기하거나 다른 방향의 사고는 생각해 보지 않은 경우가 전부라고 해도 과언이 아닐 것이다. 그렇다면 과연 우리가 접하고 있는 언론 매체의 정보 전달이 얼마나 진실한 것일까? 아무 거리낌없이 백 퍼센트의 진실로 받아들여도 좋은 것인가?

솔직히 우리가 접하고 있는 언론 매체의 대부분은 그것을 쓰거나 전하는 사람들의 의견이 반영된 것이다. 같은 종류의 사건이라 해도 그것을 바라보는 관점에 따라 전혀 다른 문제의 것이 될 수 있기 때문에 우리는 어떤 문제에 대해 다시금 생각해 볼 필요가 있을 것이다. 또한 언론에 의해 조장되는 사회 문제에 대해서도 깊이 고려해 볼 필요가 있다. 몇몇 소수에 의해 일어나는 문제에 대해(→문제를) 마치 모든 사람들의 일인 양 간주해 버리는 언론에 의해, 사람들은 자신도 모르게 사회 문제의 일익을 담당하게(→언론 매체에 끌려 다니게) 될 수도 있기 때문이다.

이처럼 우리가 신임하는 언론 매체에 의한 정보가 그것을 다루는 사람에 의해 전혀 다른 각도의 문제가 될 수 있음을 알았기에(→알기에) 그것에 대한 비판적 수용과 다양한 문제 의식을 가져야만 할 것이다.

언론 매체에 문제가 있으리라는 것은 누구나 짐작하고 있는 일이다. 그러나 이 문제에 관해 글을 쓰려면 구체적인 증거를 들어 문제점을 지적해야 한다. 증거 없이 목소리만 크게 외친다면 남을 설득시킬 수가 없다.

### 법을 경시여기는(→가벼이 여기는) 풍토의 문제점

(학생 글)

얼마 전 텔레비전에서 쓰레기를 불법 투기하는 현장을 고발하는 장면을 보았다. 너무나 태연히, 아무 거리낌없이 쓰레기를 내다 버리는 모습을 보고 제작진은 물론, 나조차 기가 막혔다. 참을 수 없는 악취로 인해 불법 쓰레기장 근처에 사는 사람들이 항의를 해 보지만 워낙 광범위한 지역에서 많은 사람들이 행하고 있기 때문에 행정 당국도 어찌할 도리가 없었을 것이다. 쓰레기뿐만 아니라 우리 사회의 어느 곳(→것)-건축, 교통, 위생 등-이든지 카메라를 들이대기만 하면 어김없이 우리의 상상을 초월할 정도의 무수한 불법 현장이 발견되는 것을 보고 나는 우리 사회가 얼마나 법을 경시여기고(→경시하는/가벼이 여기고) 있는지를 절감할 수 있게 되었다.

왜 이렇게도 법이 지켜지지 않는가에 대해서는(→않는지는) 법의 실효성(?)에서 찾을 수 있다. 지키면 오히려 피해가 오는 법이 있을 수도 있나. 하지만 그보다 우선하는 것은 우리들의 이기심이다. 인정하고 싶진 않지만 우리나라 사람들은 남에 대한 배려가 부족하다. 가까운 가족이나 친척들에게는 헌신적이면서도 남으로 여겨지는 사람들에게는 이기적일 때가 많다. 그렇기 때문에 불특정 국민 모두의 이익을 위한 법에 대해서는 중대한 형사상 처벌이 미치지 않는 한 외면하고 잘 지키지 않는다.

그런데 더욱 큰 문제점은 불법에 대한 죄의식이 점점 엷어져 가고 있다는 것이다. 쓰레기 투기나 차선 변경쯤은 범죄로 생각지도 않는다. 하지만 이러한 사소한 문제라 할지라도 웬만한 폭력으로 인한 범죄와 비교도 안 될 정도로 타인에게 큰 피해를 주는 경우도 있다. 자신이 불법한 행위를 알고 있고, 뻔히 주변 사람에게 피해를 줄 것을 알고 있으면서도 이기심 때문에 아무런 양심의 가책도 받지 않으면서 엄연한 불법 행위를 하는 사람들이 허다하다. 불법적으로 차선을 변경하는 것과 산에 담배꽁초를 버리는 일은 쓰레기를 버리는 일과 함께 어쩌면 아무런 문제가 되지 않을 수 있다. 운전 중에 끼어든다고 해서 천륜을 거스르는 일도 아니고 남에게 아무런 피해를 주지 않을 수도 있기 때문이다. 하지만 그로 인해 교통 사고가 일어나 많은 사람이 목숨을 잃는 수도 있고, 산불로 인해 인명과 재산에 막대한 손실이 있을 수 있으며, 여러 사람이 질병으로 고통을 받을 수도 있기 때문에 예사롭게 생각할 일이 아닌 것이다.

우리는 남에 대한 개념을 바꾸어야 한다. 흔히 우리나라 사람들은 유달리 민족애와 애국심이 강하다고 하는데, 국가의 존립을 위한 법을 지키지 않는다는 것과 모순이 된다. 약육강식의 세계 속에 우리가 살아남고 나아가 주도하기 위해서는 서로 연합하고 힘을 모아야 한다. 한국이라는 공동체 속에서 더 이상 지연·혈연에 얽매여 이기심을 발휘해서는 안 된다. 그리고 모두가 수긍하고 편리한 법 제정이 필요하다. 악법은 법이 아니다. 효율성이 가장 중요시되는 현대 사회에 현실과 동떨어진 법은 오히려 사회 발전의 장애가 된다. 법 제정에 더욱 전문성을 높여야 하며, 항상 현실을 염두에 두어야 한다. 그래야만 준법이 타당성을 가질 수 있다.

윗글에 있는 네 단락의 내용을 요약하면 다음과 같다. (1) (우리 사회의 문제점) 우리 사회는 법을 가벼이 여기고 있다. (2) (그 원인) 그 원인은 법의 실효성과 개인의 이기심 때문이다. (3) (그로 인해 일어나는 문제점) 법을 지키지 않으면 남에게 큰 피해를 줄 수 있게 된다. 문제점이 있다. (4) (해결 방안) 법에 대한 개념을 바꾸고, 좋은 법을 만들어야 한다. 이 네 단락에서 먼저 지적할 수 있는 것은 둘째 단락과 셋째 단락이 순서가 바꾸어야 한다는 것이다. 문제점들은 모두 제시한 다음, 그 원인을 밝혀 말하는 것이 논리적으로 바른 순서이기 때문이다. 이 글에서 가장 큰 문제는 개선 방안으로 제시한 마지막 단락이다. 어려운 용어로 논리성 없이 글을 이어가고 있어, 쓰레기를 함부로 버리는 등의 불법 행위를 없앨 수 있는 방안이 무엇인지 제대로 알 수 없도록 되어 있다. 원인은 잘 파악해 놓고서, 원인과 무관한 해결 방안을 제시하고 있기 때문에 해결 방안이 겉돌고 있는 것이다.

## 입시 제도의 문제점과 그 개선 방안

(학생 글)

대학에 가기 위해서는 입학시험을 치르게 됩니다. 요즘은 '대학 수학 능력 시험'이란 입시가 행해지고 있습니다. 그런데 대학에 들어가기 위해서 유치원 때부터 시험 준비를 한다는 이야기가 나올 정도로 대학 입시라는 것이 개개인에게 큰 영향을 미치고 있는 실정이고, 특히 고등학교 3학년들은 입시에 대한 불안감으로 많은 스트레스를 받고 있습니다. 얼마 전 고위급 장관이나 부유층의 자녀들이 고액 과외를 받았다는 사실이 보도되면서 논란이 있기도 했습니다. 이런 점에서 우리나라의 대학 입시 제도의 문제점은 과연 무엇인지, 그리고 그것들을 해결해 나갈 수 있는 방안은 없는지에 대해 알아보고자 합니다.

앞에서도 말했듯이 입시에 따른 폐단으로 고액 과외가 성행하고 있다는 점을 들 수 있습니다. 부모들은 자기의 자식들을 보다 더 좋은 대학에 보내기 위해 많은 돈을 들여서라도 공부를 시키려고 합니다. 우리나라 국민들의 교육열이 다른 나라보다 유난히 높은 것이 부모들의 보상심리 때문인지, 좋은 대학에 보냈다는 어떤 뿌듯함 때문이지는 모르겠습니다만, 예전에도 그래왔고 오늘날까지 여전히 고액 과외가 행해지는 현상은 수그러들고 있지 않습니다. 여기서 파생되는 문제는 형편이 어려운 사람들은 열등감을 느끼게 된다는 것입니다. 입시제도가 사회 계층의 위화감까지 조장할 수 있는 것입니다.

또 다른 문제점은 학생들 사이에서 입시가 곧 (∅→공부의) 목표로 자리잡고 있다는 것입니다. 입시만을 위해 자신의 적성이나 재능은 고려하지 않은 채 대학을 신택하게 되고, 심지어는 대학에 들어가게만 되면 모든 것이 끝났다고 생각하기도 합니다. 흔히 '수능' 이라고 하는 시험으로 학생들의 성적을 평가한 후 성적에 맞추어 진로를 결정하는 것이 대부분입니다. 이렇게 되면 자연히 대학이란 곳은 자신의 적성이나 미래를 생각하고, 자신의 꿈을 실현시킬 수 있는 공간이 아니라, 좋은 대학, 좋은 학과에 가서 빠른 성공을 위한 수단으로서의 공간으로 전락하게 되는 것입니다. 대학 본연의 모습인 진정한 학문 탐구를 통한 즐거움은 맛볼 수 없게 되는 것입니다.

이 외에도 입시 제도에 대한 다른 문제점들과 혼란이 있을 수 있겠지만 이러한 문제점들을 줄여갈 수 있는 방안을 찾아보고자 합니다. 우리나라의 교육정책이란 것이 너무 자주 바뀐 것이 이러한 문제점들을 일으키지 않았나 생각해 봅니다. 교육 정책은 백년을 바라보고 계획하는 것이란 말이 있듯이 넓은 안목을 가지고 입시 정책을 세워야 한다고 봅니다. 우리나라에서 그 동안 시행되어 온 입시의 형태는 미국의 입시 제도를 그 때 그 때 본뜬 것이었습니다. 지금의 '수능'이란 제도도 미국에서 70년대에 시행되던 것이라고 합니다. 이 사회의 방향을 바로 잡아 나가게 해야 하는 제도 중 교육이 차지하는 비중이 매우 큰 것인데도 뚜렷한 주관 없이 남의 나라 정책을 모방하는 태도는 지양해야 하겠습니다.

입시 제도를 개선하기 위한 또 다른 방법은 학과 특성에 따라 학생들을 모집하는 것이 있겠습니다. 그 학과에 적성도 맞지 않고 하고 싶지 않은 공부를 대충 성적에 맞춰서 지원하게 되면 공부에 흥미가 없을 것이고, 정말로 그 공부를 원하는 학생들이 공부할 기회를 잃게 될 것입니다. 만약 자신이 지원한 학과가 축산학과라고 할 경우 진정으로 축산업에 대한 자부심을 가지고 영농 후계자의 꿈을 지닌 학생인 경우와 대충 성적에 맞춰서 들어오게 된 학생과는 상당한 차이가 있을 것입니다. 그러므로 국어교육과면 국어교육과 영문학과면 영문학과 등 그 과 특성에 맞는 선발 형식으로 학생들을 뽑는 것이 바람직하지 않을까 생각됩니다. 그렇게 된다면 고등학교의 수업 시간이 시험 문제지나 풀고 있는 비효율적인 시간이 아니라, 자신이 하고 싶은 공부를 찾아 그것에 열정을 쏟을 수 있는 시간이 될 수 있으리라고 봅니다.

이렇듯 대학이 자신의 꿈을 실현시킬 수 있는 공간으로 바뀌게 된다면 지금 사회에 만연해 있는 고액과외 현상도 없어질 것이고 '수능'이란 시험도 시험을 위한 시험이 아닌 다른 모습으로 자리잡아 나갈 것이라고 생각됩니다.

이 학생의 글은 우리나라 입시 제도의 문제점을 지적한 다음 그 해결 방안을 제시한 글이다. 첫째 단락은 도입 단락이고, 둘째 단락과 셋째 단락은 입시 제도의 문제점을 제시한 단락이고, 마지막 단락은 해결 방안을 제시한 글이다. 지적한 문제점과 제시한 해결 방안이 바람직한 것이라고는 볼 수가 없다. 그러나 글의 짜임과 전개는 잘 이루어져 있어 이런 유형의 글이 갖추어야 할 요건은 잘 구비하고 있다.

## 환경 호르몬

(학생 글)

우리의 주변은 정말 많은 오염 속에 가득 차 있다. 그 중에서 요사이 부쩍 화제가 되고 있는 환경 호르몬도 공해에 의해 생긴 것 중의 하나이다. 내가 고등학교 2학년 때, 뉴스와 잡지 등에 갑자기 환경 호르몬 이야기가 보도되기 시작했고, 곧 사회의 큰 화제거리가 되었다. 그래서 그런지 컵 라면 회사의 매출이 줄었다는 등의 이야기도 떠돌았는데(→고), 우리 학교에서는 이 문제가 큰 관심거리가 되었다. 왜냐하면 우리 학교 모퉁이에는 쓰레기를 태우는 소각장이 있었는데, 환경 호르몬이 사회적으로 문제가 되자, 학교 주위의 주민들이 소각장에서 배출되는 다이옥신 때문에 데모를 해서, 소각장을 못 쓰도록 하는 사건이 있었기 때문이다. 결국 우리 학교는 소각장을 없애게 되었고, 이로 인하여 한참 동안이나 환경 호르몬은 우리 학교 학생들의 입에 오르내리게 되었다.

이렇게 한 동안 사회를 떠들썩하게 했던 환경 호르몬이란 무엇일까? 많이 듣기는 들었지만 환경 호르몬에 대해 정확하게 알지 못했기 때문에, 나는 환경 호르몬에 대해 조사를 해 보았다. 환경 호르몬은 내분기계의 정상적인 기능을 방해하는 화학 물질로서 오염된 환경에서 배출된 화학 물질이 체내에 유입되어 마치 호르몬처럼 작용한다고 하여 환경 호르몬이라고 불린다. 환경 호르몬은 각종 산업용 화학 물질, 살충제 및 제초제 등의 농약류, 유기 중금속류, 소각장에서 나오는 다이옥신류 등에 의해 발생되며, 플라스틱과 스틸로폴(→폼)도 환경 호르몬의 발생 원인이 된다.

환경 호르몬이 주는 피해는 여러 가지가 있지만, 우선 생태계 및 인간의 호르몬계에 영향을 미쳐 생물 종족 보존에 위협을 주는 것이 가장 큰 피해이다. 즉, 인간의 생식 기능의 저하, 기형아 탄생, 성장 장애, 암 발생 등의 원인이 된다. 또 환경 호르몬은 오존층 파괴, 지구 온난화와 함께 세계 3대 환경 문제의 하나로 등장하기도 하였다. 이렇게 환경 호르몬이 주는 피해는 다양하고도 치명적이다.

우리 생활에 커다란 위협이 되는 이러한 환경 호르몬을 줄이는 방법은 정부나 산업체에서 대응하는 방법도 있지만, 일상생활에서 이에 대응하는 방법도 여러 가지가 있을 수 있다. 우선 파리, 모기 등 해충을 구제하기 위한 살충제의 과도한 사용을 억제한다. 다음으로는 주거지 주변의 정원이나 텃밭에 농약을 살포하는 것을 자제하고, 플라스틱과 스틸로폴(→폼)류의 사용도 줄인다. 이런 일들은 환경 호르몬을 줄이는 데에도 도움이 되지만, 토양 오염을 줄이는 데에도 도움이 되기 때문에 꼭 실천해야겠다.

이 학생의 글은 잘 쓴 글이다. 환경 호르몬에 대해 알아보게 된 동기, 환경 호르몬의 개념, 환경 호르몬에 의한 피해, 이를 줄이는 방법 등에 관해 학생 나름대로 조사하고 판단한 것을 바탕으로 글을 쓰고 있기 때문이다. 직접 경험한 사실과 구체적인 자료를 들면서 환경 호르몬에 대해 잘 모르는 사람들도 잘 깨칠 수 있도록 써 나가고 있다. 좀 더 충분한 자료를 제시하고, 용어를 더 정확히 사용하고, 더 자세한 구체적인 예들을 들면서 글을 쓴다면 아주 좋은 글이 될 수 있을 것이다.

## 9. 감상문 쓰기

남이 쓴 책을 읽고 난 뒤 그 책을 읽은 느낌을 쓰든지, 한 편의 영화를 보고 난 뒤 그 영화를 본 감동을 쓰든지 하는 등등의 글을 감상문이라고 부른다. 작품을 감상하거나, 어떤 일에 참여하고 난 뒤의 느낌을 쓴 글이라는 뜻이다.

감상문을 쓰는 데에는 특별한 형식이 있는 것은 아니다. 그 작품을 감상하거나 그 일에 참여하게 된 계기, 그 작품이나 관여한 일의 대체적인 내용, 그 작품이나 관여한 일의 잘된 점, 못된 점, 작품을 감상하거나 그 일에 관여하고 난 뒤의 생각이나 느낌 등등을 글로 쓰면 된다. 물론 감상문에서는 앞에 든 여러 가지 중에서 맨 마지막 것이 가장 중요하다.

### 김성한의 '바비도'를 읽고

(학생 글)

① 요즘의 종교들은 그들의 진정한 목적을 상실한 채 오직 금전적인 이익을 위해서 신도들을 끌어 모으는 것 같다. 모든 종교들이 다 그렇다는 것은 아니지만 그래도 부패한 부분이 너무 많다. 교회에서는 하나님을 믿지 않는 사람들은 모두 사탄으로 몰아 붙여서 다른 종교를 이단시한다. 그리고 돈을 많이 내게 하여 현대판

면죄부를 판매하기도 한다. 또한 기적을 행하여 병을 치료한다는 사교 집단도 많이 형성되고 있다. 불교에서는 스님들이 매우 비싼 차를 몰고 다니고, 서로 높은 자리에 앉기 위해 깡패까지 동원해서 싸운다. 이런 현실을 극복하고자 쓴 책이 바로 이 '바비도'인 것 같다.

② 타락한 교회가 넘쳐나는 중세 영국에서 교회의 목사들만이 볼 수 있는 라틴어로 된 복음서가 영어로 번역되어 서민들에게 읽혀지는 일이 발생한다. 교회에서는 복음서의 내용을 서민들이 알게 되면 금전적으로 자신들에게 불이익이 닥치게 되거나 설교의 신성성이 떨어질 것을 염려하여 영어로 된 복음서를 태우고, 이것을 유포한 사람들을 탄압하기 시작한다. 순회재판소에서는 각 교구를 돌아다니면서 영어로 된 복음서의 유포에 대한 죄를 물어서 거짓 회개를 하는 자는 살려 주고, 끝까지 죄를 부정하는 자는 죽인다. 이를 알게된 재봉사 바비도는 부당한 행위를 하는 교회에 대해 분노한다. 결국 바비도도 잡혀 사교 앞에서 회개하라는 설득을 당하게 된다. 하지만 바비도는 끝까지 회개하지 않고 버티면서 잘못된 교회와 사제들을 꾸짖는다. 이런 바비도에게 교회는 화형을 선고한다. 화형장에서 바비도의 인간됨을 알아 본 헨리 태자가 바비도에게 회개하라고 설득하지만 바비도는 헨리 태자의 호의를 거절하고 한줌의 재로 사라진다.

③ 나는 이 책을 읽고 중세 시대 타락한 교회에 대항하다 화형당한 바비도의 이야기를 통해 종교가 가져야 할 참된 의미를 되새기게 되었다. 종교의 참된 의미는 모든 종교의 진리는 하나이므로 서로 싸우지 말고 도와가면서 세상을 아름답게 만드는 것인 것 같다. 앞으로 바비도 같은 사람이 많이 나와서 상대방의 종교를 인정하고, 돈이 아닌 정말 인간들을 위한 사랑으로 같이 살아나갔으면 좋겠다. 하늘에 계신 성인들께서도 아마 그분들의 뜻이 올바로 펼쳐질 수 있는 세상을 바라고 계실 것이다.

이 글의 ① 단락에는 현대의 종교의 타락 면모를 보여 주면서 지나친 단정을 많이 하고 있다. 확실한 증거를 가지고 말하든지 그렇지 않으면 완곡하게 표현해야 할 것이다. 이런 표현상의 문제가 있긴 하지만 글 구성을 보면 ① 현대의 타락한 종교에 대해 ② '바비도'의 내용 ③ 바비도를 읽고 느낀 점의 순서로 잘 짜여져 있으면서 감상문으로서 특징을 잘 드러내고 있다.

## '꽃피는 봄이 오면' 을 보고

(학생 글)

사범대 음악교육과를 목표로 실기에 한 참 열정을 쏟고 있던 때, 나에게 채찍질을 해주던 영화가 있었으니 바로 '꽃피는 봄이오면' 이라는 영화였다. 음악선생님이 목표인 사람들이라면 추천해 주고 싶다는 주변 사람들의 조언에 바쁜 시간을 쪼개어 영화관으로 간 나는 기대에 부풀어 좌석에 앉았다.

가난한 트럼펫 연주자인 주인공 현우는 그저 음악이 좋아서 음악을 연주하는 사람이었다. 그러다 보니 돈벌이와는 거리가 멀었다. 그러자 애인인 연희는 능력 없는 주인공을 외면하게 되고, 늙은 어머니는 늘 주인공을 구박한다. 그런 것들이 주인공에게 직업을 가져야 한다는 생각을 하게 한다. 그래서 문화센터에 아줌마들을 모아 악기를 가르치는 일을 하지만, 그다지 흥미를 느끼지 못한다. 그러던 어느 날 우연히 신문광고를 통해 강원도 도계 중학교에 관악단 선생님을 채용한다는 정보를 접하고, 지푸라기라도 잡는 심정으로 그 학교를 찾아간다. 관악단 연습실은 정말 한숨을 나오게 했다. 부옇게 앉은 먼지들과 고장난 악기들, 그리고 다양한 개성을 지닌 학생들을 보며 실망한다. 그런데 학교에서는 전국대회에서 우승하지 못하면 강제로 해산을 할 것이라 말한다. 현우는 아이들을 데리고 가망 없는 승부를 걸어야만 한다. 우승을 장담할 수는 없지만 그렇다고 포기할 수도 없는 상황에 놓인 것이었다. 그래서 현우는 최선의 노력을 하기로 다짐한다. 아이들의 마음 속에서 싹트고 있는 음악에 대한 열정을 북돋우고, 비협조적인 학부형을 설득하기도 한다. 현우는 관악단을 학부형이 일하고 계시는 광산까지 데려가 학부형의 마음을 돌리는가 하면, 할머니와 외롭게 살아가던 학생에게 닥친 할머니의 병원신세에 밤무대 연주를 하면서 돈을 벌어 병원비를 대신 내어주기도 한다. 학생을 가족처럼 생각하는 현우의 따뜻한 마음은 훗날 내 교사관에 귀감이 될 것 같았다. 드디어 대회날이 다가왔다. 현우와 관악단 학생들은 한마음이 되어 연주하였고, 가난한 학교의 관악단이 그만큼 연주할 수 있다는 것이 심사위원들의 신금을 울렸다. 결과는 당연 우승 이었다. 모두가 기뻐했다. 그러나 기쁨도 잠시, 현우는 정든 학생들과의 헤어져야만 했다. 현우는 관악대회가 끝날 때 까지 계약이 되어 있어 정든 학생들과의 헤어져야만 했다. 언제든 이별이라는 것은 마음이 아픈 일임에, 선생님과의 이별에선 특히 눈물을 자주 보였던 나이기에 이 장면에서는 나도 마음이 아프고 눈물이 났다. 그리고 무엇보다 감동적인 것은 주인공 현우의 분신과 같은 트럼펫을, 프로 연주자를 꿈꾸는 학생에게 선물하는 것이었다.

'꽃피는 봄이 오면' 이라는 제목이 이래서 붙은 것 같다. 차갑기만 하던 현우의 마음이 학생에게 자신의 보물 1호를 선물할 정도로 따뜻해 졌다는 의미일 것이다. 좋은 교사, 멀고도 멀 것만 같은 그 길에 나침반이 되어주는 영화였고, 학생과 함께, 학생의 마음에서, 학생을 내 가족처럼 생각한다면 기울어져 가는 학교 교육이 다시 일어설 수 있지 않을까 하는 생각을 해본다. 내 마음에도 꽃피는 봄이 온 것 같다.

이 글은 '꽃피는 봄이 오면' 이라는 영화를 보고 감상문을 적은 것이다. 영화를 보고 다음에 좋은 교사가 되어야겠다고 생각하는 글쓴이의 마음은 드러나 있다. 그런데 영화의 줄거리만 나열해 놓고 글쓴이가 느끼고 생각한 바에 대한 것은 소략하다. 감상문을 적을 때, 감상 대상은 간략하게 서술하고 그것을 바탕으로 글쓴이의 생각이 적어나가는 것이 중요하다.

## '바람은 불어도'를 보고

(학생 글)

최근 선풍적인 인기를 끌며 세상을 떠들썩하게 만들고 있는 한 드라마가 있다. 한편의 시각에서는 이를 가르쳐 '대국민 드라마'로 칭송할 정도이다. 대한민국 사람이라면 남녀노소 누구라도 그냥 지나칠 수 없었던 그(→이) 드라마는 KBS 제 1 TV에서 저녁 8시 30분에 절찬리에 방송되고 있는 일일 연속극 '바람은 불어도'이다. 종영을 눈앞에 두고 막바지 인기 몰이에 전력을 다하고 있는 이 드라마가 어떤 결말을 맺을 것인지에 대해서도 세인들의 관심이 집중되고 있다. 지금 이 글을 쓰고 있는 나 자신 역시도 방영 초기만을 제외하고는 지금껏 계속 시청해 오고 있다. 드라마는 당시의 시대적 배경에 따라서 각기 다른 모습으로 나타난다. 그리고, 사람들의 관심 또한 그 당시의 시대적 상황에 따라서 선택되어지기 마련이다. 이런 점에서 '바람은 불어도'는 우리들에게 뭔가 시사하는 바가 크다.

세상이 점점 급변해 가고 각박해지는 삶을 맞이하면서부터 우리는 '가족'이라는 의미의 참뜻을 잊어버리고 살았고, 또 그렇게 현실에만 안주하며 살아온 것도 사실이다. 하지만, 점차적인 생활 안정과 빈부 격차의 감소, 그리고 중산층 수효의 증가는 다시금 가족의 소중함에 대해 음미해 보는(→볼 수 있는) 좋은 계기가 되었고, 이에 편중해 홈드라마로서의 지표를 이룬 것이 바로 '바람은 불어도'인 것이다.

드라마는 일종의 픽션이다. 즉, 작가에 의해 꾸며지고 가공되어진 이야기이다. 하지만, '바람은 불어도'는 전혀 그런 느낌을 받을 수가 없다. 단지, 장면 하나 하나가 보는 이로 하여금 함께 안타깝게 하고 분노하게 만드는 그러한 점에서는 우리가 전적으로 모든 행위의 결과를 작가에게 의존할 수밖에 없다는 것이다.

극중 연기자들의 모습은 무척 진지하다. 모두들 최고의 드라마를 이끌어 가는 최고의 연기자들답게 최선을 다하는 모습이 자못 아름답다. 사람들은 아름답다는 말에 무척 인색하다. 하지만, 세상은 아름다운 것들로 가득 차 있다. 특히 사람들이 자신이 맡은 역할과 책임분야에 있어서 성실하고 정직한 마음으로 열심히 뛰는 모습은 세상에서 가장 아름답다해도 과언이 아닐 것이다 그렇기 때문에 '바람은 불어도'는 연기자들의 땀과 노력이 빚어낸 큰 결실이었다.

'바람은 불어도' 이 한편의 드라마를 모두 이야기하기에는 하루를 꼬박 지새워도 모자랄 것이라 생각한다. 그래서 몇 가지로 여기에 요약해 보았다.

첫째, 가장 인상에 남았던 것은 연기자들이 우리에게 많은 친근감을 준다는 것이다 특히, 우리들의 마음을 가장 사로잡는 사람으로 주연급 조연 연기자로 좋은 연기를 보여주고 있는 한진희 씨를 뽑을 수 있다. 그는 최근까지 '황씨 아저씨' 신드롬을 일으키며 일약 스타덤에 올랐고, 황씨 성을 가진 사람들을 어리둥절하게 만들었다는 사실도 한번쯤 웃고 넘어갈 수 있었던 해프닝 중에 하나이다. 무엇보다도 그는 인상에서 풍겨 나오는 인자함과 푸근함, 그리고 조금 모자라게 보일 정도의 때 묻지 않은 순수함으로 사람들의 마음을 정화시키는 데 크게 한 몫을 하고 있다. 그리고, 맏며느리 역할을 잘 소화해 내고 있는 박성미씨 역시도 사람의 심금을 울리게 하고 훌륭한 연기를 선보여 요즘 세상에 보기 드문 착한 며느리 상으로서 이 드라마의 주가를 올리는 데 큰 기여를 하고 있다. 하지만, 현대 여성들의 이에 대한 반응이 어떻게 나올 것인지에 대해서는 본인도 궁금증으로 남아 있다.

둘째, 가족의 소중함이 무엇인지 진정한 가족상을 일깨워 주었다는 점이다. 점점 핵가족화 되어 가고 노인 부양 문제가 심각하게 대두되고 있는 이 시점에서 현 세대들에게 경종을 울리고 있다. 위로는 할머니로부터 아래로 증손녀에 이르기까지 4대가 함께 모여 사는 황씨 일가. 때로는 불협화음으로 많은 문제가 발생하고 집안이 조용한 날이 없긴 하지만. 그 속에서 서로 돕고 이해하며 인내로서 참아내는 그런 모습에서 우리는 진정한 가족의 참사랑이라는 것이 무엇인지 새삼 깨닫게 된다.

셋째, 형제간의 우애가 집안에 미치는 영향이 얼마나 큰 것인지도 강조하고 있다. 우리나라는 아직까지도 가부장 제도에 의한 장남의 역할과 지위를 무척 중요시하기 때문에 그로 인해 파생되는 문제가 결코 적지만은 않다. 으레 장남이라고 하면 한 집안의 기둥으로서 그 집안의 권위를 지켜나가야 하는 막중한 임무가 부여되기 때문에 자연히 장남의 위치가 부담스럽기 마련이다. 그래서, 장남은 결혼할 때도 무척 신중해지게 되고 쉽게 결혼이 성사되는 것도 아니다. 이도 심각한 사회문제의 하나라고 할 수 있을 것이다. 고로, 형제간의 우애가 깊으면 깊을수록 위에서 언급한 문제는 자연스럽게 해결될 것임에 틀림없다고 생각하는 바이다. 예로부터 익히 전해 내려오는 '의좋은 삼형제'의 이야기나 우화로서 전해지는 '돼지 삼형제' 이야기도 형제간의 우애가 얼마나 중요한 것인지를 잘 말해 주고 있다.

넷째, 시청자의 연령을 어느 한 쪽으로 치우침이 없이 사람이라면 누구나 공감이 갈 수 있도록 많은 배려를 했다는 것이다,. 요즘 NBA 미 프로 농구를 모르면 아이들과 대화가 안 된다고 말하듯이 '바람은 불어도'를 모르는 사람들 역시 이야기 대상에서 제외되는 것에 예외는 없다. 어린이들에게는 가족에 대한 진정한 의미를 깨우쳐 줄 수 있어서 교육적인 측면에서 무척 중요한 역할을 하며 젊은 세대들에게는 앞으로 가정이 나아가야 할 올바른 방향에 대해 잘 제시해 주고 있다. 그리고, 중년과 노년층에게는 과거에만 경험할 수 있었던 기피고 넉넉한 향수를 느낄 수 있었다는 것에 대해 큰 위안이 되고 있는 것이다.

이 밖에도 가정에서 쉽게 일어날 수 있고 나아가서는 사회문제로도 확산될 수 있는 일들도 많이 언급되었다. 특히, 부부간의 문제라든가 고부간의 문제, 자식과 부모간의 갈등, 시누이와 올케간의 문제 등은 지금 우리 세대가 깊게 생각하고 심각히 논의해 보아야 할 문제라고 생각한다.

이상과 같이, 한 드라마가 우리들의 정신생활 문화에 안겨주었던 위력은 대단히 컸다. 우리 개개인의 마음속에 자리잡고 있는 가족 사랑에 대한 갈망은 어느 누구보다도 뜨겁고 소중하다. 어느 누구도 자기 가족을 등한시하거나 함부로 대하는 사람은 아무도 없을 것이다. 하지만, 사랑이라는 감정을 표현하지 못하고 애써 감추려고 하는 사랑은 진정한 사랑으로서의 가치를 발휘하지 못한다. 서로가 몸과 마음으로써 가족을 내 몸처럼 아끼고 소중하게 대할 때만이 가족 사랑의 참뜻은 실현될 것이다. 그렇게 될 때 '바람은 불어도'의 가치도 더욱 높아질 것이라고 말하고 싶다.

우리가 드라마라는 TV의 한 장르를 통해서 배우고 느끼는 것들이 우리 생활에 긍정적이고 올바른 사회문화를 창출하는 데 좋은 구실을 하게 된다면 '바람은 불어도'와 같은 작품성이 좋은 드라마는 앞으로도 많이 제작될 수 있을 것이라 생각한다.

사회의 모든 근원은 가정에서 출발하는 것이다. 우리들이 올바른 사회적 가치관과 뚜렷하고 올바른 자기의식을 갖추고 사회생활에 임할 때만이 진정한 사회발전을 가져올 수 있을 것이라 생각한다. '바람은 불어도'를 보고 나는 내 가족에 대한 소중함을 다시금 상기해 본다.

'바람이 불어도'라는 방송극을 보고 느낀 점을 쓴 글이다. 젊은 학생답지 않게 이 방속극이 가족의 중요함을 일깨워준 것임을 여러 항목으로 나누어 잘 지적하고 있다. 다만 방송극의 줄거리나 대체적인 내용을 간단하게라도 이야기해야 독자들에게 도움을 줄 수 있을 것이다.

## 대학문화에 대해서 … (축제를 보고)

(학생 글)

내가 대학이라는 곳에 들어와 생활한지도 벌써 2년이라는 시간이 지나가고 있다. 처음 대학에 들어올 때 상상하고 기대했던 모습과는 달라 실망도 많이 했었는데, 이제는 어느 새 나도 후배들에게 별 기대를 가질 수 없게 만드는 대학의 한 모습인(→대학) 선배라는 이름으로 자리잡아가고 있다.

왜 내가 그리고 나의 선배들이 우리의 후배들에게 대학에 대한 기대와 설레임, 대학인으로서의 자부심과 긍지를 심어주지 못하는 것일까? 그것은 대학 안에 우리들을 지배하는 대학 문화가 없다.(→없기 때문이다.) 자유를 마음껏 외치고, 진리를 논하는 원동력이 없기 때문이다.

그렇다면 대학 문화란 무엇일까? 난 대학과 대학 문화는 사회의 그것들과는 분명히 다르고 달라야 한다고 생각한다. 대학은 젊음이 가득해야 하고, 대학 문화는 그 젊음을 그들의 시각에서 그들의 방식에서 표현하는 것을 말한다고 생각한다. 왜냐하면 대학인들은 사회인과는 달리 쉽게 타협하지 않고, 거칠지만 열정을 가지고 있고, 사회의 고정 관념들에 물들지 않는 싱싱한 물고기들과 같기 때문이다. 그렇다. 대학 문화는 젊음을 하나의 삶으로 여기고 살아가는 청년들이 모여있기에 다르다. 하지만 지금의 대학과 대학 문화는 이미 열정과 사랑과 진실이 뿜어 나오지 않는 막혀 버린 굴뚝같다. 지금 대학 문화는 이 세상의 젊은이라면 누구나 즐기는 퇴폐·향락적인 문화를 향유하고 있다. 아니 그 향락적인 문화를 주도해나가는 주범이 바로 대학생들인 것 같다.

IMF로(→외환 위기로) 음식점, 술집 등이 문을 닫고 있는 현재(→지금도) 대학가 주변의 상가들은 흔들림 없이 건재하고 있다. 그리고 대학은 더 이상 지성인의 모습을 하고 있지 않다. 대학 문화에는 늘 존재했던(→대학은) 삶을 향한 토론과 절규의 장이 되었던 곳이었고 질서로운(→질서 있는) 모습(→곳)이었다. 하지만 지금의 대학 문화 안은(→대학에는) 무질서하고 삶에 대한 진지한 모습들을 찾아볼 수 없다. 그것은 나를 보면 알 수 있다. 대학에 들어와서 나는 내 삶의 목표와 가치를 세우려는 노력이 없었다. 단지 현재 나를 재배하는 조그만 고민들에 쌓여서 멀리 고개를 들어 보이지(→보지) 못했다. 나와 내 주변의 사람들은 대학의 자격증만이 있다면 그 모든 것을 다 갖추게 되는 것처럼 그렇게 세월을 흘러보내고 있다. 이러한 대학 문화의 실제를 나는 축제를 통해서 확연히 보고 느낄 수가 있었다. 이번 축제는 나에게는 색다른 경험을 갖게 했다. 왜냐하면 풍물패로서, 문예 패로서 행사에 참여할 수 있었기 때문이다. 어떠한 행사든지 자신이 주체가 된다는 것은 사람을 변화시키는 것 같다. 하지만 다른 사람들은 이번 축제가 그들의 행사가 아니었나보다. 비록 자신이 주체가 되어 축제를 준비하지는 않았지만 우리의 행사였는데 제대로 참가하지 않았다. 전야제 때 내부?외부인사들이 많이 오셔서 우리의 50주년 축제를 축하해 주셨다. 하지만 정작 그 당사자인 우리는 50명도 채 되지 않는 인원만이 그 행사에 참석하고 있었다. 그 때의 그 부끄러움과 수치심이란 말로 표현할 수가 없었다. 대부분의 사람들은 자기네끼리 놀러 가거나 주점을 만든다고 바빴다. 그런데 우스운 것은 폭죽을 터뜨리고 불빛들이 화려하게 반짝일 때 사람들은 하나씩 모였고, 초대 가수인 양희은이 올 시간이 다가오면서 사람들은 점점 더 붐볐다. 양희은은 분명히 우리의 축제를 축하해 주기 위해서 왔지, 양희은을(→자신을) 위한 축제는 아니었다. 또한 주점들의 행사 모습들을 누구나 느꼈겠지만 너무나도 무질서했다. 주점을 한다는 것은 큰 의미가 있다. 과나 동아리가 주점을 함으로써 하나로 뭉칠 수 있는 큰 계기가 될 수 있기 때문에(→때문이다). 하지만 그러한 모습은 없었다. 오직 장사 속으로 돈을 벌고 자신들이 만들어낸 쓰레기를 길에 마구잡이 버렸다. 그리고 주점을 만들 때는 그렇게 바삐 움직이던 손들이 축제가 끝난 후(→후에는) 치우려는 손들이 너무 부족했다. 학교가 축제 후에는 그 후유증으로 며칠을 시달렸다. 일부지만 이것이 우리 대학들의 모습이다. 글쎄 내가 너무 모든 것을 부정적으로 보아서 그런지는 모르겠다. 하지만 이것은 그 누구도 부정할 수 없는 사실이다.

지금의 이러한 대학 문화 우리는 그것이(→지금 우리는 대학 문화가) 잘못되어 가고 있음을 그 누구보다도 잘 알고 있다. 그러면 대학 문화의 나아가야 할 방향은? 먼저 다른 사람들이 아닌 우리 자신에 의해 우리들의 문화는 비판받아야 한다. 왜냐하면 자신은 자신만이 알 수 있기 때문이다. 문제점을 파악한 후 하나하나 고쳐나가야 할 것이다. 그 중에서 가장 중요한 것은 대학 문화 안에 열정을 심어주어야 한다. 지금 대학생들이 열정 없는 삶을 살기에 무질서하고 옳지 못한 곳에 열정을 쏟는 것이 그 열정이(→쏟는 열정이) 자신을 위한 예술가?학자의 길이든, 세상을 향한 열정이든 그것이 우리를 지배하게 만드는 모습을 만들어야 한다.

그 모습을 그렇다면 어떻게 만들어야 할까? 주체인 대학이 제일 노력해야 하고 먼저 변해야 하지만 사회(세상)가 변해야 한다. 세상을 변화시켜야 한다. 우리에게 사회의 이치만을 강요하는 그들을, 학벌을 중요시하는 사회 풍토를 변화시켜야 한다. 세상에 나가기도 전에 학벌이라는 족쇄로 좌절하지 않게 대기업이나 사람들의 인식에서 그것을 뽑아버려야 한다. 또한 죽은 학문이 아닌 사회를 변화시키고 세상을 변화시킬 수 있는 살아 있는 학문을 할 수 있게 경제적·정신적 지원을 해야 한다. 오직 학점만을 강요하는 학교풍토가 아닌 그들(대학인)이 가진 생각을 중시여기고, 고집스럽지만 사회와 타협하지 않는 열정을 인정해야 한다. 하나 하나의 작은 의식 변화가 지금의 대학 문화를 변화시킬 수 있다. 우리 대학이 변해야 세상이 변한다. 왜냐하면 대학은 청소년들에게는 꿈을 펼칠 수 있는 장소이고, 사회를 이끌어나갈 인재를 길러내는 곳이기 때문이다.

대학의 축제에 참여한 소감을 쓴 글이다. 이야기를 잘 이끌어 가는 힘 즉, 문장력이 있다. 그러나 이 글은 큰 결함을 가지고 있다. 이 글은 대학 축제에 참여 한 뒤, 축제에 참여하는 학생들의 태도가 잘못 된 것임을 개탄하고 그것을 글로 나타낸 것이다. 그렇다면 참여하는 학생들의 태도가 잘못임을 지적하고 그것을 고칠 방안을 제시하는 글을 쓰든지, 좀 더 확대해서 대학 축제를 비판하는 글을 쓰든지 했어야 한다. 그런데 대학 축제의 문제점을 대학 문화 전체의 문제점으로 확대하고 있다. 대학의 축제도 대학 문화의 하나이다. 그러나 대학 축제가 대학 전체 문화일 수는 없다. 대학 축제의 문제점을 보면서 대학 전체의 문제점으로 확대하여 이야기하려면, 대학 축제의 문제점과 유사한 대학 내의 다른 문제점의 예들도 더 끌어와 이야기해야 한다. 그렇지 않으면 일반화의 오류를 범하게 된다.

다음으로 이 글의 문제점은 글쓴이가 지적하고 있는 것처럼 대학 문화에 잘못이 있다 하더라도 그 잘못을 해결하는 방안을 너무 큰 데서 찾고 있다는 것이다. 대학 문화의 잘못이 사회 전체와 관계가 없지는 않다. 그러나 우선 대학 문화의 잘못에 대한 해결 방안은 대학 내에서 찾는 것이 순리이다. 대학 문화에 잘못된 점이 있다면, 일차적으로는 대학 구성원 자체로서 해결하는 방안을 모색해야 할 것이다. 이 글에서도 처음에는 대학 구성원 자체에서 해결할 것처럼 말하고 있다. 그러나 갑자기 해결 방안을 사회(세상)가 변해야 한다고 사회 쪽으로 화살을 돌리고 있다. 물론 대학 자체로서는 그 문제를 해결할 수 없다면, 해결 방안을 더 넓은 데서 찾도록 해야 할 것이다. 그런데도 불구하고 이 글에서는 대학 자체에서 해결할 수 있는 길은 별로 제시하지 않고, 대학 문화의 잘못이 오로지 사회(세상)에 문제가 있는 것으로 몰아가고 있다. 대개의 경우 문제가 가까이 있다면 그 문제를 해결해야 할 답도 가까이 있다.

## 10. 보고서 쓰기(과제물, 답사, 견학)

인문 · 사회 분야 강의에서는 그 강좌와 관련된 폭넓은 지식을 갖게 하기 위해서 대체로 학생들에게 책을 읽히기 위해서 과제를 부과한다. 특정한 책 몇 권을 정하여 그 책의 내용을 요약하면서 그 책을 읽고 알게 된 지식이나, 느낌을 써내도록 요구한다. 이런 과제에 대해서도 보고서를 쓰는 일반적인 형식을 갖추어 써야 한다. 서두에는 글을 읽는 목적을 밝히고, 본문 부분에서는 읽은 책의 내용을 요약하고, 마무리 부분에서는 그 책을 읽고 새로이 깨닫게 되었거나, 알게 되었거나, 느낀 점들을 쓰면 된다. 다음 보고서가 위에서 말한 바대로 쓴 것이다.

과 제

백범 김구 선생에 관한 다음 책 중 하나를 골라 읽은 다음, 아래 지시 사항에 따라 보고서를 써 내시오.

(1) 읽을 책

『백범일지』

『철학적 인간학 연구 Ⅱ』(진교훈 지음, 경문사)

(2) 지시 사항

1) 책을 읽게 된 동기, 목적을 쓴 다음, 책의 내용을 요약하고, 자신의 생각과 느낌을 덧

붙이는 것으로 마무리 지을 것

2) 표지에는 글의 제목과 자신의 인적 사항을 쓸 것

3) 글 첫머리에 다시 제목을 쓰고 글의 차례를 쓸 것

4) 그밖에 필요한 사항은 보고서의 일반적인 형식을 따를 것

**[보고서 1]**

〈표 지〉

<table><tr><td>
백범 김구의 독립 운동과 애국 정신<br><br><br>
과목명 : 인간의 이해<br>
담당 교수 : ○○○교수님<br>
학과 : ○○○○○ 과<br>
학번 : ○○○○-○○○○○<br>
이름 : ○○○
</td></tr></table>

## 백범 김구의 독립 운동과 애국 정신

차례

Ⅰ. 서론

Ⅱ. 김구의 가계와 어린 시절

Ⅲ. 청년 시절과 방랑의 길

Ⅳ. 중국에서의 독립운동

Ⅴ. 나의 소원

Ⅵ. 결론

## Ⅰ. 서론

우리는 '인간의 이해' 라는 강의를 통해서 인간다움의 본질, 인간다움의 의미를 생각하고 바르게 이해하는 것을 배우고 있다. 인간을 어떻게 이해하느냐에 따라 세계관, 인생관, 윤리 도덕 의식 등의 가치관 형성이 크게 좌우되기에 바른 인간의 이해는 매우 중요하다. 그런 의미에서 김구 선생의 『백범일지』를 읽고 생각해 보는 과제는 큰 의미가 있다고 본다. 『백범일지』에는 '김구' 라는 위대한 인물의 편지글이자 일기장으로서 인간과 세계에 대한 이해, 가치관, 솔직한 마음, 판단 등이 담겨져 있어 어떻게 인간을 이해하는 것이 바람직한 가에 대하여 많은 도움을 줄 수 있기 때문이다.

중·고등학교 때 『백범일지』의 발췌문은 읽어 보았어도 전문을 읽지 못해 항상 읽어봐야겠다는 마음은 많았는데 쉽게 손이 가지 않았었다. 그런데 이런 기회를 통해서 『백범일지』를 읽게 되어 속으로 무척 기뻤고, 정말 즐겁게 읽고 싶다는 간절한 마음으로 책을 대할 수 있었다. 그리고 책 속에서 '김구' 라는 인물을 대하면서, 범인인 듯하면서도 바르고 옳음을 추구하고자 하는 그 마음으로 편안함의 유혹을 뿌리치고 대대로 민족의 입에서 칭송을 받는 위대한 사람이 되었음에 감탄했다. 아쉬운 것은 이 책은 가치관 형성이 되어 가는 무렵인 중·고등학교 때 읽지 못하고 이제서야 이 책을 접했다는 사실이다. 하지만 대학교 1학년 때라도 이 책을 읽게 되었으니 다행한 일이라 생각된다.

『백범일지』는 상해에서 대한민국 임시 정부의 주석이 되어 언제 죽음이 닥칠지 모르는 상황에서 '신, 인' 두 아들에게 김구가 지난 일을 알리자는 동기에서 유서 대신에 쓴 '상권' 과 미국와 해외 동포를 위해 쓴 '하권', 그리고 김구가 우리 민족에게 하고 싶은 말을 적은 '나의 소원' 으로 이루어져 있다. 이를 '김구의 가계와 어린 시절' '청년 시절과 방랑의 길' '중국에서의 독립운동' '나의 소원' 으로 나누어 요약하고 결론짓고자 한다.

## Ⅱ. 김구의 가계와 어린 시절

〈내용은 생략함〉

## Ⅲ. 청년 시절과 방랑의 길

〈내용은 생략함〉

## Ⅳ. 중국에서의 독립운동

김구는 중경 대한민국 임시 청사에서 『백범일지 상』을 쓴 때로부터 14년이 지난 후에 67세의 나이로『백범일지 하』의 집필에 들어간다. 그는 『백범일지 하』를 해외에 있는 동지들이 자신의 50년 분투 과정에서 생긴 허다한 과오를 거울삼아 전철를 밟지 말기를 바라는 노파심에서 저술한다고 밝히고 있다. 하권을 쓸 당시는 상권을 쓸 당시보다 국내외의 정세가 호전되어 있어 임시정부의 수입도 좋아져 갔다. 이런 사정에서 다시 한 번 민족의 단합을 강조하고자 했다. 기미년 3월 백범은 김보연 군을 앞세우고 이동녕 선생을 찾아간다. 이것은 임시 정부와 임시 정부의 의정원을 조직하기 위한 의논을 하기 위한 것이었다. 그 결과 임시 정부 수립을 선포하고 국무 총리에 이승만 박사, 그 밑에 내무, 외무, 재무, 법누, 교통 등의 부서를 두었다. 김구는 경무국을 담당케 되었고 왜의 활동을 탐지하고 방어하는 임무를 담당하게 된다. 한 마디로 이야기하자면 암살이나 테러에 관한 것을 맡게 된 것이다.

상해에서는 김구를 암살하려는 사람이 많아 그는 20여명의 경호원과 같이 다녀야 하기도 하였다. 상해에 임시 정부가 생긴 이후로 일어난 큰 사건들이 몇 가지 있었으니 다음과 같다. 기미년, 대한민국 원년에는 민족의 정신이 일치하여 독립운동이 전진되었으나, 그 내부에는 사상의 분열 대립이 있었다. 그 중 대표되는 것이 국무총리 이동휘와 대통령 이승만의 대립이었다. 이동휘는 공산 혁명을 부르짖었고, 이승만은 민주주의를 주장하여 국무회의에서 의견이 일치되지 못하는 등의 기괴한 현상이 자꾸 일어났던 것이다. 특히 이동휘는 임시정부가 주도하는 자금을 러시아로부터 빼돌려 개인적인 이익을 취하는데 쓰는 등의 옳지 못한 일을 계속 저질렀고 끝내는 임시정부로부터 축출당한다. 여기에 맞물려 공산당을 주장하는 몇몇에서는 또 다른 여러 파로 나뉘게 되어 좀처럼 단결이 되지 못한다. 이런 때에 생긴 것이 한국 독립단이다. 이것은 순수 민족주의자의 단체로 생겨나 공산주의자들은 더 이상 발을 디디지 못하고 남북 만주로 달아나게 된다.

시간이 지나자 임시 정부는 돈도 없고 사람도 없는 무정부 상태에 빠지게 되었다. 그래서 김구는 새로운 것을 찾고자 했고 그래서 그는 대외적인 활동을 펼쳐 나간다. 특히 미주와 하와이에 있는 동포를 자극해 애국심을 불태운 것이다. 이렇게 어느 정도 자금이 확보되어가고 있는 시점에 이봉창이라는 사람이 김구를 찾아온다. 그는 31년을 살면서 인생의 쾌락을 어느 정도 느껴 보았고 앞으로는 영원한 쾌락을 위해서 독립 사업에 몸 바치고 싶다고 했다. 이에 김구는 그의 활동을 인정하고 1년 뒤 일본 황제에게 폭탄을 던지는 일을 위임한다. 그러나 안타깝게도 일본 황제를 죽이지도 못하고 이봉창은 자살하게 된다.

그 얼마 뒤 윤봉길이 김구를 찾아가 이봉창처럼 큰일을 하기 원한다고 말한다. 이 말에 김구는 허락하고 여러 가지 훈련을 윤봉길에게 시킨다. 그 후 윤봉길은 홍구공원에서 일인을 대대적으로 죽이게 된다. 윤봉길의 도시락 폭탄 사건으로 임시 정부의 주요 몇몇 인사가 신변의 위협을 느끼게 되어 김구를 포함한 김철, 안중근, 엄항섭 이렇게 네 명이서 미국인 피치의 집에서 은둔 생활을 하게 된다. 하지만 일본이 무구한 한인을 계속 잡아들이자 김구는 이봉창, 윤봉길의 테러 사건은 자기가 주도했다고 전 세계에 알렸다. 이 발표 이후 김구의 목숨은 더욱 위태로워져 급기야는 피치의 집을 떠나 거처를 가흥으로 옮기고 이름까지도 진이라 바꿔 생활한다.

하지만 왜의 수색이 하도 심하여 가흥에서 배를 저어주던 주애보를 데려다가 동거하였는데, 이 때 장개석 장군을 만나 뜻을 같이 하게 되었다. 김구는 자신에게 자금을 대어주면 일본과 대접전을 벌리겠다고 장군에게 말한다. 그러자 장개석은 그리하는 것보다는 장래의 독립을 위해 무관을 양성하는 게 어떻겠냐고 제시하자 김구는 동의하게 된다. 이리하여 하남성 낙양의 군관 학교를 무관 양성소로 쓰게 되었다. 하지만 얼마 안 되어 이 학교에도 일본의 간섭과 감시가 심해졌고 폐쇄되고 만다. 김구는 임시 정부를 유지하기 위해서는 그 배경이 될만한 단체가 필요함을 느껴 대한 국민당을 조직하게 된다. 이 당을 조직한 후 곧바로 남경에 오지만 이 또한 신변의 위험을 느껴 중국인 여사공 주애보와 가짜 동지를 시작한다. 5년 후 김구는 중국으로 오신 어머니와 9년만에 상봉하게 되었다. 어머니께서 남경에 오신지 1년이 못되어 임시 정부의 식구는 장사도 지주를 옮긴다. 여기서 3당 합동 문제가 활발히 진전되어 큰 회의도 열리게 된다. 이 회의에 참석하려 갔다가 김구는 이운한이란 사람에게서 저격을 당하여 중상을 입게 된다. 이 당시 한국에 있던 장개석은 여러모로 김구를 보살펴 준다. 그로부터 얼마 후에 김구의 어머니께서 인후병으로 운명하신다.

한편 임시정부는 한국 국군의 기초가 될 광복군 조직을 계획하여 성립시킨다. 광복군 창설 후 몇 달 동안 유명무실했으나 일본 군대에 있던 한국인 50명이 기습해 태극기를 붙이고 애국가를 부르며 임시 정부로 들어오는 사건으로 인해 중국인들에게 큰 감명을 주게 된다. 이것을 인연으로 광복군이 연합국의 주목을 끌게 되어 미국으로부터 비밀 군사 훈련을 받게 된다. 폭파술, 사격술 등을 한국인 군인들이 잘 한다고 미국인에게 칭찬까지 들으며 열심히 훈련을 하고 또 대대적인 공작활동을 펼치려는 순간 일본이 항복한다. 이것은 김구에게 있어 기쁜 소식이라기보다는 오히려 하늘이 무너져 내리는 듯한 일이었다. 천신만고도 수년간 애를 써서 참전 준비를 한 것도 다 허사가 되기 때문이었다.

이런 침체된 분위기 가운데 김구와 지사들은 광복군을 그리고 임시정부를 해산해야 했다. 그리고 미국측으로부터 서울에는 미국 군정부가 있으니 임시 정부로는 입국을 허가할 수 없다 하여 개인의 자격으로 7년간의 중경 생활을 마치고 고국으로 돌아가게 되었다. 고국에 도착하자 윤의사의 아들과 이의사의 조카딸, 재종형제들과의 만남을 가진다. 그리고 윤의사의 본댁을 찾아가 그의 유골을 전달하고 광주에서 나주로 가는 도중에 동포들의 환영을 받는다. 김수로 왕릉을 참배한 후 개성 연안 등을 순회하는 길에 어머니 묘비 앞에서 49년 전 일을 생각하며 어머니를 그리워한다.

## Ⅴ. 나의 소원

〈내용 생략〉

## Ⅵ. 결론

본래 감탄을 잘하는 나이지만 정말 『백범일지』를 읽어나가면서 감탄을 금할 수가 없었다. 어려움이 닥쳤을 때 해결해 나가는 용기와 의지, 일본군에게 고문을 당하면서도 호통을 치는 모습, 이런 것들이 나로 하여금 감탄을 자아내게 하였다. 김구의 『백범일지』가 한 개인의 자서전임에도 불구하고 베스트셀러가 된 것은, 자신의 성장 과정에서나 어려운 일에 부딪혔을 때 겪은 일들이 조금도 꾸밈없이 드러나 있어, 위대한 인물의 생각과 삶의 자취를 보다 거리감 없이 접근할 수 있기 때문일 것이라는 생각이 들었다.

'신, 인' 두 아들에게 남기는 유서로 쓴 상권과 김구가 살 날이 많지 않기에 미국과 하와이의 동포들을 염두해 두고 민족 독립 운동에 대한 김구의 경륜과 소회를 고하고자 쓴 유서인 하권, 그리고 김구가 우리 민족에게 하고 싶은 말, 무릇 한 나라가 서서 한 민족이 국민생활을 하려면 반드시 기초가 되는 민족 철학의 대강적은 나의 소원으로 백범일지는 이루어져 있다. 두 아들이 아직 어리기에 자식을 염려하는 마음에서 쓴 상권을 보면서, 커서 인과 신 두 아들이 아버지가 쓴 글을 보게 되었을 때, 아버지가 얼마나 자랑스러웠을까 하는 생각이 들었다. 절절히 나라를 사랑하고 의를 추구하고자 했던 아버지의 마음과 행적들이 드러나 있는 『백범일지』에서 나는 두 아들에 대한 사랑 뿐 아니라, 민족 전체에 대한 사랑을 느낄 수 있었다. 특히 내가 감동적이게 본 대목은 안명근의 살인 사건에 연루되어 심문을 받으면서 김구가 생각한 것이었다. 그는 자신을 모질게 고문하는 일본군을 오히려 자신에 대한 질책으로 삼았다. 일본군들은 제 나라 일에 이렇게나 잠도 안자고 충성하는데, 자신은 나라를 찾으려는 일을 함에도 몇 번이고 밤을 세웠던고 하며 스스로 부끄러워 눈물이 났다고 했다. 나는 이 대목에서 그런 혹독한 고문 가운데 어떻게 그런 생각을 할 수 있을까 하는 의문과 존경심이 일었다. 이런 김구에게는 항상 의연하고 강한 모습을 잃지 않았던 어머니께서 큰 힘이 되어 주셨다. 자식의 고난을 보며 그 마음이 찢어졌을 법한 데도, '네가 재상을 한 것보다 기쁘다.' 며 옥에 갇힌 아들을 격려하시는 그 모습이 또한 감탄스러웠다.

김구는 모든 사람이 평등하며 존귀한 존재로 보았으며 우리나라의 독립을 단순히 내 나라를 찾겠다는 데서가 아닌 세계 평화에 이바지함으로 여겼고, 온 몸을 그 '의'를 위해 바친 사람이었다. 김구도 섭섭해하기도 허튼 생각을 하기도 하는 사람이지만, 옳음을 무던히 추구해 간 그 한 가지만으로도 존경받을 인물이란 생각이 든다.

나는 『백범일지』를 읽으며 나에 대한 깊은 반성을 해 보았다. 나만을 위해 살아온 부끄러운 모습들이 죄송스러워졌고, 이 책을 통해 사람이 살아가는 동안에 힘든 일도 많이 겪겠지만, 그 순간순간 최선을 다해 옳다고 믿는 바를 행하는 것이 얼마나 필요하고 중요한가를 깨달을 수 있었다.

위 보고서는 일종의 독후감이다. 부과된 과제인 책을 읽고서, 그 내용을 요약하고 자신의 생각이나 느낌을 덧붙이는 일을 충실히 행하였다. 대체로 잘 된 보고서이다. 아쉬운 섬은 글의 내용을 요약하는 것을 좀 더 잘해야겠다는 점이다. 중요한 일과 사소한 일을 구분하여, 주로 중요한 줄거리를 중심으로 글을 요약해야 한다는 점을 명심해야겠다. 그리고 결론 부분도 좀 더 충실히 써야 하겠다.

자연 과학 분야의 보고서는 대체로 실험을 한 뒤, 실험에 대한 보고를 하는 글이다. 그러므로 이런 글들은 실험 보고서를 작성하는 형식에 맞추어 쓰면 된다. 다음 보고서가 전형적인 실험 보고서이다.

### 과제 2

물체의 밀도를 측정하고서 실험한 내용을 실험 보고서의 일반적인 형식에 따라 써 낼 것. 실험 보고서의 일반적인 형식은 다음과 같다.

1. 실험 명칭
2. 실험 일자, 실험 환경(온도, 습도, 기압)
3. 실험한 사람
4. 실험의 목적
5. 실험의 이론(원리)
6. 실험 기구 및 시약
7. 실험 방법

8. 측정값
9. 계산 및 결과 자료의 처리 과정(오차 처리과정 및 그래프 등)
10. 실험을 통해 얻어진 결론
11. 실험에 대한 검토

[보고서 2]

## 밀도 측정 실험 보고서

1. 제목 : 밀도 측정

2. 실험자 : 제6조 (○○○, ○○○, ○○○, ○○○, ○○○)

3. 목적 : 물질의 물리적 성질인 밀도를 측정하여 시료의 밀도와 물질 확인에 대한 정보를 얻는 데 있다.

4. 원리 및 이론

밀도는 물질의 기본적인 특성 중의 하나로써(→로서) 단위 부피당 질량(g/㎖)으로 표시된다. 따라서 밀도를 측정하려면 일정한 온도와 압력에서 물질의 무게와 부피를 정확히 측정해야 한다. 일정량의 물질의 무게는 온도나 압력의 변화에 거의 변하지 않으나 부피는 변한다. 그러므로 밀도를 표시할 때는 반드시 온도를 표기해(→온도도 함께 표시해) 주어야 한다.

5. 실험방법

(1) 100㎖ 눈금 실린더의 보정

400㎖의 깨끗한 비이커(→비커)에 증류수 300㎖를 취하고(→붓고) 온도계를 꽂는다. 깨끗하고 마른 100㎖ 눈금실린더의 무게를 정확히 재고 그 무게를 기록하여라.(→기록한다.) 이 조작을 3번 반복하고 비커에 있는 증류수의 온도를 기

록한 다음 눈금 실린더의 100㎖ 눈금까지 증류수를 채우고 부피를 정확히 읽어라.(→읽는다.)

다음에 눈금 실린더와 증류수의 무게를 함께 정확히 측정한다. 그리고 눈금실린더로부터 약간의 증류수를 버리고, 다시 비커에 증류수를 가하여 100㎖눈금 위치까지 채우고 증류수의 부피를 정확히 읽는다. 다음에 눈금 실린더와 증류수의 무게를 함께 측정한다. 이와 같은 조작을 3번 반복하여 평균값을 구한다.

(2) 계산 방법

위의 실험에서 물의 무게를 구한다. 물의 부피를 물의 무세로 나누어 물 1g에 대한 겉보기 부피틀 구하고 이 겉보기 부피(apparent volume)의 평균값을 구한다. 측정한 물의 부피와 참부피의 차이는 실험에 쓰인 눈금 실린더가 얼마나 정확한가에 달려 있다. 이것을 알아보기 위해서 「표 3-1」에 있는 온도에 따른 물의 밀도를 사용한다.

| 온도(℃) | 밀도(g/㎖) | 온도(℃) | 밀도(g/㎖) | 온도(℃) | 밀도(g/㎖) |
|---|---|---|---|---|---|
| 0 | 0.9998 | 16 | 0.9990 | 228 | 0.9965 |
| 2 | 0.9998 | 17 | 0.9988 | 29 | 0.9963 |
| 4 | 1.0000 | 18 | 0.9986 | 30 | 0.9960 |
| 6 | 0.9999 | 19 | 0.9984 | 31 | 0.9957 |
| 8 | 0.9998 | 20 | 0.9982 | 32 | 0.9954 |
| 10 | 0.9997 | 21 | 0.9980 | 33 | 0.9951 |
| 11 | 0.9996 | 22 | 0.9978 | 34 | 0.9947 |
| 12 | 0.9995 | 23 | 0.9976 | 35 | 0.9944 |
| 13 | 0.9994 | 24 | 0.9973 | | 0.99417 |
| 14 | 0.9993 | 25 | 0.9971 | | |
| 15 | 0.9991 | 26 | 0.9968 | | |

물 1g을 어떤 온도의 밀도로 나누면 그 온도에서의 물의 참 부피를 알 수 있다. 예를 들면 20℃에서는

$$\frac{1.000\text{g}}{0.9982/\text{ml}} = 1.002\text{ml}$$

만약 눈금 실린더로 측정한 겉보기 부피가 참부피와 다른 경우에는 보정계수(calibration factor)를 사용하여 보정할 수 있다.

$$\text{보정계수} = \frac{\text{참피부}}{\text{겉보기피부}}$$

눈금 실린더로 측정한 부피에 이 보정계수를 곱하면 보다 정확한 부피를 얻을 수 있다.

(3) 액체의 밀도 측정

100㎖ 눈금 실린더를 깨끗이 씻어 말린 후 이 실린더의 무게를 mg까지 정확하게 단다. 그리고 이 실린더에 약 50㎖의 액체 시료 (휘발성이 크지 않은 Ccl4 등이 좋다.)를 넣고 부피를 정확하게 측정한 다음 눈금 실린더와 액체시료의 무게를 함께 단다. 그 다음에 액체 시료 수 ㎖를 버리고 새로운 부피를 측정한 다음 다시 무게를 단다. 이와 같은 조작을 3번 반복 실시한다.

(4) 고체의 밀도 측정

밀도를 측정하려는 고체 시료는 물에 불용성이고 불과는 반응하지 않는 것이어야 한다. 이 고체 시료의 무게를 정확히 측정한다. 따로 약 100㎖의 물을 비커에 넣고 물의 온도를 측정한 다음 이 비커의 물을 100㎖ 눈금 실린더에 약 반쯤 채워서 부피를 정확히 측정한다. 그리고 측정하려는 고체 시료를 조심스럽게 이 실린더에 넣고 부피를 다시 측정한다. 이 때 부피의 차이가 고체 시료에 의해서 증가된 물의 부피로서 고체 시료의 실제 부피가 된다. 위의 조작을 3번 되풀이하여 평균값을 구한다.

〈유의 사항〉

· 액체 시료 중 독성이 있는 물질은 사용에 주의를 하여야 한다.
· 고체의 밀도를 측정할 때에는 밀도를 알고자 하는 고체가 액체와 반응하거나 녹지 않아야 한다.
· 액체의 밀도가 고체의 밀도보다 작아서 고체가 액체에 가라앉는 것이어야 한다.

6. 결과 및 고찰

[실험 1] 액체의 밀도 측정

용량플라스크 + 뚜껑의 무게 41.90g

| | |
|---|---|
| 물을 채운 용량플라스크(+뚜껑)무게 | 102.23g |
| 물의 무게 | 60.33g |
| 물의 온도 | 19℃ |
| 물의 부피 | 60.42㎖ |

풀이) 물의 온도 19℃ 일때의 물의 밀도 = 0.99843g/㎖

$$\therefore \text{밀도} = \frac{\text{질량}}{\text{부피}} \qquad \therefore \text{부피} = \frac{\text{질량}}{\text{밀도}}$$

$$\text{식} : \frac{60.33}{0.99843} \fallingdotseq 60.42\text{㎖}$$

| | |
|---|---|
| 아세톤을 채운 용량플라스크(+뚜껑)의 무게 | 89.61g |
| 아세톤의 무게 | 47.71g |
| 아세톤의 밀도 | 0.7896g/㎖ |

풀이) $\text{밀도} = \frac{\text{질량}}{\text{부피}}$

아세톤의 부피 = 물의 부피 (∵ 같은 용량플라스크를 사용)

∴물의 부피 60.42㎖

아세톤의 질량 47.71g

$$\text{식} : \frac{47.71\text{g}}{60.42\text{㎖}} \fallingdotseq 0.7896$$

[실험 2] 고체의 밀도 측정

| | |
|---|---|
| 동전의 무게 | 37.91g |
| 동전의 부피 | 4㎖ |
| 동전의 밀도 | 9.477g/㎖ |

풀이) $\text{밀도} = \frac{\text{질량}}{\text{부피}}$

$$\text{식} : \frac{37.91\text{g}}{4\text{㎖}} \fallingdotseq 9.477\text{g/㎖}$$

7. 문제

◎ 눈금 실린더를 물로 씻지 않고 시료 용액을 씻어야 하는 이유는 무엇인가?

풀이) 물로 씻을 경우 눈금실린더 안벽에 묻은 물에 의해 용액의 질량이 정확히 측정되지 않아 밀도 측정에서 오차가 발생할 수 있기 때문이다.

위 보고서는 화학 실험한 후 제출한 실험 보고서이다. 실험 보고서로서 잘 된 글이다. 다만 실험 보고서의 전형적인 요건을 더 충실히 잘 갖추고 있지 못함(실험 일자, 기구 및 시약 등이 없음)이 아쉽다.

[보고서 3]

다음은 〈문학의 이해〉 강의를 들은 학생이 쓴 보고서이다. 상당히 긴 보고서이다. 글을 자세히 읽으며 검토해 보기로 하자.

우리나라 작가가 쓴 단편 소설 한 편을 골라 그 작품을 분석하되, 보고서의 일반적인 요건을 갖추어 쓰시오.

## 오상원의 작품세계와 「유예(猶豫)」

(학생 글)

1. 작가-오상원(吳尙源, 1930-1985)

오상원은 1950년대 대표적 소설가로서 평북 선천에서 출생했다. 그가 문학을 시작한 것은 월남하여 용산 중학을 졸업하고 서울대 불문과 재학 중에 이일, 정창범, 홍사중, 박이문, 김호 등과 함께 문학동인 '구도(構圖)'에 참가하면서부터이다. 1953년 대학을 졸업하고, 1953년 극협 공모 장막극에 희곡 「녹스는 파편」이 당선되기도 하였으나, 그가 정식으로 등단한 것은 1955년 그의 나이 25세가 되는 해에 〈한국일보〉 신춘문예에 단편 「유예」가 당선되면서이다. 1958년 단편 「모반」으로 〈사상계〉 제정 제 3회 동인문학상 수상하고 1974년 〈동아일보〉 논설 위원을 역임했다. 대표작으로는 중편 「백지의 기록」(1957), 「황선지대」(1960) 등이 있다.

오상원은 이른바 전후 문학파에 속하는 작가다. 그의 주요 관심사는 전쟁에 휘말려 무의미하게 희생되는 인간의 생명, 그로 인하여 파괴되는 개인적 삶 등에 관해서이며, 작품 경향은 휴머니즘을 바탕으로 하고 있다. 그는 전후 세대가 놓여 있던 회색의 분위기와 그러한 분위기 속에 팽배했던 허무 의식을 그려내는 데도 관심이 있었지만, 거기에서 그치지 않고 그러한 분위기를 극복하고 인간 생명과 삶을 옹호하는 자세를 보여 준다. 특히, 「모반」과 같은 작품에서는 역사의 커다란 물줄기 때문에 개인이 희생되어도 좋다는 혼란기의 오도된 가치관에 정면으로 맞서 개인의 가치를 강조하는 작가 정신을 보인다. 작가는 전쟁을 치르고 난 뒤의 인간의 존재 가치, 생명의 본질, 삶의 모습 등에 관심을 두고 작품을 썼는데, 「유예」도 이러한 문학 정신의 연장선상에 놓여 있는 작품이다.

오상원은 전쟁, 전후의 사회와 삶의 모습, 정치적 상황, 이념의 문제 등에 관심을 집중시켰던 것인 만큼, 도대체 인간이란 무엇이며 산다는 것은 어떤 의미를 담고 있는가 하는 근본적인 질문을 끊임없이 되새겼을 것이다. 전쟁은 인간 파괴이며 정치적 상황은 나약한 개인의 방황하게 만들거나 파괴시켜버리는 것이라는 50년대 한국인들의 경험법칙을 외면해버릴 수 없는 한, 오상원과 같은 전후 작가가 구체적으로 어떤 접근방법과 표현방식을 취했든 인간의 본질, 삶의 본질과 방법 등을 향해 막 바로 직통한 것은 자연스럽고도 당연한 것이다. 오상원은 그의 여러 소설들 속에서 여러 인물들의 입을 빌려 인간 혹은 삶에 대한 간명한 정의들을 들려주고 있다. 그는 데뷔작 「유예」에서부터 끊임없이 인간이니 삶이니 역사니 하는 문제에 대해 아포리즘을 지향하는 간명한 정의를 서슴지 않고 꾀하고 있는 것이다.

## 2. 작품이 쓰여진 시대적 배경

우리의 현대사에 있어서 50년대는 벽두부터 동족상잔의 전쟁 소용돌이에 휘말려 인간의 절망과 공포를 실감하였다. 전쟁의 체험은 우리의 전쟁문학과 전후문학에 광범하게 영향을 끼쳤으며, 50년대 및 그 이후의 우리 소설에 문학적 상상력의 한 원천으로 작용하였다. 또한 6.25는 분단의 고착화, 물질적. 정신적 황폐화, 이데올로기의 경직화, 정치. 경제의 파탄을 동반했다. 따라서 전후 작가들은 이전과는 다른 현실 대응방식을 탐구해야만 했으며, 이러한 현실 대응 방식 속에 50년대 소설의 특수성이 존재한다.[1)]

문인들은 이제까지 믿고 구현해 왔던 자신의 신념에 회의를 품게 되었으며, 그 결과 서구에서 들어온 실존주의 및 모더니즘에 탐닉하기도 하였다. 그러나 자칫 방향 상실로 보이기 쉬운 이 시기에도 문인들은 현대 문학의 발전의 길목이 될 수 있는 작품들을 양산(量産)하였다. 전쟁으로 인한 인간 상실과 역사를 체험함으로써 이 시대의 문인들은 이를 회복하기 위한 인간주의 문학과, 전후의 폐허화된 현실을 고발하는 문학 등에 주력했다. 그것은 전쟁 체험의 사실적 재구(再構)와 문명 비판적 시각을 동반하게 하였는데, 이러한 주제는 실존주의와 모더니즘이라는 두 가지 정신적 좌표 안에서 설정되었다. 50년대 지적 분위기는 서구 문예사조인 실존주의의 수용에서 찾을 수 있다. 당시 지식인들의 실존주의에 대한 경도는 초토화된 전후의 암울한 전율 속에서 인간 존재의 실상을 그 궁극에까지 파고 들어가 정면으로 천착해 보려 한 지난한 몸부림으로 느껴지며 절망적 상황에서 인간의 실존을 재인식함으로써 현실을 타개할 새 지평을 탐색한 것으로 보인다.[2)]

전쟁 체험은 인간이 죽음 앞에 선 단독자일 뿐이라는 자각을 불러일으킴으로서, 인간이 공유하는 보편적 합리성에 근거해 자연과 세계에 공동으로 대응하는 동반자로서의 인간상이 사실은 헛된 희망에 불과하다는 의식을 가져오게 한다. 인간의 합리적 노력만으로 세계자체의 근본질서는 불변한다는 자각, 조리나 합리에 대한 열망이 무위로 끝나버리는 세계의 부조리성, 그리고 그 앞에서 결국은 누구와도 공유할 수 없는 죽음과 함께 무로 끝나버리는 개체들. 이런 의식들은 바로 20세기의 전쟁이 20세기의 인간에게 깨우쳐 준 근본적 실존의식이다.[3)]

---

1) 하정일, 「1950년대 단편소설 연구」. 연세대학교 대학원 석사논문, 1986.

2) 박신헌, 『한국전쟁 전후기 소설연구』, 형설출판사, 1993.

3) 김양호 「전후 실존주의소설 연구」, 단국대 대학원, 박사논문, 1992.

6.25 이전의 실존주의에 대한 경도는 제 3의 입장이라는 편이한 입지에서 세계문학에 대한관심이었으나, 전쟁체험 이후 실존주의는 한국문학에 매우 중요한 주제정신으로 여겨졌다.[4] 그렇다면 전후문학(戰後文學)이란 무엇을 말하는 것일까. 전후문학이란 6.25 전란 자체를 제재로 하거나, 전후의 현실, 가치관의 변동, 또는 새로운 인간상의 형상화를 보여 주는 작품들을 일컫는다.

50년대는 우리 민족 모두에게 물리적, 정신적으로 엄청난 상처를 주었던 시대이다. 문학에 국한해서 볼 때도 50년대는 단순히 60년대에 앞선 시대로서만 의미가 있는 것이 아니라, 전후문학이 분단문학이라는 형태로 이어져 시금의 문학적 상황에까지 영향을 미치는 연속적인 의미에서 매우 중요한 의미를 지닌다. 50년대 문학은 전쟁체험과 그 상처 위에서 태동하여 성장했다.

오상원의 초기 소설은 대개가 전쟁의 상황이거나 그 비슷한 상황을 배경으로 하고 있다. 전쟁이라는 극한 상황을 배경으로 인간성의 회복과 실존적 인간의 모습을 탐구하던 그는 50년대 후반으로 오면서 점차로 전후의 현실에 눈을 돌리게 된다. 전쟁의 참상은 물질적 파괴와 정신적 손상이라는 씻을 수 없는 흠집으로 남고, 이전의 삶이 지녔던 가치로서의 규범과 체계를 와해시켜 세계와 인간을 함께 일그러뜨린다. 경제와 물질의 곤궁은 급격한 생활고로 이어지고, 인간 정신의 황폐함은 좌절, 패배감, 현실도피, 심지어 정신분열 등의 정신적 피해로 나타나기도 한다. 온갖 사회악이 판을 치는 전후의 현실에서 정상적인 삶을 이루어 나간다는 것은 지극히 어려운 일이었다. 그러나, 전쟁이 휩쓸고 지나간 자리에서 살아남은 자들은 어떻게든 살게 마련이다. 전후의 폐허더미 위에서 가까스로 삶을 연명하는 그들의 궁핍한 삶에 관심을 갖는 것은 전쟁을 체험하고 동시대를 살았던 오상원의 작가적 양심인 것이다.[5]

4) 이은자, 「실존주의의 문학의 일고찰」, 원우논총, 숙명여자대학교, 1992.

5) 박기려, 「오상원 소설에 나타난 주제의식 연구」, 한국교원대학교 대학원 석사논문, 1997.

3. 작품 분석

전쟁을 다루는 소설이 흔히 설정하는 상황은 존재의 본질과 부닥뜨리게 되는 극한 상황이다. 죽음을 직면한 상태에서 존재를 되돌아보는 일만큼 본질적인 상황은 없다는 점에서 극한 상황은 이미 그 안에 보편적인 주제를 내포하고 있다. 이 소설은 의식의 흐름 기법을 통해 그 상황에서의 인간의 존재 문제를 예리하게 포착, 제시하고 있다. 전쟁이라는 허구적인 사건은 인간을 무의미한 사물로 전락시키는 가장 비인간적인 현상임을 깊이 있게 보여 준다는 점에서 전후 소설의 대표적 작품으로 평가할 만하다. 이 작품은 육이오 전장(戰場)을 배경으로 하여 인민군에게 포로로 잡힌 한 군인의 비극적 죽음을 다룸으로써 인간 생명의 존귀함과 전쟁의 비극성을 형상화하였다. 의식의 흐름 기법과 내면 독백의 수법을 통해 갈등하고 회의하며 다짐하는 인간의 심리가 밀도 높게 완성된 작품이다. 마지막의 죽음 장면은 그 비극성의 가장 첨예한 예증이라고 할 수 있다.

이 작품은 철저하게 1인칭 독백 형식을 취하고 있다. 1인칭 독백 형식은 주로 과거 회상이 주조를 이루나, 이 작품은 과거와 현재가 교차되면서 주로 현재의 상황을 진술하고 있다. 즉, 전쟁의 극한 상황 속에서 한 인물이 경험하는, 인민군에게 잡혀 죽음을 눈앞에 둔 '나'의 내면적 심리의 갈등이 '의식의 흐름'의 형식을 통해 제시되고 있다. 다시 말하자면 이 작품은 '죽음의 무미함과 전쟁의 비극성'을 드러내 준다. 전쟁의 극한 상황 속에서 한 인물이 겪는 경험과 그 속에 명멸하는 생각들을 서술해 가는 의식의 흐름 형식을 취하고 있다. 이 같은 현재형의 진술은 작품의 템포를 아주 박진감 있게 전개시킨다. 또한, 이 작품은 서술로 일관되는 특징을 지닌다. 화자의 주변 인물의 대화도 화자의 의식 속에서 재편성되어 간접 화법으로 진행되고, 묘사도 객관적이기보다는 화자가 바라본 주관의 세계로 그의 의식 속에서 재구성되고 있다.

이 작품에서 '나'는 전쟁의 의미를 막연하게나마 이해하고 전쟁의 참혹함에 대한 절망으로 인하여 전쟁 속에서 삶에 대하여 회의를 느끼는 인물이다. 이는 전후 세대의 공통된 인식이며 심리적 갈등이다. 이런 양상은 장용학의 「요한시집」, 이범선의 「오발탄」, 선우휘의 「불꽃」 등에서도 나타난다.

이 작품은 1950년대 전후 문학 중에서도 시기적으로 단연 선구적인 작품으로서,

전쟁이라는 극한 상황을 배경으로 하고 있는 작품 중 이색적으로 전쟁 이야기 그 자체에 치중하기보다는 전쟁 속에서의 인간의 의식을 추구하고 있다는 특징을 갖는다. 따라서 당대 국내에 집중적으로 유행했던 실존주의적 휴머니즘 사상에 깊이 침윤되어 있는 흔적이 매우 강한 작품이라고 할 수 있다. 또한 이 작품은 주변 환경에 대한 객관적 묘사나 서사 전개는 거의 보이지 않는다. 소설 속에 묘사된 자연 환경은 그 자체로서의 의미보다는 주인공이 처한 비극적 상황을 더욱 선명하게 하고 증폭시키는 상징적 기제 역할을 하고 있다.

(1)실존적 자아의 탐색

우리나라에서 실존주의의 수용은 실존주의적 지식들을 통해 당시의 역사적 현실을 객관적이고 합리적으로 파악하고 설명해내려는 측면보다는, 전쟁으로 인해 전반적인 생활의 질서가 파괴된 상황에서 어떻게 자신의 삶을 유지해 가느냐하는 문제의 해결에 중점을 두는 측면에서 이루어졌다. 전쟁의 폐허 속에서 존엄하다고 생각해 왔던 인간의 생명이 의미 없이 사라지는 것을 체험한 사람들은 그 대답을 기존세상에서 찾기를 포기하고 인간 내면의 문제로 귀착시켰다. 오상원은 처녀작 「유예」를 통하여 무엇보다도 먼저 그의 실존의식을 문학적 주제로 드러내었다.[6]

① 극한 상황과 실존의식

오상원이 가장 먼저 관심을 기울인 것은 극한 상황에 처한 인간의 기본적인 존재 의의를 실존적으로 탐색하는 것이다. 여기에서 극한 상황이란 원래 야스퍼스가 사용한 용어로 '궁극적으로 마주치는 하나의 벽', 다시 말해 존재의 자각으로서만 느낄 수 있는 극한의식에 관련되는 것이다. 이러한 극한 상황은 사실적인 의미를 가짐에 그치지 않고, 상징적이요 암시적인 의미를 내포하고 있어 주제를 형상화시키기도 한다.[7]

---

6) 박기려, 위의 논문.

7) 성기조, 『문학이란 무엇인가』, 동백문화, 1992.

「유예」의 소대장은 대학 재학 중 군에 소집된 지식 청년으로, 낙오되어 대원들은 모두 죽고 혼자 산 속을 헤매다가 작은 마을을 발견한다. 그곳에서 인민군들에 의해 총살당하는 청년 병사의 죽음에 임하는 태연한 모습을 보고, 그만 인민군 사수를 향해 사격을 가한다. 그 때문에 자신이 인민군에게 잡혀, '포로'에서 '죽음'으로 이어지는 극한상황을 경험하게 된다. 그는 땅속 감옥에서 한시간 후로 예정되어 있는 자신의 죽음을 다음과 같이 상상한다.

"한시간 후면 나는 그들에게 끌려 예정대로의 둑길을 걸어가고 있을 것이다. 몇마디 주고받은 다음, 대장은 말할 테지. 좋소. 뒤로 돌아보지 말고 똑바로 걸어가시오. 발자국마다 사박사박 눈 부서지는 소리가 날 것이다. 아니, 어쩌면 놈들은 내 옷에 탐이 나서 홀랑 빨가벗겨서 걷게 할지도 모른다. 나는 빨가벗은 채 추위에 살이 빨가니 얼어서 흰 둑길을 걸어간다. 수발의 총성, 나는 그대로 털썩 눈 위에 쓰러진다. 이윽고 붉은 피가 하이얀 손을 호젓이 물들여 간다. 그 순간 모든 것은 끝나는 것이다."

이처럼 그는 곧 닥쳐올 죽음에 직면한 극한 상황에 처해 있다. 소대장은 죽는 순간까지 인민군으로부터 계속 전향을 종용받는다. 그가 마음만 바꾼다면 살수도 있다. 그러나 그는 끝까지 전향을 하지 않는데, 사실 그에게 '전향'이라는 말은 전혀 어울리지 않는다. 그는 처음부터 이데올로기 같은 것에 관심이 없었다. 그는 삶이란 언젠가는 반드시 다가올 죽음으로부터 유예 받은 시간에 불과하다는 것을 이미 알고 있다. 그가 살기 위해 마음을 바꾸는 것은 언젠가는 다가올 죽음에 대한 도피이므로 그것은 실존적 인간이 죽음을 대하는 태도일 수 없다. 따라서 소대장은 자신의 힘으로는 어쩔 수 없는 극한 상황에 처해있는 것이다.

② 죽음에 대한 태도

죽음은 극한 상황에 좌절한 개인이 받아들일 수밖에 없는 무의미하고 무가치한 것으로 인식하는데 이것은 전쟁의 비극성을 역설적으로 강조하는 효과가 있다.

오상원의 소설에는 항시 죽음이 등장한다. 전쟁을 경험한 50년대의 소설 치고 죽음을 문제삼지 않은 작품은 없을 것이다. 그러나 오상원은 여타의 작품과는 달리 죽음에 이르게 되는 과정이나 원인에는 별 관심을 보이지 않는다. 작가가 유독 관심을 갖는 것은 인물들이 죽음에 임하는 태도이다. '유예'에서 주인공 소대장을 비롯하여 세 명의 인물들은 죽음을 맞이하는 순간, 나름대로 실존의식을 보여준다.

"싸우다 끝내 죽는 것, 그것뿐이다. 그 외에는 아무 것도 없다. 무엇을 위한다는 거, 무엇을 얻기 위한다는 것은, 그것도 아니다. 인간이 태어난 본연의 그대로 싸우다 죽는 거, 그것뿐이라고 생각하였다."

죽음을 한시간 앞 둔 소대장의 심리를 묘사한 것이다. 죽음이란 싸우다 죽는다는 거, 즉 끝낸다는 거뿐이며 '끝내는 그 순간가지 정확히 나를 끝맺어야 한다'는 의지적인 신념에 차있다.

"생명체와 도구와는 다른 것이오. 내 이상 더 무엇을 말하고 싶겠소? 나는 포로가 되었을 때 비로소 내가 확실히 호흡하고 있는 인간이라는 것을 알았을 뿐이오. 나는 기쁘오. 내가 한 개 기계나 도구가 아니었다는 것, 하나의 생명체인 인간으로서 살아있었다는 것, 그리고 인간으로서 죽어간다는 거, 이것이 한없이 기쁠 뿐이오."

소내상보다 먼저 총살되었던 지식인 청년병사의 유언이다.

"사람은 서로 죽이게 마련이오. 역사란 인간이 인간을 학살해 온 기록이니까요. 그렇게 생각지 않으시오? 난 전투가 제일 재미있고 전투가 일어나면 호흡이 벅차고 내가 겨눈 총구에 적의 심장이 아른거릴 때마다 나는 희열을 느낍니다. 그 순간 역사가 조작되고 있는 것 같이 느껴지거든요. 사람이란 별 게 아니라 곧 싸우다 쓰러지는 것을 의미할 겝니다."

소대원이었던 선임하사가 죽어가며 했던 말이다. 이곳의 선임하사는 많은 전투를 치르면서, 수 없는 죽음들을 목격할 수 있었던 나머지, '죽음이란 별 게 아니고', '역사는 사람이 사람을 죽인 기록에 불과하다.'는 생각을 지니게 된 것이다. 이런 생각은 허무주의와 역사 불신론에 닿아 있는 것이 된다.

이들은 인간이라면 누구나 죽음으로부터 유예되어 있음을 일찌감치 인식한 사람들이다. 죽음이란 누구도 깨뜨릴 수 없는 언젠가는 마땅히 받아들여야 하는 인간의 피할 수 없는 상황임을 이미 알고 있기에, 이들에게 죽음은 더 이상 공포와 절망의 대상이 아니며 새삼스러울 일도 아니다. 죽음은 단지 잠시 유예되었던 인간이 본래의 모습으로 돌아가는 것을 의미한다. 즉 누구와도 공유할 수 없는 죽음과 함께 개체는 무로 돌아가는 것이며, 그것은 '끝난다'로 표현된다. 죽음을 앞둔 인물들의 태도는 때로는 마치 장엄한 의식을 앞둔 사람처럼 엄숙하기까지 하다. 도구가 아닌 생명체로서 죽어간다는 사실이 한없이 기쁘다고 표현되고 있다. 이것은 죽음의 순간이 인간으로서 자기의 존재를 자각하게 된 기쁨의 순간으로 이해되기 때문이다. 그러나 포로가 되었을 때 인간임을 알았다는 역설은 인간의 실존적 자각과 각성상태를 함축한 것인데, 이때 자각과 각성상태에서 나타나는 것이 허무의지이다. 인간존재의 무의미성에 대한 자각의 결과는 허무의지일 수밖에 없는 것이다. 줄줄이 무의미를 강조하던 인간존재가 죽음을 맞는 순간에 기쁨이 되는 것은 '존재론적 초월'[8]로서의 죽음이기 때문이다.

주인공이 죽음을 받아들이는 장면에서 작가가 구현하고자 한 주제 의식이 드러난다. 주인공 나는 자신이 총살당해 죽어 가는 상황에서도 '아무 것도 아니다.'라고 계속 되뇌이나, 총살을 당하여 죽는 것 그것뿐이며, 자신은 끝나는 순간까지 자기 자신을 잃지 않고 끝맺어야 한다는 강박관념을 가진다. 인민군에 포로로 잡힌 국군의 몸이지만 총살당하기까지의 한 시간의 유예 기간 동안 그는 어떠한 이념적 갈등이나 인간이 어쩔 수 없이 보이게 마련인 죽음을 앞둔 불안감과 번민을 보이지 않는다. 단지 자신에 앞서 총살당한 국군 장병의 말처럼 '하나의 생명체로서, 인간으로서 죽어 간다는 것'에 집착해 있다. 또한 인민군들은 그를 총살하고는 아무 일 없었다는 듯이 일상으로 복귀한다. 이렇게 전쟁 포로로 총살당할 운명에 처해 있는 극한 상황 속에서 인간 생명의 의미에 집착하는 주인공의 모습과 그와 대조적으로 무의미한 죽음의 의미를 부각시킴으로써 전쟁의 비극성, 비인간성을 형상화하고 있다.

오상원의 소설에서 죽음은 실존적 자각을 위한 하나의 장치이다. 죽음이라는 근본적 부조리 상황을 경험하게 하여 실존적 개체에 대한 인식을 획득하기 위해서 그의 소설에서 죽음은 필연적인 요소이다. 죽음을 일상의 한 단면으로, 존재하는

---

8) 장윤수, 「6.25, 그 문학적 대응의 한 양상」, 『1950년대의 소설가들』, 나남, 1994.

개체의 자연스런 사라짐으로 인식할 때, 실존적 자각에 이르게 되고 가장 인간다운 모습을 드러내는 것이라고 작가는 역설한다. 그러므로 소설에 등장하는 인물들은 때로는 역사적인 상황을 철저하게 인식하지 못한다. 죽음의 상황에 이르게 된 과정이나 원인은 중요하지 않고 죽음에 임하는 행동 자체에만 몰두할 뿐이다. 이것은 상황에 몰입한 인간의 문제에서 작가적 세계관의 초점화가 이루어지고 있기 때문이라고 이해될 수 있다.[9]

(2) 반전과 휴머니티의 추구

주인공이 받아들이는 전쟁의 의미는 인간이 선택한 것이 아니라, 운명적으로 주어진 것으로서 인간의 실존을 부정하는 극한 상황이다. 인간의 실존적 모습에 대한 자각을 보여주는 「유예」에서 낙오된 소대장은 극도의 소외된 상황에 이르러서는 사람을 못 견디게 그리워한다.

“소복이 집들이 둘려 앉은 마을! 가슴이 뭉클하고 눈물이 핑 놀았다. 그는 눈물을 머금으며 마을로 내려갔다. 마을 어귀에 다다랐다. 집 문들이 제멋대로 열어 젖혀진 채 황량하다. ......아...... 사람들이 사는 곳! 그는 방안으로 들어갔다. 열어제친 장롱...... 방바닥 하난 가득히 먼지 속에 흩어진 물건들.... 옷! 찢어진 낡은 옷들! 그는 그 옷들을 꽉 움켜쥐었다. 아, 사람의 냄새! 때묻은 사람의 냄새!”

소대장이 낙오되어 눈 덮인 산 속을 혼자 헤매다 마을을 발견했을 때의 광경이다. 오랜 방황 끝에 발견한 인간의 흔적에 벅찬 감격을 느낀다. 단지 인간이 존재했었다는 이유만으로 가슴이 뭉클하고 눈물이 핑 돌 만큼 감정이 격해진다. 죽거나 죽여야만 하는 전쟁 중에, 그것도 언제 어떻게 될지 전혀 알지 못하는 낙오병의 처지는 인간다운 인간으로 존재한다고 볼 수 없다. 이들은 극도의 절망과 공포 속에서 오로지 인간을 그리워하게 된다. 극한 상황에서 본능적으로 인간을 그리워하는 모습을 통해 작가는 인간의 가장 밑바닥에 흐르고 있는 인간애를 제시한다. 전

9) 박기려, 위의 논문.

쟁중이라는 비인간적 상황과 인간의 존재만을 그리워하는 심리를 교차시킴으로서, 전쟁의 비정성을 강조하고 아무리 극한 상황이라도 인간이 선택할 수 있는 인간의 마지막 귀착점은 바로 인간임을 강조한다. 즉 인간은 존재하는 것만으로도 의미가 있음을 말해준다.

오상원은 그의 문학 작품 전반에 '인간성의 회복'을 제시하고 있다. 그의 실존의식에 대한 관심은 전쟁과 죽음 앞에서 무참히 짓밟히는 인간의 존엄성에 대한 회의적 물음에서 비롯되었으며, 부조리에 대한 저항은 인간으로서 인간다운 삶을 누리지 못하게 억압하는 사회현실에 대한 것이다. 결국 오상원은 그의 작품 속에서 삶의 궁극적 목표로 상실한 인간성의 회복을 제시한다.

(3) 서술 기법상의 특징

① 의식의 흐름 - 작자의 개입에 따른 전지적 해설이나 직접적 언급 없이 작중 인물의 사상과 정서, 그리고 어떤 소설적 상황에 대한 태도 등을 서술하는 수법이다. 주인공이 행하는 행위나 그가 겪어 가는 사건을 그리기보다는 주인공의 의식 속에서 흐르고 있는 여러 가지 생각의 파편들을 현재형으로 그림으로써 사건을 암시하는 방식이다. '의식의 흐름'은 소설의 한 기법으로, 작중 인물의 정신을 스치는 인상의 무계획적이고 비논리적인 흐름을 기록하려는 기술 방법으로, 소설의 외적인 줄거리의 발전보다 인물의 내적 독백에 중심을 두고 인간의 복잡한 의식을 보여 준다. 이는 초현실주의나 다다이즘 계통의 작가나 시인들이 주로 사용하는 기법으로, 그들에 따르면 이 세상의 모든 진실은 인간들의 인위적인 조작이 개입하기 전에는 각기 나름대로의 생명을 지닌 대등하고 독립적인 존재라고 보고, 이를 표현하기 위하여 무계획적인 연상에 의존하거나 인간의 내면 속에 잠재되어 있는 무의식의 흐름을 그대로 받아 적는 형태의 기법을 도입한다. 이러한 형태의 기법은 인물의 내면 심리를 표현하기에 적합하다. 작품에서 의식의 흐름 기법이 나타난 표현을 찾으면, "한 시간 후면 모든 것은 끝나는 것이다."라는 표현을 들 수 있다. 이 부분은 반복되어 나타난다. 이 반복은 무의미한 반복이 아니라 작중 화자의 '의식의 흐름'을 적절히 포착한 것으로, 죽음 앞에 직면한 인물의 강박관념을 있는 그대로 표출한 것으로 볼 수 있다.

의식의 흐름 기법이 20세기 이후에 자주 구사되는 이유는 인간의 의식과 무의식의 영역이 매우 광범위한 영향력을 끼친다는 사실을 공감하는 데 비롯된다. 이러한 기법의 밑바탕에는 세계의 모든 모습이 한 개인의 주관적 의식 하에 파악되고 그 모습을 드러낸다는 정신분석학적 사고가 깔려 있다.

이러한 의식의 흐름 기법은 인물의 심리적 독백을 통하여 간접적으로 외적 사건을 그리는 기교인 내적 독백과 함께 쓰이는 것이 보통인데 이 작품에서도 두 기법이 혼합되어 쓰이고 있다.

이러한 기법들을 쓰는 소설에서는 작중 인물 스스로에 대한 생각이나 타인에 대한 생각, 그리고 과거의 상황 등이 객관적으로 서술되는 것이 아니라 작중 인물의 주관 속에 철저히 용해되어 주관화된 채로 드러나게 된다. 전쟁 이야기 그 자체의 비극적 성격보다 전쟁 속에서의 인간의 의식을 추구하는 작품을 가리켜 실존주의적 휴머니즘이라고 한다.

② 1인칭 화자의 내면적 독백 - 현재의 실제 상황의 진술(주인공의 자의식이 깊어질 때)을 함으로써 상황에 반응하는 인간의 내면 심리를 실감 있게 드러낸다.(사건 전개를 현장감 있게 하고, 죽음 직전의 비극적 상황을 효과적으로 드러내어 전쟁이라는 객관적 현실을 고발함)

③ 서술 시점의 교차 - 사건을 서술하는 부분은 삼인칭으로 바뀌는데 이것은 인물의 내면적 의지를 사실로 객관화시키는 효과가 있다.

④ 서술 위주의 문체 - 화자와 주변 인물의 대화는 화자의 의식 속에서 재편성되어 간접 화법으로 진행된다. 묘사도 객관적이기보다는 화자가 바라본 주관의 세계이며, 그의 의식 속에서 의미가 재구성되고 있다. 이러한 화자의 의식은 실제 비극적인 전쟁 이야기보다 전쟁 속에서의 인간의 의식을 그려내며, 그것을 통해 전쟁의 비극성을 강화시키고 있다.

⑤ 짧은 문장 표현 - 죽음에 직면한 인간의 불안정한 심리와 단절된 의식을 간접적으로 제시하는 효과가 있다. 또한 상황 전개의 절박성을 부여한다.

⑥ 현재형 표현 - 작품의 템포를 박진감 있고 현장감 있는 사건 전개를 가능하게 하고 비극적인 종말을 더욱 효과적으로 드러내고 있다.

(4) 전쟁의 비극성을 부각시키는 문학적 장치

● 배경 - 작품에서 묘사하고 있는 자연 환경은 그 자체로서의 의미보다는 주인공이 처한 비극적 상황을 더욱 선명하게 하고 증폭시키는 상징적 기제이다.(흰 눈이 쌓인 둑길, 겨울, 험한 산)

● 눈 - '흰 눈'은 이 작품 전체의 배경과 분위기를 드러내는 소재이다. 또한 이 소설에서 눈은 여러 가지 함축적 의미를 지닌다. 전쟁의 비인간성, 냉정함 등의 의미를 지닐 수 있고, 또한 백일몽 상태를 나타낼 수도 있다. 따라서 회색으로 흐려지는 것은 주인공의 의식이 흐려진다고 해석해야 하고, 그런 의미에서 죽음의 이미지를 나타낸다고 보아야 한다. 총살 직전의 냉혹하고 비극적인 상황을 제시하면서 인간 생명에 대한 무관심을 상징적으로 보여 준다. 하얗고 차가운 눈의 이미지를 통해 전쟁의 비인간성이 더욱 강조되고 있다. '눈'이 주제의 형상화에 기여하는 부분도 있다. 흰 눈은 총살당해 흐르는 붉은 피와 시각적으로 대조가 되면서, 전쟁으로 인한 죽음이라는 비극성이 더욱더 강조된다. 몇 사람이나 걸었을 흰 둑길은 그 위에서 몇 명이 죽어 나갔든지 간에 변함없이 하얗다. 나는 이러한 흰 눈 속을 걸어가면서 죽음을 맞이한다. 이렇게 흰 눈은 총살 직전의 나의 절망적 상황을 강조하면서 그 차가운 순백의 이미지는 전쟁으로 인하여 인간 생명의 중요함을 무의미하게 만드는 차디찬 무관심의 세계를 상징한다. 흰 눈의 이미지는 인간이 하나의 전쟁의 도구가 되어 버리고 만 비극성을 강조하는데 효과적으로 기여한다.

● 선명한 색의 대비 - 붉은 피와 백색의 이미지가 선명하게 교차됨으로써 총살당해 죽음에 이르는 과정을 보다 비극적으로 선명히 제시하는 효과를 거두고 있다.

● 작품 구성 - 죽음의 무의성을 드러내는 인민군의 행위와 나의 의식을 처음과 끝에 되풀이한다.(죽음을 무의미하게 하는 극한 상황에 함몰되지 않는 인간의 실존에 대한 의지를 보여줌)

(5) 플롯 전개의 특징

이 작품은 철저하게 화자의 내면 세계를 진술하는 것으로 일관한다. 따라서 대화나 묘사는 화자의 의식 속에서 재편성되어 나타나며, 작중 화자가 느낀 상황에 대한 감각만이 제시된다. 총살당하기 직전 한 시간의 유예를 받는 후 그 동안 작중 화자의 회상에 의해 플롯이 전개되어 사건의 시간적 순차성이 무시된 채로 화자의 의식의 흐름에 따라 과거, 현재가 뒤섞인다. 또한 죽음이 아무 것도 아닌 것이라는 강박관념 또는 각오가 필요 이상으로 거듭해서 강조되고 부각된다. 이렇게 전쟁의 극한 상황 속에서 화자가 겪는 경험과 그에 따라 떠오르는 생각들을 서술해 가는 수법이 작중 화자가 처한 상황의 비극성을 강조하는 효과를 주고 있다.

( * 각주에 표시된 각종 참고자료 외에 인터넷 자료를 참고하고 인용하였습니다.)

이 글은 오상원의 소설 「유예」를 분석해 낸 보고서인데, 워드프로세서로 작성되어 있다. 이 보고서는 문제가 있다. 이 학생의 문학 작품을 보는 눈이 어느 정도인지는 알 수 없지만, 이 보고서에서 분석된 내용은 교양 과목으로서의 〈문학의 이해〉를 수강하는 학생의 수준을 뛰어 넘는다. 아마도 인터넷에 떠 있는 내용을 내려받아서 그대로 제출한 것이 아닌가 싶다. 요즈음 학생들이 제출하는 보고서를 보면, 인터넷에 떠 있는 정보를 짜깁기하여 제출하는 학생들이 많이 있다. 이는 절대로 해서는 안 된다. 자기가 직접 책을 읽거나 조사를 하고, 자기 나름의 판단을 내린 것을 보고서로 제출해야 한다.

두 번째로 이 보고서는 보고서의 일반적인 형식이 제대로 갖추어지지 않았다. 보고서의 앞머리에는 전체적인 윤곽을 쉽게 파악할 수 있도록 차례를 밝혀놓는 것이 좋은데, 이 보고서가 갖추어야 할 윤곽은 다음과 같은 것이어야 한다.

-- 차례 --

1. 서론(또는 머리말)
2. 작가
3. 작품의 시대적 배경
4. 작품 분석
5. 결론(또는 마무리)

이 보고서에는 위의 차례 중에서 서론과 결론이 빠져 있다. 보고서도 소논문에 해당하므로 무엇(주제)을 어떻게(방법) 하겠다는 것이 서론 부분에서 제시되어야 하고, 그리고 자기가 연구한/찾아 본 결과가 어떠하였다는 것을 결론 부분에서 밝혀야 한다. 그래야 한 편의 글로서 모습을 갖추게 되는 것이다.

마지막으로 각주에서는 페이지까지 표기하는 것이 좋다.(예를 들면, 성기조, 『문학이란 무엇인가』, 동백문화, 1992. 99쪽.) 그래야 혹 확인해 볼 것이 있으면 쉽게 찾아볼 수 있기 때문이다. 그리고 가능하면 참고 문헌도 밝혀주는 것이 좋다. 각주에 인용된 것만으로는 너무 간략하다. 참고 문헌은 인명의 가나다순으로 정리하는 것이 일반적이다.

## 11. 자기 소개서

요즘엔 각종 취직 시험에서 자기 소개서를 요구하고 있다. 이것은 이력서만으로는 알 수 없는 사항들을 좀 더 자세하게 알고자 하는 것으로 응시자에 대한 중요한 평가 자료로 활용하기 위한 것이다.

어떠한 환경에서 어떻게 성장해 왔는가 하는 것은 그 사람의 성격적 특징을 파악하는데 중요한 자료가 된다. 그래서 사람을 채용하는 회사에서는 자기 소개서에 나타난 가정환경과 성장 과정을 통해 각 개인의 성격 또는 가치관을 파악하고, 학교생활이나 교우 관계 등을 통해 그 사람의 대인 관계나 조직에 대한 적응과 성실성, 책임감, 창의성 등을 살펴보고자 하는 데 목적을 두고 있다. 또한 자기 소개서는 어떠한 동기로 입사를 지원하게 되었고, 입사 후에는 어떤 자세로 업무에 임할 것이며, 장래성은 어떠할 것인가 하는 것을 파악하는 자료로 활용되기도 한다.

자기 소개서는 정해진 틀이나 작성 방법이 있는 것은 아니다. 다만 자기를 소개하는데 갖추어야 할 기본 내용을 충실히 기재함으로써 자기를 알리는 데 효과적으로 활용될 수 있게 작성하면 된다.

일반적으로 자기 소개서를 작성하는 데 있어서 갖추어야 할 기본적인 내용은 다음과 같다.

첫째, 개인의 성장 과정을 기술해야 한다. 어릴 때부터 대학 시절까지의 성장 과정을 기술하되 가족 관계, 가정환경과 아울러 자신의 개성이나 관심 분야 등을 언급하는 것이 좋다.

둘째, 본인의 장점을 솔직하게 기술해야 한다. 자신의 장점이나 특기 사항을 자신 있고 솔직하게 밝혀주고, 아울러 단점에 대하여도 언급하여 그것을 고쳐나가기 위한 노력을 기술해 주는 것도 좋다.

셋째, 지원 동기를 구체적으로 밝혀야 한다. 지원 동기가 확실치 않으면 성취 의욕도 적어 좋은 결과를 기대할 수가 없다. 그러므로 뚜렷한 지원 동기를 구체적으로 밝혀 입사 후에도 매사에 의욕적으로 일에 임하게 될 것이라는 인상을 주도록 해야 한다.

넷째, 장래 희망과 포부를 밝혀야 한다. 입사한다는 것을 전제로 한 장래 희망과 포부를 말하는 것으로 입사한 후의 목표 성취나 자기 개발을 위한 계획이나 각오를 구체적으로 제시하는 것이 좋다.

[자료 1]

"남에게 바라지 말고 자기 맡은 일은 스스로 해라." 이 말을 가훈으로 하는 화목한 가정의 3형제 중에서 막내로 태어난 저는 토지를 삶의 터전으로 생각하시는 두 분의 부모님 슬하에서 밝고 순박하게 자랐습니다. 어릴 때부터 쾌활하고 진취적인 저의 성격은 매사에 적극적으로 행동하고 옳다고 생각하는 일에는 반드시 행동으로 옮겨 관철했습니다. 덕분에 친구들 사이에서는 의리 있는 친구라는 말을 듣기도 하였으며 한편으로는 무모하고 성급하다는 평가를 받기도 하였습니다.

어릴 때부터 주위의 일에 많은 관심을 가진 호기심 많은 어린이였습니다. 그 호기심은 새로운 것을 만들어 보고자 하는 창작에 대한 열정으로 발전되기도 하였습니다. 평소 다방면에 많은 관심을 가졌던 저를 가장 강하게 끈 것은 입체적인 구조물이었습니다. 그 구조물의 형태에 관심이 강하게 가지고 갖가지 모형을 만들거나 꾸미는 일들을 즐겨 하였습니다. 그래서 공업디자인과로 입학하였습니다.

전 입학한 뒤에 제 능력을 최대한 발휘하겠다고 결심하였습니다. 솔직히 그림에는 소질이 없지만 포기하지 않는 자세로 노력하였습니다. 그리고 대학 생활을 하는 중에 스스로 정리의 시간과 새로운 출발의 계기가 필요하다고 여겼고, (∅ →그래서) 전 군 입대라는 해결책을 모색하게 되었습니다. 스스로의 변화를 위한 결정이기에 다른 사람들처럼 두려움이 아니라,(→두려운 마음으로 지내지 않고) 자신감과 각오로 다져진 군대

생활을 하게 되었고, 제대에 임박해서는 바쁜 가운데에서도 틈틈이 뒤진 학과 공부도 보충할 수 있었습니다.

그리고 제대 후 다시 시작된 저의 생활은 공업 디자인 공부에 책을(→과) 더불어 침식을 함께 하였다고 해도 과언이 아닌 것입니다(→아닙니다). 분주한 생활로 한동안 잊었던 공업 디자인 공부에 대한 열정은 저에게 새로운 세계를 열어 주었습니다.

이제는 공업디자인을 향한 저의 열정을 여러 사람들을 위해 보람되게 쓰고 싶습니다. 누구에게나 유용한 디자인 제품으로 우리나라뿐만 아니라 세계적으로 한국의 디자인 문화의 확산을 도모하는 귀사는 이러한 저의 지식과 욕망을 풀어(→펼쳐) 나가는 데 더없이 적절하다고 생각합니다. 만약 귀사에 입사하는 영광을 주신다면 전 귀사를 위해 노력하는 사람이 되겠습니다.

제일을 추구하는 디자이너가 되겠다는 꿈을 가지고 그 꿈의 실현을 위한 의지의 정열, 그리고 프로 정신으로 자기의 삶을 개척해 나갈 수 있는 사람이 되겠습니다. 현재의 삶에 만족하지 않으며 보다 넓은 가슴으로 세계를 무대로 활동하기 위한 자기의 계발에 부단히 노력하는 사람이 되겠습니다.

마지막으로 인간미와 도덕성을 갖춘 사람이 되겠습니다. 넘어진 사람을 일으켜 줄 줄 아는 따뜻한 마음을 가진 사람. 집단이나 개인 이기주의를 버리고 서로 격려하여 이끌어 주는 진정한 동료애를 발휘할 줄 아는 사람이 되겠습니다,

만약 저에게 입사의 영광이 주어진다면 저의 자아실현뿐만 아니라 회사의 무궁무진한 발전과 목표 달성을 위해서도 열심히 노력하겠습니다.

[자료 2]

자기 소개서를 쓰기 위해 생각을 하는 동안 다시 한 번 제 자신을 돌아 볼 수 있는 계기가 되었습니다. 제가 돌아본 제 과거의 모습은 그리 자랑할 만한 게 못됩니다. 다른 사람보다 월등히 나은 것도 없었고 특별히 이루어 놓은 것도 없기 때문입니다. 그러나 다시 생각해 보다가 앞으로의 제 모습에 초점을 맞춰 보았습니다.

제 나이 이제 겨우 스물입니다. 아직은 어린 나이이고 무한한 가능성을 가진 나이이지요. 멋모를지라도 자신감과 의욕에 넘쳐 있는 나이입니다. 무엇을 배우든 무엇을 경

험하든 또 누구를 만나든 설탕이 물에 녹듯 달게 잘 용해되는 개방성이 있습니다. 그리고 그 개방성은 스물이라는 제 나이의 것이 아니라 제 자신의 것이라 감히 말할 수 있습니다. 그런 개방성은 살아가면서 여기저기 부닥칠 때 많은 도움이 되리라 믿습니다.

평생 교육이라는 말이 있습니다. 그러나 급변하는 사회에 적응하여 살려면 아니, 더 앞선 자리에서 사회를 이끌려면 교육만으론 안 됩니다. 기업에서의 일은 학교에서 배운 지식만으론 해낼 수 없으며 또 그 지식 그대로 적용되지 않는 일도 적지 않으리라 생각합니다. 계속해서 배우고 연구하며 스스로 커 가는 사원만이 기업의 발전을 도모하고 사회를 이끌 수 있습니다. 즉 적극적으로 자신을 키우는 사람만이 앞서 갈 수 있다는 거지요. 그렇게 적극적으로 자신을 키우기 위해선 자신을 사랑하는 마음이 있어야 합니다. 전 제 자신을 사랑합니다. 비록 내놓을 것 없는 저이지만 제 자신을 아끼고 또 제가 잘 되기를, 제가 속한 단체가 잘 되기를 바라는 마음은 누구보다 더할 것입니다.

과대 광고는 하지 않겠습니다. 전 아직 덜 익은 풋사과입니다. 주위 환경에 따라 작고 보잘 것 없는 사과가 될 수도 있고, 탐스럽게 잘 익은 사과가 될 수도 있습니다. 귀사가 절 발갛고 탐스런 사과로 익혀 주시지 않겠습니까? 그러면 전 귀사의 햇볕과 바람을 머금고 귀사에게 영양분을 제공할 수 있는 맛있는 사과가 도리어 노력하겠습니다.

[자료 3]

저는 남에게 피해를 주지 않는 것을 신조로 여기시는 아버지와, 자식을 위해서는 무엇이든지 다하시는 한국의 전형적인 어머니 슬하에서 3남 1녀의 막내로 태어났습니다. 막내여서인지 부모님의 사랑과 형님과 누님의 귀여움을 받으며 자랐습니다. 경제적으로는 넉넉하진 않았지만 정서적으론 풍요로운 섬 마을에서 어린 시절을 보냈습니다.

어릴 때부터 명랑하고, 활동적인 성격이어서 친구들과 잘 어울렸습니다. 그래서 친구들 사이에서는 인기가 있었습니다. 그리고 무엇이든지 적극적으로 관심을 갖고 끝까지 해내는 고집스러운 점도 있습니다. 친구들은 그런 저의 성격을 끈기가 있다고 합니다. 그것은 교우관계에서도 유사하게 나타나고 있습니다. 한번 사귄 친구는 끝까지 우정을 변치 않은 우직함이 있습니다.

대학시절은 전공 분야에 대한 지식 습득도 중요하지만, 폭넓은 인간관계와 다방면에 걸친 경험이 중요하다고 여겨 교내 방송국에서 기자로 활동하였습니다. 방송국의 기자로서 학내의 여러 가지 문제와 사회적 관심사들을 알리고 홍보하면서 좀 더 폭넓은 경험을 할 수 있었습니다. 그리고 해외봉사단원으로 중국을 다녀오기도 하였습니다. 중국과 한국은 여러 가지 점에서 서로 비교되기 때문에 중국연수는 좋은 기회가 되었다고 생각합니다.

작은 일을 소중히 여기고 물질보다는 정신적 만족을 더 깊이 생각하는 자세로 매사에 임하겠습니다. 저에게 귀사에서 일할 기회가 주어진다면 시작은 비록 미흡하겠지만 열심히 배우고 노력하여 반드시 알찬 결실을 맺는 성실한 일꾼이 되겠습니다.

[자료 1]은 무난한 글이다. 성장 과정과 성격, 대학 생활 등이 잘 서술되어 있고, 장래에 대한 포부나 일에 대한 자신감도 잘 드러나 있다. 그런데 글쓴이의 개성과 특징이 잘 드러나지 않았다. 가족 사항이나 친구 관계 등이 구체적으로 설명되지 않았다. 그러므로 글쓴이만의 특징이 잘 드러날 수 있는 가족 사항이나 친구 관계 등이 구체적으로 기술되었으면 좋겠다.

[자료 2]는 자신을 덜 익은 풋사과에 비유한 것이 독특하다. 나름대로 자기 자신을 소개해 보려고 노력한 것 같다. 이와 같은 자기 소개서는 글을 쓰는 일과 관련된 업종이나 예술적인 직업에 적합할 것 같다. 그런데 이 글에서는 자신의 특징과 포부 등이 분명하게 드러나지 않아 글쓴이가 어떤 사람인가를 파악하기 어렵다. 자기 소개서에는 글쓴이만의 개성이 잘 드러나야만 한다.

[자료 3]은 성장 과정, 성격, 학교생활, 일에 대한 생각 등을 구분하여 정리한 것이 눈에 잘 띄기는 하나, 전체적으로 산만한 느낌이 들기도 한다. 그리고 글의 내용이 너무 소략하다. 성장 과정에서 정서적으로 풍요롭게 자란 이야기가 더 보충되어야겠고, 교우 관계도 마찬가지이다. 학교생활에서도 전공 분야의 공부에 대한 생각이나 교내 활동 등도 보충되어야겠다. 그리고 일에 대한 생각도 무슨 일을 어떻게 하겠다는 보다 구체적인 이야기가 기술되었으면 좋겠다. 이와 같은 자기 소개서는 언론사나 출판계 등의 글 쓰는 일과 관련된 직업에는 적합하지 않다. 자기 소개서는 글쓴이의 성격과 특징뿐만 아니라, 문장력도 함께 살펴볼 수 있는 것이기 때문에 한 편의 글이 되도록 완성하는 것이 좋겠다. 다음 자기 소개서는 전범이 될 만한 것으로 자기 소개서를 쓰는 데 좋은 참고 자료가 될 수 있을 것이다.

[자료 4]

내 유년 시절의 추억을 거슬러 뒷동산에 오르면 시야 가득히 넘쳐나던 바다는 항상 미지의 세계에 대한 동경과 호기심으로 다가왔고, 그 시절 내 꿈은 은빛 바다를 가로지르는 물새의 순성마냥 곱기만 했다.

엄부자모 슬하 2남 1녀의 단란한 가정에서 장남으로 태어난 나는 고등학교를 마치고 그해 △△대학교에 응시했으나 낙방하고 말았다. 내가 맛본 최초의 쓰라린 경험이었다. 그러나 나는 좌절하지 않고 새로운 각오로 나에게 다시 주어진 1년을 알차게 보냈다. 실패에서 오는 자기패배감 때문에 때로는 방황도 하곤 했지만, 그것은 이내 나의 인생을 살찌우는 자기발견으로 이어졌다. 그 당시 나는 생각도 많이 하고 공부도 열심히 하였다.

1년 뒤 당당히 경상대학교 OO학과에 합격하였을 때, 나는 인생의 보람을 느낄 수 있었고 정신적으로 한층 더 성숙해 있는 나를 발견할 수 있었다. 낭만과 자유가 넘치는 곳이 바로 대학 캠퍼스였다. 그러나 그만큼 책임과 의무도 따른다는 것을 깨닫게 된 것은 바캉스 계획으로 들떠 있던 1학년 여름방학 때였다. 집으로 날아든 성적표는 아버님의 불호령을 일으켰다. 긴장에서 풀려나 갑자기 자유로운 분위기에 도취되어 내 자신을 돌보지 못했던 나의 어리석음을 깨닫게 되었다.

2학기에 들어서면서 나는 그 동안의 생활 태도를 고쳐 서클 활동과 학업이 어느 한쪽으로 치우치지 않도록 노력했다. 지성인으로서 갖추어야 할 기본적인 소양과 장차 우리 경제를 이끌 동량지재로서의 자질을 키우기 위해 많은 책을 탐독했다. 그렇다고 지나치게 공부에만 빠져들지도 않았다. 마음에 맞는 친구들과 어울려 밤새도록 인생 토론을 안주 삼아 두주불사의 호기도 키워 보고, 테니스를 비롯한 각종 운동으로 신체 단련도 열심히 하면서 모나지 않은 대학 생활을 영위하기에 힘썼다.

대학 2학년을 마치고 나는 군에 입대하기로 결심했다. 동부 전선의 초병으로 근무하며 나는 우리 조국의 아름다움과 귀중함을 깨닫게 되었다. 물론 육체적으로 힘들고 많은 인내를 요구하는 군대 생활이었지만 이를 통하여 나는 투지를 키우고 자신을 이기는 법을 배웠다.

OO년 군복무를 마치고 곧 복학한 나는 전공과목을 깊이 파고드는 한편 영어 실력 향상에 힘을 쏟았다. 교내 'TIME' 반에 참가한 것이 나에게는 큰 도움이 되어 영어뿐만 아니라, 세계정세에 조금이나마 눈을 뜨게 된 것 같다. 또한 틈틈이 영어 회화를 익히는 일도 게을리 하지 않음으로써 장차 세계 속을 누비고 다닐 한국의 무역 첨병으로서의 역량을 쌓았다.

이제 사회에 첫발을 내딛게 될 나의 꿈을 마음껏 펼칠 수 있는 곳을 나의 직장으로 선택하고 싶다. 인재를 귀중히 여기며, 세계 시장에서 국익과 기업의 번영을 위해 웅비하고 있는 귀사야말로 내가 찾고 있던 곳이다. 나에게 귀사에서 일할 수 있는 기회가 주어진다면 젊음의 열과 성을 다해 나의 발전은 물론 회사의 발전을 위해 힘껏 뛰어보고 싶다.

## 12. 편지 쓰기

편지글은 한정된 독자를 상대로 쓰는 글이다. 그러므로 손위 어른께 올리는 편지일 경우에는 예의를 깍듯이 갖추어 써야 하며, 상대방과 공감할 수 있는 내용을, 상대방이 잘 이해할 수 있는 언어로 써야 한다. 이 세 가지 요건을 잘 갖추어야만 손위 어른께 올리는 좋은 편지가 될 수 있다.

편지는 특별한 사연이 있는 경우를 제외하고는 대개는 주고받는 안부가 주된 내용이 된다. 그래서 손위 어른께 올리는 편지는 나와 우리 집 이야기가 주류를 이루게 된다. 상대방이 궁금해 할 우리 집에 관한 이야기, 그리고 최근의 내 생활에 관한 이야기를 써 보내게 되면 편지를 받는 어른께서 매우 흐뭇한 마음을 갖게 될 것이다.

편지는 일정한 형식을 갖고 있지 않다. 다만 일반적으로 바로 사연을 쓰기가 뭣해서 계절에 관한 말과 안부를 묻는 말로 시작하고, 끝맺을 때도 건강히 지내기를 기원하는 말을 덧붙일 따름이다. 그러나 경우에 따라서는 바로 사연을 써 나가도 된다. 낯모르는 사람에게 편지를 쓸 때는 '인사는 생략하고 말씀드립니다.' 라고 하든지, 종래에 써 오딘 '제례하옵고' 또는 '제번하옵고' 라는 말로 시작해도 된다. 편지의 말미에는 쓴 날짜와 편지를 쓴 사람의 이름을 적어 두는 것이 좋다. 그래야 이 편지만을 보관해둘 경우에 누가 언제 보낸 편지라는 것을 편지만 보고도 알 수 있기 때문이다.

## 1) 손위 어른께 올리는 편지

### 이모님께

(학생 글)

내리쬐는 햇살에도 봄이 묻어나는 계절입니다. 저희 식구들은 잘 지내고 있습니다. 먼 타국에서 잘 지내고 계시는지요. 그곳은 지금 가을이겠지요 떨어지는 낙엽과 가을 하늘이 무척 아름답다는 그 곳에 저도 한번 가 보고 싶습니다.

저는 올해 대학에 들어갔습니다. 이모께서 "요 녀석 언제 크겠냐?" 하시던 그 꼬마가 이제 어엿한 대학생이 되었습니다. 자신에 대해 책임을 져야 할 나이기에 무엇이든 열심히 하고 최선을 다하려고 노력하고 있습니다. 얼마 전에 주일학교 교사직을 맡았습니다. 초등학교 3학년 꼬마들을 맡았는데 쉽지가 않습니다. 힘들 때마다 유치원 교사였던 이모님 생각이 납니다. '어떻게 철부지들을 사랑으로 끌어안을 수 있을까?' 늘 생각해 봅니다. 힘들긴 하지만 해맑게 웃는 아이들을 보며, 그리고 "아이들을 가르치면서 배우는 것이 훨씬 많다."고 하신 이모님의 말씀을 떠올리며 제 자신을 추스립니다. 저번 주에는 찰흙으로 '내가 가장 갖고 싶은 것'을 만드는 시간을 가졌습니다. 제 생각엔 그저 갖고 싶은 장난감이나 만들겠거니 했는데 그게 아니었습니다. 가족이라며 사람 네 명을 만드는 아이, 푸른 숲이라며 나무를 만드는 아이, 엄마·아빠를 즐겁게 해 드리는 웃음이라며 웃는 얼굴을 만드는 아이, ……. 그 아이들을 보면서 '어리다고 가장 중요한 것을 모르는 게 아니로구나.' 하는 것을 깨달았습니다. 어쩌면 어릴 적에 너무 잘 알고 있었으나 살아가면서 그 의미들을 너무 쉽게 잊어가고 있는 게 아닐까 하는 생각을 해 보았습니다. 그 의미들을 다시 되새기게 해 준 아이들이 너무 고맙고 사랑스러웠습니다. 아직 꼬마 녀석들에게 '선생님'이라고 불리기엔 너무나 모자랍니다. 그리고 평생 지니고 살아갈 신앙심을 제대로 심어 주어야 하기에 더욱 신경이 쓰입니다. 하지만 그 아이들에게 다가가기 위해 제가 얼마나 노력해야 하는지 조금씩 깨달아 갑니다. 그들에게 필요한 건 성서적 지식이 아닌 그분을 모실 마음을 갖는 것이라는 것을 일깨워 주고 싶습니다. 이모님의 아이 사랑을 배워 마음의 눈높이를 맞추는 교사가 되겠습니다. 이 모자란 어린 조카를 위해 기도해 주십시오. 저도 늘 기도하겠습니다.

그럼 타국에서 몸 건강히 안녕히 계십시오.

2000년 4월 일

봄기운 가득한 한국에서

조카ㅇㅇ올림

이 학생은 문장을 자연스레 잘 이끌어 가는 능력이 있으며, 표현 기교도 제법 잘 부리고 있다. '내리쬐는 햇살에도 봄이 묻어나는 계절입니다.' 라든지, '이모님의 아이 사랑을 배워 마음의 눈높이를 맞추는 교사가 되겠습니다' 라는 표현은 멋진 표현들이다. 이 편지를 받는 사람은 외국에 살고 있다. 그렇기 때문에 고국의 소식이 그립고, 특히 어릴 때 헤어진 이질(姨姪)[조카]이 어떤 모습으로 성장해 있는지 궁금할 것이다. 이 편지는 이런 이모님의 궁금증을 다소나마 풀어드릴 수 있는, 그러면서 이모님이 흐뭇해하실 수 있는 내용들로 되어 있다. 아주 잘 쓴 편지이다.

연말 연시라 저만 바빴던 건 아니었겠죠? 혹시 술 많이 드시지는 않으셨지요? 새해가 온다고 특별히 달라지는 상황은 없겠지만 멋진 새해가 되시기를 바랍니다.

최근에도 너무나 많은 일들이 있었지만, 그 중에서도 이야기 해 드리고 싶은 일들이 몇 가지 있습니다. 가장 감명 깊었던 일은, 제가 다니는 교회에서 섬기고 있는 '소망부'라는 장애인 예배 부서에서 주관하여, LA에 있는 장애인 단체나 교회의 장애인들이 모두 모여 함께 성대한 파티를 한 일입니다. 모두 다 성장한 장애인들과 짝을 지어서 제대로 된 멋진 행사였습니다. 행사 준비를 하고, 선물을 마련하느라 그 사이 눈코 뜰 새 없이 바빴습니다. 행사가 진행되는 동안에는 덕분에 저는 결혼 후 처음으로 멋진 드레스를 입어 보았습니다. 물론 장애인들도 처음이었겠지요. 평소에는 대부분 정말 장애인다운 모습들이었는데, 그 날만큼은 턱시도나 드레스를 입은 모습이 금방 결혼식장에 들어가도 될 정도로 멋있었습니다. 본인들은 물론, 보는 저희도 너무나 기분이 좋았습니다. 난생처음 즐겁게 춤을 추고 마음껏 즐기는 그 분위기에 모두다 말로 표현할 수 없이 너무나 행복해하였습니다.

한 사람 한 사람의 감동적인 일과 이야기들을 다 말씀드리고 싶을 정도로 아직도 가슴에 그 감격이 남아 있습니다. 금년이 처음이었는데 앞으로는 더 잘 할 수 있겠지요. 처음에는 과연 이렇게까지 해야 하나 하고 생각하던 저를 포함한 많은 사람들도 그들의 기뻐하는 모습과 그 행사 속에 담긴, 그리고 나타나게 된 많은 의미를 깨닫고 큰 감동을 받았습니다.

아직 쓸 얘기가 많은데 갑자기 옆집에서 전화가 와서 같이 백화점에 가야겠습니다. 다녀와서 계속 쓰겠습니다(될 수 있으면.)

안녕히 계세요.

2000년 12월 29일

LA에서

제자 영숙 올림

요즈음은 전자우편이 발달되어 멀리 떨어진 사람과 금방금방 소식을 주고받을 수 있게 되었다. 이 편지는 미국의 LA에 살고 있는 제자가 고국에 있는 지난날의 선생님께 보낸 편지다. 별 격식도 없이 틈을 내어 쓴 편지이다. 지금 살아가고 있는 이야기 중에 특이한 일을 하나 골라 편지로 써 보낸 것이다. 장애인들을 위해 행사를 한 감동을 적어 보내면서 선생님과의 인연을 계속 이어 가고 있는 요즈음 편지의 한 전형을 보여 주고 있다.

## 할머니께

(학생 글)

4월이라 그런지 개나리나 벚꽃이 만발하고 날씨도 무척 따뜻해진 것 같습니다. 할머니께서도 이런 따뜻한 봄내음의(→이 나는) 하늘나라에 계시겠지요.

저는 할머니의 막내 손자입니다.[필요 없는 말이다.] 제가 태어나기 2년 전에 할머니께서 돌아가셨으니 벌써 시간이 많이 흐른 것 같습니다. 할머니께서 살아 계셨을 때 제가 있었다면 안마도 해 드리고(→드리는) 정말 최고의 손자가 될 수 있었는데(→있었을 텐데). 한번씩 할머니가 계신 친구들을 보면 너무나 부럽습니다.

할머니께 큰 자랑해 볼 게요. 할머니의 막내 손자인 제가 벌써 대학생이 되었습니다. 기쁘시죠. 아마 살아 계셨다면 분명히 따뜻하게 안아주셨을 거라 생각됩니다. 대학에 와서 너무나 많은 것을 보고, 듣고 배우데 전 다른 것보다 토론하는 게 너무 재미있어요.(→재미있습니다.) 어려운 주제이든 쉬운 주제이든 그냥 내 생각을 말로써 상대방에게 전해 주는 게 전 너무나도 재미가 있습니다. 한 번씩 토론이 격해지다 보면 서로를 약간씩 비꼬는 경우도 있고, 상대방이 질문한 내용에 대해서(→을) 잘 몰라서 머뭇거리는 경우도 있지만, 서로의 생각을 나누는 것, 그 자체가 너무나 의미 있는 것이라 생각합니다. 만약 할머니가(→께서) 옆에 계신다면, 그 날 토론했던 내용 하나하나 얘기해 드리고 싶습니다. 그리고 이러한 토론을 많이 하다 보면 저 스스로도 많은 지식을 가진다고 생각됩니다.

한 번씩 할머니의 빈자리가 느껴질 때, 조금만 더 살아 계셨으면 하는 아쉬움이 있습니다. 현재 내(→현재의 제) 모습을 보셨으면 누구보다도 기뻐하셨을 텐데라는(→하는) 생각이 너무나도 많이 듭니다. 하늘나라에서 저의 건강하고 명랑한 모습 꼭 지켜 봐 주세요.(→주십시오.) 할머니의 빈자리를 제가 꼭 채워 드릴 게요.[※문맥에 맞지 않는 말이다.] 안녕히 계세요.[※살아 계시는 것으로 보고 이 말을 할 수도 있다. 그러나 이 말보다는 '할머니의 명복을 빕니다.'라는 말이 더 낫지 않을까?]

2000년 4월 일

막내손자 드림[→올림]

이 편지는 돌아가신 할머니가 살아 계시는 것으로 가정하고 쓴 편지이다. 물론 이런 편지를 쓸 수도 있다. 이런 경우에도 할머니가 이해할 수 있는 내용과 언어로 써야 할 것이다. 그런데 이 편지에는 대학에 들어와서 친구와 토론하는 것이 재미있다는 내용을 쓰고 있다. 할머니께서 오늘날 대학생들이 하는 토론을 잘 이해하실 수 있을까? 할머니께서 아주 유식한 분이었다 하더라도, 내용이 밝혀져 있지 않은 토론을 좋아한다고 써 보내서야 할머니가 내 대학생활을 이해하실 수 있을까? 이 글을 쓴 학생은 '편지란 한정된 독자에게 보내며, 그 독자와 이야기를 주고받듯이 써야 한다.' 는 것을 잊고 쓴 것 같다. 그리고 할머니께서는 깍듯이 높임말을 써야 한다. '-어요' 와 같은 말을 써서는 안 된다.

그리고 내 위주의 이야기를 할머니께 말씀드리는 것으로 일관되어 있다. 할머니 입장으로 돌아가 할머니를 생각하는 마음, 할머니께 감사하는 마음을 표시하는 내용이 있어야 나이 많으신 할머니께서 흐뭇해하실 것이다.

## 2) 친구에게 보내는 편지

나이가 들수록 마음을 털어놓고 이야기할 수 있는 가장 가까운 사이가 친구이다. 그러나 친구가 아무리 가깝다 하더라도, 친구는 아무래도 남이다. 그러므로 친구 간에도 예의를 지켜야 한다. 편지에서의 친구 사이에 지켜야 할 예의라는 것은 서로 공감할 수 있는 이야기가 되어야 하는 것과 입말을 주고받을 때보다는 정중하게 해야 한다는 것을 의미한다. 그렇지 않으면 우정에 금이 가고, 편지를 보내지 않음만 못한 수가 생긴다.

멀리 있는 친구에게 보내는 편지의 주된 내용도 특별한 사연이 없는 한, 역시 내 이야기가 중심이 되어야 한다. 내가 지금 살아가고 있는 이야기가 친구가 가장 궁금하게 생각할 내용이기 때문이다.

### 보고 싶은 친구 ○○ 에게

(학생 글)

잔인한 계절이라는 4월이다. 이 곳에는 꽃들이 많이 피었는데 네가 있는 그곳에는 더 많은 꽃들이 피어 있겠지. 아니 어쩜 벌써 만개해서 지고 있을지도 모르겠구나. 환절기에 감기는 안 걸리고 학교에 잘 다니고 있니? 난 여전히 감기를 달고 살지.

집에서 지내는 것이 아니니까 친구들이랑 술 마시고 놀다가 집에도 늦게 들어가고 다른 친구들보다 자유스럽게 지낸다. 너도 그렇겠지. 아직까지 함께 그곳에 간 친구들하고만 지내는 건 아니겠지? 요즘 들어 정말 잔인한 4월인지 고민하는 친구들이 늘어간다. 고민하고 힘들어하고, …. 나도 물론 그렇지. 너도 그 곳 생활에서 집이 그리운가 보더라. 집에 가고 싶다고 하고 말이야. 입학하고는 집에 한 번도 못 다녀왔지? 언제나 너의 얼굴을 볼 수 있을까? 작년 이맘때쯤이었던 것 같다. 너랑 나랑 옆자리에 나란히 앉아서 공부하기 시작한 때가 말이야. 우연히 함께 앉게 되었고 그 후로 고등학교를 졸업할 때까지 항상 너의 옆자리는 내 자리고, 나의 옆자리는 너의 자리였는데 지금은 만나기도 힘들구나. 넌 언제나 나의 옆에서 나의 고민을 들어주었었지. 성적이 떨어져서 힘들 때, 부모님과 안 좋을 때, 친구와 싸웠을 때, 넌 항상 나에게 힘이 됐었지. 지금도 나란히 앉아서 너에게 이야기할 수 있다면 얼마나 좋을까?

요즘 난 사람을 사귄다는 것이 얼마나 힘든 것인지 절실히 느끼고 있어. '내가 이기적이라서 저 사람에게 다가서지 못하는 것일까?', '내가 저 사람을 잘못 본 것일까?, 내가 아는 저 사람은 그런 행동을 할 사람이 아닌데 왜 그러는 것일까?' 너무나 많은 생각들이 내 머리 속을 떠나질 않는다. 이제 곧 중간고사 기간인데 걱정이다. 시험공부도 해야 하는데, 다른 일이 손에 잡히지 않아. 너도 나 같은 고민을 하고 있을까? 너랑 힘들다는 고3 시기를 같이 보내서인지 힘들 때면 너의 얼굴이 떠오른다.

방학 때는 만날 수 있겠지? 곧 다가오는 중간고사, 열심히 해서 시험 잘 치고, 감기 조심해라. 항상 너의 행복을 바라는 친구가 있다는 것을 잊지 말고 잘 지내. 안녕.

2000. 4. 18

진주에서 친구 ○○

이 편지는 친구와 공감할 수 있는 이야기, 친구를 생각하는 마음이 잘 나타나 있고, 말투도 부드러워 친구에게 보내는 편지의 기본은 잘 갖추고 있다. 다만 한 가지 아쉬운 점이 있다. 사연 부분의 내용을 보면, 지난날을 생각하며 그리워하는 마음과 지금의 내 고민, 이 두 가지로 되어 있다. 어느 한 가지만을 쓰는 것이 좋지 않겠는가 하는 것이다. 둘 중의 하나만 골라 쓴다면, 뒤쪽을 중심으로 쓰는 것이 좋겠다. 왜냐하면 뒤쪽 이야기가 친구가 궁금해하는 내용이기 때문이다.

## 사랑하는 지영이에게

(학생 글)

이젠 완연히 봄이라는 게 느껴지는구나. 얼마 전까지만 해도 변덕스러운 날씨 때문에 어떻게 옷을 입어야 할 지 몰라서 고민했었는데, 이젠 얇은 옷을 입어도 괜찮구나.

잘 지내고 있니? 재수하면서 힘들 때마다 나에게 희망과 용기를 주었던 너였었는데, 새내기라서 바쁘다는 핑계로 너무 무심했던 것 같구나. 미안해. 그래도 너에 대한 내 우정에는 변함이 없다는 걸 알아줘. 대학 생활이 어떻냐고(→어떠냐고) 물어봤었지. 처음엔 혼란스러웠어. 대학에 대한 환상에 젖었는데(→젖어 있었는데,) 막상 이 곳에 와 보니 내 생각과 너무도 틀리고(→다르고) 고등학교 때와 별 차이가 없었어. '내가 이런 곳에 오기 위해 십 년이 넘게 공부해 왔었나?' 하는 허무한 생각도 들었거든.

그런데 이젠 그런 생각 안 해. 우리 학과 선배들이 주축이 된 토론 모임에 들어 새로운 대학 문화를 접하고 있기 때문이지. 처음 이 토론 모임에 들 때에는 내가 좋아하는 선배님들과 더 친해지기 위해서 별 생각 없이 들었는데, 지금은 토론하는 것에 대한 재미를 느끼고 있단다. 내가 이제껏 생각하지 못했던 부분들을 토론을 통해 알 수도 있고, 내가 생각했던 것들을 자유롭게 이야기할 수 있어서 너무 좋아. 그리고 이 모임에는 나와 학번 차이가 나는 선배들이 많아서인지 토론에 깊이가 있다고나 할까? 가볍게 넘길 사항에 대해서도 사회학적으로, 역사적으로 분석해. 그래서 그런지 적은 부분에 대해 깊이 생각할 수도 있고, 세상을 새롭게 바라보게 된단다. 지금은 처음이라서 많이 모자라지만 선배들로부터 많은 것을 배워 더 넓게 세상을 바라볼 수 있는 안목을 가질 수 있게(→있도록) 노력해야겠어.

내 이야기 읽느라 지루하진 않았니? 네가 옆에 있었더라면 더 많은 이야기를 할 수 있었을 텐데, 짧은 편지글이라 진지하게 많은 이야기를 할 수 없었던 것 같구나. 다음에 만나면 더 많은 이야기를 하자꾸나. 학교생활 열심히 하고 이번에 치는 중간고사 잘 쳐라. 그럼 안녕.

2000년 4월 일

너의 친구 ○○

이 학생의 편지에는 알맹이가 없다. 두 친구는 모두 대학교 새내기인 듯하다. 그렇다면 깊이 있는 삶의 이야기랑, 서로에게 도움을 줄 수가 있을 이야기들이 많이 있을 것이다. 이 편지에는 두 가지 내용이 들어 있다. 하나는 '대학이 고등학교와 별로 다른 것 같지 않아 허무한 생각이 들었다.' 는 것과 '요즈음은 학과 선배들이 주축이 된 토론회에 열심히 참가하고 있다.' 는 것이다. 그런데 이 두 가지 다 그 구체적인 내용이 무엇인지 알 수가 없다. 대학에 들어와 허무한 마음을 갖게 된 구체적인 내용이 무엇인지 밝혀져 있지 않다. 교수들의 강의 때문인지, 학교 시설이 마음에 들지 않았는지, 사귈만한 친구가 별로 없었는지 하는 등등을 구체적으로 지직해야 편지를 받는 친구가 실감을 느낄 수 있고, 그래야 뭔가 충고를 해 줄 수도 있을 것이다. 토론 모임에 참가하고 있다는 것도 마찬가지다. 토론한 구체적인 내용을 이야기하며, '이런 점이 어떤 면에서 좋더라, 이런 점은 어떤 면에서 고쳐야 되겠더라.' 라고 해야 내가 생각하고 살아가는 현실에 대해 친구가 실감할 수 있을 것이다. 대부분의 글이 마찬가지이지만 특히 편지글은 구체적인 내용, 구체적인 예를 들면서 써야만 상대방이 살아가는 모습을 생생히 떠올릴 수 있게 된다.

## 13. 바탕글로 상상해 글 써 보기

글은 머릿속에 든 생각을 밖으로 드러낸 것이다. 그러므로 한 편의 글을 쓰기 위해서는 생각을 잘 정리하거나 생각을 확대하거나 하는 생각하는 힘을 기르는 것이 무엇보다 중요하다. 생각하는 힘을 기르는 것 중의 하나로 상상해 보기가 있다. 상상은 논리성을 초월한 것이므로 허황한 생각이 되기 쉽다. 그러나 허황한 생각이라 하더라도 현실과 조금만이라도 관계를 맺을 수 있다면 위대한 창조물을 만들어낼 수가 있다. 이 상상하는 힘을 기르며 동시에 글쓰는 힘을 기르기 위해서 할 수 있는 일 중의 하나가, 어떤 바탕글을 주고 그것을 토대로 상상을 해 보게 하는 것이다.

[보기 1]

▶ 제시문 : 다음 시를 읽고, 그것을 이야기로 만들어 보자.

### 약현 성당

정호승

서울역을 떠돌던 부랑자 한 사람이

중림동 약현 성당 안으로 기어들어와
커튼에 라이터를 켜대었을 때
성당이 불길에 휩싸였을 때

불이야!
봄을 기다리던 제비꽃이
땅 속에서 소리쳤다

아무리 소리쳐도 성모님은
가만히 불길을 보고만 있었다.
천장이 뚫리고 종탑이 무너져 내려도
성모님은 그대로 가만히 있었다

불이 꺼진 뒤
무너진 종탑을 바라보며 사람들은
성당을 찾아온 부랑자들에게
애초부터 밥을 해주지 말아야 했다고
미사를 드렸다

그 때 제비꽃은 들을 수 있었다
무너진 종탑에서 울리는 성당의 종소리를
그들을 미워하지 말자
그들을 돌보지 못한 우리의 책임이 크다고 울리는
성당의 종소리를

위의 시를 읽고 이야기로 만들어 보기 위해서는 먼저 몇 가지를 상상해 보아야 한다.
첫째, 인물을 어떻게 설정해야 할 것인가를 생각해 본다. 여기서는 신부나 수녀를 중심인물로 설정할 수 있겠다. 노숙자들의 딱한 사정을 동정하던 신부(수녀)가 그들에게 점심 한 끼라도 대접하려는 뜻을 교인들과 의논하여 그것을 시행하는 과정이 설명되어야 하겠다.

둘째, 약현 성당의 무료 급식이 노숙자들에게 알려지는 과정과, 약현 성당을 찾아오는 노숙자들의 수가 늘어나자 그것으로 일어나는 여러 가지 문제점들을 생각해 볼 수 있겠다.

셋째, 약현 성당에 불이 나게 되는 상황이 그럴듯하게 설명되어야겠다. 그러기 위해서는 추운 어느 날 한 노숙자가 성당으로 몰래 들어와 추위를 견디기 위해 불을 피우려고 하다가 잘못하여 불이 나게 되는 과정이 설명되어야 할 것이다.

넷째, 불이 나고, 그것을 끄는 과정과 불을 끈 뒤의 이야기가 있어야 하겠다.

## 약현 성당의 불

(학생 글)

중림동에는 '약현'이라는 성당이 있었다. 그 성당에는 한 분의 신부님과 그를 따르는 신도가 꽤 많았다. 성당 규모도 다른 곳에 비해 큰 편이었다. 어느 날인가 남루한 옷차림에 비쩍 마른 한 사람이 약현 성당에 찾아 들었다. 겉모습만 보아도 서울역 근처를 떠도는 부랑자라는 것을 한눈에 알 수 있었다. 몇 일(→며칠)을 굶었는지 초췌한 얼굴에 힘없이 비틀거리며 (초췌한 얼굴로) 성당 안을 여기저기 둘러보더니 양지 쪽 담벽에 웅크리고 앉았다. 해바라기를 했다.

그런 사람을 누가 거들떠보기라고 할까? 해질 무렵까지 그렇게 앉아 있어도 아무도 눈길을 주지 않았는데, 외출을 했다가 돌아오시던 신부님이 발견을 하고 따뜻이 맞아주었다. 밥도 지어 먹이고 잠시 돌보아주었다. 그 날 이후, 약현 성당을 찾는 사람은 하나, 둘 늘기 시작했다. 그리고 서울역과 지하도를 떠도는 부랑인들 사이에서는 약현 성당이 끼니를 해결할 수 있는 곳으로 알려졌다. 성당의 신도들은 처음에는 신부님의 뜻에 따라 부랑인들에게 밥이며 옷가지 등을 나누어주었지만, 식사시간만 되면 이젠 줄을 서야 할 정도로 숫자가 늘어나자 신부님에게 부랑인들을 돌보는 것을 그만하도록 간청하기도 했다. 하지만 신부님은 그럴 때마다 신도들에게 웃어 보이며,

"저들은 우리가 돌보아야 할 우리의 형제요 자매입니다."

하시며 계속 그 일을 묵묵히 했다.

그러던 어느 추운 날 새벽 부랑자 한 사람이 약현 성당을 찾았다. 추위를 잠깐이나마 피해보려고 성당을 찾았지만 성당 안 역시 썰렁하기는 바깥과 다를 바 없었다. 그는 너무 추운 나머지, 휴지 등을 모아 성당 한 구석에 쭈그리고 앉아 불을 피웠다. 그러나 잠시 추위만 피하려던 그 불은 커텐(→커튼)에 옮겨 붙어 성당 안을 서서히 태웠고, 건조한 공기와 겨울바람을 타고 겉잡을 수없이 번져갔고(→번져가) 급기야 성당 전체를 태웠다.

성낭에 불이 난 것을 알자, 성당 주위 주민들과 신도들은 성당으로 모여들어 불을 끄려고 사력을 다했지만, 매서운 겨울 바람은 사람들의 노력을 헛수고로 만들었다. 결국 사람들은 활활 타는 불을 지켜볼 수밖에 없었다. 그 사람들 속에는 허름한 옷차림의 부랑인도 멍한 표정으로 쳐다보고 있었다. 사람들은 수군대기 시작했다. 그리고 그 사람을 방화범으로 몰아 동네 파출소로 끌고 갔다.

불이 꺼진 뒤 성당을 찾은 신도들은 저마다 한마디씩 해댔다. 애초부터 거리를 떠도는 부랑자들을 맞아들이는 게 아니었다고, 그리고 그런 사람들에게 괜히 밥을 해 먹였다고. 하지만 그 때도 신부님은 여느 때처럼 말씀을 하셨다.

"그들을 미워하지 맙시다. 그들을 돌보지 못한 우리의 책임이 큽니다."

그리고 살며시 미소를 지어 보이셨다. 불타고 무너져 내린 성당을 미소를 지으면 지켜보시는 성모님처럼...

이 글은 위의 시를 바탕으로 하여 신부님이 훌륭한 분이시라는 것에 중점을 두고 이야기로 만들었다. 이야기가 단순하나 글 쓴 학생의 상상력이 잘 드러나 있다.

[보기 2]

▶ 제시문 : 김수희의 노래 〈애모〉의 가사를 바탕으로 한 편의 이야기를 만들어보자.

애모

그대 가슴에 얼굴을 묻고
오늘은 울고 싶어라
세월의 강 건너
우리 사랑은 눈물 따라 흔들리는데
얼마만큼 나 더 살아야
그대를 잊을 수 있나
한 마디 말이 모자라서
다가설 수 없는 사람아

그대 앞에만 서면 나는 왜 작아지는가
그대 등 뒤에 서면 내 눈은 젖어드는가
사랑 때문에 침묵해야할 나는 당신의 여자
그리고 추억이 있는 한 당신은 나의 남자요

## 이룰 수 없는 사랑

(학생 글)

1990년 3월의 어느 늦은 밤.

그녀는 내일이면 대학생이 된다는 기쁨과 부모님 곁을 떠나야 한다는 슬픔이 뒤섞여서 마음이 혼란한 상태다. 그녀의 나이는 20세. 이름은 허정연이다. 부모님 슬하에서 외동딸로 귀여움을 독차지해 온 그녀이기에 고집도 세고, 애교도 많으며 밝은 성격을 지녔다. 가정이 그리 부유하지는 않지만 k대학교를 거쳐 그녀의 꿈대로 교수가 되기를 부모님은 바랬고, 또 뒷받침을 충분히 해 주고 있다. 정연이는 k대학교 국문과에 입학했다. 인생을 아주 낭만적으로 살기를 꿈꾸는 환상에 젖은 소녀이기도 했다.

k대학교의 입학식을 마치고 부모님과의 아쉬운 이별을 하며(→하자), 그녀의 새로운 생활은 막을 올리게 된다. 정연이가 민우를 만난 것은 5월의 축제가 한창 열기로 달아오를 때였다. 그의 이름은 오민우였고, k대학교 경제학과를 다니고 있었다. 정연이는 유독 그에게서만은 눈을 뗄 수 없다는 느낌을 받았고, 계속해서 그는 정연이의 마음속에 자리 잡아가기 시작했다. 평범한 가정에서 자란 그는 서울 태생이고, 지금은 2학년에 재학중이다. 정연이가 오민우에 대해서 아는 전부였다. 둘은 캠퍼스에서 자주 부딪혔다. 교양 수업 중에는 같이 듣는 수업도 있었고, 그녀의 하숙집과 그의 집은 방향도 같았다.(→같아 하교길에 자주 만나게 되었다.)

그러던 어느 가을, 캠퍼스가(→이) 절정에 다다를 때에 즈음하여, 정연이는 작은 쪽지를 받게 되었다. 바로 민우로부터 온 것이었다. 도서관 앞에서 만난 두 사람은 자연스럽게 이야기를 하며 캠퍼스를 거닐었다. 마치 오랜 시간동안 서로를 기다려 왔다는 듯이...... 두 사람은 성격이 잘 어울렸고, 서로가 좋아하고 있었다는 걸 확인할 수 있었다.

12월이면 민우는 군대를 간다. 두 사람 사이는 이것을 이유로 해서인지 더욱 급속하게 발전되어 갔고, 불과 두 달 사이에 사랑이라는 느낌을 갖게 되었다. 캠퍼스 곳곳에(→에서) 둘만의 추억을 그려 갔고, 정연이가 생각해 온 낭만적인 사랑이 그대로 실현되어 가는 하루하루였다.

드디어 민우가 군대를 가는 날이었다. 정연이는 기다리겠다는 약속을 하지는 않았지만 두 사람의 침묵 속에서는 그것을 느낄 수가 있었다.

정연이는 혼자가 되었다. 처음에는 감당할 수 없이 힘든 하루하루였으나, 차츰 본래의 생활을 되찾아 갔고, 민우에게 정성어린 색색깔의 편지를 보내는 것이 하루의 행복이었다. 두 사람의 사랑은 편지를 통해 더더욱 깊어 갔다.

정연이는 학교 생활을 열심히 해 가며 교수의 꿈을 키워 나갔다. 그렇게 시간이 흘러 민우의 제대 일이 오게 되었다. 정연이는 민우를 마중 나갔고, 눈물을 흘리며 민우의 품에 꼬옥 안겼다. 둘의 사랑은 변하지 않았음을 모두가 알 수(→확인할 수) 있었다. 정연이는 민우와 제대로 행복을 되찾았고, 두 사람 사이에는 그 무엇도 끼여들 수 없을 것 같았다.

정연이는 졸업을 앞두고 대학원 진학과 유학 사이에서 갈등을 하게 되었다. 부모님은 유학을 권장하였으나, 정연이는 민우 곁을 떠나고 싶지가 않았다. 정연이와 민우는 한동안 그 문제로 고민을 함께 했고(→다.) 결국 정연이의 유학으로 결정되게 되었다. 물론 민우의 설득으로(→설득에 의한 것이다.) 정연이는 눈물을 흘리며 민우의 생각에 동의하게 된 것이었다.

정연이가 출국을 하는 날, 민우는 정연이를 보며 웃었다. 그리고

"사랑해. 꼭 너의 지식에(→너가 계획한 대로) 많은 성과를 거두고 돌아와야 해. 늘 내가 있다는 걸 잊지 마."

라는 말로 정연이를 위로했다.

민우는 정연이를 보내고, 한 동안 넋이 나간 듯 했지만, 곧 자신의 생활로 돌아갔다. 정연이는 공부를 하러 갔을 뿐이라는 말을 계속 되뇌면서....... 민우는 정연이를 위해서 더 열심히 공부를 했고, 마음 속 가득히 정연이와의 추억을 안고 지냈다. 캠퍼스 구석구석에 그들만의 추억은(→이) 배여 있었고(→있어), 언제 가서 보더라도 민우의 입가에는 그 때를 회상하는 미소가 번졌다. 그렇게 2년의 시간이 흘러 민우도 4학년이 되고 정연이는 1년만 더 있으면 돌아오게 된다(→되었다).

그러던 어느 날 민우에게 한 여자가 다가오기 시작했다. 그녀의 이름은 백정란이었고 S그룹 백회장의 딸이었다. 백회장은 k대학 경영학과 출신으로 민우가 가장 존경하는 경영인이었다. 역시 백회장도 민우를 눈여겨보고 있었고(→눈여겨보며), 민우가 사위로 좋을 것 같다는 말을 늘 정란이에게 했었다. 정란이는 아버지의 얘기만을 듣고 민우에게 좋은 감정을 지닌 상태였다. 그런데 정란이가 유학을 마치고 k대학교 음대 4학년에 복학을 하게 되면서, 둘의 만남은 시작되었다. 정란은 민우에게 첫눈에 반해 버렸고 민우도 정란에게서 묘한 감정을 느끼게 되었다. 민우는 그런 자신을 책망하며(→책망하면서) 정연이에게 편지를 쓰며 정연에 대한 사랑을 다짐했다.

정연은 유럽의 낭만 속에서 국문학에 깊이 매료되어 있었다. 학문을 하는 기쁨에 젖어 민우에게 소홀해지기도 했지만, 편안한 느낌으로 언제나 정연이의 마음속에 가득 차 있는 소중한 사람이었다. 정연과 민우는 2년 남짓한 시간을 함께 보낸 기억으로 서로를 귀하고 소중한 사람이라고 생각했고, 그것을 사랑이라고 느꼈다. 그

러나 떨어져 있는 시간이 길어지면서, 서로는 자유롭게 상대방을 멀리하여도 단지 바빠서라고, 이해를 할 것이라고 생각했다. 그러나 민우는 조금 달랐다. 정란과 친구처럼 지내면서, (여성의 아름다움과 사람이 같이 지내면서) 서로를 조금은 구속할 수 있는 그런 사랑이 너무도 그리웠다. 민우는 정연에게 사랑한다는 말을 편지에 줄곧 보냈지만, 정연은 단 한 번도 진실로 사랑한다는 사연을 보낸 적은 없었다. 정연은 그 곳 생활, 자신이 지은 시나 글을 통해 민우가 편하고 소중하고 좋은 사람이라는 것을 전했지만, 왠지 그것은 오랜 친구 사이에 주고받아야 할 것들처럼 민우에게 와 닿기 시작했다. 정연의 사랑 법은 그랬는지도 모른다. 민우가 절절하게 그립고 사랑한다고 느끼면서도 상대방의 자유를 위해 자신의 안부나 간단한 사연, 그리고 자신의 학문의 성취를 전하는 것으로 대신했는지도......

민우는 정연에 대한 사랑을 지니고 있으면서도, 정연의 마음이 의심스러워졌다. 정연은 자신을 몹시 사랑하는 것이 아니라, 소중한 사람으로 생각할 뿐인지도 모른다는 괴로움에 며칠을 술로 달래기도 했다. 그럴 때마다 정란은 늘 곁에 있어 주었고 민우의 아픔에 같이 눈물을 흘렸다. 정란은

"나는 당신의 이름을 듣던 순간부터 당신과 내가 마주하고 있는 이 시간까지 당신만을 생 각하고 사랑했어요."

라는 고백으로 민우를 더욱 혼란에 빠뜨려 버리게 된다.(빠뜨렸다.) 민우는 정란과 여전히 친구로 지낼 것을 또 다짐하지만......

세월이 흘러 민우는 졸업을 하고, 정연의 귀국 일이 바로 내일로 다가왔다. 민우는 S그룹에 취직을 하게 되고, 정란과는 깊은 친분으로 지내는 사이로 발전하게 된다. 민우와 정연은 드디어 공항에서 3년의 긴 헤어짐 동안의 그리움을 나누며 서로를 꼭 껴안았다. 그러나 정연이 정란과 민우가 다정히 지내는 모습조차도 그렇게 신경 쓰지 않는 것을 보고(→보고는) 민우는 정말 정연에 대해 다시 한 번 생각해 보게 된다. 정연은 다시 S대학교 대학원에 진학하고 연구에 몰두하게 된다. 정연이 귀국한 지 3년의 세월이 흐르는 동안 민우와 정연 사이에는 늘 똑같은 거리를 유지할 뿐 더 이상의 진전이 보이지 않았다. 그저 오랜 친구처럼 주위에서도 생각할 뿐 10년 사귐의 연인이라 하기에는 서로가 너무 멀어 보였다. 그러나 정란과는 사정이 달랐다. 백 회장과의 잦은 만남으로 민우는 자연히 정란과 가까이 지

내는 시간이 많아졌고, 정란은 늘 새로운 느낌으로 민우의 가슴을 설레게 했다. 민우는 이제 결혼을 해야 한다. 그러나 정연은 2년의 시간을 더 가져야 결혼에 대한 여유가 생길 것 같다고 입버릇처럼 말해 왔고, 그 상대가 민우라고는 얘기한 적이 없었다. 민우는 정란에게서 결혼하자는 제의를 받았고 민우도 왠지 안정하고 싶은 욕구가 강하게 느껴지고 있었다. 민우는 일 주일 동안의 휴가를 받아 여행을 떠나기로 결심한다. 이유는 자신의 마음을 결정하기 위해서였다.

민우가 돌아오자 그의 집에는 편지들이 가득했다. 모두가 정란의 것이었고, 정연의 편지는 단 한 통이었다. 역시 학문에 관한 이야기, 사람들과의 만남 등에 관해서였다. 민우도 이미 결정을 내린 상태였다. 상대는 바로 백정란이었다. 정연과의 사랑이 오래 되었지만, 너무 어린 나이에 서로를 그저 좋아서 사랑이라고 생각했지만(→했을 뿐), 정란에게는 그와는 다른 느낌으로 지속되어 오고 있다는 판단 때문이었다.

민우는 정란에게 이 사실을 모두 고백했고, S그룹의 후계자라는 이름을 달고 결혼을 준비하기 시작했다. 민우는 정연을 만나 사실을 모두 얘기하고 좋은 친구로 지내자는 말을 남겼다. 원래 고집이 센 정연은 단지 웃으며,

"그래, 행복하기를 바랄 뿐이야."

라는 말을 했다. 민우는 정연에게서 진실로 듣고 싶은 말이 있었다. 그것은

'너를 사랑했고 지금도 사랑한다.'

고 하는 한 마디였는데...... 민우는 자신의 결정이 옳았음을 느끼고 마음이 아픔을 참으며 정연과의 사랑을 정리해 나갔다. 이것이 그들의 마지막 만남이었다.

8년의 세월이 흐른 지금 민우는 S그룹의 부사장이 되었고, 정연은 민우에 대한 사랑을 담은 글을 쓰고 있다. 그랬다. 정연은 민우의 빈 자리를 통해 그녀 자신이 얼마나 민우를 사랑했는지를 느꼈고, 그에게 '사랑한다'는 말을 할 용기가 나지 않는 것을(→않았음을) 책망했다. 그녀는 그의 발전된 모습을 보며 도저히 다가갈 수 없는 곳에 있다고 느꼈고 그를 볼 때마다 자신의 초라함을 느끼며 눈물 흘린다. 정연은 지방 대학 교수이고, 작가이지만 자신의 꿈보다 '사랑한다'는 말을 진실로 할 수 있기 위한 시간이 더 소중하다는 것을 글을 통해 표현하고 있다. 그에게 그 말 한 마디 해 준 적이 없지만 그는 분명 자신의 남자이고, 그녀는 그의 여

자임을 글을 통해 모든 사람들에게 말하고 있다. 그렇지만 사랑은(→사랑을 이루기엔) 늦어 버린 것이 분명하고 그는 떠난 사람임에 분명하다. 나는 두 사람의 사랑을 보면서 많은 것을 느꼈다. 사랑은 용기와 진실 됨으로 늘 표현하며 서로를 구속하진 않아도 확신을 주어야 한다는 것을...... 사랑하는 사람들에게 말해 주고 싶다. 곁에 있는 소중하고 사랑스런 사람에게 꼭 말해 주기를 "나는 당신을 사랑합니다. 진실로."

이 학생은 상상력이 풍부하고 문장력이 있다. 시간의 흐름에 따라 진행되는 긴 이야기를 잘 이끌어가고 있다. 그러나 몇 가지 잘못 된 점이 있다. 우선 제목이 '이룰 수 없는 사랑' 이라고 한 것이 잘못이다. 이 글에 나오는 이야기는 이룰 수 없는 사랑이 아니다. 정연에게 뜨거운 마음이 없었기 때문에, 사랑이 결실을 맺지 못한 것이지, 어느 누구의 잘못도 아니기 때문이다. 다음으로 이 글은 '애모' 의 가사 내용과는 전혀 다른 이야기이다. 애모에 나오는 그대는 범접하기 힘든 어떤 존재를 상징적으로 표현하고 있는 것이다. 민우는 정연에게, 또는 정연에게 민우는 그런 존재가 아니다. 그저 보통 사람들보다는 학식이 더 높고 경제적으로 부유한 사람일 뿐이다. 그러므로 가사의 내용과는 전혀 다른 이야기를 글로 쓴 것이다. 바탕글을 자료로 하여 상상할 때는 바탕글의 주제를 떠나서는 안 된다. 제 마음대로 상상하는 글을 쓴다면, 애초에 바탕글이 무엇 때문에 필요하겠는가?

## 14. 자유로운 소재로 글쓰기

자유로운 소재로 글쓰기는 이제까지 연습한 글쓰기를 바탕으로 쓰고 싶은 글을 써 보는 것이다. 이러한 경우에도 자기가 경험을 일을 바탕으로 글감을 택하여 주제를 정하고, 개요를 작성하여 글을 써는 것이 효과적이다.

### 가을을 보내며

(학생 글)

어느새 점점 찬바람이 불기 시작하고 가을도 점점 떠나가고 있는 것 같다. 그리고 어느덧 나의 1학년 대학생활도 이제 겨우 한 달 남짓 남았다. 그동안 내가 이루어 놓은 것들은 무엇이 있는지 되돌아보면서 바람에 흩날리는 낙엽 위에, 이 학교에 처음 온 그 순간부터 지금까지의 기억들을 하나씩 하나씩 그려본다.

오리엔테이션 날. 처음 와 본 경상대학교의 넓은 캠퍼스를 거닐면서 '나도 이제 드디어 대학생이구나. 이곳에서 나의 꿈을 하나둘씩 이뤄나가야겠다.' 라는 다짐을 했던 생각이 난다. 대학생이 되면 해보고 싶은 것들이 참 많았다. 이쁜 여자 친구를 만들어서 대학가의 맛있는 음식점들을 한번 씩 다 가보는 여유를 즐겨볼까. 혹은 멋진 곳으로 배낭여행을 한번 떠나볼까... 그동안 무척 하고 싶었지만 해보지 못했던 일들을 모두 꼭 해 보리라 마음먹으며 무척 설레어하던 나의 모습이 떠오른다. 하지만 그 중 어느 것 하나 제대로 해보지 못했다는 생각에 내 마음은 이내 아쉬움으로 젖어든다.

1학기 동안은 대학생활에 적응을 하는 기간이었다. 수업 첫날에는 강의실을 찾기 위해 넓디넓은 학교 안을 이리저리 오가며 무척 해매였었다. 그땐 캠퍼스의 곳곳이 잘 파악이 잘 되지 않아서 정말 당황스럽고 난감했었는데, 지금 생각해보면 바보 같았던 나의 모습에 그저 입가에 미소가 지어질 뿐이다. 곳곳에 캠퍼스 시도가 배치되어 있으면 좋겠다는 생각을 하면서 그렇게 조금씩 대학 생활에 적응해 나갔다.

고등학교 때와는 다른 수업방식과 억압적인 환경에서 벗어나 모든 일을 나 자신이 자율적으로 해야 한다는 것이 무척 새로웠고, 그리고 그만큼 책임감이 주어지는 것 또한 느낄 수 있었다. 무엇보다도 시간 활용의 중요성을 깨닫게 해 준 것은 수업시간들 사이사이의 비는 시간 이었다. 이른 아침부터 학교에 나가서 하루 종일 연달아 공부를 하는 중·고등학교 때의 수업방식에 익숙해있던 우리들에게, 비는 시간은 어쩌면 폐인으로 향하는 탈출구였다고나 할까. 존경하는 교수님들의 어렵고 지루한 수업 뒤에 항상 어김없이 찾아오는 비는 시간은 확실히 우리들에게 자유를 만끽할 수 있는 탈출구가 되어 주었으나 그때마다 우리가 향하는 곳은 늘 PC방이었고, 그곳에서 우리는 하나 둘씩 컴퓨터 게임 속 폐인이 되어갔다. 그렇게 갈팡질팡하며 시간을 죽인 뒤에 언제나 찾아오는 것은 내 가슴속의 한구석부터 밀려들어오는 허무함과 공허함이었다. 그것을 절실히 느꼈음에도 불구하고 왜 나는 그때 좀 더 유익하게 시간을 보내려고 하지 않았는지...

학기 초에는 여러 가지 과행사가 많았는데 개강총회다 대면식이다 해서 술을 마시게 되는 기회가 무척 많았다. 아직 같은 학과 친구들과도 서로 잘 모르던 터라 새로운 사람들과 친해질 수 있는 좋은 기회라고 생각하면서 적극적으로 참여했다. 확실히 술이란 것은 처음 보는 얼굴들 앞에서 나 자신을 좀 더 자신 있게 어필 할 수 있는 좋은 도구였다. 술이란 놈의 그 매력적인 힘의 효과를 톡톡히 보았고, 과 친구들도 여럿 사귀게 되어 매우 만족스러웠다.

중간고사를 마친 뒤 시작한 체육대회는 대학문화의 또 다른 맛을 느낄 수 있었던 행사였다. 햇살이 따갑게 내리쬐는 운동장에서 하루 종일 있어야 했기 때문에 살갗이 새카맣게 타들어가는 고통이 따랐지만 선배와 후배들이 모두 옹기종기 모여앉아 과전체가 하나 됨을 느낄 수 있는 즐겁고 유쾌한 시간이었다. 각 학과끼리의 응원전 또한 아주 볼만한 풍경이었다. 특히 우리 학과의 선수들이 선전하고 있을 때의 환호성과 그 통쾌함이란 이루 말할 수 없을 것이다. 그런 한편 각 학과끼리의 경쟁이 너무 치열하다보니 경기 도중 서로 다툼이 일어나기도 하였는데, 별것 아닌 것에 서로 입에 담지 못할 심한 욕을 해대는 모습에 모두들 안타까움을 금치 못했다.

체육대회를 비롯한 모든 학과행사 일정과 기말고사가 끝난 즉시 여름방학에 들어갔다. 두 달가량의 방학 동안 아버지 직장 일을 도우면서 보낸 뒤에, 다시 2학기가 찾아왔을 때 그동안 보지 못했던 친구들의 얼굴이 무척 반갑게 느껴지는 것은 방학이 정말 길고 지루했음을 깨닫게 해주었다. 2학기 중간고사를 무사히 치르고 난 나는 점점 떠나가고 있는 가을을 조금이라도 더 붙잡고 싶은 마음에 또 다시 노랗게, 빨갛게 물이든 낙엽들을 바라보며 캠퍼스 정원을 거닐었다. 가을은 열매맺고 결실하는 계절이라고 하는데 지나간 학기 동안 나는 결실을 맺을 수 있을 만큼 알찬시간을 보냈던가. 아니면 그저 떨어지는 낙엽에 머무르고 말았을까? 낙엽을 보며 생각을 해본다.

위 글은 가을이 되어 대학 생활 1년을 되돌아보며 쓴 것이다. 학기 초에 낯설고 당황했던 일과 대학생활에 익숙해지면서 있었던 일들을 적었다. 이렇게 자신이 겪었던 일들 통하여 자기의 생활을 반성하고 그것을 글로 적어보는 것은 글쓰기의 좋은 모습이라 하겠다.

## 삶의 여유를 찾게 해준 비

(학생 글)

사실 나는 비가 오는 날을 별로 좋아하지 않는다. 영화나 소설 속에서처럼 낭만적인 추억도 없을 뿐더러, 왠지 모르게 몸이 피곤하고 나른해진다. 오늘처럼 장마가 시작된 것은 나에게 있어 무엇에도 비할 수 없는 스트레스다. 하지만 이런 것들을 언제까지나 징크스로 가지고 살수 없다. 이제는 비가 오는 날에도 떠올릴 수 있을만한 작은 추억을 하나, 둘 만들어 가면서 극복해야 할 것 같다. 예전부터 비가 오는 날에 이렇게 하면 좋을 것 같다는 생각을 한 적이 있다.

지금은 학교가 집에서 멀어 혼자 자취를 하며 지내지만, 고등학교 때 까지만 해도 어머니가 해주시는 밥을 먹으며 학교를 다녔다. 평일에는 우리나라 모든 학생들이 그렇듯 아침부터 바쁘게 챙겨 학교에 갔다가 저녁 늦게 집에 돌아왔나. 그러게 평일을 정신없이 보내다 보면 주말이 몹시 그리울 때가 많다. 그렇게 주말이 되면 방안에 누워 텔레비전을 보다가 낮잠을 자는 재미는 이루 말로 표현 할 수 없이 행복하다. 마땅히 하는 것은 없지만, 일주일동안 쌓였던 피로를 한가로이 보내면서 풀 수 있다는 것은 더 없는 축복이다. 그러다 비라도 오는 날이면 어머니께서는 종종 부침개를 붙여 주시곤 하셨는데, 비오는 날 방안에서 텔레비전을 보며 먹는 부침개 맛은 천하일품이다. 아마 그 맛은 한가로이 시간을 보내면 먹는 것이 제맛일 것이다.

창밖으로 내리는 비를 보며 음악을 듣는 것도 또한 분위기 잡기 좋은 일이다. 예전 흘러간 올드 팝송이나 가요를 들으면서 따뜻한 커피나 녹차 한잔을 마시면 온몸이 따뜻해지면서 잠시 힘든 일상을 잊고, 조금은 일탈을 꿈꾸는 시간을 가질 수 있을지도 모른다. 요즘처럼 날씨가 무더울 때는 따뜻한 커피보단 차가운 얼음이 몇 조각 들어간 아이스커피도 좋을 것 같다. 시원하게 넘어가는 커피를 천천히 음미하며 마신다면 더 맛있게 느껴 질 것이다.

비가 적당히 내리는 오후, 우산 하나에 몸을 맡긴 채 길게 뻗어 있는 가로수 길을 걷는 것은 마치 자기 자신이 시인이나 영화배우가 된 듯한 그런 기분이 들게 할지도 모르겠다. 천천히 가로수 밑을 지나가면, 우산위로 떨어지는 빗방울 소리가 노래를 연주해 주는 듯 즐겁게 들릴 것이다. 그리고 나도 한걸음, 한걸음 천천히 발을 내딛으며 박자에 몸을 맞춰 걸을 수 있을지도 모른다.

이런 생각들을 해보면 비가 내리는 것도 그렇게 나쁠 것 같지 않다. 그리고 위에 써 놓은 글을 천천히 다시 읽어 보며 한번 생각 해 보았다. 할 것이 있든 없든 내 마음은 항상 바쁘고 무엇에게 쫓기는 듯한 마음으로 살아왔는데, 이런 나에게 비는 빠르게 진행되는 것을 막는 장애물로만 여겨져 싫었었나 보다하고 말이다. 사실은 길가의 웅덩이에 고인 물이 장애물이 아니라 내 마음속의 조급함이 스스로에게 장애물을 가지게 한 셈이다. 이렇게 나는 바보처럼 스스로를 혹사 시키며 살아왔나보다. 살면서 조금만 여유를 가지고 살았더라면 항상 웃을 수 있는 사람이 되었을 텐데 말이다. 이제는 가뭄었던 봄날에 내리는 봄비가 농부의 마음에는 오아시스처럼 반갑듯, 조금은 삶의 여유를 가지고 비를 바라 볼 수 있을 것 같다. 이제 나에게 있어 비는 더 이상 장애물이 아니라, 청량 음료수처럼 삶의 여유를 찾게 해주는 그런 선물일 것이다.

이 글은 비오는 날 여유롭게 사물을 대할 수 있는 마음을 적었다. 글의 전체적인 짜임도 무난하고 문장력도 괜찮은 편이다. 비오는 날 바쁜 일상에서 잠시 자기를 되돌아보는 여유를 찾는 것은 글쓰기의 좋은 재료가 될 수 있다. 그러나 자칫하면 이런 유형의 글은 알맹이가 없는 공허한 글이 되기 쉽다. 비 내리는 풍경을 보며 커피를 마시며 음악을 듣고, 비를 맞으며 거리를 걷는 것을 멋스럽게 생각하는 글이 되면 알맹이가 없는 글이 된다. 이 글에서도 항상 쫓기듯이 살아온 자신의 삶을 되돌아보는 일이 없었다면 공허한 글이 되었을 것이다.

# 15. 취업 작문

작문을 시험 과목으로 부과하는 회사들이 많다. 특히 언론사에서는 반드시 작문이 시험과목으로 부과된다. 경우에 따라서는 작문과 논술을 함께 부과하기도 한다. 이 경우 작문은 수필 형식의 글로 문장력이 중시되고, 논술을 자기의 주장을 얼마나 논리적으로 서술하고 있는가가 중시된다.

## 논술 시험

언론사의 경우는 입사 논술 시험은 보통 시사성이 있는 문제나, 언론의 역할 등에 관한 문제가 자주 출제된다. 논술시험의 당락은 제시된 시간 안에 요구한 분량을 얼마나 논리적으로 쓸 수 있는가가 관건이다. 일반적으로 2시간 안에 2000-2500자 내외의 분량을 요구하고 있는데, 요구된 분량을 채우지 못하면 좋은 점수를 받기 어렵다. 그렇기 때문에 무엇을 외워서 쓴다는 생각보다는 평소 국내외적으로 문제가 되고 사안들에 대해 관심을 가지고 깊이 있는 이해가 있어야 한다. 시험에 임해서는 주어진 과제를 잘 분석하고, 무엇을 어떻게 쓸 것인가를 구상하여 개요를 작성하고 개요에 따라 써나가는 것이 효과적이다.

## 문제 - 정보화 사회에 대하여 논하라.

현대 사회는 정보화시대이다. 21세기의 벽두인 지금 우리는 정보화의 홍수 속에 살고 있다. 뉴미디어와 새로운 디지털 기기들의 급속한 발전으로 인해 정보화 사회는 더욱 가속화되고 있으며, 이러한 기술들은 생활을 더욱 편리하게 만들어주고 있다. 이제 정보는 생활이 일부분이 되었으며 현대 사회의 필수 요소가 된 지 오래다. 그러나 최근 정보화 사회의 부작용들이 많이 나타나고 있는데, 이들이 문제점은 무엇이며, 올바른 정보화 사회를 정착시키기 위해 선행되어야 할 것은 무엇인지 검토해봐야 할 때다.

정보화 사회는 사람들의 생활에 많은 편의와 혜택을 가져다주었다. 컴퓨터의 보급과 인터넷의 활용 등으로 인하여 재택근무나 사이버대학 강의가 이루어지게 되었고, 모든 무역 업무가 외국에 나가지 않고도 편리하게 성사될 수 있었다. 또한 각종 민원 업무가 전산처리가 됨으로써 직접 관공서를 찾아가지 않더라도 해결되는 시대가 열렸다. 그뿐만 아니라, 각종 공연의 티켓이 클릭 한번으로 예약이 가능하게 되었고, 전 세계 어느 박물관이나 도서관도 직접 가지 않고 집에서 자료를 받아 볼 수 있게 되었다. 이것은 눈부신 정보기수의 발전 덕택이라 하지 않을 수 없다.

그러나 이렇게 편리한 정보화 사회도 최근여러 가지 문제를 낳고 있다. 각종 개인 정보의 유출로 인한 폐해, 국제적 해커들의 국가 기밀 유출, 연구소 침입 등은 중대한 사안으로 새롭게 대두되고 있다. 실례로 우리 정부에서도 전자주민카드를 도입하여 시행하려했다가 시민단체의 강한 반발로 무산되기도 했다. 정보의 악용을 방지하기 위해서 무엇보다도 정보 이용자들의 성숙한 의식과 도덕적 책임이 필요하며, 정부도 해커들의 침입을 막기 위한 보안시스템 가동 및 침입자 색출 기술을 개발해야 한다.

정보화 사회의 또 다른 문제점은 계층별 지역 간 정보의 불평등 심화에 있다. 수많은 정보를 접하고 활용하기 위해서는 컴퓨터를 구입할 수 있는 경제력과 이를 자유롭게 사용할 수 있는 지식이 수반되어야 하는데, 저소득층의 저학력 서민들은 상대적으로 매우 불리한 위치에 놓여있다. 또한 이런 장비들의 보급과 정보 활용

지식의 습득 기회는 대도시에 편중되어 있으므로, 소도시나 시골의 거주자들은 정보에 대한 상대적인 빈곤감을 느끼게 된다.

정보를 모든 국민이 공유하지 못하다는 새로운 불평등은 계층 간, 지역 간에 위화감을 조성할 수 있으며 또 다른 사회 문제로 대두될 수 있다. 그러므로 정부는 저소득층과 농어촌지역의 서민들에게도 각종 정보 통신 기기들의 보급과 교육 기회 제공에 힘을 쏟고 예산을 지원해야 한다.

올바른 정보화 사회를 실현하기 위해서는 국민 개개인들이 성숙한 문화의식과 도덕적 책임감을 갖고 정보를 바르게 이용하여야 한다. 정부도 정보의 이용이 특수 계층에만 한정되지 않고 모든 국민들이 혜택을 받을 수 있도록 다양한 지원을 아끼지 말아야 한다. 전 국민들이 바르게 정보를 이용하고 이를 사회 발전의 원동력으로 삼는다면 정보사 사회의 앞날은 더욱 밝을 것이며, 새로운 국가 경쟁력이 될 것이다.

위 글은 대체로 논리적으로 일관성이 있게 서술이 되었으나, 결론 부분이 미흡하다. 결론이 글쓴이의 나름대로의 주장이나 견해가 없고 일반적인 수준의 이야기에 머물고 있다. 본론에서 언급된 내용이 아닌 새로운 이야기를 제시하는 것이 좋겠다. 그리고 전자상거래 등 요즘 부각되고 있는 사안들에 대한 언급이나, 급격한 정보화로 인한 인간적 유대감의 단절 등에 대한 언급이 이었으면 좋겠다.

## 작문 시험

작문 시험은 논술시험과는 달리 문장력을 중시한다. 주어진 글감을 가지고 얼마나 좋은 글을 써내는가를 점검하는 것이다. 그렇기 때문에 상식적이고 일반적인 이야기보다는 글쓴이의 개성이 드러나는 독창적인 글을 써야 한다. 그러기 위해서는 좋은 수필 유의 글을 많이 읽고, 또 자기가 체험한 일들을 글로 적어보는 연습을 해야 한다.

# 입동

(학생글)

입동은 겨울이 오는 것을 알리는 절기이다. 양력으로 11월 8일경 태양의 황경이 225도 되는 시점으로 겨울이 시작되는 것을 뜻한다. 전통적으로 이날은 각 마을에서 햇곡식으로 시루떡을 만들어 집안 곳곳에 차려놓고 하늘에 감사를 드렸다고 한다. 그리고는 이웃은 물론 농사에 애쓴 소에게도 음식을 나누어주면서 1년을 마무리하고 내년을 기약했다고 한다. 대부분의 가정에서는 이날은 전후하여 김장준비를 한다. 김장을 하고 월동대비를 한다.

우리집 김장은 시골 이모집에서 한다. 어머니의 언니인 이모는 시골에서 농사를 짓는다. 그래서 채소를 비롯한 감자, 고구마 등을 철마다 보내준다. 몇 년 전에는 돈으로 계산해보면 얼마 되지 않는 것을 귀찮게 보내는 이모가 이해가 되지가 않았는데, 요즘엔 작은 꾸러미에 가득한 이모의 애정이 느껴진다. 이모는 하나 뿐인 동생에 대한 정이 남다른지 소소한 일도 동생인 어머니와 함께 하는 걸 좋아하신다. 김장뿐만 아니라 휴가철에도 함께 지내자고 한다. 그래서 연례행사처럼 여름 휴가철이면 이모집 가족과 우리 가족은 함께 바닷가나 계곡으로 놀러가곤 했다.

어머니가 김장을 하여 가져온 김지를 먹으며 우리나라 주부들의 지혜로움에 새삼 감탄을 했다. 본격적인 추위가 오기 전에 겨울 동안 먹을 음식을 마련하여 저장을 해 두는 것이 김장인 것이다. 요즘이야 먹을 것이 풍족하여 곡 김치가 없어도 되지만 옛날 사람들에게 김치란 긴 겨울을 나기 위한 가장 중요한 음식이었다. 여름철같이 야채도 없고 특별한 반찬이 없는 처지에서는 김치는 최고의 반찬이었다. 우리집의 경우도 겨울철의 반찬은 특별한 날을 제외하곤 김치가 전부였다. 어쩌다가 고기를 먹게 되어도 김치는 빠지지 않는다. 어머니가 김장을 해두는 걸 보면서 나도 겨울동안 외국어 공부를 좀더 해보아야겠다고 생각했다. 항상 계획만 세우고 실행은 하지 않았는데, 이번 겨울엔 꼭 계획한 바를 실행하기로 다짐을 하고 학원에 등록을 했다.

얼마 전 몹시 추운 날이었다. 학원에서 공부를 하고 집으로 가려고 운동화를 들었는데 운동화가 뻣뻣했다. 땀이 배인 운동화가 추운날씨에 뻣뻣해진 것이다. 그 순간 갑자기 어린 날의 일이 하나 떠올랐다. 어린시절 시골에 살았는데 시골에선 운동화를 바깥에 두어야 하기 때문에 아침에 일어나면 운동화가 얼음토막처럼 꽁꽁 얼어 있었다. 아침엔 언 운동화를 신고 학교를 가면 양말이 젖어 발이 더 시렸다. 그래서 저녁에 운동화를 신문지에 싸서 몰래 방 한 구석에 두었다가 신었다. 언니가 운동화 냄새난다고 짜증을 내기도 했지만 아침에 따뜻한 운동화를 신고 학교 가는 것이 좋았다. 그리하여 나는 겨울 동안 밤이 되면 운동화를 신문지에 싸서 몰래 방 한쪽에 놓아두곤 했다. 어린시절 운동화를 신문지에 싸서 몰래 방 한쪽에 두었던 것처럼 이번 겨울에도 남다른 준비를 해야겠나.

위 글은 입동을 겨울을 준비하는 시기라 생각하고, 겨울을 잘 보내야겠다고 다짐하는 내용이다. 겨울을 준비하기 위해 김장을 하는 이야기와 어린시절 운동화를 신문지에 싸서 방 한쪽에 두었던 일들을 적절하게 활용하여 글을 썼다. 분량이 다소 짧기는 하지만 이모님의 애정을 느끼는 이야기와 어린시절의 남다른 기억을 떠올리며 겨울을 준비하겠다는 내용은 무난하다. 이렇게 남다른 경험을 바탕으로 자신의 이야기를 적어보는 것이 중요하다고 하겠다.

# Ⅲ. 본보기가 되는 좋은 글들

# 1. 서사문

## 개부랄꽃은 요강꽃으로 고치고

박만규

1946년의 긴 겨울밤을 나는 독일제 고물 타자기와 씨름을 하며 보냈다. 낮에는 군정청 학무국에 나가 앉아 장학관이랍시고 자리를 지키긴 했지만, 밤이면 다시 그 짓을 계속해야 했다. 스무 살에 시작한 선생 노릇을 해방되던 그 해에 겨우 치우고 나왔으니, 거진 스무 해를 가르치는 일만 했었고, 그러다가 어찌어찌 관청이라고 자리를 옮기긴 했지만, 타자치는 일 같은 건 꿈에도 생각해 본 적이 없었다. 나는 처음 남대문 시장 모퉁이에서 이 고물을 사 안고 들어와서는 어찌해야 좋을지를 몰라 쩔쩔 맸었다. 식구들은 또 무슨 뚱딴지같은 물건을 집안에 들이나 보자는 듯이 지켜보고 섰는데, 열 손가락을 척하니 그 기계 위에 얹어놓긴 했지만 다음 번엔 막막했다. 나는 기계를 안고 골방에 들어앉아 이 궁리 저 궁리해 보았다. 타자교본 같은 게 있을 때도 아니었고, 우선 그 기계만도 드물었다. 열 손가락으로 두들기는 일이 어찌나 송구하고 엄두가 나지 않던지 아예 그만둬 버리고 두 손의 엄지와 검지를 써서 이럭저럭 눌러보았더니 신기하게도 선명하게 찍혀졌다. 그 길로 그 병신 시늉을 밤에만 반 년을 해댔다. 나는 요즘도 타자기를 칠 땐 그 네 손가락밖엔 쓰질 못한다. 남들이 보기에는 영 젬병일지 몰라도

나 혼자 생각에는 그만하면 괜찮은 솜씨인 듯하다.

그래 마흔 살 난 사내가 한밤에 화차 가는 소리를 내며 엉거주춤 타자기와 씨름질을 해야만 했던 일은 무어냐? 그것은 선생 노릇 스무 해 동안에 짬만 나면 산으로 들로 물가로 돌고 돌며 모은 식물에 우리말 이름을 달아주는 일이었다. 우리나라에는 절로 나서 자라는 식물이 사천여 종이나 있다. 그 가운데에 〈조선 식물 향명집〉에서 이름을 달아준 것이 이천 종이다. 그러나 나머지 이천 종은 확실한 이름이 없으니, 여기서는 이렇게 불리고 저기서는 저렇게도 불리어서 식물을 공부하는 사람들에게는 여간 어려움을 주지 않았다. 나는 내가 모은 표본들 가운데 〈향명집(鄕名集)〉에 그 이름이 나오지 않는 것은 그것들대로 모아서 새로 이름을 붙이고, 〈향명집〉에 실린 이름 중에서는 나쁜 것만 골라 고쳤다.

꽃은 처음 본 사람이 그 느낌으로 무어라 불러주면 그것이 곧 그 꽃의 이름이 된다. 제비처럼 날렵하니 제비꽃, 씹어보아 쓰다고 씀바귀, 물가에서 자란다고 물쑥, 이 모두가 우리네 조상들이 지어서 불러내려온 이름들이다. 그러나 이처럼 꾸밈없고 멋진 이름만 있는 것은 아니다. 듣기만 해도 슬그머니 웃음이 나오는 엉큼한 이름도 많이 있다.

난초과에 딸린 여러해살이풀로서 붉은 꽃이 한 개씩 늘어져 피는 꽃을 〈향명집〉에서는 개부랄꽃이라고 이름지어 놓았다. 꽃의 모양에서 딴 이름인 듯하나 부르기가 몹시 난처한 이름이라 나는 요강꽃이라고 바꾸어놓았다. 광릉 부근에서 나는 더덕의 한 종류인 소경부랄도 이와 비슷하게 점잖찮은 이름이다. 이처럼 욕하듯이 불러야 하는 이름이 식물에만 있는 것은 아니다. 우리가 말조개라고 부르는 조개의 본디 이름은 말씹조개였다. 이 조개의 이름은 경성 고등학교 생물 교과서를 만들면서 지금의 말조개로 고쳐 실었다.

일본 이름을 우리말로 번역하여 만든 이름 가운데에 끈끈이주걱이니 며느리밑씻개니 하는 이름도 있다. 며느리밑씻개는 마디풀과에 딸린 한해살이풀로서 길가에서 흔히 볼 수 있는 풀이다. 이 풀의 일본 이름은 의붓자식밑씻개인데, 풀의 모양이 예쁘지 않고 잎과 줄기에 잔가시가 많아 껄끄러우므로, 의붓자식처럼 미운 것의 밑이나 닦았으면 좋겠다는 데서 붙여진 이름인 듯하다. 의붓자식이 미운 만큼 며느리도 미우니 우리나라에서는 며느리밑씻개가 되었다.

〈향명집〉에는 버들잎쥐꼬리란 이름의 고사리 식물이 있다. 잎이 갸름하고 꼬리가 가늘게 뻗은 모습이 버들잎과 쥐꼬리 같다는 데서 지어진 이름인 듯하나 별로 좋은 이름은 아니다. 나는 그 식물의 이름을 꿩고사리라고 고쳤다. 어느 한 곳에서만 자라는 식물은 대개 그 지명을 따서 이름을 짓는다. 서울에서만 산다고 서울돌배나무, 서울제비꽃이 있고 지리산에서만 난다고 지이바꽃도 있다. 그런 이름 가운데서 틀린 것으로는 웅기자작나무가 있다. 처음에는 웅기에서만 자란다고 웅기자작나무라 이름 지었겠지만 내가 알아보니 그 자작나무가 웅기에만 있는 것이 아니었다. 그래서 나는 그 이름을 숲박달이라고 바꾸었다.

나는 밤중에 타자를 치다 정 못 견딜 만하면 슬며시 집을 빠져 나와 관훈동 골목을 헤매었다. 해방 뒤에 쏟아져 나온 헌책들이 그 골목에서 싼값으로 팔리고 있었다. 내 수중에 있는 돈이 얼마가 되든지 다 털어서 책을 사곤 늦은 밤길을 터벅터벅 걸어서 집으로 돌아오곤 했다. 잠을 못 자겠다고 핀잔을 주는 집식구들의 구박이야 참을 만했지만, 일로 잠을 설치고 겨우겨우 새벽잠이 드는 날이면 어김없이 지각을 해대서 탈이었다. 내 집은 돈암동 전차종점 근처에 있었는데 출근 시간이 여덟 시 삼십 분이라 일곱 시면 집을 나서야 했다. 전차를 탄다고 해도 중간에서 갈아타야 했으므로 두 시간이 좋이 걸렸다.

출근 시간이면 군정청 고문인 미국 사람이 사무실에 나와 앉았다가, 지각한 내 얼굴에다 대고 왜 지각을 하느냐고 꼬치꼬치 까닭을 캐묻는 데는 어쩔 도리가 없었다. 한번은 편수관 한 사람이 지각을 하고선 이유라고 댄 게 전차가 고장이 났다는 거였다. 이 미국 사람은 그 말을 듣자마자 "기계는 언제든지 고장이 날 수 있는 것인데, 기계를 믿고 늑장을 부린다는 건 이유가 안되며 전차가 고장날 것을 미리 생각에 넣고 출발 시간을 정하라."고 호령을 했다. 옆에서 이 말을 들은 나는 아무래도 지각 안 할 자신이 없어서 서둘러 중앙청 관사로 이사를 했다.

겨울에 붙든 일이 이듬해 여름께야 끝장이 났다. 엄동에 골방에 박혀 떨면서 고초를 겪어야 했던 일이 마치 그 놈의 고물 타자기 탓인 것만 같아, 일만 끝나면 당장 내다가 엿이나 바꿔 먹을 생각으로 별렀는데, 막상 일이 끝나고 타자기 뚜껑을 닫자니 몹시 서운했다. 온기가 없는 쇠붙이인데도 어찌나 정겹고 훈훈하게 느껴지던지 손에서 놓기가 어려웠다. 애들은 내가 그 물건을 들고 골방에서 스적스적 나오자 무슨 몹쓸 것 가리키듯 멀찍이서 손가락질을 하며 내다 치우려 했다. 나는 그것을 기름걸레로 닦아서 서재 구석켠에다 옮겨놓았다.

누구인들 자기의 뜻을 책으로 펴고 싶지 않으랴? 더구나 그 학문의 성질이 책으로써가 아니면 펼 수 없을 때에는 더욱 그러하다. 나는 내 일이 학문적으로 큰 업적이 될 만한 일이라거나, 그것으로 남들 앞에 버젓이 빼겨 보겠다는 생각을 해본 적은 없었다. 다만 젊음을 걸고 해온 일을 불혹의 나이에 이르러 한 매듭을 짓고 싶은 생각뿐이었다. 내 봉급은 군정 때의 화폐가치로 보아서 박하지는 않았다. 백 원을 받아 오십 원으로 그럭저럭 생활을 하고 오십 원으로는 책을 사거나 실험 기구를 살 수 있었다. 그러나 어디서 눈먼돈이 굴러들지 않고서는 책을 낼 엄두는 낼 수가 없었다. 얼마 동안을 답답하고 한심한 기분만 들어서 목을 늘어뜨리고 다녔다.

1946년에 정부는 일본식 직제를 개편하여 학무국은 문교부로 바꾸고, 문교부장 자리에 유억겸 선생이 앉았다. 해방된 이 땅의 학생들을 위하여 교과서도 새로 만들어지고, 출판사에서는 잇달아서 책들이 쏟아져 나왔다. 문교부에서도 교육에 필요한 자료를 공짜로 출판해 주는 이른바 '문교총서' 라는 제도를 만들었다. 나는 슬며시 들뜬 기분이 되었다. 내가 가진 자료가 우리나라 식물학계에 얼마만큼이나 영향을 줄 수 있느냐의 문제로 며칠을 고민했었다. 내가 해 놓은 일이란 건 무슨 어마어마한 발견이나 발명도 아니고 그저 이름 없는 풀이나, 이름이 있으되 곳마다 달리 불리는 풀의 이름을 하나로 바르게 지어준 것뿐이 아니냐? 그렇게 생각하니 '문교총서' 로서 내달라고 하기가 몹시 부끄럽고 쑥스러워졌다. 같은 방의 동료들도 나의 이런 고민을 일찍부터 알고 있었던 터라 여러 가지로 격려해 주었다. "〈향명집〉이 나온 지 이십 년이 지났고 그 책이 나올 무렵은 일제의 한글 박해가 극심하던 때였으니 제대로 이름이나 밝혔겠느냐? 더구나 이십 년 동안 새로 발견된 식물이 얼만데 그 좋은 원고를 묵힐 셈이냐? 우리가 도울 테니 책으로 내자." 대개 이런 의견들이었다. 나는 그들의 격려에 힘입어서 '문교총서' 의 실무를 맡고 있던 오천석 차장을 찾아갔다.

나는 내가 하는 일이 시원시원 수월하게 풀려주기만을 바라는 사람은 아니다. 기다리는 재주도 있고 참는 재주도 있다. 내 원고가 '문교총서' 로서 마땅한 것이냐를 심의하려 위원회에 올려지고 나서부터, 나는 한시름 놓고 느긋해 있었다. 위원회에서 어련히 알아 결말을 내줄까 싶어서였다. 나중에 듣고 보니 '문교총서' 가 되어 책을 내려면 이리저리 다니며 꽤 힘을 써야 겨우 위원회를 통과한다는데, 내 본디 배포가 유하고 남 앞에 때맞춰 인사하는 버릇을 못 기른 탓으로, 그 때도 그런 힘 따위는 써 볼 생각도 않았다. 심의 기간이 좀 길긴 길다 싶어도 내처 그 쪽에서 기별 오기만 기다리다가, 어느 날 뒤통수를 얻어맞는 듯한 소식을 들었다. 조선생물학회로부터 박만규의 원고를 '문교총서' 로 출판하는 일을 중지해 달라는 진정서가 문교부장 앞으로 날아들었다는 것이었다. 나는 그 길로 처음 유억겸 부장의 사택을 찾아갔다.

내가 양심적이고 청렴한 관리였다는 얘기가 될까 무섭다. 나는 그저 윗사람의 집에 사사로이 드나드는 일이 계면쩍고 불편해서 안 가는 버릇을 했을 뿐이다. 그러나 이 일만은 그냥 넘길 수가 없었다. 내가 그 일에 무던히도 애착을 느꼈기 때문이기도 하려니와, 올데갈데없이 앉아서 벙거지를 쓸 수는 없었다. 유 부장은 나를 보더니 대뜸 "박 선생, 큰일났어." 하며 허허 웃었다. 나도 바보스럽게 마주보고 허허대다가 깜짝 정신이 들었다. "부장님 어쩐 일이요? 무슨 말인지나 들어봅시다." 하고 다그쳤다. 유 부장은 웃음을 그치지 않고 "생물학회에서 당신은 죽일 놈이니 총서에 당신 원고를 쓰지 말라고 하오." 이러고는 허허허 웃었다. 유 부장은 자세한 이야기는 오 차장에게 들으라면서 말을 얼버무렸다. 나는 청년처럼 불끈해서 얼굴만 붉히고는 정작 하고 싶은 말은 채 못하고 관사를 나왔다.

나라고 오기 없으란 법이 있느냐? 이것이 오 차장이 내미는 진정서를 받아 읽은 뒤의 솔직한 내 심정이었다. 진정서라는 게 다 남을 무고하는 데에 쓰이는 것인지는 몰라도, 조선생물학회에서 보내온 진정서는 정말 한심한 것이었다. 그 진정서는 나의 자료가 '문교총서'로서 출판되면 안 되는 까닭을 장황하게 늘어놓고 있었다. "박만규의 자료는 〈향명집〉의 확대판을 넘지 못하며, 더구나 새로 지은 식물의 이름은 거개가 일본 이름의 직역으로서 신빙성이 없고 개인의 업적이란 오류가 많다."고까지 덧붙였다. 나는 일찍이 조선생물학회라는 데를 가본 적도 없고 그 곳의 사람들에게 내 자료를 보여준 적도 없었다. 그런데도 그들은 마치 내 원고를 본 듯이 학자적인 양심에 비추어 그 책이 '문교총서'로 출판되는 것을 막으려 한다고 탄원하고 있었다.

나는 그들이 든 이 세 가지 까닭들을 곰곰이 생각해 보았다. 먼저 내세운 〈향명집〉의 확대판이란 말은 오히려 그들에게 맞는 말이었다. 〈향명집〉은 이덕봉, 이휘재, 도봉섭, 심학진 들이 만든 책인데, 이른바 조선생물학회란 그들 가운데서도 도봉섭, 심학진 이 두 사람을 기틀로 한 모임이었다. 그러니 〈향명집〉을 확대하기란 그들 쪽이 쉽지 않았을까? 두 번째 든 일본 이름의 직역이란 말도 묘한 어림짐작이었다. 그 때에 우리나라에는 영어, 불어, 독어는 어떻든 겨우겨우 뜻을 이을 만한 사람들이 있었지만, 라틴어까지 공부한 사람은 없었다. 린네가 붙인 학명은 여러 나라 말이 섞여 있는데, 그 때의 상황으로는 이것들을 번역하는 데에는 한계가 있었다. 그래도 나는 하노라고 했다. 우리말 이름으로 불리는 것은 그 가운데에서 가장 그럴싸한 것으로 이름을 삼았고, 모양이나 성질이 밝히 나타난 것은 또 그것을 따서 지었다. 이래도 잘 잡히지 않는 이름은 학명을 의역하였지만, 되도록 본래 주어진 이름과 가깝게 옮기도록 애썼다. 일본 이름을 전혀 번역하지 않은 것은 아니다. 그러나 나는 일본 이름이건, 미국 이름이건, 어느 나라 이름이건 번역을 하게 되면 맨 먼저 한글학자들과 상의했다. 형용사를 명사로 만들어서 어색한 이름이 지금도 더러 남아 있긴 하지만 전부가 일본 이름의 직역이라니 억

울했다. 더구나 마지막의 "개인의 업적에는 오류가 많다."라는 구절에 이르러서는 분한 생각마저 들었다. 어째서 개인의 업적에 오류가 많다는 말이냐? 한 사람이 한 가지 일만을 죽 이어 해왔으니 오히려 체계가 있을 게 아니냐?

나는 오 차장에게 진정서를 되돌려 주며, "위원회의 결정에 따르겠습니다."라고 꼭 한 마디만 하고 나왔다. 오래 잊어온 고향 구례의 너른 산야가 눈앞에 어른거리며 왜 그리도 서럽던지 갈 길을 모르고 한참을 세검정 쪽으로 걸었었다. 그 때의 그 서러움은 지금 되새겨도 가슴이 어릿하다.

마침내 그 진정서의 처리 문제를 의논하려는 '문교총서' 편집위원회가 열리게 되었다. 문교부의 네 국장과 문교부장 유억겸 선생, 그리고 차장 오천석 선생이 편집위원이었다. 나도 오 차장의 부름을 받고 그 자리에 나가 앉았다. 오 차장이 진정서 내용을 말하고 먼저 나의 진술을 듣겠다고 했다. 나는 처음에는 온갖 감회가 목으로 치밀어 오르는 듯하여 겨우 더듬거리며 입을 열었다. "학문의 연구는 자유가 아니냐? 우리나라 식물에 우리 이름이 붙은 것은 겨우 몇 백 종에 지나지 않는다. 그러므로 그 나머지 식물에는 새로운 우리말 이름을 지어주어야 한다." 여기까지 말하고 나자 조금 속이 후련하였다. 나는 이어 그 진정서 내용이 한 개인을 무고하고 있음을 낱낱이 설명하고 자리에 앉았다. 자리에 앉아 가만히 위원들의 눈치를 살펴보니, 내놓고 무어라고 말은 않았지만, 그 공기가 안 내줬으면 하는 쪽으로 흐르고 있음을 이내 알 수 있었다. 조선생물학회에서 말썽을 부리면 난처하지 않느냐는 쪽으로 대세가 기우는 것 같았다. 나는 더 오래 그 자리에 앉았을 수가 없어서 일어나 나가려고 했다. 그랬더니 오 차장이 고갯짓으로 그냥 앉아 있으라는 시늉을 하며 천천히 입을 열었다.

그의 말을 지금 와 다 챙겨 적을 수는 없다. 그저 하도 안경을 벗었다 썼다 하는 바람에 코가 얼얼하던 것만 생각난다. 그는 간단히 잘라 말했다. "다른 것은 문제삼지 않으마. 다만 개인의 업적이 공동의 업적에 미치지 못한다는 말은 있을 수 없다. 어쩌면 혼자 힘으로 한 가지 일을 해낸 것이 더 가상한지도 모른다. 조선생물학회는 그들의 원고가 문교총서로서 적합하다고 생각되면 가져와라. 그것도 총서로 내주겠다. 박만규의 것과 함께 세상에 내보내보아서 어느 이름이 더 널리 불리는지 보면 알 것 아니냐? 모든 행정적인 결정은 다수에 따르는 것이 옳다. 그러나 학문의 문제는 꼭 다수가 옳은 것이 아니다. 다른 일은 잘못되면 다시 고칠 수 있는 시간이 있다. 그러나 학문의 오류는 자칫 잘못 저질러지면 다시 고치기가 어렵다. 책이 나오기 전까지는 아무도 이 문제를 들어 다시 논의치 말아라." 대략 이런 얘기였다. 오 차장의 자른 듯한 이 말은 다른 국장들의 은근한 반대의 뜻을 깨끗이 묵살했다.

내 책 〈우리나라 식물명감〉은 1947년에야 비로소 세상의 빛을 보았다. 거의 같은 무렵에 조선생물학회의 〈조선식물명집〉도 정음사에서 나왔다. 정음사는 '문교총서'의 위원이 되는 편수국장 최현배 선생의 맏아들 영해가 하던 출판사였다. 뒤에 소문을 들으니까 내 책이 '문교총서'가 되느냐 마느냐의 시비에 올려져 있을 때에, 정음사에서는 이미 〈조선식물명집〉의 조판이 끝나가고 있었다고 한다. 말하자면 내 책이 나오면 곧바로 정음사가 타격을 입을 참이었다. 이 일을 최 선생이 모를 리가 없었는데도 어쩌면 그처럼 태연하기만 할 수 있었는지. 생각할수록 훌륭한 분이다.

책이 나온 이듬해에 육이오가 터졌다. 불탄 것이 어디 내 책 뿐이랴만, 그 곡절 많은 〈우리나라 식물명감〉도 몇 권 남지 않고 타버렸다. 그토록 무상한 일이 될 것을 모르고 무던히도 속을 태웠구나 싶었다. 그래도 남은 몇 권이 뉘 집 서가에 꽂혀 단잠을 자리라 생각하면 흐뭇하다.

〈『뿌리깊은 나무』1976년 5월호〉

## 김유신(金庾信) 중(中)

김부식

성덕왕(眞德王) 대화(大和) 2년(649) 8월에 백제의 장군 은상(殷相)이 군사를 거느리고 와서 석토성(石吐城) 등 7성을 공격하였으므로, 왕은 유신(庾信) 및 죽지(竹旨), 진춘(陳春), 천존(天存) 등 장군에게 명하여 군사를 거느리고 나가 이를 방어 하게 하였다. 이에 유신은 군사를 3군으로 나누고, 5도로 길을 나누어 나가 싸웠는데, 서로 십여 일 동안이나 승부를 결정짓지 못하고 시체가 들판에 가득히 차고, 피가 도랑물처럼 쏟아졌다.

이 때 유신은 도살성(道薩城)에 주둔하여 군사들을 쉬게 하고 다시 쳐들어갈 것을 도모하였는데, 갑자기 물새들이 동쪽으로부터 날아와서 유신의 군막을 지나니, 군사들은 이를 보고 좋지 못한 징조라고들 하므로, 유신은 말하기를,

"이는 아무 괴이한 일이 아니라."

하고 곧 군사들에게 말하기를,

"오늘 꼭 백제의 간첩이 올 것이니 너희들은 거짓으로 알지 못하는 것처럼 하며 그를 조사하지 말라."

하였는데, 그 말대로 그날 백제의 간첩이 왔다. 유신은 곧 군중에 말하기를,

"성벽을 굳게 지키고 조금도 움직이지 말라. 명일에는 원군이 올 것인데, 그런 뒤에는 백제와 결전할 것이다."

하니 간첩은 이 말을 듣고 돌아가서 은상에게 이 사실을 알리니, 은상 등은 신라군의 원병이 온다는 것을 두려워하지 않을 수 없었다. 이럴 때 유신은 진격을 명하여 일시에 쳐들어가 힘껏 싸워 크게 승리하여 장군 달솔(達率) 중정(正仲)과 군사 일백 명을 사로잡고 좌평(佐平) 은상, 날솔 자견(自堅) 등 10명과 및 군사 8,980을 참획하고 말 일만 필, 갑옷 일천팔백 벌을 노획하고 그 밖에 병장기구를 거둔 것은 모두 말할 수 없었다. 이렇게 이기고 돌아오는 길에, 백제 좌평 정복이 군사 일천 명을 거느리고 나타나서 유신에게 항복하므로 이를 모두 놓아주어 제 마음대로 가게 하였다. 유신이 개선하여 경성에 이르자 대왕은 성문으로 나와 유신을 맞아 위로하며 장병들을 후대하였다.

진덕왕(眞德王) 8년(654, 당나라 고종 영휘(永徽) 5년)에 대왕이 돌아가셨으나, 뒤를 이을 왕자가 없으므로 유신은 재상인 이찬(伊飡) 알천(閼川)과 모의하여 이찬 춘추(春秋)를 맞아 즉위시키니 이가 곧 태종대왕[무열왕(武烈王)]이다.

무열왕 2년(655, 당나라 고종 영휘 6년) 구월에 유신은 군사를 거느리고 백제로 쳐들어가 도비천성(刀比川城)을 공격하여 승리하였다. 이때 백제의 군신들은 사치를 일삼고 음탕한 생활에 빠져 국사를 돌보지 않으므로, 백성들의 원망이 높고 신령도 노하였는지 괴이한 재변이 번번이 나타났다. 이 때 유신은 왕에게 아뢰기를,

"백제는 무도하여 그 죄상이 걸(桀)·주(紂)보다도 심하오니, 이는 참말 천리에 순응하여 그 백성을 불쌍히 여기며 그 죄를 쳐야 될 때입니다."

하며 백제 정벌을 주장하였다.

이보다 먼저 급찬(級飡) 조미곤(租未坤)이 천산 현령(天山縣令)이 되어 있다가, 백제의 포로가 되어 좌평(佐平) 임자(任子)의 집 종이 되었는데, 그는 모든 일에 부지런히 힘쓰고 조금도 게으름이 보이지 않으므로, 임자는 그를 불쌍히 여기고 조금도 의심하지 않았으며 이로 인하여 그는 출입도 마음대로 하게 되었다.

조미곤은 이러한 기회를 타 곧 도망하여 나라로 돌아와서 백제의 실정을 유신에게 보고하

니, 유신은 조미곤의 충정을 가히 쓸만하다고 여기고, 곧 말하기를,

"내 들으니 임자는 백제의 국사를 전단한다 하므로, 그와 모의하여 백제를 넘어뜨리려고 생각하였으나, 아직도 기회를 얻지 못하여 그대로 있으니, 그대는 우리 나라를 위하여 다시 임자에게로 가서 이러한 말의 뜻을 알아 일할 수 없겠는가."

하니 조미곤은 대답하기를,

"공이 나를 불초하다 하지 않고 그와 같은 사명을 맡겨주시니 비록 죽는 한이 있더라도 조금도 후회하지 않겠습니다."

하고 드디어는 백제로 들어가서 임자에게 아뢰기를,

"저는 저 자신이 이미 백제의 국민이 되었다고 생각하므로, 나라의 풍속을 아는 것이 옳다고 여겨서, 여러 곳으로 돌아다니며 구경을 하느라고 수십 일 동안 돌아오지 못하였으나, 개와 말이 그 주인을 그리워하는 마음을 이기지 못하는 것 같은 생각으로 지금 돌아왔습니다."

하니 임자는 그의 말을 믿고 이를 책망하지 아니하였다. 조미곤은 임자의 기색을 엿보고 얼마 동안 있다가 아뢰기를,

"먼저는 저의 죄를 두려워하여 감히 바른 대로 말을 하지 못하였습니다. 그 실상은 그 동안 신라로 돌아갔다가 왔습니다. 유신이 저에게 말하기를 백제에 가서 좌평에게 알리기를, '한나라가 흥하고 망하고 하는 것은 가히 알 수 없으나, 만약 백제가 먼저 멸망한다면 좌평은 우리 나라에 의지하고, 신라가 먼저 멸망한다면 나는 백제에 의지할 것이다.' 라고 전하라고 하였습니다."

하니 임자는 이 말을 듣고 묵묵히 앉아 아무 말도 안 하였다. 조미곤은 마음이 황구하여 곧 그 앞을 물러나와서 몇 달 동안 대죄하였는데, 임자는 그를 다시 불러 묻기를,

"네가 먼저 이야기한 유신의 말은 어떻다고 하였는가?"

하므로, 조미곤은 깜짝 놀라고 두려워하면서, 먼저 이야기한 것과 같이 말하니 임자는 말하기를,

"너의 전하는 것은 내가 이미 다 알고 있으니, 돌아가서 그렇게 하자는 뜻을 알리라."

하므로 조미곤은 곧 돌아와서 임자의 이야기를 유신에게 알리고, 겸하여 백제의 국내 사정을 모두 다 낱낱이 알리었다. 이어 유신은 드디어 급히 백제를 병탐할 것을 도모하게 되었다.

태종대왕[(무열왕] 7년(660) 6월에 대왕은 태자 법민(法敏)과 더불어 백제를 정벌하려 하여 대군을 일으켜 거느리고 남천(南川)에 이르러 병영을 쳤다. 이때 파진찬(波珍飡) 김인문(金仁

問)은 당나라의 대장군 소정방(蘇定力), 유백영(劉伯英) 등과 더불어 군사 13만을 거느리고 바다를 건너 덕물도(德物島)[덕적도(德積島)]에 이르러서 먼저 종자(從者) 문천(文泉)을 파견하여 이 사실을 알리므로 왕은 태자에게 장군 유신 · 진주(眞珠) · 천존(天存) 등과 더불어 대선 일백 척에 군사를 싣고 나가 당군을 맞고, 태자는 친히 장군 소정방을 만나니, 소정방은 태자에게 말하기를,

"나는 해로로 하여 쳐들어갈 터이니, 태자께서는 육로로 쳐들어와서, 7월 10일에 백제 서울 사비성(泗沘城)[부여(扶餘)]에서 양군이 회합하기로 합시다."

하므로 태자는 그렇게 기약하고 돌아와 이를 알리니, 내왕은 곧 장병을 거느리고 사라정(沙羅停)에 이르러 머물렀다가 쳐들어가고, 한편 장군 소정방은 김인문 등과 더불어 바다에 연한 벌포에 의지하였으나, 해안이 질어 빠져서, 잘 행군할 수 없으므로, 곧 버들을 베어 엮어 길에 깔고 군사를 이끌고 쳐들어와서, 나 · 당 연합군이 수륙으로 합쳐 공격하여 드디어 백제를 멸망시켰다.

〈김부식,『삼국사기』권 제42〉

## 2. 묘사문

### 『탁류』에서

채만식

정주사는 담배를 받아 붙여 불고 연기채 길게 한숨을 내뿜으면서 넋을 놓고 먼 하늘을 바라본다. 초라한 행색이다. 광대뼈가 툭 불거지고 홀쭉 빠진 볼은 배가 불러도 시장만 해 보인다. 기름기 없는 얼굴에는 오월의 맑은 날에도 그늘이 졌다. 분명찮은 눈을 노상 두고 깜짝깜짝 어린다. 그것이 더 꼴이 궁상스럽다. 못 생긴 노랑 수염이 몇 낱 안 되게 시늉만 자랐다. 그거나마 정주사는 버릇으로 자주 쓰다듬는다.

------------

정거장에서 들어오다가 영정(榮町)으로 갈려드는 세거리 바른편 귀퉁이에 있는 제중당(濟衆堂)이라는 양약국이다. 차려 놓은 품새야 대처면 아무데고 흔히 있는 평범한 양약국이요, 규모도 그다지 크지는 못하다. 그러나 제중당이라고 하는 간판은, 주인이요, 약제사요, 촌사람의 웬만한 병논(病論)이면 척척 의사질까지 해내는 박제호(朴濟浩)의 그 말대가리같이 기다란 얼굴과, 삼십부터 대머리가 훌러덩 벗어져서 가뜩이나 긴 얼굴을 겁나게 더 길어 보이게 하는 대머리와, 데데데데하기는 해도 입담이 좋은 구변과, 그 데데거리는 말끝마다 빠지지 않는 군

가락 '제-기할 것' 소리와, 파를 가지고 앉아서라도 콩이라고 남을 삶아넘기는 떡심과, ……이러한 것이 십 년 이쪽 이 군산 바닥에는 사람의 얼굴로 치면 마치 큼직한 점이 박혔다든가, 활끔한 애꾸눈이처럼 특수하게 인상이 깔린 그러한 인물이요, 그러한 가게다.

———————

초봉이의 그처럼 끝이 힘없이 스러지는 연삽한[연하고 삭삭한] 말소리와 그리고 귀가 너무 작은 것을 그의 부친 정주사는 그것이 단명(短命)할 상이라고 늘 혀를 차곤 한다. 말소리가 그럴 뿐만 아니라, 얼굴 생김새도 복성스런 구석이 없고 청초하기만 한 것이 어데라 없이 비극적이다. 티끌 없이 해맑은 바탕에 오뚝 날이 선 코가 우선 눈에 뜨인다. 갸름한 하장이 아래로 좁아내려가다가 두 볼에서 급하다 할 만큼 빨랐다. 눈은 둥근 눈이지만 눈초리가 째지다가 남은 게 있어 길어 보이고, 거기에 무엇인지 비밀이 잠긴 것 같다. 윤곽과 바탕이 이러니 자연히 선도 가늘어서 들국화답게 초초하다. 그래서 보는 사람으로 하여금 웬일인지 위태위태하여 부지중 안타까운 마음이 나게 한다.

이와 같이 말하자면 청승스러운 얼굴이나 그런 흠을 많이 가려주는 것이 그의 입과 턱이다. 조그맣게 그려진 입은 오긋하니 둥근 주걱턱과 아울러 여느 때도 예쁘거니와 무심코 해죽이 웃을 때면 아담스런 교태가 아낌없이 드러난다.

그의 의복이야 노상 헙수룩한 검정치마에 흰 저고리를 받쳐입고 다니지만 나이가 그럴 나이라 굵지 아니한 몸집이 얼굴과 한가지로 알맞게 살이 오르고 피어나 미상불 화장품 장사까지 겸하는 양약국에는 썩 좋은 간판감이다.

————————

승재는 장차야 버젓한 의사가 될 사람이지만, 지금은 겨우 남의 병원의 조수요, 고태수는 당장 한 사람 몫을 하고 있는 은행원이다. 생김새도 승재가 못 생긴 것은 아니나, 고태수가 미남자본으로 매력이 있다.

승재는 고태수의 조화된 데 비해서 아무렇게나 생긴 사람이다. 키가 훨씬 더 크고, 어깨통이 떠억 벌어졌다. 얼굴은 투툼하니 넓숙하고 이마도 퍽 넓다. 그래서 실직하고[실하고 곧음] 무게는 있어 보여도, 매초롬한 흔태는 찾으려도 없다. 얼굴은 눈퉁이며, 눈이며, 코, 입 이런 것들이 제 자리는 제 자리라도 너무 울퉁울퉁하게 솟을 놈 솟고, 박힐 놈 박히고 해서 조각적이긴 해도, 고태수라는 사람처럼 그린 듯 곱지가 못하다. 다만 그의 눈만은 비교도 안 되게 좋다. 어디 산중에 있는 깊은 호수같이 맑고 고요하다. 이 눈으로 해서 승재의 야성적인 얼굴이

순탄하게 조화가 된다.

처음 고태수라는 사람의 얼굴과 승재의 얼굴과를 빗대어보는 데서 출발한 초봉이는 승재의 모습을, 타고 올라앉아 말 탄 양반 훨훨, 소 탄 양반 끄덱끄덱을 하고 싶은 어깨통, 이편이 몸뚱이를 가져다가 콱 가슴에 부듲뜨리면 바위같이 맞힐 듯 싶은 건장한 몸뚱이, 후덕하게 두릿한 얼굴과 넓은 이마, 그리고 그런 중에도 맑고 고요한 눈, 이렇게 하나씩 하나씩도 생각해 보고, 다시 전체로도 생각해 보고 하느라니까, 고태수라는 사람은 잠시 잊혀지고, 승재가 이 세상에 있음이 안심이 되었다.

———————————

태수는 다시 말이 없다. 형보는 귀밑까지 째진 입에 담배 꽂은 상아 빨부리를 옆으로 물고 누워 태수의 숙인 이마를 곰곰이 올려다본다. 그의 퀭하니 광채 있는 눈은 크기도 간장 종지 한 개만큼씩은 하다.

이 사람을 목간통에서 보면 더욱 기괴하다. 고릴라의 뒷다린 듯 싶게 오금이 굽고 발끝이 밖으로 벌어진 두 다리 위에, 그 놈 등뒤로 혹이 달린 짧은 동체(胴體)가 붙어 있고, 다시 그 위로 모가지는 있는 둥 마는 둥, 중대가리로 박박 깍은 박통 만한 큰 머리가 괴상한 얼굴을 해 가지고는 올라앉은 양은, 하릴없이 세계 풍속 사진 같은 데 있는 아메리카 인디언의 토템이다.

〈채만식, 『탁류』에서〉

## 『임꺽정』에서

홍명희

송악산은 송도의 진산(鎭山)이요, 국내의 서악(西岳)이니 산신 송악대왕이 영검하기로 유명하였다. 태조 개국 후 이 년, 도읍을 한양으로 옮기기 전에 팔도 성황(城隍)을 벼슬을 봉하는데, 송악산 성황은 진국공(鎭國公)을 봉하고, 화녕(和寧, 지금 함흥), 안변(安邊), 완산(完山, 지금 전주) 성황은 계국백(啓國伯)을 봉하고, 금성산(錦城山, 羅州), 계룡산(鷄龍山, 公州), 감악(紺岳, 積城), 백악(白岳, 漢陽), 삼각산(三角山, 漢陽) 성황과 진주(晉州) 성황은 호국백(護國伯)을 봉하고 그 외의 성황들은 몰밀어 호국지신(護國之神)이란 칭호를 주었다. 이로써 송악산 성황은 팔도 성황 중에 지위가 가장 높았다. 성황과 산신이 이름은 다르되, 나라에서 봉한 진국공과 민간에서 일컫는 송악대왕이 실상 한 귀신이건만, 진국공 위패를 받드는 성황당과 송악대왕 목상(木像)을 뫼신 대왕당이 각각 따로 있고, 그 외에 출처 모를 귀신들을 위하는 국사당(國祠堂), 고녀당(姑女堂), 부녀당(府女堂)이 있어서 송악산 위에는 신당이 자그마치 다섯이나 되었다. 다섯 신당에 매달려 사는 무당과 박수들은 서울 반연이 많아서 재상가(宰相家)와 궁가(宮家)는 고사하고 대궐 안에까지 셋줄이 닿는 까닭에 유수부(留守府) 관속들이 함부로 침책할 마음을 먹지 못하였다. 대왕대비나 왕대비의 몸을 받드는 내인들이 치성이나 기도하러 내려와 있을 때는 유수사도 꿈쩍을 하지 못하니 그 아래 관속들은 더 말할 것이 없었다.

궁중으로부터 여염간(閭閻間)에까지 송악산을 위하는 것이 성풍하는 시절이라, 다섯 신당의 굿 장구 소리가 사시사철 그치지 아니하는 중에 봄, 가을보다 여름, 겨울이 심하고 겨울보다 여름이 더 심하고 여름에는 오월굿이 가장 많고 오월에는 단옷날 굿이 제일 굉장하였다. 단옷날은 다섯 신당에서 함께 모여 큰 굿판을 차릴 뿐 아니라, 대왕 부인이 그네를 뛰답시고 대왕당의 목상을 들어내다가 그네 뛰는 시늉을 내게 하였다. 대왕 부인이란 대체 무엇인가. 어느 때 어떤 무당이 '대왕의 신이 내렸다,' 하고 홀아비로 지내기가 적적하니 부인 하나를 만들어 달라고 말하여 대왕 목상 옆에 계집의 목상을 해 앉히게 되었는데, 이것을 대왕 부인이라고 일컬었다. 그네 뛰는 것은 사내 여편네가 다같이 하는 놀음이라, 대왕 부인이 그네를 뛴다고 말하지마는 대왕 부인의 목상만 그네를 뛰게 할 뿐 아니라 대왕의 목상도 그네를 뛰게 하고 더구나 대왕과 대왕 부인의 두 목상을 함께 쌍그네도 뛰게 하였다. 목상이란 나무토막이니 나무토막이 그네를 어찌 뛰랴. 목상을 그네 밑씻개 위에 올려 세우고 떨어지지 않도록 잡아매고 무당과 박수가 뒤에서 물을 먹이는 것이니, 송악 대왕이 영검한 귀신이라면 무당과 박수에게 벌역을 내릴 듯한 설만한 장난이다. 대왕 부인과 대왕이 쌍그네를 뛰고 난 뒤에 그 그네 위에 한 번 올라만 서도 불화한 내외 화합하고, 무자한 사람 생자(生子)하고, 또 다병한 사람 무병장수한다고 무당박수의 말을 곧이곧대로 믿는 어리석은 남녀들은 그네 맨 둥구나무 아래 백채일듯 모여서 그네 참례하려고 서로 떠밀다가 다쳐서 병신되는 사람까지 생길 때도 있었다. 단옷날 부중에 편쌈이 있고 씨름판이 있어서 구경꾼이 더러 갈리지마는, 대왕당 그네 뛰고 큰 굿 구경하고 또 사람 구경하려고 부중에서 쏟아져 나오고, 촌에서 밥 싸가지고 들어오고, 원처에서 노자 써가며 전위해 와서 송악산이 사람 산으로 변하도록 사람이 들끓었다. 남녀가 뒤섞여서 부비대기치는 판에 난잡한 일이 생기는 건 예이제가 없겠지만,

그래도 일년 전이 옛날로 해마다 점점 더 심하여 서로 눈이 맞은 젊은 것들이 으슥한 곳을 찾아다니는 것도 훨씬 많아지고 삼삼오오 떼를 지어 돌아다니는 왈자패가 처녀와 유부녀를 우격다짐으로 욕보이는 일도 종종 생기어서 예법을 아는 선비님네는 눈쌀을 찌푸리고 말세가 다 된 것을 탄식들 하였다.

〈홍명희, 『'임꺽정』에서〉

## 까치

윤오영

까치 소리는 반갑다. 아름답게 굴린다거나 구슬프게 노래한다거나 그런 것이 아니고 기교없이 가볍고 솔직하게 짖는 단 두 음절 '깍 깍'. 첫 '깍'은 높고 둘째 '깍'은 얕게 계속되는 단순하고 간단한 그 음정(音程)이 그저 반갑다. 나는 어려서부터 까치 소리를 좋아했다. 지금도 아침에 문을 나설 때, 까치 소리를 들으면 그 날은 기분이 좋다.

'반포지은(反哺之恩)'을 안다고 해서 효조(孝鳥)라 일러왔지만, 나는 그런 것과는 상관없이 좋다. 사랑 앞마당 밤나무 위에 까치가 와서 집을 짓더니 그것이 길조(吉兆)라서 그 해에 안변부사로 영전이 되었다던가, 서재 남창 앞 높은 나뭇가지에 까치가 와서 집을 짓더니 글재주가 크게 늘어서 문명을 날렸다던가 하는 옛이야기도 있지만, 그런 것과 상관없이 까치 소리는 반갑고 기쁘다.

아침 까치가 짖으면 반가운 편지가 온다고 한다. 이 말이 가장 그럴싸하게 느껴진다. 왜냐하면 그 소리가 어딘가 모르게 반가운 소식의 예고 같이 희망적으로 들리기 때문이다.

나는 까치뿐이 아니라 까치집을 또 좋아한다. 높은 나무 위에 마른나무 가지를 모아다가 엉성하게 얽어 논 것이, 나무에 그대로 어울려서 덧붙여 것 같지가 않고 나무삭정이가 그대로 떨어져서 쌓인 것 같다. 그러면서도 소쇄한 맛이 난다. 엉성하게 얽어 그 어리가 용하게도 비가 아니 센다. 오직 달빛과 바람을 받을 뿐이다.

나는 항상 이 다음에 내 사랑채를 짓는다면 꼭 저 까치집같이 소쇄한 맛이 나도록 짓고 싶었다. 내가 완자창이나 아자창을 취하지 않고 간소한 용자창을 좋아하는 이유도 그런 정서에서

다. 제비집같이 아늑한 집이 아니면 까치집같이 소쇄한 집이라야 한다. 제비집은 얌전하고 단아한 가정 부인이 매만져 나가는 살림집이요, 까치집은 쇄락하고 풍류스러운 시인이 거처하는 집이다.

비둘기장은 아무리 색스럽게 꾸며도 장(場)이지 집이 아니다. 다른 새집은 새 보금자리, 새둥지, 이런 말을 쓰면서 오직 제비집, 까치집만이 집이라 하는 것을 보면, 한국 사람의 집에 대한 관념이나 정서를 알 수가 있다. 한국 건축의 정서를 알려는 건축가들은 한 번 생각해 봄직한 문제인 듯하다. 요새 고층 건물, 특히 아파트 같은 건물들을 보면 아무리 고급으로 지었다 해도 그것은 '사람장' 이지 '집' 은 아니다.

지금은 아침 여덟 시, 나는 정릉 안 숲 속에 자리잡고 앉아 있다. 오래간만에 까치 소리를 들었다. 나뭇잎들은 아침 햇빛을 받아 유난히 곱게 푸르다. 나뭇잎 사이사이로 파란 하늘이 차갑게 맑다. 그간 비가 많이 왔던 관계로 물소리도 제법 크게 들려온다. 나는 어느 날 이른 새벽에 여길 와 본 적이 있었다. 보건 운동을 하러 온 사람, 약물을 먹으러 온 사람들로 붐비어 다시 오고 싶은 생각이 없었다. 그런데 지금 와 보니 사람은 아무도 없고 그윽한 숲 속이 한없이 고요하다. 지금이 제일 고요한 시간이다. 까치들이 내 앞에서 깡충깡충 뛰어다닌다. 이른바 까치걸음이다. 귀엽다. 손으로 만져도 가만히 있을 것만 같다. 그렇게 사람이 옆에 앉아 있다는 데는 아무 관심이나 의구심도 없이 내 옆에서 깡충깡충 뛰놀고 있다.

나는 일찍이 어디선가 본 적이 있는 민화(民畵) 하나를 생각한다. 한 노옹(老翁)이 나무 밑에서 허연 배를 내놓고 낮잠을 자는데, 그 배 위에 까치 한 마리가 우뚝 서 있었다. 나는 신기한 그 상상화에 기쁨을 느꼈다. 민화란 어린아이와 자유화(自由畵)같이 천진하고 기발한 데가 있어서 저런 재미있는 그림도 그려진다고 생각했다. 그러나 지금 저 까치들을 보고 그것은 기발(奇拔)한 상상이 아니요, 사실이었다는 것을 깨달았다.

예전에 이지봉(李芝奉)이 정호음(鄭湖陰)의 "산과 물이 바람에 소릴 치며, 강물은 거세게 울먹이는데, 달은 외로이 비쳐 있다" 는 시를 보고 "강물이 거세게 이는데 달이 외롭게" 라는 건 실경(實景)에 맞지 않는다고 폄(貶)했었다. 그도 그럴 것이 달이 고요히 밝은 밤중에는 물결이 잔잔한 것이 보통이다. 그러나 김백곡(金栢谷)이 황강역(黃江驛)에서 자다가 여울소리가 하도 거세기에 문을 열고 보니 달이 외롭게 걸려 있었다. 그래서 비로소 그 구(句)가 실경(實景)을 그린 명구(名句)인 것을 알았다는 시화(詩畵)가 있다. 나도 그 민화(民畵)가 실경인 것은 모르고 기상(奇想)으로만 여겼던 것이다.

그 태고연(太古然)한 풍경의 민화 한 폭이 다시금 눈앞에 뚜렷이 떠오른다. 나무 밑에서 허연 배를 내놓고 누워서 잠자는 노옹(老翁), 그 배 위에 서 있는 까치 한 마리.

## 3. 논증문

### 8 · 15는 해방의 날이 아니다

송광성

미군정의 군사 독재 정치 때문에 일제에서의 해방은 그 의미를 잃었다손치더라도, 이승만 정권의 수립은 어째서 미군정에서의 해방이 충분히 되지 못하는가를 살펴보자. 일본군의 무장 해제를 이유로 남한을 점령한 미국 군대는 이승만 정권이 수립되고도 바로 철수하지 않고 계속 주둔하다가, 이승만 정권 수립 수 10개월이 되는 1949년 6월말이 되어서야 물러갔다. 철수할 때 미국은 500여 명의 군사 고문단을 남겨 두어 남한 군대의 훈련과 장비를 계속해서 지원하게 만들어 놓았다.

미군이 철수할 때까지의 이승만 정권은 미군정과 얼마나 달랐는가. 이승만 정권은 미군정의 정부 조직, 법, 관료, 그리고 정책을 그대로 물려받았다. 이승만 정권의 헌법 100조에는 '행정 법령은 헌법에 저촉되지 아니하는 한 효력을 가진다.' 라고 규정하여 미군정 법령을 그대로 이어받았는데, 미군정 법령 제 21호는 '폐지되지 않은 일본 총독부의 법은 계속해서 그 효력을 가진다.' 라고 했으니, 이승만 정권은 미군정뿐 아니라 일제의 법까지 계속해서 사용한 셈이다.

실제로 대한민국의 형법은 1953년에, 형사 소송법은 1954년에, 민사 소송법과 상법은 1962

년에 완성되었으니, 이승만 정권이 수립되고 나서도 14년 동안이나 총독부와 미군정의 법이 사용된 셈이다.

이승만 정권 헌법 제 103조는 '이 헌법 시행시에 재직하고 있는 공무원은 이 헌법에 의하야 선거 또는 임명된 자가 그 직무를 계승할 때까지 계속하여 직무를 행한다.' 고 규정하여 이승만 정권은 미군정의 관료를 그대로 물려받았다. 미군정 관료의 대부분이 총독부 관료였으니 이승만은 미군정뿐만 아니라 일제 총독부의 관리들을 계속해서 고용한 셈이다.

법과 사람의 계속성은 정책의 계속성으로 나타났다. 친일, 친미적이고 반혁명적인 사대주의 세력을 옹호하고 민중의 편에 선 민족주의 세력을 탄압하고, 반공을 지도 이념으로 삼고, 또 분단을 고착시키는 정책은 미군정에서 이승만 정권으로 상속되었다. 이승만 정권의 반공 이념은 국가 보안법으로 구체화되었고, 사대주의 세력의 옹호는 반민특위 활동을 방해하는 것으로 나타났고, 민중민족주의 세력의 탄압은 여수, 순천 사건과 제주도 항쟁의 진압 과정에서 드러났다. 이승만 정권은 남한을 점령한 미국의 군사 독재 정부를 계승한 정권일 뿐, 대다수 국민의 지지에 기초한 민주 정부도 아니요, 민족의 이익을 대표하는 자주 정부도 아니었다. 그러므로 1948년의 8. 15는 우리가 미국의 지배에서 실제로 해방된 날이라고 말하기가 어렵다.

약소국이 강대국의 직접 통치를 받는 상태를 식민지라 부르고 간접 통치를 받는 것을 신식민지라고 한다면 미군정하의 남한은 일종의 식민지 상태였고, 미군정을 계승했을 뿐만 아니라 계속해서 미국의 통제를 받아온 이승만 정권은 신식민지적인 성격이 있다고 할 수 있지 않을까. 이승만 정권이 수립된 지 열흘이 되는 8월 24일에 조인된 '과도 기간 잠정적 군사 및 안전에 관한 행정 협정' 에는 미점령군 사령관은 미군이 다 철수할 때까지 남한의 군대와 경찰의 조직, 훈련, 장비를 계속 통제한다고 규정되었고, 여수, 순천에서의 민중 항거도 미군 장교가 그 진압을 지휘했다. 같은 해 9월에 조인된 '한미 재정 및 재산 이양에 관한 협정' 에서, 이승만은 미군정이 미국에 의존하게 만들어 놓은 경제 구조를 그대로 받아들이고, 미군정 밑에서 미국인들이 누리던 경제적 특권을 그대로 인정했다. 심지어 미군정이 진 빚까지 떠맡아서 이승만 정권은 출발부터 15억원(1억 천 4백만 불)의 빚쟁이가 되었다.

그 해 12월 10일에 조인되어 1961년 2월 28일까지 효력을 가진 '한미 경제 협조에 관한 협정' 에서 미국은 외국인 투자에 유리한 환경 조성과 수출품 생산 촉진을 남한 정부에 요구하고, 또 예산, 통화 발행, 무역 정책에 간섭할 수 있게 하였다. 경제 원조라는 이름으로 미국의 잉여 상품을 마음대로 남한에 들여올 수 있게 했으며, 원조의 효과적 사용을 감시한다는 구실로 정치, 경제적인 내정 간섭을 가능하게 해 놓았다.

이승만은 반자주-반민주적인 정책을 추구했을 뿐만 아니라, 민족의 분단을 강화시키는 정책을 추구했다. 이승만 정권의 통일 정책은 북진 통일이었으므로, 미군 점령하에서는 물론이고, 미군 철수 후에도 군사 고문단의 지도와 군사 원조에 힘입어 국방력을 계속 증강시키면서 북진 통일을 호언하였다. 전쟁이 발생했을 때 군대의 훈련이나 장비면에서는 북한이 앞섰을지 모르지만 병력의 숫자는 남북한이 비슷하게 14만 내지 15만 정도였다고 한다. 6 · 25 전쟁은 민족 공동체 의식마저 파괴하여 지리적으로 시작된 분단을 민족적 분단으로 심화시켰다.

미군정이 끝난 지 41년, 6 · 25 전쟁이 끝난 지도 36년이 되는 오늘까시도 우리 국군의 통수권이 주한 미군 사령관의 손에 있는 현실을 어떻게 해석해야 할 것인가? 을사 5조약 이래 84년 동안 우리가 국군 통수권을 가졌던 기간은 단 1년밖에 안 된다는 계산이 나온다. 1905년에 사실상 일본의 식민지가 됨으로써 1907년에 조선군이 강제 해산되었고, 1945년부터는 미군정이 지배했고, 1948년에 이 정권이 세워지고 국군이 재조직되었으나 1949년 6월말에 미점령군이 철수할 때까지는 남한의 대통령도 국군 통수권을 갖지 못했다. 1950년 6 · 25 전쟁 때 이승만이 맥아더에게 양도한 국군 통수권을 아직도 되찾지 못하고 있는 형편이니 1949년 7월부터 1950년 6월까지 단 1년 동안만 남한의 대통령이 국군 통수권을 가졌을 뿐이다.

8 · 15는 감격과 기쁨만을 준 것이 아니다. 어쩌면 우리 민족에게 최악의 재앙을 가져다 준 면도 있는 것이다. 분단과 종속이 우리의 현실이라면 그것의 해소를 의미하는 통일과 자주를 위해 우리 민족은 모든 노력을 모아야 할 것이다. 통일과 자주의 그 날이 오면 우리는 다시 한번 8 · 15에 느꼈던 해방의 기쁨을 맛보게 될 것이다.

(송광성,『역사비평』에서)

## 하이힐

이영희

하이힐은 별로 대수롭지 않은 복장 중의 한 가지로 생각되지만, 사실은 이것이야말로 '귀부인' 들이 발명한 가장 혁명적인 성공이다. 가발과 치마 길이로 경쟁하던 그들은 다음에는 자기들의 육체를 어떻게 하면 가장 성적으로 보이게끔 할 수 있는가에 머리를 짠 것이다.

그들은 마침내 하이힐을 발견했다. 하이힐을 그들 '고급 매춘부' 들의 몸매를 전체적으로 바꾸어 버렸다. 즉 배가 들어가고 가슴이 나오게 된다. 넘어지지 않기 위해서는 자연히 그런 성적 자극이 강한 몸매가 되어 버리는 것이다. 몸의 안정을 유지하기 위해서 자연히 엉덩이가 튀어나올 뿐 아니라, 그 곡선이 더욱 돋보이게 되었다. 무릎을 굽혀서는 안 되기 때문에 전체 자세는 훨씬 젊고 반듯해 보이게 마련이다. 그 앞 자세로 말미암아 유방은 터질 듯이 드러난다. 이 모든 자세는 '적극성' 을 풍기게 되는데, 그것은 몸의 여러 부분 가운데서도 유방을 가장 도발적으로 나타내 보이게 한다.

그들은 이 자세로 남자의 앞에 섬으로써 "자 내가 제일 이쁘지요. 거기는 내가 제일 마음에 드는 곳이고 당신에게 특별히 보여 드리고 싶은 곳이에요. 그것은 당신이 언제나 머릿속에서 환상에 그리는 곳이지요. 다 알고 있었어요. 자, 마음껏 보세요."라는 말을 말없이 할 수가 있었다.

이 효과 때문에 하이힐의 높이의 경쟁이 시작되었다. 뒤축의 높이는 마지막에는 22내지 15췌르에 달했다고 한다. 1췌르는 엄지손가락의 너비 정도였다니까 발끝으로 서 있는 자세였다고 생각하면 전체의 몸매와 앞가슴의 도발적인 모양을 상상할 수 있겠다(하기는 하이힐이 이처럼 높아진 데는 이중의 목적과 용도가 있었다는 설도 있다. 당시에는 루이 14에의 궁중에도 변소 시설이 없었을 때이기 때문에, 빠리 시민은 요강 같은 것에 일을 본 뒤에 마구 한길에 그것을 버렸다고 한다. 비가 오면 더 말할 나위도 없지만 개인 날도 앞뒷집에서 버린 오물 때문에 뒤축으로 걸어 다녀야 했다는 설이다.).

다음은 데코르테가 출현할 판이다. 유럽에서는 그보다 앞서는 르네상스 시대에는 '귀부인' 이나 서민이나 할 것 없이 여성은 유방을 통째로 드러내놓고 살았다고 한다. 마치 손이나 얼굴을 가리지 않은 것처럼 유방도 별로 가리지 않았었다. 그 당시의 여성 복장은 차라리 '나체의 장식품' 같은 것이었으니까.

루이 14세의 동시대인 전제 정치 시대에 와서는 '노출된 유방', 말하자면 살짝 일부분을 가리운 듯하면서 대부분을 드러내 보이는 더욱 세련된 디자인이 고안되었다. 노출된 유방보다도 훨씬 관능적인 도발을 위해서 여성의 복장은 앞가슴을 이리 파고 저리 넓히고, 아래로 조이고 위를 벌리는 식으로, 온갖 방법이 유행했다.

이 관능적 도발을 더욱 고정적으로 유지하기 위해서 다음에는 코르세트가 여성의 머리에서 발명될 순서가 왔다. 딱딱한 고래뼈로 만든 것으로 허리 위를 졸라맴으로써 유방은 "마치 육

욕의 흥분 상태에 있는 것처럼 비쳤다."고 어떤 책에는 묘사되어 있다. 이제 비로소 여성의 유방은 매달린 형태가 아니라 '서 있는 형태'의 최고의 관능적 미를 찾게 된 셈이다.

이런 예를 들자면 끝이 없겠다. 하여간, 그 후 오늘날까지 약 2백 년 동안에 귀족, 지배 계급의 '애완물'로서의 궁중 '귀부인'들이 발명한 여성의 복장은 서민들에게 퍼지고 하층 서민들이 채택하면서 이제는 귀족이 사라진 상층 계급의 여성이 새로운 유행을 발명함으로써 정치, 경제, 사회적 구분을 과시하기 위한 경쟁이 계속되었다.

그 과정에서 한 가지 뚜렷한 공통된 특징은 여성이 남성에게 경제적으로나 인격(간)적으로 예속되는 도가 높을수록 그 여성이 육체의 부분을 더 많이 드러내 보이려는 노력이 유행했다는 사실이다. 또 그런 시대일수록 여성 복장의 시대적 유행도 그러했다는 사실이 양장의 풍속의 역사가 입증하고 있다.

오늘날 우리나라의 젊은 여성이 상용하게 된 양장은 결코 '남성의 예속물' 시대의 그 기원과는 아무런 관련도 없다. 그러면서도 유행의 역사는 여성의 고유의 미를 위해서보다 남성의 애총을 위해서 경쟁하는 여성들의 노력의 표현이었던 것만은 부인할 수 없을 것 같다.

그렇다면 그것은, 좋은 뜻에서건 나쁜 뜻에서건, 남성에게 경제적으로 예속된 육체밖에 가진 것이 없는 여성에게 남성이 요구한 결과였다고 해야 할 것 같다. 그러기에 제도로서나 개인의 경제, 정치, 사회, 문화적 측면에서나 여성이 남성의 예속에서 진정으로 해방된 사회에서는 여성이 육체를 드러내 보이려는 경쟁적 유행이나 하이힐을 반드시 신어야 한다는 필요성은 그만큼 적다고 할 수 있겠다. 반대로 그렇지 못한 사회일수록, 그리고 개인적으로 그렇지 못한 여성일수록 노출과 장식과 하이힐의 유행적 풍조에 뒤지지 않으려는 의욕과 필요성이 크다고 할 수는 없을까.

〈이영희,「제복과 유행의 사상」,『우상과 이성』에서〉

## 교서(敎書)

선조

백성에게 이르는 글이라.

임금님이 이르시되, 너희 처음에 왜적에게 꾀여서 다니기는 네 본 마음이 아니라, 나오다가 왜적에게 붙들려 죽을까도 여기며, 도리어 의심하되 왜적에게 들었던 것이니 나라가 죽일까도 두려워 이제까지 나오지 아니하니, 이제는 너희 그런 의심을 먹지 말고 서로 권하여 나오면, 너희를 각별히 죄주지 않을 뿐 아니라, 그 중에 왜적을 잡아 나오거나, 왜적이 하는 일을 자세히 알아 나오거나, 꾀인 사람을 많이 더불어 나오거나, 아무런 공이 있으면 양천(兩賤)을 논하여 벼슬도 하일[하게 할] 것이니, 너희 조금도 전에 먹던 마음을 먹지 말고 모두 빨리 나오라. 이 뜻을 각처의 장수에게 나 알렸으니, 조금도 의심 말고 모두 나오라. 너희 중에 설마 다 어버이 처자 없는 사람이 있겠느냐. 네 사던 데 돌아와 옛날대로 도로 살면 기쁘지 않으랴. 이제 곧 아니 나오면 왜적에게도 죽을 것이요, 나라가 평정한 후면 너휜들 아니 뉘우치랴. 하물며 중국 군이 황해도와 평안도에 가득하였고, 경상 · 전라도에 가득히 있어, 왜적이 곧 급히 제 땅에 아니 건너가면, 요사이 합병하여 부산, 동래 있는 왜적들을 다 칠 뿐 아니라, 중국 배와 우리나라 배를 합하여 바로 왜 나라에 들어가 다 분탕할 것이니, 그 때면 너희조차 쓸어 죽을 것이니, 너희 서로 일러 그 전으로 쉬 나오라.

만력 21년(1593) 9월 (옛말을 현대의 감각에 맞게 바꾸었음)

## 예술 교육

김신일

외래 문화 지향적 교육 내용은 거의 모든 교과에 퍼져 있으나 가장 뚜렷이 나타나는 것이 감성의 발달에 직접적 영향을 주는 예술 과목이다. 음악과 미술은 어느 학년의 교육 내용을 보아도 서양 음악이요, 서양 미술이다. 우리 어린이들은 초등 학교 1학년부터 서양 음악을 배운다. 고등학교를 졸업할 때까지 음악 시간에 배우는 것은 서양 음악이다. 한국인이 작곡한 것일지라도 서양 음악일 뿐이다. 근년에 음악 교과서의 한쪽 귀퉁이에 '우리의 전통가락' 이니 '우리의 전통 악기' 니 하는 식으로 소개가 되기도 한다. 전통 악기는 사진을 몇 장 싣고 그 아래에 악기 이름을 써놓았다. 그러나 어린이들이 음악시간에 그 악기들의 실제 구조를 관찰할 기회는 거의 없으며, 더욱이 각 악기의 소리를 들어보기는 정말 어렵다. 우리의 전통 가락이라는 것도 정간보가 아니라 서양 악보에 담고 있다. 그리하여 우리는 음악 하면 서양 음악을 떠올리고 우리의 음악을 지칭하려면 '국악' 이라고 말해야 한다. 유럽 사람들, 예컨대 독일인들이 '음악' 은 동양 음악을 가리키고 자기네 음악은 반드시 '독일 음악' 이라고 말해야 알아듣는다는 말은 아직 못 들어보았다. 차이는 이것이다. 서양인들은 자기네 음악을 특수 민족의 음악으로 생각하고 있다는 것이다. 저쪽이 중심이고 이쪽은 변방이라는 생각인데, 이 생각을 우리는 초등 학교 1학년 때부터 주입시키고 있는 것이다. 미술도 서양 미술 중심인 것은 다시 말할 필요도 없다. 우리의 선조들이 남긴 회화와 공예품들은 역시 미술 교과서의 한쪽 귀퉁이에 잠깐 소개해 놓은 것이 고작이다. 미술이 자연과 인긴을 포함하는 사물을 관찰하고 인식하는 눈과 그 사물과 인간의 관계를 파악하는 방식을 의미하는 것이라면, 우리는 어릴 때부터 서양식 관찰 방법과 인식 방법, 나아가 서양식 자연관과 인간관을 길러주고 있는 셈이 된다. 이러한 외래 문화 지향적 교육 과정은 민족 문화의 전승에 기여를 하기는커녕 민족 문화를 쇠퇴시키는 기능을 하고 있다. 이미 식민지 시대에 일제에 의하여 우리 문화재의 대부분이 소실되었으며, 그들이 끈질기게 문화적 열등감을 심었으므로 그러한 일제 교육의 영향을 받은 사람들은 우리의 전통 문화를 업신여기고 있는 터이다. 식민 통치 초기의 한국의 지적 풍토를 관찰한 한 외국인의 증언을 들어보자.

> 한국의 젊은이들이 그들의 위대한 고전을 읽고 연구하는 데에 조금도 흥미를 느끼지 않는다는 것은 사실이다…… 그러기 때문에 우리는 현재 한국민이 서양의 것이면 무엇이든지, 그것이 다만 서양의 것이라는 이유로 얻으려고 애쓰지만, 한국의 것이면 그것이 단지 한국 내지 동양의 것 혹은 고풍(古風)이라 해서 멀리하는 따위의 바라지도 않는 처지에 놓여 있는 것이다.
>
> 오늘날 동경 제국 대학의 한국인 졸업생은 그의 조상들이 값진 유산으로 남겨준 문학작품을 읽지 못한다. 이러한 일이 어느 나라에 있었단 말인가. 한국의 위대한 문화적 전통은 이제는 일인들에 의하여 대폭으로 말살되어 현세대에 남겨진 것도 없지만 말이다.

일제 식민 통치자들은 한국의 문화가 낡은 것이며, 근대화를 위하여는 장애가 되는 것이므로 버려야 한다는 식의 주장으로, 교묘히 한국인들에게 전통 문화에 대한 열등 의식을 심는 한편, 이 땅의 값진 문화재는 일본으로 반출해 가거나 파괴하였다. 그리고 학교에서는 체계적으로 문화적 열등 의식을 주입하였으므로 학교 교육을 받은 사람일수록 전통 문화를 비하하고 서양 및 일본 문화에 심취하게 되었다. 그런데 슬픈 사실은 이러한 현상이 식민지 시대로 끝난 것이 아니고 오늘날까지 계속되고 있다는 점이다. 학교는 여전히 외래 문화가 중심을 이루고 있으며, 전통 문화를 사랑하고 간직하는 사람들은 학교 교육을 덜 받은 민중이다. 일제 시대에도 그랬고 오늘날에도 그렇다. 우리의 교육이 식민지 교육의 독소를 씻어내는 데 얼마나 게을렀는가를 다시 한 번 뉘우치지 않을 수 없다.

## 자기 것을 지키고 이룩하는 사회

신경림

내 친척 형 가운데 공부를 썩 잘하는 이가 있었다. 특히 글재주가 뛰어나 초등 학교 때부터 여러 현상 집에 잘 뽑혀 이름을 날렸으며, 중 · 고등학교 때는 문학 전집 등 어려운 문학 서적을 많이 읽었기 때문에 교내에서 '문학가' 로 유명했고, 교지 같은 것을 만들 때도 단연 두각을 나타내었다. 그의 꿈도 장차 훌륭한 문학가가 되는 것이었고, 주위에서도 그가 그렇게 되리라는 것을 믿어 의심치 않았다.

그러나 졸업을 앞두고 그의 마음은 흔들렸다. 집안에서 그에게 법과로 진학하여 법관이 되기를 강요했기 때문이다. 초등 학교 교사 노릇을 하는 형의 수입으로 근근히 공부를 하는 그로서는 형의 말을 거역하기 어려웠고, 그가 출세해서 집안을 빛내주기를 바라는 어머니의 꿈을 저버리기 어려웠다. 소년 과부로 안 해 본 일 없이 하면서, 두 형제를 키워온 어머니가 어려서부터 인근에 재주 있는 것으로 알려진 작은아들에게 거는 기대는 그만큼 눈물겨운 것이었고, 형은 형대로 아우를 위해 어떠한 희생도 마다하지 않았기 때문이다.

고3이 되자 그는 결심을 단단히 하고서 온갖 문학에 대한 유혹을 물리치고 입시공부에 전심, 마침내 이른바 명문 사립대의 법과로 진학하는 데 성공했다. 그로부터 그는 문학과는 인연을 끊고 공부를 열심히 했다. 더러 나를 만나면 법률이란 문학에 비해 얼마나 재미없고 지긋지긋한 공부인가를 얘기하기도 했지만, 방학 때는 공부하느라 집에도 내려오지 않을 정도였다. 그러나 그는 재학 때부터 시도하던 사법시험을 졸업을 앞두고 내리 5년을 실패했다. 아마 법률에는 문학에서처럼 재능을 가지고 있지 못했던 모양이다.

그쯤 되자 어머니와 형도 그에 대한 큰 기대를 버리고 적당히 취직할 것을 바랐다. 그도 그쯤에서 단념하고 취직을 결심, 몇 해를 뛰어다니다가 가까스로 3류 관청에 자리를 얻어 들어갔다.

그 무렵 우리는 우연히 같은 동네에 살게 되어 자주 만났고, 술자리도 잦게 가졌다. 그 때마다 그는 문학을 버리고 법과에 진학한 것을 가장 후회했다. 직장에 대해서도 별로 애착을 가지고 있지 못했는데, 한마디로 그가 하는 일이 적성에 맞지 않는다는 것이었다. 나는 그에게 이제부터라도 문학에 정진할 수 있지 않겠느냐고 말했지만, 그는 고개를 가로저었다. 법률 공부와 직장에서의 실패로 진이 빠질 때로 빠져 있는 것으로 보였다.

그 뒤 그는 1980년에 무능 공무원으로 몰려 직장에서 쫓겨났다. 그런 뒤로는 하는 일 없이 여러 해를 술로만 살았다. 어쩌다 나를 만나면 그는 한탄했다.

"사람이란 자기 재능을 발휘할 수 있게 돼야만 제대로 사람답게 사는 건데."

그는 지지난해 마침내 쉰이 조금 넘은 나이로 실의 속에서 죽었다. 그의 실패는 한 개인의 실패가 아니다. 우리 사회의 실패로 넓혀 본다 해도 결코 틀린 말은 아니다. 그의 실패에서 오늘의 우리 사회가 안고 있는 문제점과 비틀거리고 있는 원인을 찾아 볼 수 있는 까닭이다.

그가 실패한 첫째 원인은 재능을 무시하고 일류를 택했기 때문이다. 이것이 우리 사회의 고질병인 것은 여기서 새삼스럽게 얘기할 필요가 없다. 그러나 이 고질병을 고치지 않고서는 우리 사회가 제대로 돼 나갈 수가 없다고 말한다는 것은 세상을 수박 겉핥기식으로 보는 것에 지나지 않는다. 더욱 중요한 것은 왜 일류병이 생겼으며 도대체 일류란 무엇이냐 하는 것을 제대로 아는 일이다.

내 친척형으로 문제를 좁혀 생각해 볼 때, 그가 재능을 무시하고 일류 학교로 들어가 일류 학문(?)을 공부하는 길을 택한 것은 한마디로 출세를 하기 위해서다. 출세라 무엇인가. 그것은 권세를 쥐는 일이다. 다시 말해서 출세를 해서 권세를 잡기 위해서 일류 학교로 갔다는 얘기가 되겠다. 그렇다면 '일류=출세=권세' 라는 등식이 성립되겠는데, 곧 일류병이란 출세욕, 권세욕에서 생기는 것이란 것도 미루어 짐작할 수 있는 일이다.

출세욕, 권세욕은 사실 우리 사회에서 아주 뿌리 깊은 것이다. 옛부터 우리나라에는, 사람이란 관록을 먹어야 사람 구실을 하는 법이라는 말이 있는데, 관록이란 말할 것도 없이 권력을 뜻하는 말이다. 또 우리나라에는 옛부터 첫돌을 맞는 아이에게 돌을 잡히는 풍속이 있다. 돌잡이란 아이 앞에 떡이니 돈이니 책이니 이러한 것들을 잔뜩 늘어놓고 아이가 잡는 것을 가지고 장래를 점치는 것인데, 이때 아이가 부를 상징하는 떡이나 돈, 상수를 상징하는 실이나 국수를 잡는 것보다 책이나 붓을 잡는 것을 부모는 가장 좋아했다. 책이나 붓은 학문을 하여 벼슬길로 나가는 것을 가리켰기 때문이다.

신문 사회면에서는 가끔 사법 시험 합격자를 사칭하여 많은 여자를 농락했다는 기사를 읽을 수가 있다. 놀라운 것은 그 농락당한 여자 가운데는 고 학력자도 적지 않다는 사실인데, 이는 권력 좋아하는 것이 지식 수준에 관계없는 일반적인 경향이라는 것을 말해 준다. 사법 시험 합격자에게 시집가기 위해서는 지참금이 1억이 있어야 되느니 5천이 있어야 하느니 하는 얘기도, 우리 사회에서는 이미 새삼스러운 것이 못된다.

또 사법 시험을 공부한다면 은근히 주위로부터 존경을 받는다. 언젠가는 출세할 것이 기대되기 때문이다. 학교 교사면 잡무를 빼주고, 회사에서는 특근을 면제해 준다. 이 점을 이용해서 사기를 치는 사람도 적지 않다. 어렸을 적 내 고향에도 사법시험을 빙자하여 빈둥빈둥 놀고 지내는 사람이 여럿 있었다. 장거리나 이발소에서 만나면 언제나 산에서 공부하다가 어제 잠깐 내려왔다는 것이었다. 그러나 이들은 언젠가 출세할 것이라는 이유 하나만으로 주위 사람들로부터 존경을 받았을 뿐 아니라 생활의 편의까지도 제공받았다. 그들 가운데 뒤에 시험에 합격했다는 소식을 전한 사람이 하나도 없었음은 말할 것도 없다.

권세 좋아하고 벼슬 좋아하는 성향은 조상에 대한 생각에서도 잘 나타나고 있다. 예컨대 일제 강점 시대에 벼슬을 했다면 마땅히 부끄러워해야 할 일이다. 그러나 우리 주위에서는 '할아버지가 일제 때 군수를 지냈느니', '아버지가 일제 때 경찰 간부였느니' 하는 자랑을 예사로 듣는다. 심지어 그 직명이 족보에까지 오른다는 데는 입이 벌어질 뿐이다. 일제하에서 같은 민족을 등치고 족친일까지 벼슬이라는 이유만으로 자랑거리로 삼다니, 과연 우리 사회가 권세 좋아하고 벼슬 좋아하는 사회란 말이 맞기는 맞는 것 같다.

그렇다면 우리나라 사람들은 본래부터 출세 지향 · 권력 지향이요, 유달리 벼슬을 좋아했단 말인가. 물론 이것은 말도 안 되는 소리다. 필시 우리나라 사람들을 이렇게 만든 역사적 사회적 배경이 있을 것이다. 그 점을 캐어 보지 않고는 이런 문제를 해결 할 방도가 나오지 않는다. 가까이 조선 왕조 시대부터 살펴보자.

조선 왕조 시대의 사회를 철저한 관료 사회였다고 한대도 별로 틀리지 않은 말일 것이다. 철저한 관료 사회가 가능했던 것은 관리들에게는 무한 권력이 주어졌기 때문이다. 가령 조선조 시대에서 벼슬을 한다는 것은 모든 것을 소유할 수 있는 길이었다. 어떤 의미에 있어 사람답게 살자면 관리가 되는 수밖에 없었을는지도 모른다.

아침저녁 땟거리가 없던 가난한 선비가 과거에 합격하여 하루아침에 부잣집 사위가 되어 재물과 예쁜 여자를 한꺼번에 얻게 된다는 줄거리는 우리 설화 가운데서 가장 많이 있는 얘기이다. 이 얘기는 벼슬에 오르면 정치 권력 뿐 아니라 재산과 여자까지도 차지하게 되는 현실을 상징적으로 말해 준다. 이 사실을 뒤집으면 벼슬, 즉 권세 없이는 재산과 여자를 지킬 수 없다는 얘기가 된다. 벼슬아치에게 백성이 재물과 여자를 빼앗기는 줄거리도 우리나라 설화에서 보편적인 것인데, 이 설화는 바로 이러한 현실의 반영일 터이다. 숱한 얘기 가운데 한 얘기만 들어보자.

황사영(黃嗣永)의 백서(帛書)사건으로 유명한 충북 제천군 배론에는 다음과 같은 설화가 있다.

예쁘고 젊은 아내를 데리고 사는 빼어난 옹기장이가 있었다. 그 예쁜 아내가 어쩌다 새로 온 제천 현감의 눈에 띄었다. 제천 현감은 옹기장이의 아내에게 하룻밤 수청들 것을 명했다. 이 명령을 거역할 수 없는 옹기장이의 아내는 하룻밤 수청을 들고는 옹기 굽는 가마에 몸을 던져 죽었다. 옹기장이 아내의 유언에 따라 그 가마에서 오지 항아리를 구워내어 원에게 가져다 바쳤다. 예쁜 옹기장이의 아내는 밤만 되면 그 오지 항아리에서 나와 원을 괴롭혀, 마침내 원은 병이 들어 죽고 만다.

이 이야기에서는 벼슬아치는 모든 것을 차지할 수 있는 반면, 백성들은 아무 것도 지킬 수 없다는 사실과 함께, 우리의 옛 사회가 관료 사회이면서도 그에 따른 도덕성을 지니지 못했음도 알 수 있다. 위의 얘기에서 보면 관리는 남의 아내를 빼앗는 데 그치지 않고, 자기와 다른 방법으로 사는 백성이 자기 일에 긍지를 가지고 사는 길까지 막은 것이다. 가령 그 옹기장이에게 아들이 있었다면, 그리하여 그가 옹기 굽는 일이나 그림에 재능이 있었다면 그로 하여금 다시 옹기 굽는 일을 하게 했겠는가.

조선조 사회의 관리들은 정치 권력이나 그에 붙은 것 이외의 일체의 권위를 인정하지 않았다. 벼슬에 생각 없이 돈만 열심히 버는 상인은 장사치라 깔봐 왔고, 물건을 잘 만들거나 그림이며 노래에 재주 있는 사람은 장이라고 업신여겼고, 배를 타고 고기를 잡거나 이웃 나라를 드나드는 사람은 뱃놈이라 하여 사람 대접을 하지 않았다. 그들이 자기들의 권위를 넘보고 자기들의 세계를 침범하지 않는 한에 있어, 그대로 내버려두고 편히 살게 할만큼 그들은 도덕성을 지니지도 못했다. 관리들은 그들이 그들 나름으로 이룩한 재산을 함부로 약탈할 뿐 아니라 그들의 세계에 함부로 뛰어들어 좋은 것, 아름다운 것을 다 차지함으로써 그들이 그들의 세계를 지키며 사는 길도 막았다. 재산을 지키기 위해서도, 또 아내와 딸과 아들을 지키기 위해서도 출세하고 권세를 잡아야 하는 것이 조선 왕조 사회였다고 말할 수 있을 것이다. 이런 세상에서 사람은 관록을 먹어야 한다든가, 사람은 나면 서울로 가야 한다든가 하는 출세주의적 생각이 깔리게 되는 것은 너무나 당연한 일이다.

조선조 사회의 관료주의가 도덕성이 결여된 채 일제 강점 시대를 거쳐 오늘에 이르기까지 그대로 이어지고 있음을 부인하기 어렵다. 지금에 있어서도 출세해서 벼슬길에 오르는 것은 모든 것을 갖는 일이다. 이 모든 것 속에는 돈과 여자뿐 아니라 우리나라에서 제일 좋은 것은 다 포함된다. 거꾸로, 권력자가 되거나 그 가까이에 있지 않고는 돈도 그 무엇도 가질 수도 없다는 얘기가 된다. 그러기 위해서는 재능에 관계없이 일류 학교로 가야 한다. 말하자면 우리 사회의 일류병은 이만큼 뿌리가 깊고 단단하다. 이런 형편인 터에 덮어놓고 일류병만 나무란다는 것은 설득력이 있을 수 없다.

가령 5 · 16을 보자. 군인이라는 직업에 만족할 수 없었던 한 때의 군인들은 총칼로 권력을 잡고 이 나라에서 좋은 것은 모두다 차지했다. 전셋집에 살던 한 혁명 주체가 하루아침에 하나의 군에 해당하는 넓은 토지의 주인이 되었다는 얘기는 너무도 유명하거니와, 어떤 혁명 주체는 장안의 미희에게까지 소유욕을 뻗쳐 말썽이 되기도 했다. 더욱이 이들은 조선조 사회의 그릇된 관료주의의 병폐를 확대 재생산하여 벼슬에 뜻없이 장사에 몰두하는 사람, 물건 만드느라 땀 흘리는 사람, 묵묵히 땅을 파는 사람, 그림 그리는 사람, 글쓰는 사람, 노래하는 사람이 아무 것도 가질 수도, 이룩할 수도, 지킬 수도 없는 세상을 만들어 버렸다. 세상에 좋은 것은 모두 독차지했고, 또 벼슬하는 사람, 정치 권력에 붙어사는 사람이 독차지할 수 있는 길을 만들었던 것이다.

모름지기 가장 좋은 세상이란 모든 사람들이 자기의 재능에 알맞은 일을 찾아내어 재능을 빛내는 가운데 살 수 있는 세상일 것이다. 즉 한눈을 팔지 않고 자존심을 가지고 자기 일에 몰두할 수 있는 세상일 것이다. 그러자면 먼저 정치 권력을 쥔 사람들이 세상의 온갖 좋은 것을 혼자 차지하려는 욕심을 버려야 한다. 다른 부문에서 남이 일생 동안 이룩한 일을 하루아침에 빼앗을 수 있는 세상이어서는 안될 것이다. 장사하는 사람, 이 모두가 제각기 자기가 맡은 일에서 일류가 되기 위해서 노력하는 세상이 될 때, 그리고 이들의 이러한 삶이 정치 권력에 의해 침해당하거나 수탈 당하지 않는 세상이 될 때, 일류병이 해결되고 출세 지향, 권력 지향으로 인해 비틀대는 우리 사회의 고질병도 치유될 것이다.

## 4. 설명문

# 은행나무 이야기

정창희

(1)

은행나무는 자랑스러운 것들을 많이 가졌다. 곧고 튼튼하고 깨끗한 줄기, 굵고 싱싱한 가지들, 부드럽게 살랑이는 부채꼴의 잎들, 그리고 은빛의 은행들, 그 가운데서도 가장 자랑스러운 것은 열매인 은행이다. 그 속씨가 포도알처럼 둥글게 생겼다면, 그것에 매력을 느낄 이는 그리 많지 않으리라. 둥글납작하면서도 예리한 칼날이 한 바퀴 휘이 둘러져 있는 그 꼴은 깜찍해 보이기까지 한다. 곧, 입술을 나불거리면서 무엇인가 지저귈 것만 같다. 사람들은 은행을 본떠서 마고자 단추를 만든다.

은행이 영글어갈 무렵에는 사람들이 그의 나래 밑을 빠른 걸음으로 지나간다. 숫제 아주 멀찍이 떨어져서 활 모양을 그리며 숨가쁘게 달리기도 한다. 은행나무가 은행들에 최후의 정열을 부어넣을 때에 뿜어낼 수밖에 없는 그 진하고도 독한 내음은 어떤 사람들에게는 참지 못할 만큼 역겨울지도 모른다. 그러나 은행나무를 아끼고 이해하는 이에겐 그 내음이 프랑스의 시골 토종 치즈의 독특한 향기보다도 더 은은하고 달콤하게 느껴지리라. 구태여 치즈를 들먹이지 않더라도 우리네 담북장의 향기가 은행의 체취를 풍긴다. 또 그것은 몇 년 묵은 맛좋은 젓갈의 냄새와도 같다. 오랜 역사를 지닌 민족들은 저마다 고유한 발효식품을 개발해서 즐기고 있다. 은행의 향기야말로 은행이 지닌 여러 억 년의 역사를 말해주는 증인이다.

은행은 은은한 향기를 가지고 있어서 외국에서도 이것을 요리에 쓰는 경향이 늘어가고 있다고 한다. 우리나라에서는 예로부터 요리에, 특히 궁중요리에 쓰였다. 또 앞에서 이야기한 것처럼 은행에서 어떤 새로운 생약으로 쓰일 수 있는 약물을 뽑아내는 것도 가능할 것 같다.

은행나무는 가로수나 관상수로 참 훌륭한 나무다. 여러 십 년 동안에 가로수로서 왕자를 차지하고 있던 플라타너스는 십 년 전쯤부터 흰나방의 유충 때문에 큰 피해를 입고 있다. 그러나 은행나무는 아무 탈없이 건재하다. 흰나방은 더러 잘못하여 은행나무에 알을 스는 일이 있지만 유충은 은행나뭇잎을 먹을 수 없이 모두 죽어버린다. 다른 가로수들이 자동차들이 뿜는 가스 때문에 축 늘어져 버리는 한여름의 한낮에도 은행나무에는 이상이 없다. 그들은 지금도 정정한 모습으로 공기 오염이 가장 심한 서울의 태평로 한복판에 한 줄로 서 있으며 또 옛 서울대학교 문리과대학 운동장에 서 있다. 이들은 다른 모든 나무들이 시들어도 몸을 늘 푸르게 지키며 그들의 직책을 수행하고 있다.

가을에 노랗게 물든 은행나무는 참으로 아름답다. 특히 곱게 단풍지는 은행나무는 그 뿌리가 적당히 마를 수 있도록 찬바람이 잘 통하는 좋은 땅에 뿌리를 박은 나무이다. 그 빛깔이 그토록 아름다우니 가지가 신라의 금관처럼 휘면 황제와 같은 위엄을 나타낼 것이다. 은행나무의 아름다움도 그 금부채인 잎들이 우수수 떨어지면 그만이다. 떨어지는 한잎 한잎에서 우리들은 바로 가을이 떨어지고 있음을 느낀다. 그 빛깔이 유난히도 가을이 시들어 가는 것을 더 심각하게 느끼게 한다. 특히 긴 역사 속에서 천천히 늙어가고 있는 은행나무의 늘그막은 우리들로 하여금 더욱 쓸쓸한 감회에 잠기게 한다.

은행나무는 자랑스러운 몸뚱아리와 향기로운 열매를 가졌지만 아주 쓸쓸한 나무다. 모든 나무가 벌레를 불러서 사귀고 개미들의 등반을 허용하여 번거로운 사교장을 제공하지만 은행나무는 참으로 고결하기만 하다. 더욱 그가 고독한 것은 오직 지구 위에 한 종밖에 없는 식물이기 때문이다. 사과와 배는 서로 접붙일 수 있을 정도로 가까운 사촌 사이의 식물들이다. 그러나 은행나무에는 이렇게 접붙일 수 있는 가까운 친척이 전혀 없다. 세계의 어디에도 은행나무로서 자연 숲이 이루어진 곳은 없다. 모두 사람의 보호 아래 자라고 옮겨 심어졌다. 은행나무야말로 참으로 드문 순종이다. 그러나 은행나무도 개량할 수는 있다고 한다. 여느 은행나무는 심은 지 20년쯤이 지나야 열매를 맺으나 접붙이기의 묘를 살리면 2년에서 4년이 지나면 열매를 맺는 은행나무를 얻을 수 있다.

(2)

식물학은 은행나무를 나자식물로 친다. 뒤에서 다시 이야기가 되겠지만 은행나무는 천 년 전에는 지구 위에서 중국 땅에서만 몇 그루가 남아 있었을 뿐이었다. 그 뒤에 거기에서 한국과 일본 같은 곳으로 옮겨지고, 최근에 와서야 비로소 온 세계로 전해진 순수한 한 핏줄기의 나무로서 일억오천만 년 전의 번성기에서와는 달리 변종도 없고 다른 품종도 없다.

은행씨를 둘러싼 노란 겉씨 껍질은 얼핏 보면 피자식물인 살구나 복숭아의 과육과 비슷하나 발달이 중지되어 있다. 은행은 피자식물의 열매를 흉내만 내다가 말아 버린 덜된 작품이다. 아니, 실패작이라고 볼 수밖에 없다. 피자식물보다 덜 발달한 하등식물의 설움이 여기에 나타나 있다. 하늘이 이만큼밖에 허락하지 않았던 것 같다. 그러나 "고귀한 과실이 못된" 바에야 토라져서 짓궂게 고약한 냄새나 피우겠나고 나선 열매는 결코 아니리라.

"마주보아야 열매를 맺는다."라고 하면 누구나 곧 은행나무의 이야기인 줄을 알만큼 되어 있다. 이것은 은행나무가 수나무와 암나무로 딴 그루로 되어 있어, 암나무에만 열매가 열기 때문에 나온 말이다. 은행나무, 소철 및 주목 따위는 모두 암수딴그루이다. 암컷과 수컷이 있는 나무가 그리 드문 것은 아니다. 우리가 흔히 보는 버드나무, 수양버들 및 포플러 따위도 암컷과 수컷이 딴 그루이지만 이들이 "마주보아야"하는 따위의 말의 대상이 되지 못하는 것은 그들의 열매가 향기로운 은행에 견주어 아주 초라하기 때문이리라.

암수딴그루인 은행나무는 어떤 방법으로 새끼를 칠까? 한 개의 꽃에 암술과 수술이 있으면 쉽게 정받이가 되어 열매를 맺을 수 있어서 편리하겠지만, 이런 생식은 우리들이 보기에는 김이 빠지고 허전한 것 같다. 암컷과 수컷이 뚜렷이 다른 개체로 되어 있어야 그럴듯하지 않을까? 사람이 암수한그루로 되어 있다면 어떨까? 어떤 점에서는 호젓하겠지만 이런 인생에는 긴장도 낭만도 없을 것 같다. 성균관에는 500년 전에 심었다고 하는 은행나무가 있다. 그때에 성균관 유생들은 향기가 역겨워 은행이 열리지 않는 수나무만을 골라 심었다고 한다. 그 처사는 너무 가혹하지 않았을까? 아득히 먼 곳에 있는 암나무와도 정을 통할 수 있다고는 하지만 그때의 그들의 처사는 아무래도 비정한 것 같다.

동물에는 난자와 정자가 있고 이들이 적당한 시기에는 결합하면 태아가 생긴다. 다만 하등동물에는 간단히 분열하여 번식하는 것도 있다. 식물의 경우에는 하등식물 쪽에 자유롭게 움직이는 정자가 있고 고등식물에는 정자가 없다. 대체로 동물과 식물은 이런 점에서 서로 반대이다. 19세기 말에 히라세라는 일본사람이 은행나무에서 정자를 발견하기 전에는 은행나무가 나자식물인지 또는 피자식물인지를 판단하기 어려웠다. 정자가 발견됨으로써 피자식물보다 하등식물임이 더 뚜렷해졌다. 은행나무에는 잎에 은행이 달리는 경우가 있다. 잎에 열매가 생기는 식물도 하등식물이다. 은행나무는 아주 우연하게 그 잎에 은행을 붙이는데 이로 말미암아 그 자신이 하등식물이라는 사실을 "아차"하는 순간에 폭로하고 말았다. 그러나 이런 우연이 은행나무로 하여금 옛 선조의 모습을 재현시켜 혈통을 찾게 하였음은 말할 나위도 없다. 이런 사실도 정자를 가지는 것과 아울러 은행나무가 피자식물보다도 한 계급이 낮은 나지식물임을 알게 해준다. 그러나 은행나무는 어엿한 꽃식물이다. 다만 화려하지 못한 꽃을 달았기 때문에 아래 계급에 들뿐이다.

(3)

모든 식물은 종류에 따라 약하거나 강한 독을 합성하여 그 몸의 일부 또는 전부에 간직하기 마련이다. 담배의 니코틴, 양귀비의 모르핀, 또는 소를 중독시키는 몇몇 식물 속의 독들은 대부분이 "알칼로이드"라고 불리는 극독약 성분이다. 대마초 순의 마취성, 감자 눈의 솔라닌, 숙주나물의 독, 살구씨와 복숭아씨와 사과씨 따위에 생기는 무서운 청산도 극독약 성분이다. 여느 나무의 새싹이나 새순에도 독이 있는 경우가 많아서 진딧물이 잘 붙지 못한다. 이것은 다만 식물들이 스스로 제 몸뚱아리의 어린 부분을 보호하고 씨를 지키도록 하늘이 허락한 종족 보존의 수단인 것 같다. 심지어 갓난아기나 동물의 갓난 새끼도 여러 가지 병에 면역성을 갖는데, 이것도 병균들의 처지에서 볼 때에는 동물의 어린 싹에도 독성이 있다는 말이 될 것이다. 식물이 독을 합성하기는 아주 쉽다. 그 원료는 물, 탄산가스, 암모니아 및 황 따위이며 이들만이 있으면 대부분의 독은 합성될 수 있다. 인류는 이런 독을 거꾸로 이용하여 적당히 섞고 조절하여 옛날부터 병을 고치는 생약으로 써왔다.

은행의 겉씨 껍질 속에는 독이 들어 있다. 이것은 산이나 들에서 자생하는 옻나무의 옻과 비슷한 독으로서 "빌로볼"이라는 물질이다. 이 밖에도 은행의 겉씨 껍질 속에는 "은행산"이 있다. 이런 것들이 일으키는 피부염이 은행옴이다. 또 은행나뭇잎에는 살균 작용을 하는 "플라보노이드"라는 독이 있다. 은행나뭇잎을 책 속에 끼워두는 것은 그것을 사랑하는 갸륵한 마음씨에 나왔겠으나, 책에 좀이 슬지 않게 하는 뜻밖의 효과도 볼 수 있다. 농가에서 거름을 만들 때에 은행잎을 섞어서 그 거름이나 흙 속의 해로운 벌레를 죽이는 것도 바로 이러한 독성분을 이용하는 보기라고 하겠다.

은행의 부드러운 연두색의 속살은 먹음직스럽지만 날로 먹으면 독성이 작용한다. 날것을 150알 남짓 먹으면 사람의 목숨이 위험하다. 그러나 굽거나 신설로에 넣어 끓여 먹거나 하면 괜찮다. 한약방에서는 기름에 졸이거나, 기름에 담가서 오래 두었다가 약으로 쓰기도 한다. 목에 걸린 가래를 없애는 데에, 또 기관지염을 다스리는 데에 효과가 있으며, 옛날에는 폐병 치료에도 썼다고 한다.

최근에는 서독에서 한국의 은행나뭇잎은 수입해간 일이 있다. 아마도 "플라보노이드"같은 약품을 뽑으려는 뜻에서일 것 같다. 혹시 암을 치료하는 묘약이 그 속에 들어 있지나 않을까 하는 주제넘은 생각도 해본다. 포플러 같은 나무에는 혹이 많이 돋지만 은행나무는 참으로 깨끗하니까 말이다. 과민성인 사람은 은행나무 아래를 지나가기만 해도 두드러기가 생기고 어떤 이는 재채기를 연거푸 하기도 한다. 이런 분들은 은행나무와는 끝내 사귀지 못할 서운하고 불행한 운명을 가졌다.

(4)

서양에서는 은행나무를 "소녀머리 나무"라는 뜻으로 "메이든 헤어 트리"라고 부른다. 이것은 가르마를 탄 처녀의 머리 모양이 은행나무 잎의 모양과 비슷한 데에서 나온 것일 것 같다. 1712년에 독일의 한 식물학자가 은행나무의 독특한 모양을 발견하고, 이 사실을 곧 학계에 보고하였다. 그런데 1771년에 유명한 생물학자인 린네가 그의 책에서 은행나무에 "깅쿄"(Ginkyo)라는 학명을 주었다. "깅쿄"란 "은행"을 적는 한자의 일본 발음이다. 린네는 이렇게 "옳게" 써내었는데 출판사에서 식자공이 잘못하여 와이(y)자를 지이(g)자로 심었고 이것이 교정할 때에 발견되지 못하여 "Ginkgo"로 되어 버렸다. 서양말 사전에는 "Ginkgo"와 "Gingko"의 두 가지로 표기되어 "깅크고우" 또는 "깅코우"로 발음된다. 아무튼 이 학명은 불행하게도 식자공의 오식으로 영원히 제 발음을 잃어버린 학명의 한 보기이다.

은행나무를 중국 사람들은 귀족의 후손이란 뜻의 이름으로 "공숀스"라고도 한다. 은행나무가 귀한 나무라는 뜻에서일까? 그들은 은행나뭇잎이 마치 오리발처럼 생겼다고 해서 은행나무를 "야찌아오스"라고도 한다.

(5)

삼억 년 전쯤의 석탄기에 은행나무의 선조가 나타났다. 더 뚜렷한 은행나무의 선조들은 이억오천만 년 전쯤의 페름기에 나타났다. 이 선조들은 이제 화석으로부터 그 모양이 복원되어 "트리코피티스" 및 "스페노바이에라"라는 학명을 받게 되었다. 이억삼천만 년 전쯤부터 칠 천만년 전쯤까지의 중생대에 들어서면서 번성하기 시작한 은행나무의 선조는 "깅고이테스", "바이에라" 및 "깅고디움"따위의 일곱 속이고 여기에는 수십 종이 속하였다. 이들 고대 은행나무는 일억오천만 년 전쯤인 주라기에 크게 번성하였고 칠천만 년 전쯤인 백악기의 말엽까지에는 세계 곳곳에 퍼졌으나 그 뒤에 점차로 쇠퇴하여 한 종의 한 속인 현생 "깅크고우 비로바"만이 남게 되었다.

중생대의 은행나뭇잎은 현생 은행나뭇잎보다 두세 곱이나 또는 그보다 더 컸다. 그때의 은행나뭇잎은 여러 개의 홈으로 갈라져 있었는데, 현생의 잎은 갈라지지 않았거나 한두 속에 홈으로 갈라져 있을 뿐이다. 그런데 현생 은행나무도 기름진 땅에 재배하면 잎이 여러 갈래로 갈지는 경향이 있다고 한다. 그러므로 잎이 여러 갈래로 갈라졌다고 해서 다른 종이라고 할 수는 없다. 백악기 말, 곧 칠 천만 년 전쯤에 살던 은행나무는 화석으로 보면 현생 은행나무와 거의 다름이 없으며, 그때에는 아마도 현생 은행나무와 꼭 같은 종도 상당한 세력을 가지고 있었던 것 같다.

식물은 생각하기보다 퍽 기후의 변화에 민감하다. 동물보다 식물이 더 민감한 이유는 그들이 몸을 능동적으로 움직여 이동할 수 없기 때문이다. 많은 식물들이 중생대 말기에 멸망하였는데 그래도 살아남은 식물들이 다시 몇 차례의 시련을 겪은 시대가 지난 백만 년 동안의 빙하기대였다. 네 번에 걸쳐 그 기온이 섭씨 6도에서 10도만 큼씩 떨어진 빙하기에 다른 많은 식물들과 함께 많은 은행나무도 죽어 버렸을 것으로 생각되어 안타깝다

일억오천만 년쯤이나 계속된 중생대는 파충류의 시대로서 공룡이 설쳤다. 그들 가운데는 풀을 먹는 공룡이 많았다. 이들이 어떤 식물을 먹었는지가 대단히 궁금하다. 중생대에 퍼진 은행잎이나 줄기를 공룡들이 먹지 않았을까? 그렇지 않으면 오늘날의 어떤 동물도 은행나무를 침해하지 못하듯이 그때의 왕자였던 공룡도 이 나무만은 침범하지 못하였을까? 공룡의 분비물로 된 화석인 "코프롤라이트"를 연구하면 그 해답이 나올지 모르겠다. 공룡들이 은행나무를 마구 먹어서 얼마쯤은 은행의 멸망에 영향을 주었는지도 모른다. 그러나 거꾸로 은행 독이 공룡들이 멸망한 한 원인이 되었는지도 모른다. 공룡은 중생대가 끝나기에 앞서 완전히 멸망했

고 은행나무도 그 뒤에 거의 쇠퇴했다. 둘 사이에 어떤 관계가 있지 않을까? 아직 풀리지 않는 수수께끼다. 아무튼 은행나무는 이 지구 위에 한 속의 한 종만 남아 있다. 이처럼 고독한 현생 은행나무는 왕성했던 옛날의 선조를 대표하나 멸망할 운명에 있는 것 같다. 1953년에 마다가스탈 부근의 바다에서 잡힌 페어에 가까운 학명이 "라터메리아"인 물고기 "시리라칸스"도 멸망한 것으로 고생물학자들은 생각했는데 뜻밖에도 이 물고기는 아직도 화석으로 된 그의 선조와 거의 같은 생김새를 가지고 살아 남아 있다. 이와 같은 살아는 있으나 화석처럼 보이는 것이 산 화석이다. 따라서 은행나무도 이른바 산 화석이다. 더구나 우리 둘레에서 서로 몸을 마주 대고 살고 있는 산화석이다. 같은 공기를 함께 숨쉬는 화석이다. 인류의 허파에서 뿜어낸 탄산가스를 마시고 이것을 깨끗이 걸려서 산소를 재생하여 인류에게 바치는 은행나무는 살아 있는 화석이다. 참으로 역설스러운 사실이다.

화석처럼 오래된 은행나무가 경기도의 용문산과 성균관에 한 그루씩 서 있다. 성균관에 있는 나무는 너무 늙어서 한두 군데의 수술한 흠집이 있지만 아직은 정정하다. 참으로 옛날을 더듬게 하는 나무다.

(6)

지금은 벌레와 공해에 강하지만 언제 어떤 해충이 생겨나서 은행나무만을 즐겨 먹을지 모른다. 그리고 인간들의 거주지에만 심어져 있으므로 인간이 만들어서 당하고 있는 공해를 피할 수 없는 형편에 있다. 오염의 정도가 더 심해지면 은행의 끈덕진 저항도 맥없이 풀리게 될지 모른다.

지금도 공해 때문에 떼죽음을 당하는 동물들이 적지 않다. 이 동물들을 구하고 은행나무를 구하는 길이 바로 인간 자신을 구하는 길이 될 것이고 또 거꾸로 인간을 구하는 길이 이들 동물을 구하는 길이 될 수 있으리라. 우리 둘레에는 사라져 가는 생물이 많은 듯하다. 그 가운데서도 덩치가 큰 것으로는 말, 소 및 개 따위를 들 수 있다. 이들은 오래 전부터 인류와 같이 생활해 왔기 때문에 독립성이 없어졌다. 말은 사람의 도움 없이는 생식도 못할 정도로 약화된 동물이다. 만들면 존재하고 안 만들면 존재하지 않을 것이다. 꿩이나 참새도 인간들과 공생관계에 있는 새들이라고 한다. 인류가 없어지면 이들의 장래도 위태롭다. 만약에 지구에 큰 변동이 생기고 인간 생활에 큰 변화가 생겨 이들이 인간 사회로부터 내쳐진다면 이들은 자연에 적응하지 못하고 사멸되어 버릴 족속들이다. 이런 점에서 그들은 은행나무와 비슷한 설움을 가졌다고 하겠다.

은행나무에 따른 내 찬미도 여기에서 끝나야겠다. 이 글이 "있는 것은 다 옳다."라는 마땅하지 않은 명제에 기대어 인간에게 꼭 필요한 것도 아닌 은행나무를 찬미하자는 데에서 씌어진 것은 아니다. 또 은행나무의 아름다움에 사로잡혀 넋을 잃는 소녀의 취미에서 비롯된 것도 아니다. 다만 은행나무의 역사가 인간의 역사와 서로 얽혀 있고, 은행나무가 자연 환경의 변화로부터 생존을 위협받아온 만큼 인간도 위협을 받아 왔기 때문에서이다. 더구나 그러한 위협과 불안 속에서도 은행나무도, 인간도 아주 의연한 자세를 지녔기 때문에서이다. 특히 현대인이 자기 손으로 만든 문명의 산물인 공해 때문에 생존을 위협받고 있는 이 시대에서 은행나무의 생존이 바로 인간의 생존과 연결되어 있는 것 같아서 나는 꽤 긴 말을 했다. 이 생각이 억지라고, 또 착각이라고 해도 은행나무에 대한 내 사랑은 영원히 변하지 않으리라.

〈『뿌리깊은나무』 1976년 5월호〉

(단락의 순서를 일부 바꾸었음)

## 성덕대왕 신종의 정보 통신적 의미

진용옥

불교 사원에는 의식을 수행하는 데 쓰이는 용구로서 범종, 목어, 운판, 법고 등이 있다. 이를 '사법위기(四法爲器)' 또는 '사보(四寶)'라 하며 아침, 저녁 시각을 알리거나 예불의식을 진행할 때 사용한다.

범종은 사보 중에서 가장 중요한 의식 기구로서 대종과 소종으로 나뉜다. 대종은 종각에 매어 달아 사물과 같이 치고, 소종은 법당 내에 두고 일반 의식 때에 쓴다. 시각이나 예불을 알리고 또 불법을 전달하는 목적으로 사용한다.

고(鼓)는 법고라고도 하며 대고, 소고로 나누어진다. 대고는 대종과 같이 사물의 하나로 종각에 매어 달고 아침저녁 예불 시에 같이 사용하나, 소고는 염불 의식 때에 많이 쓰인다. 북통에 그림을 그리거나 조각을 하여 훌륭한 목공예품을 이룬다.

목어는 통나무의 외형을 물고기 모양으로 조각하고 아래의 복부를 파서 공간을 만들어 그곳을 채를 가지고 치도록 되어 있다. 우리가 흔히 볼 수 있는 목탁은 목어를 축소한 형태이며 수중의 물고기와 같이 항상 깨어 있으라는 의미가 있다고 한다. 목어는 외향의 조각과 채색에서 우수한 수법을 나타내어 목공예품으로 손꼽게 된다.

운판은 금속판을 구름 모양으로 만들어 치는 타악기의 일종이며 세부에 조각을 하거나 글씨를 새겨 넣은 금속 공예품이기도 하다.

불교 사원의 사보 모두가 음향 기구의 형태를 취하고 있으며, 이들은 각각 천상이나 지상 그리고 수중이나 지하에 있는 생명체나 영혼을 위하여 메시지를 전하는 정보 통신적 기구라는 점에서 매우 흥미롭다. 이 글에서는 주로 범종에 대해서 다루려고 한다. 한국 종의 양식으로는 신라 범종, 고려 시대와 조선 시대의 종이 있으나, 그 중에서도 신라 종이 으뜸이며 한국 종을 대표한다. 현존하는 것으로 상원사 동종, 성덕대왕 신종, 용주사 범종이 있으며 모두 국보로 지정되어 있다. 일본에도 4기가 남아 있어서 신라 범종은 모두 7기가 전한다.

이 가운데에서도 성덕대왕 신종(일명 '에밀레종')은 8세기에 주조된 것으로 규모나 구조 그리고 음향학적 측면에서 탁월한 성능을 지니고 있으며, 가히 세계적 보배라 여겨진다. 그러나 이의 진가에 대해서 일반인은 물론 전문가 사이에서도 이해하는 이가 드문 것 같다. 미술사적 견지나 종교적 차원에 국한되어 있거나, 울림소리와 연관해서 '소녀 희생 전설'의 대상으로만 인식하고 있기 때문이다.

## 성덕대왕 신종의 주조 연혁과 주조 목적

우리나라의 범종은 다른 나라의 종보다 외형에서 뛰어날 뿐 아니라 종소리 또한 장중하고 그윽하며 은은히 울려 퍼지는 여음으로 인해 그 진가를 더하고 있다. 성덕대왕의 명복을 빌기 위하여, 국가적 주종 사업의 결과로 이룩된 신종의 주조는, 그의 아들 경덕왕 때 시작해서 혜공왕이 완성했다.

「삼국유사」에는 "경덕왕은 황동 12만 근을 내놓아 그 아버지 성덕왕을 위하여 큰 종을 하나 만들려 했으나 이루지 못하고 죽으니, 그 아들 혜공대왕 건운(乾運)이 대력 경술(770년) 12월에 유사(有司)에게 명하여 공장이들을 모아서 기어이 완성시켜 봉덕사에 안치했다. 이 봉덕사는 효성왕이 개원 26년 무인(738년)에 그 아버지 성덕대왕의 복을 빌기 위해서 세운 것이다. 그런 때문에 그 종의 명에 '성덕대왕 신종지명(聖德大王 神鍾之銘)'이라 했다."라고 기록되어 있다.

이어서 "종은 본래 경덕대왕이 그 아버지를 위해서 시주한 금이었으므로 성덕왕의 종이라 한 것이다."라고 주석을 달아놓고 있다. 여기에서 보면, 황동 12만 근을 들여 거종을 만들었으며, 완성된 후 봉덕사에 안치했다는 것, 그리고 성덕대왕의 명복을 빌기 위해서 주조했기 때문에 그 종 이름이 '성덕대왕 신종'이라는 것과, 경덕왕 때 시작하여 혜공왕 때 완성했으므로 전후 34년간의 세월이 소요되었으며, 여러 번의 시도가 있은 후 완성되었다는 것 등을 알 수 있다. 신종의 종명에는 "그 형상이 장하여 뫼가 서 있는 것 같다"고 하였는데 구조의 방대함을 적절히 표현한 것으로 보인다.

불가에서는 범종의 타종 의미가 지옥 중생을 구제하기 위한 것에서 비롯된다고 한다. 타종 시에 외는 송가에 의하면, "원컨대 이 종소리가 널리 법계에 두루 퍼져 죄로 둘러 싸여진 어두운 지옥을 모두 밝게 하고, 삼도(三途) 지옥의 고통을 모두 떠나게 할 뿐 아니라, 도산 지옥도 모두 파하게 하여 일체 중생이 모두 성각을 이루게 하여 주옵소서."라는 것이다.

## 신종의 외형적 구조와 세계 거종들과의 비교

한국 범종의 전형적 구조는 대략 용통(勇通), 용뉴(龍紐), 천판(天板), 상대(上帶), 유곽(乳廓), 유두(乳頭), 비천(飛天), 당좌(撞座), 하대(下帶)로 이루어져 있다. 특히 용통은 대롱같은 모양으로 된 음통관으로 전 세계에서 한국 범종만이 가지는 독특한 형태이며 종소리의 미묘한 변화를 조성케 한다.

"무릇 도에 이르는 길은 형이상학에 속하기 때문에, 보려 해도 그 원리를 잘 알 수 없고, 큰 소리는 천지간에 진동하더라도 너무 커서 원래가 잘 들을 수가 없다. 그런고로 비슷하게 가설(종)을 설치한다. 그리하여 삼진의 오묘한 뜻을 마음의 눈으로 볼 수 있도록 신종을 만들어 매달아 울림으로써, 불타의 음성을 직접 듣고 극락으로 가는 수레를 탈 수 있는 원음[聲聞一乘圓音]을 깨닫게 하려 한다. 바로 그것이 이 종소리다."

신종의 구조 중에서 천판은 하늘을 뜻하고, 상대는 공중, 유두와 유곽은 불타의 육신, 비천은 화엄 사상에 근거한 깨달음의 환희를 나타낸다. 당좌는 종을 치는 곳이며 하대는 연꽃과 연잎 무늬로 둘러쳐지면서 완만한 물결 테두리를 이룬다. 바다와 지상을 나타낸 것으로 보인다. 그러므로 범종은 천상과 지상 그리고 불타(때로는 인간)라는 삼위일체를 압축한 가설 무대인 셈이다. 불가에서는 깨달음을 얻어 극락으로 가는 세 가지의 수레가 있다고 하는데, 성문승(聲聞乘), 연각승(緣覺乘), 보살승(菩薩乘)이 그것이다. 성문승이란 '성문일승원음'이라고도 하는데, 불타의 음성을 직접 들어 극락으로 인도된다는 뜻이라 한다. 연각승은 스스로의 깨달음을, 보살승은 보살에 의존하여 극락으로 가는 수레를 탈 수 있다는 것이다. 교리적 차원에서 볼 때 거대한 신종은 불타의 육신이요, 여기에서 울려 나오는 소리는 불타의 음성이라 가설화시킨 것이다. 은은하게 울려 퍼지고 아득하게 사라지는 길고 긴 여운에다 중생들의 절절한 서원을 싣게 함으로써 저 멀고 먼 극락에 왕생할 수 있다는 신앙적 차원에서 신종을 주조케 하였으리라.

그러나 이러한 불교적 신앙이 바탕을 이룬 것은 사실이나 아버지와 할아버지의 명복을 비는 효도적 차원이나, '소녀 희생의 전설' 에서 보는 것처럼 찐득한 인간에 얽힌 사연 또한 간과해서는 아니된다.

"비어 있어 잘 울리고, 그 소리가 그치지 않고 긴 여운을 끌며, 장중하여 함부로 굴릴 수 없는데 그 몸에는 바지를 입지 않았다. 대왕의 큰 공을 그 몸의 맨살에 그대로 새겨둔다."

종신이 곧 성덕대왕 자신의 맨몸이라고 동질화시킨 것은 아버지와 할아버지를 그리는 자손들의 염원이 신앙과 결부된 것이며, 주조의 어려움과 정성은 소녀를 희생시킬 만큼 거대한 국가적 사업이었음을 상징하고 있는 것이다. 특이한 점은 한국의 역사나 전설에 대해 아는 바도 없으며 교육을 받지도 않은 중국 동포 3세들이, 이 전설을 알고 있음을 필자 자신이 확인할 수 있었다. 그들은 할머니로부터 이 말을 들었다고 증언한 바 있다. 한민족의 동질성을 확인할 수 있는 귀중한 소재였음을 실감했다.

세계 여러 나라에도 많은 종들이 있는데, 유명한 종으로는 모스크바 짜르대종(111톤), 북경 대종사에 있는 영락대종(53톤), 노틀담사원의 종(8톤), 쾰른 성당의 종, 필라델피아 자유의 종 등이 있다. 크게 보아서 서양 종과 동양 종으로 나눌 수 있는데 동양 종은 다시 한국 종과 중국 종의 양식으로 나눌 수 있다. 일본 종은 크기나 종소리에 있어 이에 미치지 못하며, 대부분 한국 종을 약탈해 간 것이거나 일본에서 주조된 것이라도 한국 종의 아류에 불과하다.

서양 종은 종신이 작고 종구가 딱 벌어져 있다. 그렇기 때문에 높은 주파수의 울림소리가 나오며, 음향 심리적으로는 경고성 의미를 내포하고 있다. 음향공학적으로는 자유 공간의 공기 매질과, 소리를 발생하는 청동 주물 재료 사이의 딱딱함의 차이를 점진적으로 완화시켜 소리를 잘 전달하게 하려는 구조인 것이다. 스피커의 구조를 보면 쉽게 이해가 될 것이다. 전문적 용어로는 '음향 임피던스 정합' 이라 한다. 소리를 크게 하려면 똑같은 작은 종 여러 개를 조합시켜 화음을 이루게 한다. 쾰른 성당의 종이 대표적일 것이나.

중국 종은 왕조의 변화와 신앙적 목적에 따라 다르지만, 기본적으로는 종신이 장대하고 종구는 종신의 축보다 약간 벌어진 형태를 취하면서 내려가다가 끝 부근에서 날개처럼 벌어지며, 종 둘레는 높은 파도처럼 일렁이면서 문양이 쳐져 있다. 서양종에 비해서 낮은 주파수의 울림소리가 나오며 더 멀리 전파되어 나간다. 서양종의 경고적 의미보다는 알림이나 전달의 목적이 자연스레 이루어진다.

이에 비해서 한국 범종은 종신 전체는 서양종보다 훨씬 크다. 중국종의 외형에 가깝지만 구조는 크게 다르다. 종구가 중국종보다 종신의 기본축에서 더 오므라져 있어 마치 항아리 입구와 같이 보이므로, 중국종처럼 날개의 모형을 취하지도 않는다. 종구의 둘레는 아주 완만한 파도 모양을 가지며, 어떤 것은 직선적으로 처리되어 있다. 이러한 구조적 차이는 주종의 목적이나 신앙, 그리고 민족의 심성적 차이에서 유래하는 것으로 짐작된다. 한국의 종소리가 그윽하고 아름다운 것은 종의 물리적 구조의 소산이지만, 이러한 물리적 구조를 가능케 하는 요인은 전적으로 문화적 유전 인자에 기인하기 때문이다.

## 신종의 시스템 공학적 구조

더구나 종을 매어 다는 종각이나 종탑의 구조는 종신의 물리적 구조와도 밀접한 관계를 가지는 것으로 생각된다. 서양종은 높다란 종탑에 매어 달고 하늘을 향해서 소리를 보낸다. 그러므로 종을 칠 때는 안에서 밖으로 치게 되며, 높은 곳에 있으므로 도르레를 이용하여 상하 왕복 이동 방식을 취하게 된다. 서양의 교회들은 인간보다는 신을 위해 바치는 목적으로 조성되었기 때문에 인간의 의지나 소원을 하늘로 보내는 것을 최우선적으로 고려한 때문인 것으로 보인다.

그러나 동양의 종들은 종탑보다는 종각을 지어서 지상에 가깝게 매어단다. 반면에 한국의 범종은 땅에 닿을 만큼 지상에 더 가까이에 매단다. 한편 종신과 대칭적으로 종신 아래 커다란 반구형의 구덩이를 파 둔다. 중국종도 구덩이를 파 둔 것이 있기는 하지만 원형이 아닌 4각형이거나 아예 없는 것도 있다. 대개는 지상으로부터 1-2미터 가량 공중에 떠 있다. 이와 같은 시스템적 구조는 종소리의 조음에 영향을 미쳐서 각각의 독특한 음향을 지니게 된다. 이 구덩이는 명동(鳴胴) 구조를 형성하면서 커다란 울림통으로 작용하게 되며 여운을 길게 하고 잡음을 제거하는 효과를 지닌다. 음향공학에서는 이를 '헬름홀츠의 공명 구조' 라 한다.

에밀레종이 왜 이런 울림통을 가진 시스템 공학적 구조를 취했을까? 이 문제를 명확히 밝혀

주는 기록은 없다. 주조의 목적이나 역사적 배경에서 이를 살펴볼 수밖에 없지만 먼저 공학적 분석을 시도하는 것이 순서일 것이다. 본래 종신을 불타의 육신으로 가설화시킨 것이라면 그 소리는 삼계에 두루 퍼져야 한다. 하늘, 땅, 그리고 인간 세계가 그것이다.

한국 범종에서 맨 위에 있는 음통관을 통해서만 고주파 성분이 나오고 이 성분은 하늘로 퍼진다. 신종의 종명에서도 영마루를 넘어 하늘로 간다고 했다. 음통관의 또 다른 목적으로는 구덩이와 종신의 명동 구조에서 팽팽한 압력의 일부를 빼 내는 역할을 하는 것으로 추정된다. 마치 압력 밥솥에서 일정한 압력을 유지하기 위하여 증기의 일부를 빼 내는 밸브에 해당한다는 것이다.

몸통에서 나오는 소리는 인간 세계로 전파되어 나간다. 한국의 산야는 산과 골마루가 굽이굽이 돌아가고 있는데, 그 종소리가 이 골짜기를 따라서 사바 세계 즉 인간 세계로 울려 퍼지는 것이다. 그렇다면 지하 세계로는 어떻게 전달될까? 에밀레종이나 여타 한국 범종의 진가는 바로 여기에 있다고 필자는 생각한다. 종소리가 땅 속까지 전파되는 시스템 공학적 구조를 지니기 때문이다.

결론적으로 말해서, 음향공학적 시스템을 이루는 명동 구조에서 100 헤르츠 미만의 저주파 성분이 땅속으로 스며든다는 것이다. 해저나 지하의 섬유 탐사를 행할 때, 다이너마이트 폭발음이나 진동음으로 지층 구조를 탐사하는데, 이 때 이동하는 음파들은 대개 100 헤르츠 미만이다. 이들의 성분은 지층으로 쉽게 전파되기 때문이다. 또한 땅 속으로 음파를 밀어 넣어 주려면 뒤에서 받쳐 주는 지지대가 있거나 못을 박는 것처럼 뒤에서 세게 쳐 주어야 한다. 거대한 종신이 바로 이 역할을 겸한다는 것이다. 이를 음향공학에서는 뒷판(back plate)이라 한다. 이러한 이유 때문에 한국 종은 지상에 가까이 매달고 있으며 명동 구조를 가지고 있는 것이다. 왜 이와 같이 시스템 구조를 가진 것일까?

첫째로 그 이유를 불교적 교리의 소산으로 추론해 볼 수 있다. 삼계에 두루 퍼져야 하는 불음(佛音)으로서의 요건을 갖추려면 땅 속으로도 음파가 전파되어야 한다. 한국 범종들은 이러한 교리적 요건을 충족시킬 만한 시스템 구조를 완벽하게 구현하고 있는 것이다.

중국 종을 대표하는 영락대종도 불교적 교리의 소산으로 주조된 종이다. 조선 왕조 초기 태종 때, 명나라에서 한국의 사리를 보내 줄 것을 의뢰하여 왔다. 조선은 고려와는 달리 숭유억불 정책과 사대교린 정책을 추구했던 관계로 전국의 사찰에 있던 사리를 거두어들이고 이태조가 소장하고 있던 사리를 더하여 명나라에 보낸 적이 있다. 한국으로서는 억불 정책과 사대

외교를 동시에 겨냥한 것이다. 이러한 사례에서 보는 것처럼 명나라 왕조는 불교를 숭상했으며, 영락대종의 종신에 23만 자에 달하는 불경을 빼곡히 양각한 것도 이의 단적인 예에 속할 것이다.

그럼에도 불구하고 한국의 범종에서 보는 것처럼 영락대종은 땅 속으로 음파를 보내는 구조는 아니다. 이 점이 한국 불교와 중국 불교의 차이의 소산인지는 알 수 없으나 한국인과 중국인의 심성적 차이에 기인하는 것으로 보인다. 즉 중국 사람들은 극히 현실적이어서 현세를 중시하는 데 비해서 한국인은 전세(前世)와 내세(來世)를 중시한다는 것이다.

한국인은 단군 조선 이래 전통적으로 '삼재 사상'으로 일관하여 왔다. 단군 조선의 건국 과정이 그렇고, 한글 창제, (3.1운동으로 나타난) 천도교의 인내천 사상, 최근의 '88 서울올림픽이 다같은 맥락을 지닌 데서도 분명하다. 삼재 사상은 하늘과 땅 그리고 인간이 일체이며 동등한 가치를 지닌다는 것으로, 동양뿐 아니라 서양에서도 가지고 있는 인류 보편적 사상 체계이다. 그러나 유독 한국인과 한국에서만 분명하고도 면면히 이어지고 있으며, 다른 나라와는 달리 삼재가 다 동등하다는 평등 사상이 강조되어 있는 것이다. 다시 말하면 신종은 불교 교리와 함께 한국의 전통 사상이 배어 있는 것이다. 그런 점에서 에밀레종은 신라 통일기의 위대한 예술품인 동시에, 삼재 사상의 신라적 표현 예술이라는 점에서 한층 더 가치가 있는 것이다.

하늘과 땅, 그리고 인간에게 소리를 전해 주려면 종의 물리적 구조에서도 이와 같은 음파가 발생해야 한다. 그렇다면 신종의 물리적 구조에서 이와 같이 세 가지 음파 성분이 나온단 말인가? 나온다면 그 소리는 어떻게 울리는 것일까?

## 신종의 음향학적 분석

한국 과학원의 이병호 교수는「한국 범종의 음향학적 분석」이라는 논문에서 신종에서 나오는 음파의 주파수를 분석하고 화음 정도를 수치화한 다음 점수를 매긴 논문을 발표한 바 있다. 우리나라에서는 이 분야에서 최초의 학문적 성과이며 한국 음향학회의 학회지 창간호 맨 처음 논문으로 발표되어 있다. 이 논문에서 보면 신종의 도미넌트 주파수(음파의 에너지가 집중적으로 몰려 있는 상태)가 몇 개 나타난다. 그 중에서 가장 강력한 도미넌트 모드 주파수는 171헤르츠이고, 세기에 따른 차례는 283, 67, 358, 425, 229헤르츠로 나타난다. 이러한 톤(tone) 주파수는 각각 화음을 이루거나 화음을 이루지 못하는 경우 잡음으로 분류한다. 예를 들면 171과 67은 3 : 2의 배수의 비율이며 이는 완전 5도 화음을 이루는 주파수 관계이다. 283과는 3 : 5의 배수로 장 6도, 229와는 3 : 4의 배수로 완전 4도, 425와는 4 : 5로 장 3도를 이루는 화음 주파수들이다.

358은 171과는 어울리지 않는 톤이다. 배수 진동이 아니어서 종성을 해치게 되고 따라서 잡음으로 간주된다. 이들 배수 진동수들의 화음 평점도와 음파의 압력을 모두 곱한 후 평균하면 종성 평가 지표가 나온다. 이 지표에 의하여 신종은 86.6점, 상원사 동종은 71.5점, 보신각 종은 59.7점이라고 평가되고 있다. 원래 상원사 종소리는 맑다고 하고 보신각 종소리는 탁하다는 일반적 평가와도 일치되는 결과로 보겠다. 엉락대종과 같은 외국 종에도 이와 같은 지표를 적용할 수 있을 것으로 보이나 아직 실시되지 못하고 있다. 필자의 개인적 청음 소견으로는 신종에는 미치지 못함이 확실하다

그러나 이 논문에서는 음향공학적 분석에 그쳤으며, 시스템적으로 '왜 이런 주파수가 생성되며, 이 주파수가 가지는 의미는 무엇인가' 에 대해서는 논의한 바가 없다. 필자의 관심은 이들 성분이 나오게 된 시스댐 공학적 배경과 음향 심리학적으로 어떤 효과를 가질 것인가 하는 점, 그리고 문화적 차원에서 어떻게 연결시켜야 할 것인가 등이다.

## 신종의 음향 심리학적 효과

인간의 청각으로 부담 없이 들을 수 있는 주파수의 범위는 대개 300 헤르츠 미만이다. 물론 민족마다 다르지만 대개 거부감 없이 최대로 수용될 수 있는 주파수인 것은 사실이다. 신종의 경우 171, 229, 283 헤르츠가 이에 속한다. 이 소리가 조화를 이루면서 인간세계로 들려온다고 했을 때, 가장 멀리에서 부담 없이 들려올 것이며, 가히 부처님의 음성으로 받아들이는 데 저항이 없을 것이다.

425 헤르츠는 서양 종이 가지는 주력 에너지 주파수로, 하늘을 향한 공간으로 전파된다. 그러나 높은 진동으로 인한 심리적 거부감이 있으며, 따라서 경고적인 강한 의지를 나타낼 때는 효과적이다. 67 헤르츠는 앞서 기술한 대로 지하로 전파되기에 알맞은 성분이며 인간의 청각으로는 험(hum, 낮은 '웅' 소리)으로 느껴질 만큼의 저주파이다.

신종의 크기가 지금보다 크거나 작았을 때, 283 헤르츠나 67 헤르츠는 발생하지 않을 것이며, 음통관이 뚫리지 않았을 때는 425 헤르츠는 나오지 않았을지도 모르겠다. 더구나 명동 구조를 이루게 하지 않으면 지하로 전파되지 못한다. 신종보다 약간 큰 보신각 종에서는 400 헤

르츠 이상의 성분이 나오지 않지만 신종보다 작은 상원사 동종에서는 음통관이 있고 크기가 작아서인지 553 헤르츠가 나온다. 물론 저주파 성분에서도 59 헤르츠가 나와 명동 구조에 의해 지하로 전파된다. 그러나 보신각 종에서는 저주파로서 50 헤르츠가 나오지만 103의 기본 주파수와 화음을 이루지 못하여 잡음으로 작용될 따름이다. 보신각 종루가 명동 구조를 가지지 않기 때문인 것으로 분석된다.

위에서 살펴본 것처럼 신종이 이와 같이 시스템적 구조에 이르기까지에는 여러 번의 실험과 측정이 있었을 것이다. 수준 높은 청음 전문가의 감정이나 진동 시험이 선행되지 않으면 안되기 때문이다. 신종을 주조할 당시는 불국사와 석굴암을 완성시킨 직후이고, 그 이전에 상원사 동종이 완성되어 주조 기술을 축적한 상태이며 통일 신라의 최융성기임을 상기할 때, 황동 12만 근에 34년이란 세월을 거쳐 완성된 것은 실패를 거듭하였기보다는 그만큼의 정성이 깃들여져 있다는 것을 뜻한다.

신종의 종명에도 현대적 음향 분석과 비슷한 종성의 평가가 적혀 있다.

"소리는 용의 울음소리 같아 위로는 산마루턱 넘어 철(撤)하고 밑으로는 끝없는 황천까지 스며든다. 보는 이는 신기하다 하고 듣는 이는 복을 받는다."

만약에 이 종이 단 한 번에 완성되었으면 음향 평가에 대한 내용을 새겨놓기는 어려울 것이다. 만약 들어보지 않고 이러한 평가를 적어 놓았다면 이러한 음향이 나오도록 하는 설계 지침을 사전에 마련할 수 있는 전문가의 존재가 전제되어야 한다. 이에 미치지 않더라도 신종의 시스템 구조를 충분히 알고 정밀하게 설계할 수 있는 능력을 가진 사람이 있어야 하는 것이다. 그러나 신종의 주조 책임과 설계를 맡은 분이 누구인지는 자세히 알 수 없다. 다만 종명을 초한 필여(弼輿)라는 분이 주종 책임과 설계에 관여했거나 주요한 역할을 했을 것이다. 모형을 뜬 공장(工匠)과 주조를 성사시킨 유사(有司)는 따로 있었던 것 같다.

또한 시행 착오를 거듭해서 완성했는지, 혹은 개념 설계를 완벽히 해 놓고 이에 맞지 않아서 주조를 여러 번 했는지도 명확치 않다. 어떠한 절차를 거쳤든 간에 신종은 불교적 교리와 한국인의 삼재 사상을 조화시켜 만들어낸 위대한 공학적 산물이며 이를 예술적 종교적 차원으로 승화시킨 음향 기기의 세계적인 명품이기도 하다.

## 전통 정보 통신 문화의 중요한 징검다리

이 글은 성덕대왕 신종에 대해 음향공학적인 관점과 정보 시스템적 관점에서 기술한 것이다. 우리는 그 동안 신종에 대해 전설의 대상이나 미술 공예품 정도로만 이해하고 있었다. 그러나 종의 생명이 소리에 있다면 음향학적 분석이 뒤따라야 하고 이를 가능케 하는 시스템 구조를 살피지 않으면 신종의 올바른 이해에 도달하기는 어렵다. 흔히 우리는 우리의 전통 과학과 문화재에 대해 맹목적인 찬사만을 거듭한다. 과학적인 한글이나, 최초의 금속활자와 측우기, 철갑 거북선의 건조 등이 그것이다. 그러나 한글은 어떤 과학적 요소가 있으며, 최초의 금속활자는 어떻게 만들어진 것인가는 잘 알지 못한다. 더구나 그것이 세계사적 견지에서 어떤 위치에 있으며 민족사의 맥락으로 어떻게 연결되는 것인가도 잘 이해하지 못하고 있다.

이는 식민 시대를 거치는 동안 광복에 지나친 비중을 둔 나머지, 세계적 수준과 비교 검토하거나 학문적으로 차분히 분석할 여유가 없었기도 했지만, 더 근본적으로는 기술공학적인 관점을 소홀히 했기 때문이다. 이들 대상이 거의 기술공학적 산물이므로, 이를 이해하려면 기술공학적 바탕에 근거해야 하지만, 이를 도외시한 채 감성적으로만 주장한 데서 기인한 것이며, 아직도 그 오랜 타성이 그대로 지속되고 있기 때문이다.

한편 정보 통신 분야는 최근에 부각된 분야이다. 앞으로의 사회가 정보 통신 시대라고 규정한다면, 지나간 역사나 문화도 정보 통신적 관점으로 새로이 살펴야 할 것이다. 우리의 역사나 문화 중에는 정보 통신적 관점으로 볼 때, 세계적으로 주목할 만한 것이 수없이 많다. 한글, 금속활자, 한국의 닥종이, 측우기 등이 그것이다. 이들은 의사를 전달하거나 계량할 수 있는 기구이며 문화를 전파하는 도구라는 점에서 정보 통신적 매체들이다. 성덕대왕 신종 또한 예외는 아니어서, 불교적 교리를 전파하는 정보 통신적 매체이며 삼재 사상에 기초하여 주조한 것으로, 전통 사상의 불교적 표현물이다. 따라서 고조선 이래로 면면히 이어지는 전통 문화의 중요한 징검다리의 하나이다.

성덕대왕 신종은 세계의 유수한 종들과 비교했을 때에도 손색이 없다. 음향 공학이나 시스템 공학적으로 독특한 구조를 가진 것이다. 필자는 서양종을 대표하는 쾰른돔의 종이나 중국종을 대표하는 영락대종의 소리를 모두 들었지만 에밀레종만은 못하였다. 다만 우리뿐 아니라 세계인들까지 이와 같은 사실을 인정하도록 우리의 노력이 경주되어야 할 것이다. 끝으로 덧붙일 것은 신종의 보존 형태이다. 현재의 경주 박물관의 보존 형태는 시정을 요한다. 왜냐하면 명동 구조는 있지만 완전 정합시키는 구조가 아니기 때문이다. 앞서 평점에서 86.6이라고 하지만 아마도 봉덕사에 안치했던 원래 상태로 타종 녹음해서 분석했다면, 좀 더 나은 평점이 나올 수 있을 것이며, 타종 시에도 무리가 따르지 않을 것이다.

헐버트가 지은 「Passing of Korea」에는 신종의 종각으로 보이는 사진이 실려 있으므로 이를 참조해서 종각을 새로이 복원하거나 명동 구조 등을 잘 설계하는 등 시스템 공학적 견지에서 재고해야 할 것이다.

〈『지성과 패기』 1992. 9, 10월〉

## 5. 기타

### (1) 서정과 서사

#### 할머니

어느 학생

내가 초등 학교 2학년 때 아버지께서 사량도로 전근을 가시게 되었다. 아버지는 중학교에 다니던 오빠와 나를 할머니와 함께 집에 남겨두고 일곱 살이던 동생과 엄마와 함께 이사를 가셨다.

나는 학교에서 돌아오면 밥도 먹지 않고 골방에서 이불을 둘러쓰고 울기가 일쑤였다. 그럴 때마다 할머니는 쭈글쭈글한 거친 손으로 내 흩어진 머리칼을 쓸어 올려주시며 마른 가슴 안으로 품어 주셨다. 그러면 나는 울다 지쳐 잠이 들곤 했다. 이런 나를 보다 못한 할머니께서, 아버지께 말씀을 드렸나 보다. 학교의 느티나무 아래서 학급 장기자랑을 하던 날이다. 내 차례가 끝나자 선생님께서 나를 부르셨고 교실에 가서 가방을 챙겨오라고 하신 후 어디 가서나 열심히 공부하라고 하셨다. 나는 날 데리러 온 삼촌의 자전거 뒤에 올랐을 때야 비로소 엄마, 아버지 곁으로 가게 되었다는 사실을 알게 되었나. 집에는 벌써 옷가지와 책들이 챙겨져 있었

고 엄마도 와 계셨다. 나는 좋아서 어쩔 줄을 몰랐고 그 때 할머니는 마루 끝에 앉으셔서

"저리도 좋을꼬!"

하시며 빙그레 웃으시기만 하였다.

이별이란 것은 세상을 많이 살았건 적게 살았건 간에 슬프고 무척이나 서운한 것인가 보다. 내 기쁨의 넓이만큼 할머니의 서운함도 크셨나 보다. 그 땐 몰랐다, 할머니의 마음을. 할머니는 눈물을 흘리시며

"자주 오거라이!"

를 되풀이하셨을 뿐이다.

그 해 가을이었다. 나는 엄마와 함께 집에 다니러 왔는데 돌담 골목을 뛰어 들어갔을 때 할머니는 하얀 모시 수건을 쓴 채 '채이' [키]에다 참깨를 치고 계셨다. 그리고 들어서는 나를 보시고는 치마에다 손을 툴툴 터신 후 그전처럼 할머니의 마른 가슴 속에 안아 주셨다. 나는 지금도 할머니의 그 때 그 모습이 눈에 선하다. 지붕 위로 보이는 뒤뜰의 감나무 색깔과 어울린 하얀 모시 수건의 할머니 모습이 너무 외로워 보였기 때문이다.

이듬해 가을, 집으로부터 급한 연락이 왔다. 그때 사량도는 전화 시설이 안되어 있었기 때문에 마을에 한 대의 공용전화가 있었을 뿐이었다. 저녁을 드시다 연락을 받은 엄마는 무척 근심스런 모습으로 돌아오셨다. 오빠가 배가 아프다길래 할머니는 그냥 체한 줄 알고 약을 사먹이고

"할미 손은 약손이다."

며 배만 어루만져 주셨다고 한다. 그런데 뒷날 아침까지 차도가 없자 급히 큰 병원으로 갔고 한 시각이 급하다면 수술을 했다 한다. 급성 맹장으로 몇 시간만 지났어도 오빠의 생명은 위태로웠을 거라 했다. 할머니는 엄마 아버지께 미안해 어쩔 줄을 몰라 하셨고 엄마는 눈물을 흘리시며,

"죄송합니다!"

를 연발하셨다. 배를 쥐고 온방을 뒹구는 오빠를 지켜보았던 할머니의 심정을 이해할 수 있을 것 같았다.

그런 할머니셨다. 할머니는 무척 부지런한 분이셨다. 아무리 농사일을 만류해도 "지금껏 짓던 농사일을 그만 두라고 하면 날보고 무얼 하란 말이냐?"며 오히려 서운해하시는 눈빛이었다.

언젠가 아버지랑 앨범을 정리한 적이 있었다. 봉숭아꽃을 배경으로 대지팡이를 짚고 차렷

자세로 어색하게 찍은 할머니의 사진과 초겨울 남새밭에서 배추를 캐고 계시는 두 장의 할머니 사진이 흘러 나왔다. 나는 급히 그 두 장의 사진을 다리 밑으로 감추었다. 아버지가 보시면 얼마나 마음이 언짢으실까 싶어서였다. 그런데 정리가 거의 끝나갈 무렵 아버지께서 볼펜을 좀 갖다 달라고 하셔서 나는 무심결에 일어나 버리고 말았다. 볼펜을 들고 방문을 열었을 때 그 두 장의 사진이 온 방안을 다 채우고 있는 듯한 느낌을 받았다. 뭔가 들켜버린 듯한 느낌 속에서 아버지의 주름진 얼굴 위를 스치는 묘한 그림자를 발견했다. 이제 아버지를 염려해 줄 만큼 커 있는 딸애의 모습과 뭉클한 그리움 덩이로 떠오르는 할머니의 모습을 담은 그런 그림자. 이제 할머니는 오래 전의 이 사진보다 더 흐릿한 모습으로 남아 있을 것이다. 어쩌면 좁은 공간 속에 체념 비슷하게 만족해 버리곤, 몇 년을 똑같은 자세로 계신 것이 갑갑하실 것이다. 이젠 거의 정년을 앞둔 아버지와 따로 헤어질 이유도 없는데, 혼자서 그 큰집을 외로이 지키셔야 할 이유도 없는데, 할머니는 이 세상에 아니 계신다.

가장 큰 소원이 내가 공부 일등 하는 거라며 참빗으로 머리를 빗겨주시던 할머니, 할머니에 대한 이런 소중한 기억들을 가슴속에 또 다른 사진으로 새겨 영원히 영원히 더운 가슴으로 간직해야겠다.

## 사진

어느 학생

불을 끄고 자리에 누우면, 바로 앞에 보이는 벽이 허전하다는 걸 느낀다. 강아지 모양의 휴지걸이가 하나, 그리고 긴 커튼을 드리워야 할 만큼 커다란 창문, 그것이 내 눈에 보이는 전부다. 어느 수필가는 시선 머무는 곳에 달력에서 오려낸 밀레의 '이삭줍기' 라는 사진을 붙여 놓고 잠자리에 들 때면 그것을 보며, 하루를 반성했다고 한다. 그림 속의 세 여인이 엄숙하고 알뜰한 모습으로 허리 굽혀 이삭을 줍는 모습이 볼 때마다 감동을 던져준다고 했다. 정말 그 수필가처럼, 나도 오늘은 유달리 벽에 사진 하나는 붙여 두고 싶은 욕심이 크게 일어난다.

아버지께서도 안방의 벽 높은 곳에 못을 치고는 사진틀을 걸어두길 좋아하셨다. 빛 바랜 사진틀 속에 또 그만큼 누렇게 보이는 할머니의 사진을 담아두시고 자주 걸레질을 하셨다. 할머니 사진 옆에는 할아버지 사진, 증조 할아버지 사진까지 걸려 있었다. 방을 옮긴다든지, 이사를 가게 된다든지 하면, 아버지께서는 안방 벽에 사진 걸어둘 못을 박는 일부터 시작하셨다. 그리고 할머니 사진부터 시작하여 서너 개 정도의 액자가 줄줄이 걸린다. 항상 그런 일이 반복되었다.

그러다가 내가 아마 초등 학교 5학년이 되었을 때인 것 같다. 아버지의 사업이, 친구 분의 잘못으로 인해 완전히 풍비박산이 나 버린 일이 생겼다. 집안 형편이 갑자기 어려워지자 부모님은 여러 방도를 궁리하시던 끝에, 집을 팔고 전셋집으로 옮겨가기에 이르렀다. 난 어렸기 때문에 이삿짐을 옮길 때까지, 전셋집이 우리 식구들에게 던져주는 서글픔은 전혀 느끼지 못했다. 그런데 아버지께서 으레 하시던 못 박는 작업을 하지 않으시는 게 아닌가. 너무 이상해서 아버지께 여쭈어 보았더니, 아버지께선 낮은 목소리로

"여긴 우리 집이 아니기 땜에, 함부로 못질하면 안 된단다."

라고 대답하셨다. 정말로 그 말씀은 충격이었다. 사진을 걸지 않은 벽이 보기 싫었고, 아버지의 어깨가 왠지 그 날 따라 더욱 힘없이 보였다. 남의 집과 우리 집의 차이를, 나는 할머니 사진을 걸고 못 걸고의 차이에서 처음 느꼈었다.

그렇게 사진을 걸지 못하는 집에서 2년을 보낸 뒤, 다시 우리는 '우리의 집' 으로 이사를 가게 되었다. 아버지께서 그 동안 곱게 쌓아둔 사진들을 조심스레 펴시는 모습을 보고, 괜히 내가 더 기뻤었다. 그런데 그때, 서울서 대학을 다니던 언니가 내려왔다. 그 언니는 아버지께서 사진들을 걸어둘 준비를 하시는 걸 보고는, 놀랄만한 말을 했다.

"아버지 요즘 세상에, 촌스럽게 안방에 그토록 오래된 사진을 더덕더덕 붙여 두는 집이 어딨어요. 꼭 시골 골방 같아요, 걸어둔다고 해서 할머니 생각이 나는 건가요. 제가 할머니 사진 넣을 만큼 큰 앨범 하나 드릴 게요. 제발 사진 좀 붙이지 마세요."

그 때까지 큰딸의 말을 되도록 잘 들어 주셨는데, 그날 언니의 입에서 나온 말은 아버지께 커다란 충격을 던져 주었나 보다. 아무 말씀도 안 하시고는 밖으로 나가시더니, 저녁 늦게야 들어오셨다. 포도주 한 잔에도 취하시는 아버지께서 술에 만취된 모습으로 들어오신 것이다. 그리고는 밤새 고함치셨다.

"배웠다는 사람이 그렇게 밖에 말을 하지 못하니?"

부터 시작해서 할머니 사진을 들고

"어머니 죄송합니다."

는 말씀을 몇 번이고 되풀이하셨다.

그 다음날부터 우리 집 안방에서 사진을 볼 수가 없게 되었다. 큰딸에 대한 실망이 너무 커서인지, 아니면 정말 '요즘 세상'에 맞추기 위해 체념하신 것인지, 아버지께서는 사진이 매달릴 못을 박는 일을 더 이상 계속하지 않으셨다. 그리고 한동안, 텅 빈 벽면만큼이나 아버지의 얼굴이 허전해 보였다. 결국엔 내 집이 아니었던 이유로 2년 동안, 그리고 그날 저녁의 일로 인해 이후 여태까지 할머니 할아버지의 사진은 앨범을 들추어야만 볼 수가 있게 되었다.

이제 나도, 그 때의 언니만큼의 나이가 되었다. 요즘엔 정말 어디를 둘러봐도 우리 집에서 사진을 걸어둔 벽은 보이질 않는다. 요즘에 들어서야, 난 아버지께서 안방의 높은 곳에 사진을 걸어둔 이유를 알 것 같다. 오늘 저녁의 나처럼, 누워서 바라보는 벽에 할머니 사진을 걸어두시고, 아버지께선 어머니의 그 옛날 모습을 떠올리며, 하루를 반성하셨을 것이다. 또 다가올 내일을 계획하며 당신의 어머니 앞에 어떠한 삶을 살겠노라고 다짐하셨을 것이다. 여기까지 생각이 드니, 그때의 언니가 괜히 미워지고, 딸로서 도리를 다하지 못한 자신에 대한 부끄러움으로 가슴이 아파 온다. 지금이라도 벌떡 일어나, 아버지께 달려가 할머니 사진이랑 몇 개를 앨범에서 꺼내어 걸어두라고 조르고 싶다. 아버지의 거친 손에 못을 박을 망치를 쥐어드리고 싶다.

## (2) 편지글

### 아버지께 올립니다

어느 학생

춥기만 하던 이 교정에도 봄기운이 완연합니다. 입학한 지 한 달 남짓 됐는데도 아직 학교가 낯설어 보입니다. 여러 가지 새로운 생활들에 익숙해지려고 애를 쓰고 있지만, 혼자 나와 있는 제게 가끔씩은 이 모든 것들이 힘겹게 느껴질 때도 있습니다. 그러나 아버지, 어머니께 걱정 끼치지 않는 큰딸이 될 것임을 약속 드립니다.

얼마 전 아버지께서 잠시 집에 다녀가셨다는 말을 들었습니다. 아버지를 한 번 뵈려면 짧아야 몇 개월, 보통 한 해가 걸리는데 그 때 뵙지 못 해서 얼마나 서운했는지 모릅니다. 다른 분들처럼 늘 가족과 함께 계실 수도 없고, 육지보다는 바다 위에서 대부분의 생활을 하시는 것이 직업상의 탓일 수도 있지만 무엇보다도 우리 가족을 위해서라는 것을 잘 알고 있습니다. 지금 먼 곳, 어느 바다 한가운데 계실 지 모르는 아버지의 건강이 무척이나 걱정됩니다. 부디 건강하시길 빌겠습니다.

며칠 전 집에 다녀왔는데 식구들 걱정은 않으셔도 될 것 같습니다. 모두들 건강히 잘 있습니다. 동생들도 새 학기가 시작돼서인지 조금 분주해 보이기도 했지만 지난해보다는 모든 면에서 나아진 듯해 보이는 모습이 기쁘기만 했습니다. 어머니도 건강이 많이 좋아져서 가게 일도 다시 합니다.

비록 넉넉한 형편은 아니지만 이렇게 저를 대학 공부시키겠다고 고생하시는 두 분을 생각하면 두 눈에 눈물이 맺힙니다. 저뿐만 아니라 두 동생들을 위해 늘 고생만 하시는 두 분을 위해 모든 일에 열심히, 최선을 다 하겠습니다.

항상 받기만 해 왔던 그 큰사랑과 은혜를 다 갚을 길이 없습니다. 그러나 두 분이 바라시는 대로 바르고 성실한 사람이 되는 것이 보답의 길이 아닐까 합니다. 아버지 마음에 흡족한 딸이 되어 두 눈가에 웃음을 지워 드릴 수 있도록 노력하겠습니다. 그리고 언제나 아버지의 그 크신 노고에 감사 드리며 잊지 않을 것입니다. 건강하십시오.

2000년 월 일

진주에서 장녀 올림

## 어머님께 올립니다

어느 사형수

창 밖의 앙상한 겨울 나무들을 지켜보며 저는 지난겨울을 고독과 외로움으로 버텨냈습니다. 우리에게 다가올 따스한 손길을 기다리면서요. 그런데 지금, 멀리서 봄이 오는 소리가 귓전에 들리는 듯합니다. 긴 겨울잠에서 깨어나 만물이 움트는 기지개 소리와 함께. 그런데 우리들의 마음속엔 언제나 봄소식이 전해질는지......

어머님, 지나간 설날과 대보름은 별일 없이 잘 치르셨는지요. 이 불효자식 옥 문턱을 안방 문지방 삼아 세배 올립니다.

어쩌다 이 불효 자식 때문에 가족들까지도 생 징역을 살게 되었는지요. 부모님 잘못도, 그렇다고 형제간의 잘못도 아닌데, 왜 저 하나 때문에 온 가족이 세상 사람들로부터 유배된 생활을 해야 합니까. 동네 사람들의 온갖 험담을 뼛속에 묻고 남몰래 이곳까지 달려오셔서 이 자식의 건강을 물으시는 세상에 하나뿐인 어머님.

지난번 여기 오셔서 말없이 절 바라보시다가 하염없이 흐르는 눈물을 소맷자락으로 찍어내시고 돌아가시던 날. 천 갈래 만 갈래 찢어지는 가슴의 고통을 억누르며 겨우 제 방으로 돌아와서 마침내 엉엉 울고야 말았습니다. 언제 명령이 떨어져 형장의 이슬로 사라질지 모르는 죄인이지만, 마음이 살아 있고 목숨이 붙어 있는 이상 어떻게 애처로운 그 모습이 생각나지 않겠습니까. 어머니, 죄송합니다. 이토록 불효 막심한 말씀만 올려야 하는 저를 용서해 주십시오.

어머님, 처음 불교에 귀의했을 때처럼 『부모은중경』을 읽어 가노라면 눈물이 앞을 가려 가슴이 무너져 내릴 것만 같습니다. 이 불효 자식을 낳기 위해 태중에 열 달 동안 품어, 그 엄청난 죽음의 사선을 감수하면서까지 세상의 빛을 보게 해주셨는데........ 그리고는 이 핏덩이를 더운물로 골고루 씻어 주시고 대소변도 싫다하지 않으시며 그토록 애지중지 키워 주셨는데........

그 자식은 흉악한 폐인이 되다시피 해서 결국 교도소 신세를 지는 불효를 저지르고 말았으니, 이 어찌 땅을 치며 통곡하실 일이 아니겠습니까. 그런 어머님의 가슴에 얼마나 크나큰 한이 맺혔겠습니까.

지난날 이 자식 잘 되라고, 새벽마다 정화수 떠 놓고 북두칠성님께 빌고 빌던 그 지고하신 정신이야말로 다정불심이 아니고는 엄두도 못 낼 일입니다. 이제 이 불효 자식은 어머님을 등에 업고서 금강산을 백천 번을 돌고 돈다 해도 그 은혜 다 갚지 못할 것입니다. 이제 와서 꺼져 가는 희미한 생명의 등불을 부여잡고 통곡한들 무슨 소용이 있겠습니까.

어머님, 효(孝)는 백행의 근본이라 합니다. 그런데 이 자식은 효는커녕 어머님 가슴에 커다란 못을 박아 드렸으니, 이 불효를 무엇으로 감당해야 할까요.

젊어서는 당신의 부모를 위해, 또 못난 자식 위해 고운 청춘 다 바치시다 헐벗은 음지에서 서러운 세월을 살아오신 어머니. 그렇게 평생을 따스한 볕드는 양지에 앉아 허리 한번 펼 틈 없이 옥체를 혹사시켜 오신 어머니. 남들 다 받아보는 자식 효도 한번 받아보실 복조차 없이 노년까지 이 못난 자식의 옥바라지를 하시게 됐으니....... 거기에 그 자식의 자식들까지 거두어 먹여 살려야 하는 이 기막힌 현실을 누가 사람이 만들어 낸 현실이라 할 수 있을는지요.

어머니, 이제 그 동안 쌓아올린 공든 탑마저 무심히 내려앉고, 고향 땅으로 향하는 길은 영영 막혀버리고 말았습니다. 밤마다 잠 못 이루고 뒤척이다 보면 멀리서 경운기 소리가 들리는 듯합니다. 그 들릴 듯 말 듯 들려오는 소리를 자장가 삼아 잠이 들면, 전 꿈속에서 밭을 갈다가 어머님이 금세 내오신 새참거리를 맛있게 먹기도 합니다.

지난밤 꿈에서는 어머님과 선희를 보았습니다. 아, 그러나 불러도 불러도 대답 없으신 어머님, 지워도 지워도 허공 가득히 그려지는 얼굴.......

오늘밤에도 꿈속에서나마 어머님의 얼굴을, 선희의 얼굴을 보고 싶습니다. 그러나 잠은 쉬 들지 않고 온갖 사념들만 머리 속에 가득하게 떠오릅니다.

오늘처럼 그리움이 사무치는 불면의 밤, 부서지도록 퍼득이던 환상의 나래 접어 종이배를 접습니다. 그리하여 내 마르지 않는 설움의 강물 위에 그 배를 띄워 올라타고 부모님 계신 고향집으로 달려가곤 합니다. 어머님 아닌 세상 그 어느 누구에게도 위로 받을 길 없는 외로운 이 영혼, 별빛 섞여 내리는 밤이슬에 젖는 밤. 노를 저어 강물 거슬러 올라가면, 끝 모를 세월 동안 숱한 수인(囚人)들의 한 서린 눈물 방울 떨어져 어느새 물결을 이루고 강물 되어 흐르는데 ....... 조만치서 그 물살 위에 한 채의 망루가 보입니다. 달빛은 애처로이 그 위에서 졸고 있는데, 어디선가 컹컹 개 짖는 소리에 깜짝 놀라 환상은 허공으로 날아가 버리고 맙니다. 어서 잠을 청해야지 꿈에나 달려가야지, 부모님이 계시는 고향집으로.

천하를 다 준다해도 어머님 정만큼 하겠습니까. 하늘보다 바다보다 더 넓은 마음인 어머님의 자애를 이제서야 깨달았으며, 늦게나마 불교에 귀의하여 진실과 거짓된 삶이 무엇인가를 깨달았습니다.

어머니, 이제 저의 생(生)은 불법 포교에 바칠 것입니다. 그리고 어머니의 손녀딸 선희를 잘 돌봐주시길 바라며 이만 줄일까 합니다. 다음 편지 때까지 건강히 안녕히 계십시오.

옥중에서 불효자식 올림

〈이 글은 박삼중 스님이 엮은 『사형수들이 보내온 편지 2』에 수록된 것임〉

## (3) 인사말

### 회천 선생 칠순 기념 문집 출판을 기념함

김수업

이 자리에 모이신 여러분들은 모두 오늘의 이 자리가 무슨 자리며 어떻게 마련되었는지 잘 아시리라 믿습니다. 이 자리는 조용히 마련되었으며 많찮은 사람들이 모였고 따라서 화려하지도 않으나 매우 아름답고 뜻깊은 자리라고 생각합니다. 그래서 용렬한 저가 여기서 축하 말씀을 드린다는 것은 정말 어울리지 않습니다. 그러나 이 자리가 있을 수밖에 없도록 계기를 만든 봉산서재 계원들이 굳이 권하는 그 힘에 떠밀려 외람되게 이 자리에 서게 되었음을 헤아려 주시기 바랍니다.

저는 오늘 이 자리의 주인이신 회천 선생을 안 지가 이십 년이 넘었습니다. 저가 몸담고 있는 경상대학교 사범대학 국어교육학과에 오셔서 학생들에게 한문을 가르치는 것이 인연의 시작이었습니다마는, 기실 개인적으로는 저의 외가로 숙항이 되시기도 해서 각별한 고임을 받으면서 그 짧지 않은 사이에 많은 가르침을 받았습니다. 그런 연고로 오늘 이 자리의 또 다른 주인공들인 봉산서재의 계원들도 더러는 친숙한 사이가 되었고, 특히 여기 있는 저의 맏아이가 이들 동연계의 말석에서나마 선생의 훈도를 입었습니다. 이런 개인적 인연을 빌미로 계원들이 저더러 하사(賀辭)를 하라고 권했고 저도 그 권유를 끝내 뿌리칠 수는 없었습니다.

저는 이 자리에서 새삼스럽게 우리의 교육과 사람의 삶을 생각하게 됩니다. 세상 사람들이 입을 모아 오늘날 이 땅에는 '교사는 많으나 스승은 없고 학생은 많으나 제자는 없다.' 는 말을 늘 하고 있습니다. 학생들로부터 존경받는 교육자가 없고 교사로부터 감화 받는 학생이 없다는 뜻으로서, 그 말은 곧 이 시대에는 교육 그 자체가 없다는 개탄입니다. 이 말에 반론을 펼 사람은 없으리라고 봅니다마는, 오늘 우리가 모인 여기 회천 선생과 봉산계원들 사이에서는 어떻습니까? 배운 사람들이 가르친 분에게 감화되어 잊지 못하면서 삶으로 되새길 뿐만 아니라, 그것을 자신들만 알고 지내는 것이 안타까워서 가르친 분의 글을 모아 책으로 펴내게 되었다고 합니다. 직접 선생의 가르침을 받지 못하는 세상의 수많은 사람들도 글로써나마 이렇게 좋은 가르침을 배울 수 있으면 얼마나 좋을까 하는 뜻이 간절하여, 선생의 민류를 어기면서 강행했다는 것입니다. 여기에는 교사와 학생이 아니라 훌륭한 스승과 아름다운 제자가 엄연하게 있다고 말해야 하지 않을까 싶습니다.

찾아보기 어려운 스승과 제자가 어째서 여기에는 있는가? 이 질문의 대답은 회천 선생의 삶에서 찾을 수 있다고 봅니다. 애초 봉산 계원들이 개인적으로 회천 선생에게 찾아 올 때는 한문을 배우겠다는 단순한 목적을 갖고 왔을 것입니다. 그러나 문리를 조금씩 깨쳐 가는 사이에 글 속에 담긴 정신의 세계에 더욱 매력을 느끼게 되고 나아가 그것을 선생의 말과 행위 곧 삶에서 구체적으로 확인하게 되면서 인격적인 감화가 일어났다고 봅니다. 회천 선생은 그 분들의 세대가 모두 경험한 바와 같이 격동과 파란의 시대를 살고 계십니다. 시대와 사회가 파란의 연속이니 개인의 삶이 그 동요에서 벗어날 수 없는 것이야 당연하지만, 기실 선생은 스스로의 천부적 기백 때문에 남다른 격동의 삶을 사시는 것으로 보입니다. 개인의 이익과 호사를 찾지 않고 옳고 바른 것을 구태여 찾아 세우려 하는 유다른 기백이 선생의 삶을 더욱 힘들게 했다는 말입니다. 그래서 선생은 배우려는 사람에게 자신의 열성을 다하여 가르치면서도 거기에 대한 보상을 굳이 거절합니다. 보상을 받으면 이익은 되겠으나 가르친 바를 옳게 일으킬 수 없다는 점을 꿰뚫어 보시기 때문일 것입니다. 이것이 사소한 것처럼 보일 수도 있지만, 배우는 사람들은 선생의 가난한 생활을 보면서 그 정신의 높이를 더욱 우러르게 되었을 터입니다. 자신이 아는 것과 깨달은 것을 남김없이 희생처럼 내어주면서도, 마땅히 돌아올 수 있는 보상은 굳이 거절하는 삶의 길에서 배우는 사람들은 감화를 입는 것입니다. 진실로 남의 존경을 받으려면 자신의 것을 모두 내어주면서도 돌아오는 보상을 굳이 거절할 수 있어야 한다는 삶의 길을 오늘 여기서 새삼 배우게 됩니다.

더구나 이 자리는 회천 선생의 칠순을 기리려는 뜻까지 담겨 있기 때문에 선생의 사위들이 이렇게 음식과 술을 준비했다니, 그 스승에 그 제자들인 데다가 자녀들의 효심까지 겹쳐서 오늘 우리를 더욱 흐뭇하게 합니다. 아무쪼록 회천 선생께서는 제자들의 존경과 자녀들의 효성 안에 오래오래 사시면서, 이 고장에 서려 있는 만고 사표들의 정신을 더욱 올바로 밝히고 드높여서 뜻 있는 후진들에게 계속 가르쳐 주시기 바랍니다. 그리고 봉산 서재 계원들은 배운 바를 더욱 가다듬어 만인들과 나누려는 그 선의를 쉬지 말고 끝까지 가꾸어 가기 바랍니다. 비록 육신은 자연으로 돌아가신지 오래지만 「영우정기(嶺右正氣)」이 책 안에 빛나게 살아 계시는 우리 고장의 큰 스승들께서도 오늘 이 자리를 굽어보시며 함께 기뻐하시리라 믿습니다. 지난날에는 우러를 만한 스승들이 세세대대로 이어 사셨으며, 오늘에는 그 분들의 삶을 힘써 가르치고 배우는 사람들이 끊어지지 않기에 세상 사람들이 너나 없이 '진주 정신' 이라는 말들을 한다고 생각합니다. 오늘 이 자리야말로 '진주에 정신이 살아 있음' 을 보여주는 더없이 좋은 자리라고 생각하면서 이 자리를 마련한 분들께 더욱 고마움을 느낍니다.

알맹이 없는 저의 축하 말씀을 끝까지 들어주신 여러분들께 감사 드리면서 이만 그치겠습니다. 고맙습니다.

## (4) 기행문

### 장엄하고도 수려한 산, 묘향산

유홍준

#### 장이역수(壯而亦秀)의 산

산에 관해 또는 우리나라 지리에 관해 관심을 갖고 있는 사람이라면 대개 묘향산을 한없는 동경의 산으로 여겨 마지않는다. 심지어 그 그리움이 넘쳐 "요 다음 통일되면 금강산보다 묘향산에 먼저 가보고 싶다."는 말을 서슴없이 하기도 한다. 산을 좋아하는 사람에게 묘향산이 그토록 매력적인 산으로 각인된 것은 무엇보다 서산대사의 그 유명한 말씀 한마디 때문이다.

> "금강산은 수려하나 장엄하지 못하고(秀而不壯),
> 지리산은 장엄하나 수려하지 못하지만(壯而不秀),
> 묘향산은 장엄하고도 수려하다(壯而亦秀)."

얼마나 장엄하고 얼마나 수려하길래 그런 찬사가 나올 수 있었을까. 내가 첫 번째 북한 답사에서 금강산이 아니라 묘향산을 먼저 신청한 것도 이런 이유에서였다. 결론부터 말해 묘향산은 '장이역수' 라는 말값을 하고도 남음이 있었다. 내 아직 금강산을 가보지 못해 상대평가는 할 수 없지만, 산이 넓게 퍼진 것은 지리산을 닮았는데 골짜기 하나하나의 화려함은 설악산 계곡을 연상시킨다.

백두산에서 개마고원을 거쳐 느릿하게 뻗어내린 묘향산맥이 비로봉(1,909m)에 이르러 불끈 솟아난 것이 묘향산의 정상인데, 여기부터 산세는 강파르게 깎이며 진귀봉 · 천태봉 · 향로봉 · 오선봉으로 100m씩 낮아지면서 법왕봉(1,389m)에 다다라 문득 멈춘다. 이 비로봉과 법왕봉 사이 30리 산마루는 봉우리마다 계곡을 형성하니 그것이 문수동 계곡 · 만폭동 계곡 · 천태동 계곡 · 칠성동 계곡이다. 우리는 그 중 가장 장엄하다는 만폭동 계곡부터 답사하였다.

## 안심사 부도밭은 '떼부도'

만폭동으로 오르는 초입에서 우리는 뜻밖에도 안심사 부도밭을 보게 되었다. 안내자들은 큰 의미 부여 없이 그냥 한번 들르려고 한 모양인데 결코 그럴 유적이 아니었다.

한 절집의 역사와 사세(寺勢)가 어떠했는가를 알아보는 방법에는 여러 가지가 있겠지만, 그 가운데 내가 빼놓지 않고 살펴보는 것은 뒷간과 부도밭이다. 거찰(巨刹)의 뒷간, 절집 용어로 해우소(解憂所)는 참으로 거대하다. 지금은 헐렸지만 공주 갑사와 마곡사, 아직도 건재한 해인사 홍제암의 뒷간은 그 자체가 이 절집의 위세를 증명하고도 남음이 있다. 얼마나 많은 사승(寺僧)이 있었기에 해우소가 그리도 컸던 것인가.

또 하나는 부도밭이다. 부도(浮屠)란 고승의 사리탑(舍利塔)으로, 대선사가 열반하면 다비해 수습된 사리를 모신 석조물이다. 9세기 하대 신라에 8각당 형태로 시작하여 고려 시대를 거치면서 석탑형과 석종형(石鐘型)이 생기고, 조선 시대에는 보주형(寶珠型)과 지붕돌을 얹은 달걀형 부도로 다양하게 바뀌어갔다.

그것도 시대의 조류를 남김없이 반영하는데, 한 절간의 부도밭에는 그 절을 거쳐간 고승들의 사리탑이 한자리에 모셔지게 마련이니 얼마나 많은 큰스님을 배출했는가는 여기를 보면 알 수 있는 것이다. 그래서 조계산 선암사, 지리산 화엄사, 두륜산, 대둔사 같은 큰 절의 부도밭은 아예 절집 입구에 장하게 자리잡고서 은근히 사세를 과시하는 한 상징물이 되기도 한다.

묘향산 보현사를 찾았을 때도 나는 뒷간과 부도밭부터 찾아보았다. 뒷간은 이미 전란에 허물어져 다시는 복원되지 못한 모양인데, 돌부도야 어디에고 건재할 것이니 그것이 궁금했다. 다 둘러보아도 부도밭이 보이지 않아 주지스님께 물었더니, 계곡 저 안쪽으로 한참 올라가면 보현사의 할아버지 절인 안심사터에 부도밭이 있다고 했는데, 이제 만폭동 등반길에 계곡 초입에서 그 현장을 들러보게 된 것이다.

안심사 부도밭은 이제까지 내가 본 것 가운데 남북한 통틀어 가장 거대한 부도밭이었다. 북한식 학술용어로 '부도떼' 인데, 44기의 부도가 널찍이 펼쳐진 모습은 차라리 '떼부도' 라고 하는 것이 느낌상 맞을 듯했다. 비슷비슷한 형태의 조형물이 집체적으로 펼쳐질 때 오는 일종의 총체미는 몹시 강렬한 법이다. 개나리꽃은 꽃 한송이가 아름다운 것이 아니라 무더기로 피어날 때 아름다운 것과 같은 원리이다.

안심사 부도밭에는 44기의 부도와 19기의 비석이 남아 있다. 가장 오래된 것은 고려 말의 대선사였던 지공(指空)과 나옹의 부도로 1384년에 세워졌고, 가장 유명한 것은 1632년에 세워진 서산대사의 부도이다. 그리고 나머지는 서산대사 제자의 제자들로 임진왜란 이후 불교 중흥에 힘썼던 남파당(南坡堂) · 월파당(月坡堂) · 허정당(虛靜堂) 등 일세의 고승들 사리탑이었다.

나는 먼저 서산대사비를 살펴보았다. 6 · 25전쟁 때 폭격을 맞아 비는 동강나고 부도는 엎어져 있었다. 그래도 옛 자취를 남김없이 읽을 수 있는데 비문은 놀랍게도 유명한 재상이었던 월사(月沙) 이정구(李廷龜, 1564-1635)가 지은 것이었다. 준비 없이 와서 익히 아는 분의 이름 석 자를 보았을 때 생기는 반가움이란 적지 않은 기쁨이다. 그러나 따지고 보면 그 기쁨은 유식해서 얻는 것이 아니라, 실은 무식한데도 아는 분이었다는 반가움이었다. 그럴 때는 차라리 무식할수록 기쁨이 크다고 해야 할 것이다.

유식해서 반가운 것은 따로 있다. 옛날 선조 때 유명한 시인인 백호(白湖) 임제(林悌, 1549-87)가 이곳에 와 지은 「안심사」라는 시를 보면 사뭇 다르다.

| | |
|---|---|
| 안심사 경치 제일이라더니 | 第一安心寺 |
| 산 속 깊이 돌문 찾아드니 | 幽尋叩石扉 |
| 땅은 넓어 서속 심기 좋고 | 地平宜種秫 |
| 산조차 고요하여 바둑구경 할 만하네. | 山靜可觀棋 |
| 푸른 여울 맑아 메아리치고 | 碧瀨淸猶響 |
| 기암은 아슬아슬 넘어질 듯한데 | 奇巖迥絶依 |
| 깨진 비석은 목은의 글인지라 | 殘碑牧老筆 |
| 풀 헤치고 이슥토록 앉아 보네. | 披草坐移時 |

나는 이름 석 자 아는 게 반가웠고, 임백호는 1천 자의 비문을 읽는 것이 즐거웠던 것이니,

그 차이는 얼마나 큰 것인가. 사실 나야말로 열일 제치고 여기에 오래 머물러 저 비문에 새겨진 글을 더듬으며, 이 옛 자취에 서린 역사를 복원해 볼 사람이고, 그런 일을 하는 것이 세상이 나 같은 사람에게 부여한 임무이다. 그러나 나는 지금 여느 관광객, 탐승객과 마찬가지로 잠시 사진 찍고 두어 개 눈여겨보고 있자니 스스로 생각해도 부끄러울 뿐이다.

## 헤일 수 없이 많은 폭포, 만폭동

우리는 안심사 터에서 자동차를 타고 오를 수 있는 만큼 더 올랐다. 그리하여 만폭동 어귀에 다다르니 차에서 내리자마자 눈앞에 예쁜 폭포 하나가 보인다. 안내자들은 폭포를 보면서 한참 가물어 물이 적다고 아쉬움을 말했지만 내 눈에는 그리 적어 보이지 않았다. 사실 남한 땅에서는 답사 길에 폭포 구경하기가 쉬운 일이 아니었다.

나는 폭포에 다가가 떨어지는 물줄기와 물보라를 놓칠세라 사진을 찍었다. 폭포 가까이 빗돌이 있어 읽어보니 서곡(序曲)폭포란다. 만폭동의 폭포는 이렇게 문자 그대로 서곡부터 시작했다.

일행들이 폭포 좌우로 퍼져 좀처럼 떠날 줄 모르니 농담 잘하는 라운석씨가 초장(初章)부터 웃기기 시작한다.

"교수 선생, 묘향산에선 아낄 것이 두 개 있으니 하나는 감탄사요, 또 하나는 필름입니다. 그만 갑시다."

아닌 게 아니라 그날 나는 필름이 떨어져 김형수 차장에게 두 통을 더 얻어 썼다. 그리고 감탄사를 남발해 나중에는 폭포를 만나면 감탄사가 아니라 "또 폭포야!" 하면서 나도 모르게 경상도 사투리로 "지깁다, 지겨!"라고 소리쳤다.

지금 기억에 남은 폭포만도 무릉폭포, 은선폭포, 유선폭포, 비선폭포, 9층폭포, 그리고 저 멀리로 또 은하(銀河)폭포 …… . 권영빈 단장은 "내가 평생 본 폭포보다 수가 많겠지?"라고 했다. 그리고 나는 이 골짜기 이름이 만폭동(萬瀑洞)인 사연은 폭포가 헤아릴 수 없이 많음에 있음을 멍청하게도 그제서야 알았다.

만폭동 등산길에 나는 은선대 쉼터에서 잠시나마 깜짝 놀랐다. 어떤 예쁜 처녀가 장사판을 벌여놓았는데, 코카콜라 · 환타 · 버블껌이 정자 난간에 줄지어 있는 것이었다. '기어이 여기까지 들어왔구나!' 싶었다. 기념 삼아 콜라 하나를 사 마시며 판매원에게 물었더니, 개인 장사가 아니라 입구에 있는 '건식매대(乾食賣臺)' 에서 파견나온 것이란다. 말하자면 이동판매원인 셈이었다. 주로 외국인 관광객을 상대하며 하루 20개쯤 판다고 했다. 우리가 만폭동에 올랐을 때도 일본 · 타이완 · 러시아 관광객이 버스로 한두 대씩 와 있었다.

만폭동 등산길은 사뭇 화강암 골바위 길이었다. 그래서 미끄러질 곳은 계단을 파고, 가파른 곳은 철 난간에 쇠줄을 달아매고, 계곡을 가로지르는 흔들다리도 몇 개 있었다. 그래서 서울 북한산 오르는 것보다 오히려 쉬웠다. 그런데 경관은 설악산 천불동, 덕유산 구천동 같았다.

그 때는 초가을을 넘겨 산 중턱부터 단풍이 절정이었다. 참나무 · 박달나무 · 층층나무 · 가문비나무 · 닥나무의 누렇고 노란 단풍을 배경으로 삼아 새빨간 단풍나무가 곳곳에서 붉은빛을 뿜어내는 자태는 너무도 원색적이어서 곱다 못해 차라리 '뽕짝기' 가 있는 '이발소 그림' 의 풍광 같았다.

〈『나의 북한 문화 유산 답사기』에서〉

## 유두류록(遊頭流錄)[1]

조식

가정(嘉靖)[2] 무오년(1558) 초여름[3] 나는 진주목사 김홍(金泓) 홍지(泓之)[4]와 수재(秀才) 이공량(李公亮) 인숙(寅叔)[5]과 고령현감을 지낸 이희안(李希顔) 우옹(愚翁)[6]과 청주목사를 지낸 이정(李楨) 강이(剛而)[7]와 함께 두류산을 유람하였다. 산 속에서는 나이를 귀히 여기고 벼슬을 숭상하지 않는지라, 술잔을 돌리거나 자리에 앉을 때에도 나이순으로 하였다. 그러나 때론 그렇게 하지 않는 경우도 있었다.

---

1) 이 자료의 번역은 한국문집총간 제31책에 실린『남명집』(南冥集, 기유본)의「유두류록」을 저본으로 하였다.

2) 명나라 세종(世宗)의 연호로, 1522년부터 1566년까지이다.

3) 음력 4월을 말한다.

4) 홍지(泓之)는 진주목사를 지낸 김홍(金泓)의 자인데, 기타 인적 사항은 자세치 않다.

5) 인숙(寅叔)은 이공량(李公亮, 1500-1565)의 자이다. 호는 안분당(安分堂), 본관은 전의(全義)이며, 남명의 자형이다.

6) 우옹(愚翁)은 이희안(李希顔, 1504-1559)의 자이다. 호는 황강(黃江), 본관은 합천(陜川)이다. 경상도 초계(草溪)출신으로 김안국(金安國)의 문인이다. 1554년 유일(遺逸)로 천거되어 고령현감을 지냈다.

7) 강이(剛而)는 이정(李楨, 1512-1571)의 자이다. 호는 구암(龜巖), 본관은 사천(泗川)이다. 어려서 규암(圭庵) 송인수(宋麟壽)에게 배웠고, 만년에는 이황의 문하에 출입하였다. 1536년 문과시험에 급제하여 경주부윤 등을 역임하였다.

4월 11일. 나의 계부당(溪伏堂)[8]에서 조반을 먹고 여정에 올랐다. 아우 조환(曺桓)이 따라나섰다. 유생 원우석(元右釋)은 일찍이 승려가 되었다 환속한 사람이다. 총명하고 노래를 잘 부르기 때문에 불러 함께 길을 떠났다. 문을 나서 겨우 수십 보쯤 갔을 때, 한 어린애가 앞을 가로막으며 말하기를 "저는 도망친 종들을 좇아왔습니다. 종들이 이 길 아래쪽에 있는데, 아직 못 잡았습니다."라고 하였다. 이우옹이 재빨리 구사(丘史)[9] 네댓 사람을 시켜 좌우로 포위하게 했는데, 잠시 뒤에 과연 남녀 8명을 묶어 말 앞으로 데리고 왔다.

드디어 말에 채찍질을 하며 길을 떠났다. 우리는 "우연히 손을 쓴 것인데, 원망하는 사람도 있고 고맙게 여기는 사람도 있게 되었네. 이 무슨 조화 속이란 말인가?"라고 하면서 탄식하였다. 나는 다시금 가만히 탄식하기를 "우옹이 오십 평생 소매 속에 손을 넣고 써보지 않았으니, 주먹이 메주덩이처럼 굳어진 줄 알았네. 그의 재주가 비록 황하(黃河)와 황수(湟水) 유역 천만 리의 땅을 수복할 수는 없을지라도, 오히려 급박한 상황에 처해서는 그 방법과 계략을 지휘할 수 있으니 참으로 훌륭한 솜씨라 할 만하네."라고 하고서, 서로 배꼽을 움켜쥐고 웃다가 길을 떠났다.

저물녘에 진주(晉州) 경내에 이르렀다. 사천(泗川)에서 배를 타고 떠나 섬진강을 거슬러 올라 쌍계(雙磎)에 들어가기로 일찍이 김홍자와 약속했었다. 그런데 마현(馬峴)[10]에서 뜻하지 않게 종사관(從事官)[11] 이준민(李俊民)[12]을 만났다. 그는 호남에서 어버이를 뵈러 오는 길이었는데, 그의 아버지가 바로 이인숙이다. 김홍지의 벼슬이 갈렸다는 말을 전해듣고서, 발길을 돌려 이인숙의 집으로 가서 묵었다. 이인숙은 바로 내 자형이다.

4월 16일. 새벽빛이 희미하게 밝아질 무렵 섬진(蟾津)[13]에 다다랐다. 흔들어 깨우는 사이에 벌써 곤양(昆陽)[14] 땅을 지나버렸다고 하였다. 찬란한 아침해가 막 떠오르니 만경창파가 붉게 물들고, 섬진강 양쪽 언덕의 푸른 산이 출렁이는 물결 속에 거꾸로 비쳤다. 퉁소를 불고 북을

---

8) 현 경상남도 합천군 삼가면 토동에 있던 남명이 살던 집의 이름이다. '계부(溪伏)'란 닭이 알을 품고 있듯이 묵묵히 들어앉아 내적 수양을 힘쓴다는 뜻이다.

9) 조선시대 공신(功臣)에게 하사하던 관노비를 말한다.

10) 현 경상남도 진주시 옥봉동에 있는 고개로, 속칭 '말띠고개'라고 부른다.

11) 각 군영이나 포도청에 소속된 종6품의 관직을 말한다.

12) 이준민(李俊民, 1524-1591)의 자는 자수(子修), 호는 신암(新菴), 본관은 전의(全義)이다. 이공량의 아들로 남명의 생질이다. 1549년 문과에 급제하여 벼슬길에 나아가 내외직을 두루 거친 뒤 좌참찬에 이르렀다.

13) 현 경상남도 하동군 하동읍 화심리에 있는 '섬진나루'를 말한다.

14) 신해본 이후로는 '하동(河東)'으로 되어 있다. 이 역시 유람의 일정으로 볼 때 곤양을 지나 섬진강을 거슬러 올라갔기 때문에 '하동'으로 보는 것이 타당할 듯하다.

치니 노랫소리와 나발소리가 번갈아 일어났다. 저 멀리 서북쪽으로 10리쯤 되는 곳 구름 속에 높이 솟은 산이 바로 두류산의 바깥쪽이다. 서로들 들뜬 기분으로 구경하면서 말하기를 "방장산이 바다 건너 삼한에 있다더니, 벌써 멀지 않은 곳에 있구나."라고 하였다.

눈 깜짝할 사이에 악양현을 지났다. 강가에 삽암(鍤岩)[15]이라는 곳이 있었는데, 바로 녹사(綠事)[16]를 지낸 한유한(韓惟漢)[17]의 옛 집이 있던 곳이다. 한유한은 고려가 어지러워질 것을 예견하고 처자식을 이끌고 이곳에 와서 은거한 인물이다. 조정에서 그를 불러 대비원(大悲院)[18] 녹사로 삼았는데, 그 날 저녁에 달아나 간 곳이 묘연했다고 한다. 아! 나라가 망하려고 할 적에 어찌 어진 이를 좋아하는 일이 있을 수 있겠는가? 어진 이를 좋아하는 것이 착한 사람을 표창하는 정도에서 그친다면 또한 섭자고(葉子高)가 용(龍)을 좋아한 것[19]만도 못한 일이니, 나라가 어지러워지고 망하려는 형세에는 아무런 도움이 되지 않는다. 문득 술을 가져오라고 하여 한 잔 가득 따라놓고 거듭 삽암을 위해 길이 탄식하였다.

정오 무렵 도탄(陶灘)에 배를 정박시켰다. 어수룩한 늙은 아전들이 소골다(蘇骨多)[20]를 쓰고 와서 절을 하였는데, 악양현 · 화개현의 아전들이었다. 또 단령(團領)[21]을 입은 아전 몇 사람이 와서 절을 하였는데, 김홍지가 다스리는 진주 관내에서 규찰(糾察)과 권농(勸農) 등을 맡은 관리였다. 강가에는 산간마을이 아래위로 연이어 있고, 이리저리 난 밭이랑이 열에 하나 정도밖에 남아 있지 않지만, 예전에는 임금의 덕화(德化)가 이 깊은 산골짜기까지 미쳐 백성과 물산(物産)이 번성했음을 알 수 있다.

도탄에서 1리쯤 떨어진 곳에 정선생(鄭先生) 여창(汝昌)이 살던 옛 집터가 남아 있다. 선생은 바로 천령(天嶺) 출신의 유종(儒宗)[22]이었다. 학문이 깊고 독실하여 우리나라 도학(道學)에 실마리를 열어준 분이다. 처자식을 이끌고 산 속으로 들어갔다가 뒤에 내한(內翰)[23]을 거쳐 안음

---

15) 현 경상남도 하동군 악양면 평사리에 있는 지명이다.

16) 고려시대 7품 내지 9품 하급관직.

17) 고려시대 무신집권기에 벼슬을 버리고 지리산으로 들어가 깨끗한 지조를 지킨 인물이다. 『고려사』(高麗史) 『열전』(列傳) 제12권에 그의 행적이 기록되어 있다.

18) 고려시대 구호기관으로, 개경에 동 · 서 두 원을 두었다.

19) 섭자고(葉子高)는 춘추시대 초나라 섭현(葉縣)의 수령이었던 심제량(沈諸梁)을 말한다. 그는 용을 매우 좋아하여 자기 주변의 곳곳에 용을 새겨놓았는데, 하늘의 용이 그 소문을 듣고 내려와 창문에 머리를 내밀고 마루에 꼬리를 걸치자, 섭자고가 기겁을 하여 달아났다고 한다.

20) 자줏빛 명주로 만든 고깔 모양의 관(冠)으로, 좌수(座首)나 별감(別監) 등이 썼다.

21) 옷깃을 둥글게 만든 공복(公服)의 일종이다.

22) 당대 유학의 종장(宗匠)이라는 말.

23) 내직(內職)인 한림(翰林)을 말하며, 한림은 예문관 검열을 가리킨다.

현감(安陰縣監)[24]이 되었다. 뒤에 교동주(喬桐主)[25]에게 죽음을 당했다.[26] 이곳은 삽암에서 10리쯤 떨어진 곳이다. 밝은 철인(哲人)의 행 · 불행이 어찌 운명이 아니랴?

김홍지와 이강이가 먼저 석문(石門)에 도착하였다. 이곳이 바로 쌍계사(雙溪寺)[27] 동문(洞門)이다. 검푸른 빛깔이 바위가 양쪽으로 마주보고 서서 한 길 남짓 열려 있는데, 그 옛날 학사(學士) 최치원이 오른쪽에는 '쌍계'(雙溪), 왼쪽에는 '석문'(石門)이라는 네 글자를 손수 써놓았다. 글자의 획을 사슴 정강이만큼 크고 깊게 새겨놓았다. 지금까지 천 년[28]의 세월이 흘렀는데, 앞으로 몇 천 년이나 더 남아 있을지 모르겠다.

서쪽으로 벼랑을 무너뜨리고 돌을 굴리며 저 백 리 밖에서 흘러오는 시내는 신응사(神凝寺)[29]가 있는 의신동(擬神洞)의 물줄기고, 동쪽으로 구름 속에서 새어나와 산을 끼고 까마득히 근원을 알 수 없는 곳에서 흘러오는 시내는 불일암이 있는 청학동의 물줄기이다. 절이 두 시내 사이에 있기 때문에 '쌍계'(雙溪)라고 부른 것이다.

절 문 밖 수십 보 지점에 높이가 10자나 되는 비석이 귀부 위에 우뚝 서 있는데, 최치원의 글과 글씨가 새겨져 있는 비석[30]이다. 앞에 서 있는 높다란 누각에는 '八詠樓'(팔영루)라고 쓴 현판이 걸려 있었다. 그 뒤에 있는 비각은 중수(重修)하는 중이어서 기와가 아직 덮여 있지 않았다. 이 절의 승려 혜통(惠通) · 신욱(愼旭)이 차와 과일을 내오고, 산나물을 곁들여서 빈주(賓主)의 예로 우리를 접대하였다. 이 날 초저녁에 나는 갑자가 구토와 설사가 나서 음식을 물리치고 누워 있었다. 이우옹이 나를 간호하며 서쪽 곁방에서 잤다.

4월 19일. 아침을 재촉하여 먹고 청학동으로 들어가려 하였는데, 이인숙과 이강이는 병을 핑계로 동행하지 않았다. 진실로 속세와 단절된 세계는 진정한 인연이 없으면 신명(神明)이 받아들이지 않음을 참으로 알겠구나. 이인숙과 이강이가 예전에 한 번 들어왔었던 것은 꿈속에서

---

24) 안음은 현 경상남도 함양군 안의면을 가리킨다.

25) 연산군을 가리킨다. 중종반정으로 폐위되어 강화도 교동(喬桐)에 안치되었기 때문에 '교동주'(喬桐主)라고 일컫는다.

26) 정여창이 1498년 무오사화 때 함경도 종성으로 유배되었다가, 1504년 그곳에서 세상을 뜬 것을 말한다.

27) '계'(溪)와 '계'(磎)를 통용해 쓰기 때문에 작가에 따라 '쌍계사'(雙磎寺)로 표기한 경우도 있다.

28) 원문에는 '이천년'(二千年)으로 되어 있는데, 임술본 이후로는 '이'(二)가 '이'(已)로 되어 있다. '二'는 '已'의 오자인 듯하다.

29) 현 경상남도 하동군 화개면 삼신리 삼신동 쌍계사 서북 쪽 10리쯤에 있었던 절이다. 신흥사(神興寺) 또는 신흥사(新興寺)라고도 한다.

30) 신라시대 고승인 진감선사 혜소(惠昭)의 행적을 적은 진감선사비(眞鑑禪師碑)를 말한다.

였지, 실제로 왔던 것은 아닐 것이다. 나는 생각건대 김홍지와 비교해 보면 차이가 있기는 하지만, 또한 이들도 뒷마무리를 짓는 인연이 없는 듯하다. 돌아보건대 나는 세 번이나 이곳에 들어왔었지만 속세의 인연을 아직 다 떨쳐버리지 못하였다. 팔십 된 노인이 벼슬도 없이 일찍이 세 번씩이나 봉황지(鳳凰池)[31]에 들어갔던 것[32]과 비교하면 오히려 내가 양보하고 싶지 않지만, 세 차례나 악양에 들어갔으나 사람들이 아무도 알아보지 못했던 사람[33]과 비교해보면 나는 아직 멀었음을 바야흐로 알겠다.

이 날 아침 김경이 병 때문에 우리와 동행하는 것을 사양하고 기생 귀천을 데리고 급히 떠났다. 김 군은 이때 나이가 일흔 일곱이었으나 나는 듯이 산에 올라 처음에는 천왕봉까지 오르려 하였었다. 그 사람됨이 마치 이원(梨園)[34]에서 노닐다 온 사람처럼 호방했다.

호남에서 온 네 사람[35]과 백유량 · 이씨[36] 두 유생이 동행하였다. 북쪽으로 오암(五巖)을 오르는데, 나무를 잡고 잔도를 타면서 나아갔다. 원우석은 허리에 찬 북을 치고, 천수는 긴 피리를 불고, 두 기생이 그 뒤를 따르면서 선두 대열을 이루었다. 나머지 여러 사람은 앞서거니 뒤서거니, 물고기를 꼬챙이에 꿴 것처럼 줄지어 앞으로 전진하면서 중간 대열을 이루었다. 강국년과 요리사 및 음식을 운반하는 동 등 수십 인이 후미 대열을 이루었다. 승려 신욱(愼旭)이 앞에서 길을 안내하며 갔다.

중간에 큰 바위 하나가 있었는데, '李彦憬'(이언경) · '洪淵'(홍연)이라는 글자가 새겨져 있었다. 오암에도 '柿隱兄弟'(시은형제)라는 글자가 새겨져 있었다. 아마도 썩지 않는 돌에 이름을 새겨 억만 년토록 전하려 한 것이리라. 대장부의 이름은 마치 푸른 하늘의 밝은 해와 같아서, 사관(史官)이 책에 기록해두고 넓은 땅 위에 사는 사람들의 입에 오르내려야 한다. 그런데 사람들은 구차하게도 원숭이와 너구리가 사는 숲 속 덤불의 돌에 이름을 새겨 영원히 썩지 않기를 바란다. 이는 나는 새의 그림자만도 못해 까마득히 잊혀질 것이니, 후세 사람들이 날아가 버린 새가 과연 무슨 새인 줄 어찌 알겠는가? 두예(杜預)의 이름이 전하는 것은 비석을 물

30) 신라시대 고승인 진감선사 혜소(惠昭)의 행적을 적은 진감선사비(眞鑑禪師碑)를 말한다.

31) 봉황지(鳳凰池)는 대궐 안에 있는 못으로, 여기서는 궁궐을 말한다.

32) 구체적으로 누구를 가리키는지 알 수 없으나 80세가 되어서도 벼슬에 연연한 사람을 말한다.

33) 구체적으로 누구를 가리키는지 알 수 없으나, 자신을 드러내지 않았던 사람인 듯하다.

34) 중국 당나라 현종(玄宗)이 궁궐 안에서 무희(舞姬)를 양성하기 위해 설치했던 곳을 말한다.

35) 김득리(金得李) · 허계(許繼) · 조수기(趙壽期) · 최연(崔研)을 가리킨다.

36) 이백과 이응형이 있는데, 누군지 자세지 않다.

속에 가라앉혀 두었기 때문이 아니라 오직 하나의 업적이 있었기 때문이다.[37)]

열 걸음에 한 번 쉬고 열 걸음에 아홉 번 돌아보면서 비로소 불일암에 도착하였다. 이곳이 곧 청학동이다. 이 암자는 허공에 매달린 듯한 바위 위에 있어서 아래로 내려다볼 수가 없었다. 동쪽에 높고 가파르게 떠받치듯 소아 조금도 양보하려고 하지 않는 것은 향로봉이고, 서쪽에 푸른 벼랑을 깎아내어 만 길 낭떠러지로 우뚝 솟은 것은 비로봉(毗盧峯)이다. 청학 두세 마리가 그 바위틈에 깃들여 살면서 가끔 날아올라 빙빙 돌기도 하고 하늘로 솟구쳤다가 내려오기도 한다.

아래에는 학연(鶴淵)이 있는데 까마득하여 밑이 보이질 않았다. 좌우 상하에는 절벽이 빙 둘러 있고, 층층으로 이루어진 폭포는 문득 소용돌이치면 쏜살같이 쏟아져 내리다가 문득 합치기로 하였다. 그 위에는 수초가 우거지고 초목이 무성하여 물고기나 새도 오르내릴 수 없었다. 천리나 멀리 떨어져 있어 도저히 건널 수 없는 약수(弱手)도 이에 비할 바가 못되었다. 바람과 우레 같은 폭포소리가 뒤얽혀 서로 싸우니, 마치 천지가 개벽하려는 듯 낮도 아니고 밤도 아닌 상태가 되어 문득 물과 바위를 구별할 수 없었다. 그 안에 신선, 거령(巨靈), 큰 교룡(蛟龍), 작은 거북 등이 살면서 영원히 이곳을 지킴벼 사람들이 접근하지 못하도록 하는 것인지도 모르겠다. 어느 호사가(好事家)가 나무를 베어 다리를 만들어놓아서, 겨우 그 입구가지 들어갈 수 있었다. 이끼를 걷어내고 벽면을 살펴보니 '三仙洞'(삼선동)이라는 세 글자가 있는데, 어느 시대에 새긴 것인지는 알 수 없었다.

이우옹과 내 동생 및 원생(元生) 등 몇 사람이 나무를 부여잡고 내려가 서성이며 이리저리 둘러보고서 올라왔다. 나이가 젊고 다리가 튼튼한 사람은 모두 향로봉까지 올라갔다. 다시 불일암에 모여 물을 마시고 밥을 먹었다. 절 문 밖 소나무 밑에 나와 앉아서 주거니 받거니 하면서 한껏 술을 마셨다. 아울러 악기를 연주하고 노래를 부르고 피리를 부니, 그 소리가 사방에 울려 퍼지고 산봉우리에도 메아리쳤다.

동쪽에 있는 폭포는 나는 듯 백 길 낭떠러지로 쏟아내려 학담(鶴潭)을 이루고 있었다. 내가 이우옹을 돌아보고 말하기를, "물이란 만 길이나 가파른 골짜기를 만나면 아래로만 곧장 내려

---

37) 진(晋)나라 두예(杜預)가 자신의 이름을 후대에 길이 전하려고 자신의 공적을 새긴 비석 두 개를 만들었다. 하나는 현산(峴山) 꼭대기에 세우고, 다른 하나는 만산(萬山) 기슭의 못 속에 가라앉혀 두었다. 그러나 두예는 정작 『춘추좌씨전』(春秋左氏傳)의 주석서인 『좌씨경전집해』(左氏經傳集解)를 지은 업적으로 후대에 이름을 남겼다.

가려고 하여, 다시는 의심하거나 돌아보지 않고 앞만 보고 달려가니, 여기가 바로 그런 곳일세."라고 하였더니, 이우옹도 그렇다고 하였다. 정신과 기운이 매우 상쾌하였으나 오래 머무를 수 없었다.

잠시 후에 뒤쪽 능선으로 올라 지장암(地藏菴)을 찾아가니 모란이 활짝 피어 있었다. 한 송이가 한 말 됨직한 붉은 꽃이었다. 그곳에서 곧장 쌍계사로 내려가는데, 한 번에 몇 리를 가서야 겨우 한 차례 쉴 수 있을 정도로 가팔랐다. 양(羊) 어깻죽지를 삶을 정도의 짧은 시간에 쌍계사로 돌아왔다. 처음 위쪽으로 오를 적에는 한 걸음 한 걸음 내딛기가 힘들더니, 아래쪽으로 내려올 때에는 단지 발만 들어도 몸이 저절로 쏠려 내려갔다. 그러니 어찌 선(善)을 좇는 것은 산을 오르는 것처럼 어렵고, 악(惡)을 따르는 것은 무너져 내리는 것처럼 쉬운 일이 아니겠는가?[38]

이인숙과 이강이가 팔영루에 올라 우리 일행을 맞이하였다. 저녁에 이인숙 · 이우옹과 함께 다시 절 뒤채의 동쪽에 있는 방장실에서 잤다.

4월 25일. 역관에서 아침밥을 먹고 각자 흩어져 떠나려 하니, 서운한 마음이 들어 잠시나마 더 머물기로 하였다. 이인숙은 한성(漢城)에 살고 있고, 이강이는 사천으로 돌아가야 하며, 이우옹은 초계로 돌아가야 한다. 나는 가수(嘉樹)[39]에 살고 있으며, 김홍지는 삼산(三山)[40]에 살고 있다. 모두들 나이가 들어 오십 내지 육십 혹은 칠십에 가깝고, 각자 이삼백 리 내지 오백 리 혹은 근 천 리나 떨어져 있어 훗날 함께 만나기도 어려울 듯하니, 어찌 헤어짐을 슬퍼하지 않겠는가? 이강이가 술잔에 가득 술을 붓고 말하기를 "이 순간의 이별에 무슨 할 말이 있겠소? 쳐다보기만 하고 할 말을 잊는다더니, 과연 그렇구려."라고 하였다. 모두 묵묵히 말을 타고 떠나갔다.

칠송정(七松亭)[41]에 도착하여 상고대(上高臺)에 올랐다. 배를 타고 다회탄(多會灘)을 건너 이인숙은 강을 따라 내려갔고, 이강이는 1리를 더 가서 작별하였다. 나는 이우옹과 함께 쓸쓸히 돌아왔는데, 멍하니 넋을 잃은 사람 같았다. 저녁에 뇌룡사에서 자고, 이우옹과도 작별하였

38) 이 말은 『국어』(國語)에 보인다.

39) 현 경상남도 합천군에 속했던 지명으로, 조선시대 태동 때 삼기현(三岐縣)과 가수현을 합하여 삼가현(三嘉縣)으로 만들었다.

40) 현 충청북도 보은의 옛 이름이다.

41) 현 경상남도 진주시 수곡면(水谷面) 원계리(元溪里)에 있던 정자이다. 큰 소나무 일곱 그루가 있어 붙여진 이름이다.

다. 화살이 시위를 떠난 것처럼 막 헤어지고 난 뒤, 별이 드문드문 떠 있는 새벽에 이렇듯 감회에 젖어 있으니, 마치 춘정(春情)에 겨워하는 봄처녀 같았다.

이번 유람을 함께 한 여러 사람이, 내가 두류산을 자주 다녀 그 사정을 알 것이라 하여 나에게 이번 유람의 전말을 기록하도록 하였다. 나는 일찍이 이 산을 왕래한 적이 있었다. 덕산동(德山洞)으로 들어간 것이 세 번, 청학동 · 신응동으로 들어간 것이 세 번, 용유동(龍遊洞)으로 들어간 것이 세 번, 백운동으로 들어간 것이 한 번, 장항동(獐項洞)으로 들어간 것이 한번이었다. 그러니 어찌 산수만을 탐하여 왕래한 것이라면 번거러운 산행을 꺼리지 않겠는가? 평생 동안 품고 있던 계획인, 화산(華山)[42]의 한 모퉁이를 빌어 일생을 마칠 곳으로 삼으려 했던 것일 뿐이었다.

그러나 일이 마음대로 되지 않아 그 속에 살수 없음을 알고, 서성거리면서 돌아보고 안타까워하다가 눈물 흘리며 나온 것이 열 번이었다. 지금은 시골집에 매달려 있는 박처럼 걸어 다니는 하나의 송장이 되어버렸다. 이번 유람 또한 다시 가기 어려운 걸음이 되었으니, 어찌 마음이 울적하지 않겠는가? 일찍이 이런 심정을 읊은 시를 지었으니, 다음과 같다.

| | |
|---|---|
| 누렁 소 갈비 같은 두류산 골짝을 열 번이나 답파했고, | 頭流十破黃牛脇 |
| 썰렁한 까치집 같은 가수마을에 세 번이나 둥지를 틀었네. | 嘉樹三巢寒鵲居 |

또 다른 시는 다음과 같다.

| | |
|---|---|
| 몸을 보전하는 백가지 계책 모두 어긋났으니, | 全身百計都爲謬 |
| 이젠 방장산과의 맹세조차 저버렸구나. | 方丈於今已背盟 |

유람을 함께 한 이들이 모두 길 잃은 사람들이니, 어찌 나만 허둥지둥 돌아갈 곳이 없겠는가? 다만 술 취한 사람처럼 길 모르는 이들을 위해 앞장서서 인도하였고, 그 문단에 부봉(副封)[43]하는 것일 뿐이다.

남명 조식 건중(楗仲)이 쓴다.

〈최석기 외 옮김, 『선인들의 지리산 유람록』에서〉

42) 중국 5대 명산의 하나이다.

43) 한나라 때 천자에게 글을 올릴 때에는 반드시 정봉(正封) · 부봉(副封) 두 편을 지었는데, 상서원에서 먼저 부봉을 검토한 후 합당치 않은 내용이 있으면 올리지 않았다. 여기서는 다른 사람들이 이 글을 보지 못했기 때문에 부봉처럼 검토해보라는 뜻의 겸손한 말이다.

## ⑸ 제문

### 중제(仲弟) 학초(鶴初) 영전(靈前)에 곡(哭)함

최재호

슬퍼라, 학초여! 내일은 그대 나를 버리고 떠난 지 백일로서, 그대의 빈소와 혼백을 철거하는 날이다. 그것은 국법의 준칙에 의하여 내가 두 조카들에게 타일러서이다. 오늘밤 못난 형은 군의 혼령 앞에 한 잔 술과 두어 줄 글로써 눈물을 멈추고 고하노니 이 충정(衷情)이 부디 구천(九泉)에 이를 그대의 혼백과 함께 하기를 비노라.

회고컨대, 그대와 나는 부모의 혈육을 나누어 받은 형제로서, 어릴 적부터 백발이 이르도록 타관을 전전하는 동안, 대저 일년이면 몇 달이나, 한 달이면 며칠이나 같은 곳에 살았던가? 그것은 병중에 계신 아버님과 늙으신 조부님의 슬하에서 학문을 닦은 뒤, 가난을 물리쳐 보자는 우리의 큰 뜻을 실현해 보기 위함이 아니었던가? 슬퍼라, 그렇던 우리가 서로 붙들고, 서로 따르고, 서로 놓지 않아, 한 마음 한 뜻으로 한 평생을 살아 온 저간(這間)의 사연이 아직도 생생한데, 하물며 죽어서 나뉘는 정곡(情曲)은 과연 어떻다 할 것인가? 만년에 나는 진주에서 편히 늙었고, 그대와 재섭이 마산 · 부산 · 서울을 누비며, 험한 파도와 모진 비바람 눈서리를 헤치며 싸웠음으로 인하여, 장차 넘어질 뻔했던 우리 집안을 다시 일으켜 세운 것이 아니었던가?

오호라, 그대는 부모님께 효도했고, 자식들에겐 자애스런 어버이였고, 형제에겐 우애로왔고, 일가 친척에겐 화목했고, 이웃과 모든 사람들에겐 인자하였고, 더욱이 의리를 위해선 재물을 아끼지 않았으므로, 세상 사람들이 진실로 대장부라 일컬었음은, 단순한 사업가로서만은 아니었기 때문일세. 초창기 마산 상공회의소를 가워 단독으로 운영하였으며, 쓰러져 가는 마산일보를 다시 일으켰고, 마산공고 · 삼현여고를 계승, 창설하였을 뿐만 아니라, 마산상고를 비롯한 어느 교육 기관도 그대의 도움의 손길이 닿지 않은 데가 있었던가? 전국 예술인들 중에도 그대의 깊은 마음결이 스며들었으며, 두 갈래로 나뉘어 분쟁하던 한국 기원을 통합시켰음도, 그대의 공로임을 생각할 때, 언론 · 교육 · 문화 · 예술계에서 까지도 칭송하지 않는 사람이 없었기에, 그대의 고고한 일생은 학처럼 살아간 사람이란 평판을 받았다네.

그대가 환갑을 지낼 때도, 아무한테도 알리지 않고 해외 여행을 훌훌히 떠났던 것은, 마음속에 인생무상을 느껴 앞으로 뜬세상 일 다 버리고, 산수간에 유유자적코자 하였던 것이나, 애달프다, 동남아 시찰 도중 갑자기 일본에서 큰 병을 얻어 돌아와 입원한 뒤로, 병세는 몇 번의 위험한 고비를 넘기면서 점점 복합증의 병발로 불치병으로 선고를 받았었다. 속아 사는 것이 인생이라 할지라도, 그대에겐 끝내 감추고 내색하지 않은 가족들의 아픔은 차라리 죽음보다 더 괴로웠던 것이다. 제수씨의 지성을 다한 간호와 민석 형제 남매들의 효심과 재섭이와 이원기 형의 정성어린 지도가, 그대를 2년 동안 이 땅에 더 있게 하였던 것이다. 내, 그대 죽음 못 따르고, 그대, 나와 함께 못 사니 이것을 명이라고 하는가 보다. 그대 병석에서 남긴 말, "형님, 내 낫거든 부곡 온천 골프장 위에 아담하게 별장을 지어 놓고, 온갖 꽃을 심어 길을 만들고, 우리 삼형제 일요일마다 가서, 아이들 조카들과 더불어 즐기며 여생을 마칩시다."란 이 한 마디가 내 심장에 가장 큰 못을 박아 놓았고나.

슬퍼라, 내 여생이 몇 해나 남았는가 모르지만, 어느 날이 그대를 생각하는 날이 아니며, 어느 때가 그대를 슬퍼하는 때가 아니겠는가? 혹시 생각하기론, 그리워한들 어쩌며, 슬퍼한들 어쩌나 하지만, 생각하지 않으려도 생각나고, 슬퍼하지 않으려도 슬퍼지는 것을 어이 한단 말인가? 내 소원은 그대와 세세생생 또다시 형제의 인연을 맺어, 내가 그대의 동생이 되어 나를 형으로 모셔준 은혜 갚고 싶을 뿐이로다. 또한 그대 살아간 자취는 글로써 남길 것이고, 다만 가슴에 쌓인 슬픔만을 말하니, 그대는 듣는가? 오장이 찢어지는 듯 천지가 망망하다. 아, 정말로 원통하여라!

〈최재호, 『아천문집』에서〉

## (6) 비문

### 평재 김재경 교수 묘갈명
### (平齋 金在慶 教授 墓碣銘)

평재 김재경 선생은 1925년 경북 선산군 선산읍 완전동에서 일선(一善) 김씨 34세손으로 8남매 중 셋째 아들로 태어나셨다.

1943년 2월 경주 중학교 5년을 졸업하신 후, 잠시 고향에 있는 선산 국민 학교 교사로 교육과 인연을 맺게 되셨다. 그러나 학업을 계속하기 위한 열망으로 경북대학교 사범대학에 진학하여, 1951년 2월에 중등학교 물리 교사 자격을 취득하셨다. 그러나 6.25전쟁이 한창인 때라 2년 반 동안 군복무로 고향을 떠나셨는데, 이 때가 선생이 학교와 떨어져 계셨던 유일한 시기이다.

1953년부터 1966년까지 경북대학교 사범 대학 부속 중 · 고등학교에서 수학과 지학 교사로 근무하셨다. 지학은 당시에 새로운 학과로 정식 자격증을 가진 이가 없어, 선생은 독학으로 공부하여, 수재들인 학생들을 열과 성을 다하여 가르치셨다. 교과서만 있고 실험 기자재가 없던 시대라, 선생은 지구나 천구 같은 구형(球形)의 실험 도구를 혹은 주전자로, 혹은 앞에 앉은 학생의 까까머리로 대용하기까지 하셨다. 머리에 백묵으로 그은 선이 때로는 황도(黃道)가 되고 때로는 적도(赤道)가 되었다. 해당 학생은 황당해 했으나, 졸업 후에는 좋은 추억으로 간직하고 있다. 1966년 대구 사범 학교가 없어지고 대구 교육 대학이 신설되자, 이 대학에 교수로 부임하여 초등 학교 교사 양성에 힘쓰시다가, 1991년 2월에 정년으로 교직을 떠나셨다.

부속 고등학교 제자 중에 선생의 인격과 학문에 감화를 받아 대학과 대학원에서 지구과학 분야의 학문을 전공한 사람이 적지 않았다. 이들 중에 대학과 연구소에서 활약하고 있던 10여 명의 제자들이 뜻을 모아 만든 정년 퇴임 기념 논문집을 만들어, 퇴임 당일 식전에서 봉정함으로써 주위 사람들에게 부러움을 안겨 주었고, 화제가 되기도 하였다. 논문집에 실린 초등 과학 교육에 관한 선생의 귀한 논문은 제자들의 논문과 합본되어 더욱 값진 논문집이 되기에 부족함이 없었다. 고등학교 제자들이 그들의 스승을 위해 전례가 없는 이와 같은 일을 행한 것을 볼 때, 선생이 교육에 기울인 공로가 지대했음을 알고도 남음이 있는 일이다.

1985년 선생은 모친과 부인 박영숙(朴英淑) 가타리나의 신앙인 가톨릭의 온유함과 보편성에 매료되어 대구 대덕 성당에서 아오스딩이란 세례명으로 하느님의 자녀가 되셨다. 회갑 나이에 새로 가진 신앙 생활이 활발할 수 없었으나, 정년 퇴임 후의 봉사와 기도의 생활은 가족과 주위를 놀라게 하고도 남음이 있었다. 레지오 마리애 '성조(聖祖)들의 모후(母后)' 프리시디움에 입단하여 활동하시며, 5년반 동안 단장을 역임하기도 하셨다. 본당 사목위원(司牧委員)을 끝으로 하느님 곁으로 가시는 선생의 영결 미사에는, 평일임에도 교우 친지들이 큰 성당을 가득 메워, 선생이 평소 독실한 신심을 가지셨음을 짐작케 하였다.

선생은 부친과 형들이 일찍 돌아가신 후, 장남 아닌 장남으로 대소사를 잘 처리하시어 당대에 문중의 중흥을 이룩하셨다. 인호(仁鎬), 문호(文鎬), 인향(仁香)의 삼 남매는 잘 자라주어 두 아들은 명망 있는 전문의로, 사위 김광주(金光柱)는 대학 교수로 사회에 공헌하고 있다. 이러한 자식 복은 선생이 늘 자녀들에게 화목, 근검, 절약을 참된 가치관으로 심어주고, 자신의 일보다 남의 일을 더 중히 여기며, 어려운 자들의 편에 서려 했던 것에 대한 하느님의 축복이 아닐 수 없다. 선생의 가족관은 가톨릭 신앙과도 무관치 않다.

자식들에게 사랑에 이르는 길은 겸손한 마음과 감사하는 마음으로 이어진다고 하며, 세속의 허상에 현혹되지 말고, 부부가 사랑하고 그 사랑이 가족에서 이웃으로 번지어 나가는 지고지순(至高至純)의 생활을 하도록 자녀들에게 강조하셨다.

선생의 말년은 더욱 봉사와 사랑의 실천으로 빛을 발하였으나, 몹쓸 병마의 훼방으로 사랑하는 가족과 이웃들과 헤어져 1998년 여름에 하느님 나라로 가시었다.

사랑하올 주님, 아오스딩을 불쌍히 여기사 그로 하여금 성인 반열에 들게 하시고 부활의 기쁨을 누리게 하소서. 아멘

학문에 뜻을 두어 지구 과학 개척하니
학덕에 감화한 고등학교 제자들이
줄지어 학문 잇고 논문집 봉정했네.

화목, 근검, 절약을 가훈으로 삼으시고
겸손과 감사의 마음으로 사랑의 길 강조하시니
문중은 중흥되고, 자식들 이름 났네.

만년에 몰입한 천주교 신앙 생활
'성조(聖祖)들의 모후(母后)' 단장까지 맡으시니
성인 반열에 드시어 부활 기쁨 누리시리

1999년年 월 일

제자 이학박사 서승조(徐承祚) 근찬(謹撰)

# 부 록

· 한글 맞춤법
· 표준어 규정
· 한글 맞춤법 실제

문교부 고시 제88-1 호(1988. 1. 19.)

# 한글 맞춤법

## 제1장 총　칙

**제1항** 한글 맞춤법은 표준어를 소리대로 적되, 어법에 맞도록 함을 원칙으로 한다.

**제2항** 문장의 각 단어는 띄어 씀을 원칙으로 한다.

**제3항** 외래어는 '외래어 표기법'에 따라 적는다.

## 제2장 자　모

**제4항** 한글 자모의 수는 스물넉 자로 하고, 그 순서와 이름은 다음과 같이 정한다.

| | | | | |
|---|---|---|---|---|
| ㄱ(기역) | ㄴ(니은) | ㄷ(디귿) | ㄹ(리을) | ㅁ(미음) |
| ㅂ(비읍) | ㅅ(시옷) | ㅇ(이응) | ㅈ(지읒) | ㅊ(치읓) |
| ㅋ(키읔) | ㅌ(티읕) | ㅍ(피읖) | ㅎ(히읗) | |
| ㅏ(아) | ㅑ(야) | ㅓ(어) | ㅕ(여) | ㅗ(오) |
| ㅛ(요) | ㅜ(우) | ㅠ(유) | ㅡ(으) | ㅣ(이) |

[붙임 1] 위의 자모로써 적을 수 없는 소리는 두 개 이상의 자모를 어울러서 적되, 그 순서와 이름은 다음과 같이 정한다.

| | | | | | |
|---|---|---|---|---|---|
| ㄲ(쌍기역) | ㄸ(쌍디귿) | ㅃ(쌍비읍) | ㅆ(쌍시옷) | ㅉ(쌍지읒) | |
| ㅐ(애) | ㅒ(얘) | ㅔ(에) | ㅖ(예) | ㅘ(와) | ㅙ(왜) |
| ㅚ(외) | ㅝ(워) | ㅞ(웨) | ㅟ(위) | ㅢ(의) | |

[붙임 2] 사전에 올릴 적의 자모 순서는 다음과 같이 정한다.

| | | | | | | | | |
|---|---|---|---|---|---|---|---|---|
| 자 음: | ㄱ | ㄲ | ㄴ | ㄷ | ㄸ | ㄹ | ㅁ | ㅂ |
| | ㅃ | ㅅ | ㅆ | ㅇ | ㅈ | ㅉ | ㅊ | ㅋ |
| | ㅌ | ㅍ | ㅎ | | | | | |
| 모 음: | ㅏ | ㅐ | ㅑ | ㅒ | ㅓ | ㅔ | ㅕ | ㅖ |
| | ㅗ | ㅘ | ㅙ | ㅚ | ㅛ | ㅜ | ㅝ | ㅞ |
| | ㅟ | ㅠ | ㅡ | ㅢ | ㅣ | | | |

## 제3장 소리에 관한 것

### 제1절 된소리

**제5항** 한 단어 안에서 뚜렷한 까닭 없이 나는 된소리는 다음 음절의 첫소리를 된소리로 적는다.

1. 두 모음 사이에서 나는 된소리

| | | | | |
|---|---|---|---|---|
| 소쩍새 | 어깨 | 오빠 | 으뜸 | 아끼다 |
| 기쁘다 | 깨끗하다 | 어떠하다 | 해쓱하다 | 가끔 |
| 거꾸로 | 부썩 | 어찌 | 이따금 | |

2. 'ㄴ, ㄹ, ㅁ, ㅇ' 받침 뒤에서 나는 된소리

| | | | | |
|---|---|---|---|---|
| 산뜻하다 | 잔뜩 | 살짝 | 훨씬 | 담뿍 |
| 움찔 | 몽땅 | 엉뚱하다 | | |

다만, 'ㄱ, ㅂ' 받침 뒤에서 나는 된소리는, 같은 음절이나 비슷한 음절이 겹쳐 나는 경우가 아니면 된소리로 적지 아니한다.

| | | | | |
|---|---|---|---|---|
| 국수 | 깍두기 | 딱지 | 색시 | 싹둑(~싹둑) |
| 법석 | 갑자기 | 몹시 | | |

### 제2절 구개음화

**제6항** 'ㄷ, ㅌ' 받침 뒤에 종속적 관계를 가진 '-이(-)'나 '-히-'가 올 적에는, 그 'ㄷ, ㅌ'이 'ㅈ, ㅊ'으로 소리나더라도 'ㄷ, ㅌ'으로 적는다.(ㄱ을 취하고, ㄴ을 버림.)

| ㄱ | ㄴ | ㄱ | ㄴ |
|---|---|---|---|
| 맏이 | 마지 | 핥이다 | 할치다 |
| 해돋이 | 해도지 | 걷히다 | 거치다 |
| 굳이 | 구지 | 닫히다 | 다치다 |
| 같이 | 가치 | 묻히다 | 무치다 |
| 끝이 | 끄치 | | |

### 제3절 'ㄷ' 소리 받침

**제7항** 'ㄷ' 소리로 나는 받침 중에서 'ㄷ'으로 적을 근거가 없는 것은 'ㅅ'으로 적는다.

| | | | | |
|---|---|---|---|---|
| 덧저고리 | 돗자리 | 엇셈 | 웃어른 | 핫옷 |
| 무릇 | 사뭇 | 얼핏 | 자칫하면 | 뭇[衆] |
| 옛 | 첫 | 헛 | | |

### 제4절 모 음

**제8항** '계, 례, 몌, 폐, 혜'의 'ㅖ'는 'ㅔ'로 소리나는 경우가 있더라도 'ㅖ'로 적는다.(ㄱ을 취하고, ㄴ을 버림.)

| ㄱ | ㄴ | ㄱ | ㄴ |
|---|---|---|---|
| 계수(桂樹) | 게수 | 혜택(惠澤) | 헤택 |
| 사례(謝禮) | 사레 | 계집 | 게집 |
| 연몌(連袂) | 연메 | 핑계 | 핑게 |
| 폐품(廢品) | 페품 | 계시다 | 게시다 |

다만, 다음 말은 본음대로 적는다.

게송(偈頌) 게시판(揭示板) 휴게실(休憩室)

**제9항** '의'나, 자음을 첫소리로 가지고 있는 음절의 'ㅢ'는 'ㅣ'로 소리나는 경우가 있더라도 'ㅢ'로 적는다.(ㄱ을 취하고, ㄴ을 버림.)

| ㄱ | ㄴ | ㄱ | ㄴ |
|---|---|---|---|
| 의의(意義) | 의이 | 늴리리 | 닐리리 |
| 본의(本義) | 본이 | 띄어쓰기 | 띠어쓰기 |
| 무늬[紋] | 무니 | 씌어 | 씨어 |
| 보늬 | 보니 | 틔어 | 티어 |
| 오늬 | 오니 | 희망(希望) | 히망 |
| 하늬바람 | 하니바람 | 희다 | 히다 |
| 늴리리 | 닐리리 | 유희(遊戲) | 유히 |

## 제5절 두음 법칙

**제10항** 한자음 '녀, 뇨, 뉴, 니'가 단어 첫머리에 올 적에는, 두음 법칙에 따라 '여, 요, 유, 이'로 적는다.(ㄱ을 취하고, ㄴ을 버림.)

| ㄱ | ㄴ | ㄱ | ㄴ |
|---|---|---|---|
| 여자(女子) | 녀자 | 유대(紐帶) | 뉴대 |
| 연세(年歲) | 년세 | 이토(泥土) | 니토 |
| 요소(尿素) | 뇨소 | 익명(匿名) | 닉명 |

다만, 다음과 같은 의존 명사에서는 '냐, 녀' 음을 인정한다.

냥(兩) 냥쭝(兩-) 년(年)(몇 년)

[붙임 1] 단어의 첫머리 이외의 경우에는 본음대로 적는다.

| 남녀(男女) | 당뇨(糖尿) | 결뉴(結紐) | 은닉(隱匿) |
|---|---|---|---|

[붙임 2] 접두사처럼 쓰이는 한자가 붙어서 된 말이나 합성어에서, 뒷말의 첫소리가 'ㄴ' 소리로 나더라도 두음 법칙에 따라 적는다.

| 신여성(新女性) | 공염불(空念佛) | 남존여비(男尊女卑) |
|---|---|---|

[붙임 3] 둘 이상의 단어로 이루어진 고유 명사를 붙여 쓰는 경우에도 붙임 2에 준하여 적는다.

| 한국여자대학 | 대한요소비료회사 |
|---|---|

**제11항** 한자음 '랴, 려, 례, 료, 류, 리'가 단어의 첫머리에 올 적에는, 두음 법칙에 따라 '야, 여, 예, 요, 유, 이'로 적는다.(ㄱ을 취하고, ㄴ을 버림.)

| ㄱ | ㄴ | ㄱ | ㄴ |
|---|---|---|---|
| 양심(良心) | 량심 | 용궁(龍宮) | 룡궁 |
| 역사(歷史) | 력사 | 유행(流行) | 류행 |
| 예의(禮儀) | 례의 | 이발(理髮) | 리발 |

다만, 다음과 같은 의존 명사는 본음대로 적는다.

리(里): 몇 리냐?
리(理): 그럴 리가 없다.

[붙임 1] 단어의 첫머리 이외의 경우에는 본음대로 적는다.

| 개량(改良) | 선량(善良) | 수력(水力) | 협력(協力) |
|---|---|---|---|
| 사례(謝禮) | 혼례(婚禮) | 와룡(臥龍) | 쌍룡(雙龍) |
| 하류(下流) | 급류(急流) | 도리(道理) | 진리(眞理) |

다만, 모음이나 'ㄴ' 받침 뒤에 이어지는 '렬, 률'은 '열, 율'로 적는다.(ㄱ을 취하고,

ㄴ을 버림.)

| ㄱ | ㄴ | ㄱ | ㄴ |
| --- | --- | --- | --- |
| 나열(羅列) | 나렬 | 분열(分裂) | 분렬 |
| 치열(齒列) | 치렬 | 선열(先烈) | 선렬 |
| 비열(卑劣) | 비렬 | 진열(陳列) | 진렬 |
| 규율(規律) | 규률 | 선율(旋律) | 선률 |
| 비율(比率) | 비률 | 전율(戰慄) | 전률 |
| 실패율(失敗率) | 실패률 | 백분율(百分率) | 백분률 |

[붙임 2] 외자로 된 이름을 성에 붙여 쓸 경우에도 본음대로 적을 수 있다.

신립(申砬)　　최린(崔麟)　　채륜(蔡倫)　　하륜(河崙)

[붙임 3] 준말에서 본음으로 소리나는 것은 본음대로 적는다.

국련(국제연합)　　대한교련(대한교육연합회)

[붙임 4] 접두사처럼 쓰이는 한자가 붙어서 된 말이나 합성어에서, 뒷말의 첫소리가 'ㄴ' 또는 'ㄹ' 소리로 나더라도 두음 법칙에 따라 적는다.

역이용(逆利用)　　연이율(年利率)　　열역학(熱力學)
해외여행(海外旅行)

[붙임 5] 둘 이상의 단어로 이루어진 고유 명사를 붙여 쓰는 경우나 십진법에 따라 쓰는 수(數)도 붙임 4에 준하여 적는다.

서울여관　　신흥이발관　　육천육백육십육(六千六百六十六)

**제12항** 한자음 '라, 래, 로, 뢰, 루, 르'가 단어의 첫머리에 올 적에는, 두음 법칙에 따라 '나, 내, 노, 뇌, 누, 느'로 적는다.(ㄱ을 취하고, ㄴ을 버림.)

| ㄱ | ㄴ | ㄱ | ㄴ |
|---|---|---|---|
| 낙원(樂園) | 락원 | 뇌성(雷聲) | 뢰성 |
| 내일(來日) | 래일 | 누각(樓閣) | 루각 |
| 노인(老人) | 로인 | 능묘(陵墓) | 릉묘 |

[붙임 1] 단어의 첫머리 이외의 경우에는 본음대로 적는다.

| | | | |
|---|---|---|---|
| 쾌락(快樂) | 극락(極樂) | 거래(去來) | 왕래(往來) |
| 부로(父老) | 연로(年老) | 지뢰(地雷) | 낙뢰(落雷) |
| 고루(高樓) | 광한루(廣寒樓) | 동구릉(東九陵) | 가정란(家庭欄) |

[붙임 2] 접두사처럼 쓰이는 한자가 붙어서 된 단어는 뒷말을 두음 법칙에 따라 적는다.

내내월(來來月) 상노인(上老人) 중노동(重勞動)
비논리적(非論理的)

## 제6절 겹쳐 나는 소리

**제13항** 한 단어 안에서 같은 음절이나 비슷한 음절이 겹쳐 나는 부분은 같은 글자로 적는다.(ㄱ을 취하고, ㄴ을 버림.)

| ㄱ | ㄴ | ㄱ | ㄴ |
|---|---|---|---|
| 딱딱 | 딱닥 | 꼿꼿하다 | 꼿곳하다 |
| 쌕쌕 | 쌕색 | 놀놀하다 | 놀롤하다 |
| 씩씩 | 씩식 | 눅눅하다 | 눙눅하다 |
| 똑딱똑딱 | 똑닥똑닥 | 밋밋하다 | 민밋하다 |
| 쓱싹쓱싹 | 쓱삭쓱삭 | 싹싹하다 | 싹삭하다 |
| 연연불망(戀戀不忘) | 연련불망 | 쌉쌀하다 | 쌉살하다 |
| 유유상종(類類相從) | 유류상종 | 씁쓸하다 | 씁슬하다 |
| 누누이(屢屢-) | 누루이 | 짭짤하다 | 짭잘하다 |

# 제4장 형태에 관한 것

## 제1절 체언과 조사

**제14항** 체언은 조사와 구별하여 적는다.

| | | | | |
|---|---|---|---|---|
| 떡이 | 떡을 | 떡에 | 떡도 | 떡만 |
| 손이 | 손을 | 손에 | 손도 | 손만 |
| 팔이 | 팔을 | 팔에 | 팔도 | 팔만 |
| 밤이 | 밤을 | 밤에 | 밤도 | 밤만 |
| 집이 | 집을 | 집에 | 집도 | 집만 |
| 옷이 | 옷을 | 옷에 | 옷도 | 옷만 |
| 콩이 | 콩을 | 콩에 | 콩도 | 콩만 |
| 낮이 | 낮을 | 낮에 | 낮도 | 낮만 |
| 꽃이 | 꽃을 | 꽃에 | 꽃도 | 꽃만 |
| 밭이 | 밭을 | 밭에 | 밭도 | 밭만 |
| 앞이 | 앞을 | 앞에 | 앞도 | 앞만 |
| 밖이 | 밖을 | 밖에 | 밖도 | 밖만 |
| 넋이 | 넋을 | 넋에 | 넋도 | 넋만 |
| 흙이 | 흙을 | 흙에 | 흙도 | 흙만 |
| 삶이 | 삶을 | 삶에 | 삶도 | 삶만 |
| 여덟이 | 여덟을 | 여덟에 | 여덟도 | 여덟만 |
| 곬이 | 곬을 | 곬에 | 곬도 | 곬만 |
| 값이 | 값을 | 값에 | 값도 | 값만 |

## 제2절 어간과 어미

**제15항** 용언의 어간과 어미는 구별하여 적는다.

| | | | |
|---|---|---|---|
| 먹다 | 먹고 | 먹어 | 먹으니 |
| 신다 | 신고 | 신어 | 신으니 |

| | | | |
|---|---|---|---|
| 믿다 | 믿고 | 믿어 | 믿으니 |
| 울다 | 울고 | 울어 | (우니) |
| 넘다 | 넘고 | 넘어 | 넘으니 |
| 입다 | 입고 | 입어 | 입으니 |
| 웃다 | 웃고 | 웃어 | 웃으니 |
| 찾다 | 찾고 | 찾아 | 찾으니 |
| 좇다 | 좇고 | 좇아 | 좇으니 |
| 같다 | 같고 | 같아 | 같으니 |
| 높다 | 높고 | 높아 | 높으니 |
| 좋다 | 좋고 | 좋아 | 좋으니 |
| 깎다 | 깎고 | 깎아 | 깎으니 |
| 앉다 | 앉고 | 앉아 | 앉으니 |
| 많다 | 많고 | 많아 | 많으니 |
| 늙다 | 늙고 | 늙어 | 늙으니 |
| 젊다 | 젊고 | 젊어 | 젊으니 |
| 넓다 | 넓고 | 넓어 | 넓으니 |
| 훑다 | 훑고 | 훑어 | 훑으니 |
| 읊다 | 읊고 | 읊어 | 읊으니 |
| 옳다 | 옳고 | 옳아 | 옳으니 |
| 없다 | 없고 | 없어 | 없으니 |
| 있다 | 있고 | 있어 | 있으니 |

[붙임 1] 두 개의 용언이 어울려 한 개의 용언이 될 적에, 앞말의 본뜻이 유지되고 있는 것은 그 원형을 밝히어 적고, 그 본뜻에서 멀어진 것은 밝히어 적지 아니한다.

(1) 앞말의 본뜻이 유지되고 있는 것

| | | | | |
|---|---|---|---|---|
| 넘어지다 | 늘어나다 | 늘어지다 | 돌아가다 | 되짚어가다 |
| 들어가다 | 떨어지다 | 벌어지다 | 엎어지다 | 접어들다 |
| 틀어지다 | 흩어지다 | | | |

(2) 본뜻에서 멀어진 것

드러나다　　사라지다　　쓰러지다

[붙임 2] 종결형에서 사용되는 어미 '-오'는 '요'로 소리나는 경우가 있더라도 그 원형을 밝혀 '오'로 적는다.(ㄱ을 취하고, ㄴ을 버림.)

| ㄱ | ㄴ |
|---|---|
| 이것은 책이오. | 이것은 책이요. |
| 이리로 오시오. | 이리로 오시요. |
| 이것은 책이 아니오. | 이것은 책이 아니요. |

[붙임 3] 연결형에서 사용되는 '이요'는 '이요'로 적는다.(ㄱ을 취하고, ㄴ을 버림.)

| ㄱ | ㄴ |
|---|---|
| 이것은 책이요, 저것은 붓이요,<br>또 저것은 먹이다. | 이것은 책이오, 저것은 붓이오,<br>또 저것은 먹이다. |

**제16항** 어간의 끝음절 모음이 'ㅏ, ㅗ'일 때에는 어미를 '-아'로 적고, 그 밖의 모음일 때에는 '-어'로 적는다.

1. '-아'로 적는 경우

| | | |
|---|---|---|
| 나아 | 나아도 | 나아서 |
| 막아 | 막아도 | 막아서 |
| 얇아 | 얇아도 | 얇아서 |
| 돌아 | 돌아도 | 돌아서 |
| 보아 | 보아도 | 보아서 |

2. '-어'로 적는 경우

| | | |
|---|---|---|
| 개어 | 개어도 | 개어서 |

| | | |
|---|---|---|
| 겪어 | 겪어도 | 겪어서 |
| 되어 | 되어도 | 되어서 |
| 베어 | 베어도 | 베어서 |
| 쉬어 | 쉬어도 | 쉬어서 |
| 저어 | 저어도 | 저어서 |
| 주어 | 주어도 | 주어서 |
| 피어 | 피어도 | 피어서 |
| 희어 | 희어도 | 희어서 |

**제17항** 어미 뒤에 덧붙는 조사 '-요'는 '-요'로 적는다.

| | |
|---|---|
| 읽어 | 읽어요 |
| 참으리 | 참으리요 |
| 좋지 | 좋지요 |

**제18항** 다음과 같은 용언들은 어미가 바뀔 경우, 그 어간이나 어미가 원칙에 벗어나면 벗어나는 대로 적는다.

1. 어간의 끝 'ㄹ'이 줄어질 적

| | | | | | |
|---|---|---|---|---|---|
| 갈다: | 가니 | 간 | 갑니다 | 가시다 | 가오 |
| 놀다: | 노니 | 논 | 놉니다 | 노시다 | 노오 |
| 불다: | 부니 | 분 | 붑니다 | 부시다 | 부오 |
| 둥글다: | 둥그니 | 둥근 | 둥급니다 | 둥그시다 | 둥그오 |
| 어질다: | 어지니 | 어진 | 어집니다 | 어지시다 | 어지오 |

[붙임] 다음과 같은 말에서도 'ㄹ'이 준 대로 적는다.

| | | | |
|---|---|---|---|
| 마지못하다 | 마지않다 | (하)다마다 | (하)자마자 |
| (하)지 마라 | (하)지 마(아) | | |

2. 어간의 끝 'ㅅ' 이 줄어질 적

| | | | |
|---|---|---|---|
| 긋다: | 그어 | 그으니 | 그었다 |
| 낫다: | 나아 | 나으니 | 나았다 |
| 잇다: | 이어 | 이으니 | 이었다 |
| 짓다: | 지어 | 지으니 | 지었다 |

3. 어간의 끝 'ㅎ' 이 줄어질 적[1)]

| | | | | |
|---|---|---|---|---|
| 그렇다: | 그러니 | 그럴 | 그러면 | 그러오 |
| 까맣다: | 까마니 | 까말 | 까마면 | 까마오 |
| 동그랗다: | 동그라니 | 동그랄 | 동그라면 | 동그라오 |
| 퍼렇다: | 퍼러니 | 퍼럴 | 퍼러면 | 퍼러오 |
| 하얗다: | 하야니 | 하얄 | 하야면 | 하야오 |

4. 어간의 끝 'ㅜ, ㅡ' 가 줄어질 적

| | | | | | |
|---|---|---|---|---|---|
| 푸다: | 퍼 | 펐다 | 뜨다: | 떠 | 떴다 |
| 끄다: | 꺼 | 껐다 | 크다: | 커 | 컸다 |
| 담그다: | 담가 | 담갔다 | 고프다: | 고파 | 고팠다 |
| 따르다: | 따라 | 따랐다 | 바쁘다: | 바빠 | 바빴다 |

5. 어간의 끝 'ㄷ' 이 'ㄹ' 로 바뀔 적

| | | | |
|---|---|---|---|
| 걷다[步]: | 걸어 | 걸으니 | 걸었다 |
| 듣다[聽]: | 들어 | 들으니 | 들었다 |

1) 고시본에서 보였던 용례 중 '그럽니다. 까맙니다. 동그랍니다. 퍼럽니다. 하얍니다' 는 1994년 12월16일에 열린 국어 심의회의 결정에 따라 삭제하기로 하였다. '표준어 규정' 제 17항이 자음 뒤의 '-습니다' 를 표준어로 정함에 따라 '그렇습니다. 까맣습니다. 동그랗습니다. 퍼렇습니다. 하얗습니다' 가 표준어가 되는 것과 상충하기 때문이다.

| | | | |
|---|---|---|---|
| 묻다[問]: | 물어 | 물으니 | 물었다 |
| 싣다[載]: | 실어 | 실으니 | 실었다 |

6. 어간의 끝 'ㅂ'이 'ㅜ'로 바뀔 적

| | | | |
|---|---|---|---|
| 깁다: | 기워 | 기우니 | 기웠다 |
| 굽다[炙]: | 구워 | 구우니 | 구웠다 |
| 가깝다: | 가까워 | 가까우니 | 가까웠다 |
| 괴롭다: | 괴로워 | 괴로우니 | 괴로웠다 |
| 맵다: | 매워 | 매우니 | 매웠다 |
| 무겁다: | 무거워 | 무거우니 | 무거웠다 |
| 밉다: | 미워 | 미우니 | 미웠다 |
| 쉽다: | 쉬워 | 쉬우니 | 쉬웠다 |

다만, '돕-, 곱-'과 같은 단음절 어간에 어미 '-아'가 결합되어 '와'로 소리나는 것은 '-와'로 적는다.

| | | | | |
|---|---|---|---|---|
| 돕다[助]: | 도와 | 도와서 | 도와도 | 도왔다 |
| 곱다[麗]: | 고와 | 고와서 | 고와도 | 고왔다 |

7. '하다'의 활용에서 어미 '-아'가 '-여'로 바뀔 적

| | | | | | |
|---|---|---|---|---|---|
| 하다: | 하여 | 하여서 | 하여도 | 하여라 | 하였다 |

8. 어간의 끝음절 '르' 뒤에 오는 어미 '-어'가 '-러'로 바뀔 적

| | | |
|---|---|---|
| 이르다[至]: | 이르러 | 이르렀다 |
| 노르다: | 노르러 | 노르렀다 |
| 누르다: | 누르러 | 누르렀다 |
| 푸르다: | 푸르러 | 푸르렀다 |

9. 어간의 끝음절 '르'의 'ㅡ'가 줄고, 그 뒤에 오는 어미 '-아/-어'가 '-라/-러'로 바뀔 적

| | | | | | |
|---|---|---|---|---|---|
| 가르다: | 갈라 | 갈랐다 | 부르다: | 불러 | 불렀다 |
| 거르다: | 걸러 | 걸렀다 | 오르다: | 올라 | 올랐다 |
| 구르다: | 굴러 | 굴렀다 | 이르다: | 일러 | 일렀다 |
| 벼르다: | 별러 | 별렀다 | 지르다: | 질러 | 질렀다 |

## 제3절 접미사가 붙어서 된 말

**제19항** 어간에 '-이'나 '-음/-ㅁ'이 붙어서 명사로 된 것과 '-이'나 '-히'가 붙어서 부사로 된 것은 그 어간의 원형을 밝히어 적는다.

1. '-이'가 붙어서 명사로 된 것

길이 깊이 높이 다듬이 땀받이 달맞이
먹이 미닫이 벌이 벼훑이 살림살이 쇠붙이

2. '-음/-ㅁ'이 붙어서 명사로 된 것

걸음 묶음 믿음 얼음 엮음 울음
웃음 졸음 죽음 앎 만듦

3. '-이'가 붙어서 부사로 된 것

같이 굳이 길이 높이 많이 실없이
좋이 짓궂이

4. '-히'가 붙어서 부사로 된 것

밝히 익히 작히

다만, 어간에 '-이'나 '-음'이 붙어서 명사로 바뀐 것이라도 그 어간의 뜻과 멀어진 것은 원

형을 밝히어 적지 아니한다.

굽도리 다리[髢] 목거리(목병) 무녀리
코끼리 거름(비료) 고름[膿] 노름(도박)

[붙임] 어간에 '-이' 나 '-음' 이외의 모음으로 시작된 접미사가 붙어서 다른 품사로 바뀐 것은 그 어간의 원형을 밝히어 적지 아니한다.

(1) 명사로 바뀐 것

귀머거리 까마귀 너머 뜨더귀 마감
마개 마중 무덤 비렁뱅이 쓰레기
올가미 주검

(2) 부사로 바뀐 것

거뭇거뭇 너무 도로 뜨덤뜨덤 바투
불긋불긋 비로소 오긋오긋 자주 차마

(3) 조사로 바뀌어 뜻이 달라진 것
나마 부터 조차

**제20항** 명사 뒤에 '-이' 가 붙어서 된 말은 그 명사의 원형을 밝히어 적는다.

1. 부사로 된 것

곳곳이 낱낱이 몫몫이 샅샅이 앞앞이 집집이

2. 명사로 된 것

곰배팔이 바둑이 삼발이 애꾸눈이

육손이　　　　절뚝발이/절름발이

[붙임] '-이' 이외의 모음으로 시작된 접미사가 붙어서 된 말은 그 명사의 원형을 밝히어 적지 아니한다.

꼬락서니　　끄트머리　　모가치　　바가지　　바깥
사타구니　　싸라기　　이파리　　지붕　　지푸라기　　짜개

**제21항** 명사나 혹은 용언의 어간 뒤에 자음으로 시작된 접미사가 붙어서 된 말은 그 명사나 어간의 원형을 밝히어 적는다.

1. 명사 뒤에 자음으로 시작된 접미사가 붙어서 된 것

값지다　　홑지다　　넋두리　　빛깔　　옆댕이　　잎사귀

2. 어간 뒤에 자음으로 시작된 접미사가 붙어서 된 것

낚시　　늙정이　　덮개　　뜯게질
갉작갉작하다　　갉작거리다　　뜯적거리다　　뜯적뜯적하다
굵다랗다　　굵직하다　　깊숙하다　　넓적하다
높다랗다　　늙수그레하다　　얽죽얽죽하다

다만, 다음과 같은 말은 소리대로 적는다.

(1) 겹받침의 끝소리가 드러나지 아니하는 것

할짝거리다　　널따랗다　　널찍하다　　말끔하다
말쑥하다　　말짱하다　　실쭉하다　　실큼하다
얄따랗다　　얄팍하다　　짤따랗다　　짤막하다
실컷

(2) 어원이 분명하지 아니하거나 본뜻에서 멀어진 것

넙치　　올무　　골막하다　　납작하다

**제22항** 용언의 어간에 다음과 같은 접미사들이 붙어서 이루어진 말들은 그 어간을 밝히어 적는다.

1. '-기-, -리-, -이-, -히-, -구-, -우-, -추-, -으키-, -이키-, -애-'가 붙는 것

맡기다　　옮기다　　웃기다　　쫓기다　　뚫리다
울리다　　낚이다　　쌓이다　　핥이다　　굳히다
굽히다　　넓히다　　앉히다　　얽히다 잡히다
돋구다　　솟구다　　돋우다　　갖추다 곧추다
맞추다　　일으키다　　돌이키다　　없애다

다만, '-이-, -히-, -우-'가 붙어서 된 말이라도 본뜻에서 멀어진 것은 소리대로 적는다.

도리다(칼로 ~)　　드리다(용돈을 ~)　　고치다
바치다(세금을 ~)　　부치다(편지를 ~)　　거두다
미루다　　이루다

2. '-치-, -뜨리-, -트리-'가 붙는 것

놓치다　　덮치다　　떠받치다　　받치다　　밭치다
부딪치다　　뻗치다　　엎치다　　부딪뜨리다/부딪트리다
쏟뜨리다/쏟트리다　　젖뜨리다/젖트리다
찢뜨리다/찢트리다　　흩뜨리다/흩트리다

[붙임] '-업-, -읍-, -브-'가 붙어서 된 말은 소리대로 적는다.

미덥다　　우습다　　미쁘다

**제23항** '-하다' 나 '-거리다' 가 붙는 어근에 '-이' 가 붙어서 명사가 된 것은 그 원형을 밝히어 적는다.(ㄱ을 취하고, ㄴ을 버림.)

| ㄱ | ㄴ | ㄱ | ㄴ |
|---|---|---|---|
| 깔쭉이 | 깔쭈기 | 살살이 | 살사리 |
| 꿀꿀이 | 꿀꾸리 | 쌕쌕이 | 쌕쌔기 |
| 눈깜짝이 | 눈깜짜기 | 오뚝이 | 오뚜기 |
| 더펄이 | 더퍼리 | 코납작이 | 코납자기 |
| 배불뚝이 | 배불뚜기 | 푸석이 | 푸서기 |
| 삐죽이 | 삐주기 | 홀쭉이 | 홀쭈기 |

[붙임] '-하다' 나 '-거리다' 가 붙을 수 없는 어근에 '-이' 나 또는 다른 모음으로 시작되는 접미사가 붙어서 명사가 된 것은 그 원형을 밝히어 적지 아니한다.

| | | | | |
|---|---|---|---|---|
| 개구리 | 귀뚜라미 | 기러기 | 깍두기 | 꽹과리 |
| 날라리 | 누더기 | 동그라미 | 두드러기 | 딱따구리 |
| 매미 | 부스러기 | 뻐꾸기 | 얼루기 | 칼싹두기 |

**제24항** '-거리다' 가 붙을 수 있는 시늉말 어근에 '-이다' 가 붙어서 된 용언은 그 어근을 밝히어 적는다.(ㄱ을 취하고, ㄴ을 버림.)

| ㄱ | ㄴ | ㄱ | ㄴ |
|---|---|---|---|
| 깜짝이다 | 깜짜기다 | 속삭이다 | 속사기다 |
| 꾸벅이다 | 꾸버기다 | 숙덕이다 | 숙더기다 |
| 끄덕이다 | 끄더기다 | 울먹이다 | 울머기다 |
| 뒤척이다 | 뒤처기다 | 움직이다 | 움지기다 |
| 들먹이다 | 들머기다 | 지껄이다 | 지꺼리다 |
| 망설이다 | 망서리다 | 퍼덕이다 | 퍼더기다 |
| 번득이다 | 번드기다 | 허덕이다 | 허더기다 |
| 번쩍이다 | 번쩌기다 | 헐떡이다 | 헐떠기다 |

**제25항** '-하다' 가 붙는 어근에 '-히' 나 '-이' 가 붙어서 부사가 되거나, 부사에 '-이' 가 붙어서

뜻을 더하는 경우에는 그 어근이나 부사의 원형을 밝히어 적는다.

1. '-하다'가 붙는 어근에 '-히'나 '-이'가 붙는 경우

급히 꾸준히 도저히 딱히 어렴풋이 깨끗이

[붙임] '-하다'가 붙지 않는 경우에는 소리대로 적는다.

갑자기 반드시(꼭) 슬며시

2. 부사에 '-이'가 붙어서 역시 부사가 되는 경우

곰곰이 더욱이 생긋이 오뚝이 일찍이 해죽이

**제26항** '-하다'나 '-없다'가 붙어서 된 용언은 그 '-하다'나 '-없다'를 밝히어 적는다.

1. '-하다'가 붙어서 용언이 된 것

딱하다 숱하다 착하다 텁텁하다 푹하다

2. '-없다'가 붙어서 용언이 된 것

부질없다 상없다 시름없다 열없다 하염없다

## 제4절 합성어 및 접두사가 붙은 말

**제27항** 둘 이상의 단어가 어울리거나 접두사가 붙어서 이루어진 말은 각각 그 원형을 밝히어 적는다.

국말이 꺾꽂이 꽃잎 끝장 물난리
밑천 부엌일 싫증 옷안 웃옷

젖몸살 첫아들 칼날 팥알 헛웃음
홀아비 홑몸 흙내
값없다 겉늙다 굶주리다 낮잡다 맞먹다
받내다 벋놓다 빗나가다 빛나다 새파랗다
샛노랗다 시꺼멓다 싯누렇다 엇나가다 엎누르다
엿듣다 옻오르다 짓이기다 헛되다

[붙임 1] 어원은 분명하나 소리만 특이하게 변한 것은 변한 대로 적는다.

할아버지 할아범

[붙임 2] 어원이 분명하지 아니한 것은 원형을 밝히어 적지 아니한다.

골병 골탕 끌탕 며칠 아재비
오라비 업신여기다 부리나케

[붙임 3] '이[齒, 虱]'가 합성어나 이에 준하는 말에서 '니' 또는 '리'로 소리날 때에는 '니'로 적는다.

간니 덧니 사랑니 송곳니 앞니
어금니 윗니 젖니 톱니 틀니
가랑니 머릿니

**제28항** 끝소리가 'ㄹ'인 말과 딴 말이 어울릴 적에 'ㄹ' 소리가 나지 아니하는 것은 아니 나는 대로 적는다.

다달이(달-달-이) 따님(딸-님) 마되(말-되)
마소(말-소) 무자위(물-자위) 바느질(바늘-질)
부나비(불-나비) 부삽(불-삽) 부손(불-손)
소나무(솔-나무) 싸전(쌀-전) 여닫이(열-닫이)
우짖다(울-짖다) 화살(활-살)

**제29항** 끝소리가 'ㄹ' 인 말과 딴 말이 어울릴 적에 'ㄹ' 소리가 'ㄷ' 소리로 나는 것은 'ㄷ' 으로 적는다.

| | | |
|---|---|---|
| 반짇고리(바느질~) | 사흗날(사흘~) | 삼짇날(삼질~) |
| 섣달(설~) | 숟가락(술~) | 이튿날(이틀~) |
| 잗주름(잘~) | 푿소(풀~) | 섣부르다(설~) |
| 잗다듬다(잘~) | 잗다랗다(잘~) | |

**제30항** 사이시옷은 다음과 같은 경우에 받치어 적는다.

1. 순 우리말로 된 합성어로서 앞말이 모음으로 끝난 경우

(1) 뒷말의 첫소리가 된소리로 나는 것

| | | | | |
|---|---|---|---|---|
| 고랫재 | 귓밥 | 나룻배 | 나뭇가지 | 냇가 |
| 댓가지 | 뒷갈망 | 맷돌 | 머릿기름 | 모깃불 |
| 못자리 | 바닷가 | 뱃길 | 볏가리 | 부싯돌 |
| 선짓국 | 쇳조각 | 아랫집 | 우렁잇속 | 잇자국 |
| 잿더미 | 조갯살 | 찻집 | 쳇바퀴 | 킷값 |
| 핏대 | 햇볕 | 혓바늘 | | |

(2) 뒷말의 첫소리 'ㄴ, ㅁ' 앞에서 'ㄴ' 소리가 덧나는 것

| | | | | |
|---|---|---|---|---|
| 멧나물 | 아랫니 | 텃마당 | 아랫마을 | 뒷머리 |
| 잇몸 | 깻묵 | 냇물 | 빗물 | |

(3) 뒷말의 첫소리 모음 앞에서 'ㄴㄴ' 소리가 덧나는 것

| | | | | |
|---|---|---|---|---|
| 도리깻열 | 뒷윷 | 두렛일 | 뒷일 | 뒷입맛 |
| 베갯잇 | 욧잇 | 깻잎 | 나뭇잎 | 댓잎 |

2. 순 우리말과 한자어로 된 합성어로서 앞말이 모음으로 끝난 경우

(1) 뒷말의 첫소리가 된소리로 나는 것

| | | | | |
|---|---|---|---|---|
| 귓병 | 머릿방 | 뱃병 | 봇둑 | 사잣밥 |
| 샛강 | 아랫방 | 자릿세 | 전셋집 | 찻잔 |
| 찻종 | 촛국 | 콧병 | 탯줄 | 텃세 |
| 핏기 | 햇수 | 횟가루 | 횟배 | |

(2) 뒷말의 첫소리 'ㄴ, ㅁ' 앞에서 'ㄴ' 소리가 덧나는 것

곗날 제삿날 훗날 툇마루 양칫물

(3) 뒷말의 첫소리 모음 앞에서 'ㄴㄴ' 소리가 덧나는 것

가욋일 사삿일 예삿일 훗일

3. 두 음절로 된 다음 한자어

| | | | |
|---|---|---|---|
| 곳간(庫間) | 셋방(貰房) | 숫자(數字) | 찻간(車間) |
| 툇간(退間) | 횟수(回數) | | |

**제31항** 두 말이 어울릴 적에 'ㅂ' 소리나 'ㅎ' 소리가 덧나는 것은 소리대로 적는다.

1. 'ㅂ' 소리가 덧나는 것

| | | |
|---|---|---|
| 댑싸리(대ㅂ싸리) | 멥쌀(메ㅂ쌀) | 볍씨(벼ㅂ씨) |
| 입때(이ㅂ때) | 입쌀(이ㅂ쌀) | 접때(저ㅂ때) |
| 좁쌀(조ㅂ쌀) | 햅쌀(해ㅂ쌀) | |

2. 'ㅎ' 소리가 덧나는 것

| | | |
|---|---|---|
| 머리카락(머리ㅎ가락) | 살코기(살ㅎ고기) | 수캐(수ㅎ개) |
| 수컷(수ㅎ것) | 수탉(수ㅎ닭) | 안팎(안ㅎ밖) |
| 암캐(암ㅎ개) | 암컷(암ㅎ것) | 암탉(암ㅎ닭) |

## 제5절 준 말

**제32항** 단어의 끝모음이 줄어지고 자음만 남은 것은 그 앞의 음절에 받침으로 적는다.[2)]

| (본말) | (준말) |
|---|---|
| 기러기야 | 기럭아 |
| 어제그저께 | 엊그저께 |
| 어제저녁 | 엊저녁 |
| 가지고, 가지지 | 갖고, 갖지 |
| 디디고, 디디지 | 딛고, 딛지 |

**제33항** 체언과 조사가 어울려 줄어지는 경우에는 준 대로 적는다.

| (본말) | (준말) |
|---|---|
| 그것은 | 그건 |
| 그것이 | 그게 |
| 그것으로 | 그걸로 |
| 나는 | 난 |
| 나를 | 날 |
| 너는 | 넌 |
| 너를 | 널 |
| 무엇을 | 뭣을/무얼/뭘 |
| 무엇이 | 뭣이/무에 |

2) 고시본에서 보였던 '온갖, 온가지' 중 '온가지'는 '표준어 규정' 제14항에서 비표준어로 처리하였으므로 삭제하였다.

**제34항** 모음 'ㅏ, ㅓ'로 끝난 어간에 '-아/-어, -았-/-었-'이 어울릴 적에는 준 대로 적는다.

| (본말) | (준말) | (본말) | (준말) |
|---|---|---|---|
| 가아 | 가 | 가았다 | 갔다 |
| 나아 | 나 | 나았다 | 났다 |
| 타아 | 타 | 타았다 | 탔다 |
| 서어 | 서 | 서었다 | 섰다 |
| 켜어 | 켜 | 켜었다 | 켰다 |
| 펴어 | 펴 | 펴었다 | 폈다 |

[붙임 1] 'ㅐ, ㅔ' 뒤에 '-어, -었-'이 어울려 줄 적에는 준 대로 적는다.

| (본말) | (준말) | (본말) | (준말) |
|---|---|---|---|
| 개어 | 개 | 개었다 | 갰다 |
| 내어 | 내 | 내었다 | 냈다 |
| 베어 | 베 | 베었다 | 벴다 |
| 세어 | 세 | 세었다 | 셌다 |

[붙임 2] '하여'가 한 음절로 줄어서 '해'로 될 적에는 준 대로 적는다.

| (본말) | (준말) | (본말) | (준말) |
|---|---|---|---|
| 하여 | 해 | 하였다 | 했다 |
| 더하여 | 더해 | 더하였다 | 더했다 |
| 흔하여 | 흔해 | 흔하였다 | 흔했다 |

**제35항** 모음 'ㅗ, ㅜ'로 끝난 어간에 '-아/-어, -았-/-었-'이 어울려 'ㅘ/ㅝ, ㅘㅆ/ ㅝㅆ'으로 될 적에는 준 대로 적는다.

| (본말) | (준말) | (본말) | (준말) |
|---|---|---|---|
| 꼬아 | 꽈 | 꼬았다 | 꽜다 |
| 보아 | 봐 | 보았다 | 봤다 |

| | | | |
|---|---|---|---|
| 쏘아 | 쏴 | 쏘았다 | 쐈다 |
| 두어 | 둬 | 두었다 | 뒀다 |
| 쑤어 | 쒀 | 쑤었다 | 쒔다 |
| 주어 | 줘 | 주었다 | 줬다 |

[붙임 1] '놓아'가 '놔'로 줄 적에는 준 대로 적는다.

[붙임 2] 'ㅚ' 뒤에 '-어, -었-'이 어울려 'ㅙ, ㅙㅆ'으로 될 적에도 준 대로 적는다.

| (본말) | (준말) | (본말) | (준말) |
|---|---|---|---|
| 괴어 | 괘 | 괴었다 | 괬다 |
| 되어 | 돼 | 되었다 | 됐다 |
| 뵈어 | 봬 | 뵈었다 | 뵀다 |
| 쇠어 | 쇄 | 쇠었다 | 쇘다 |
| 쐬어 | 쐐 | 쐬었다 | 쐤다 |

**제36항** 'ㅣ' 뒤에 '-어'가 와서 'ㅕ'로 줄 적에는 준 대로 적는다.

| (본말) | (준말) | (본말) | (준말) |
|---|---|---|---|
| 가지어 | 가져 | 가지었다 | 가졌다 |
| 견디어 | 견뎌 | 견디었다 | 견뎠다 |
| 다니어 | 다녀 | 다니었다 | 다녔다 |
| 막히어 | 막혀 | 막히었다 | 막혔다 |
| 버티어 | 버텨 | 버티었다 | 버텼다 |
| 치이어 | 치여 | 치이었다 | 치였다 |

**제37항** 'ㅏ, ㅕ, ㅗ, ㅜ, ㅡ'로 끝난 어간에 '-이-'가 와서 각각 'ㅐ, ㅖ, ㅚ, ㅟ, ㅢ'로 줄 적에는 준 대로 적는다.

| (본말) | (준말) | (본말) | (준말) |
|---|---|---|---|
| 싸이다 | 쌔다 | 누이다 | 뉘다 |
| 펴이다 | 폐다 | 뜨이다 | 띄다 |

| | | | |
|---|---|---|---|
| 보이다 | 뵈다 | 쓰이다 | 씌다 |

**제38항** 'ㅏ, ㅗ, ㅜ, ㅡ' 뒤에 '-이어'가 어울려 줄어질 적에는 준 대로 적는다.

| (본말) | (준말) | | (본말) | (준말) | |
|---|---|---|---|---|---|
| 싸이어 | 쌔어 | 싸여 | 뜨이어 | 띄어 | |
| 보이어 | 뵈어 | 보여 | 쓰이어 | 씌어 | 쓰여 |
| 쏘이어 | 쐬어 | 쏘여 | 트이어 | 틔어 | 트여 |
| 누이어 | 뉘어 | 누여 | | | |

**제39항** 어미 '-지' 뒤에 '않-'이 어울려 '-잖-'이 될 적과 '-하지' 뒤에 '않-'이 어울려 '-찮-'이 될 적에는 준 대로 적는다.

| (본말) | (준말) | (본말) | (준말) |
|---|---|---|---|
| 그렇지 않은 | 그렇잖은 | 만만하지 않다 | 만만찮다 |
| 적지 않은 | 적잖은 | 변변하지 않다 | 변변찮다 |

**제40항** 어간의 끝음절 '하'의 'ㅏ'가 줄고 'ㅎ'이 다음 음절의 첫소리와 어울려 거센소리로 될 적에는 거센소리로 적는다.

| (본말) | (준말) | (본말) | (준말) |
|---|---|---|---|
| 간편하게 | 간편케 | 다정하다 | 다정타 |
| 연구하도록 | 연구토록 | 정결하다 | 정결타 |
| 가하다 | 가타 | 흔하다 | 흔타 |

[붙임 1] 'ㅎ'이 어간의 끝소리로 굳어진 것은 받침으로 적는다.

| | | | |
|---|---|---|---|
| 않다 | 않고 | 않지 | 않든지 |
| 그렇다 | 그렇고 | 그렇지 | 그렇든지 |
| 아무렇다 | 아무렇고 | 아무렇지 | 아무렇든지 |
| 어떻다 | 어떻고 | 어떻지 | 어떻든지 |
| 이렇다 | 이렇고 | 이렇지 | 이렇든지 |

저렇다　　저렇고　　저렇지　　저렇든지

[붙임 2] 어간의 끝음절 '하'가 아주 줄 적에는 준 대로 적는다.

| (본말) | (준말) | (본말) | (준말) |
|---|---|---|---|
| 거북하지 | 거북지 | 넉넉하지 않다 | 넉넉지 않다 |
| 생각하건대 | 생각건대 | 못하지 않다 | 못지않다 |
| 생각하다 못해 | 생각다 못해 | 섭섭하지 않다 | 섭섭지 않다 |
| 깨끗하지 않다 | 깨끗지 않다 | 익숙하지 않다 | 익숙지 않다 |

[붙임 3] 다음과 같은 부사는 소리대로 적는다.

결단코　　결코　　기필코　　무심코　　아무튼　　요컨대
정녕코　　필연코　　하마터면　　하여튼　　한사코

## 제5장 띄어쓰기

### 제1절 조 사

**제41항** 조사는 그 앞말에 붙여 쓴다.

꽃**이**　　꽃**마저**　　꽃**밖에**　　꽃**에서부터**　　꽃**으로만**
꽃**이나마**　　꽃**이다**　　꽃**입니다**　　꽃**처럼**　　어디**까지나**
거기**도**　　멀리**는**　　웃고**만**

### 제2절 의존 명사, 단위를 나타내는 명사 및 열거하는 말 등

**제42항** 의존 명사는 띄어 쓴다.

아는 **것**이 힘이다.　　나도 할 **수** 있다.
먹을 **만큼** 먹어라.　　아는 **이**를 만났다.

네가 뜻한 **바**를 알겠다.　　　　그가 떠난 **지**가 오래다.

**제43항** 단위를 나타내는 명사는 띄어 쓴다.

| | | | |
|---|---|---|---|
| 한 **개** | 차 한 **대** | 금 서 **돈** | 소 한 **마리** |
| 옷 한 **벌** | 열 **살** | 조기 한 **손** | 연필 한 **자루** |
| 버선 한 **죽** | 집 한 **채** | 신 두 **켤레** | 북어 한 **쾌** |

다만, 순서를 나타내는 경우나 숫자와 어울리어 쓰이는 경우에는 붙여 쓸 수 있다.

| | | |
|---|---|---|
| 두**시** 삼십**분** 오**초** | 제일**과** | 삼학년 |
| 육**층** | 1446**년** 10**월** 9**일** | 2**대대** |
| 16**동** 502**호** | 제1**실습실** | 80**원** |
| 10**개** | 7**미터** | |

**제44항** 수를 적을 적에는 '만(萬)' 단위로 띄어 쓴다.

십이억 삼천사백오십육만 칠천팔백구십팔

12억 3456만 7898

**제45항** 두 말을 이어 주거나 열거할 적에 쓰이는 다음의 말들은 띄어 쓴다.

| | | |
|---|---|---|
| 국장 **겸** 과장 | 열 **내지** 스물 | 청군 **대** 백군 |
| 책상, 걸상 **등**이 있다 | 이사장 **및** 이사들 | 사과, 배, 귤 **등등** |
| 사과, 배 **등속** | 부산, 광주 **등지** | |

**제46항** 단음절로 된 단어가 연이어 나타날 적에는 붙여 쓸 수 있다.

그때 그곳　　　　좀 더 큰것　　　　이말 저말　　　　한잎 두잎

## 제3절 보조 용언

**제47항** 보조 용언은 띄어 씀을 원칙으로 하되, 경우에 따라 붙여 씀도 허용한다.(ㄱ을 원칙으로 하고, ㄴ을 허용함.)

| ㄱ | ㄴ |
|---|---|
| 불이 꺼져 **간다.** | 불이 꺼져**간다.** |
| 내 힘으로 막아 **낸다.** | 내 힘으로 막아**낸다.** |
| 어머니를 도와 **드린다.** | 어머니를 도와**드린다.** |
| 그릇을 깨뜨려 **버렸다.** | 그릇을 깨뜨려**버렸다.** |
| 비가 올 **듯하다.** | 비가 올**듯하다.** |
| 그 일은 할 **만하다.** | 그 일은 할**만하다.** |
| 일이 될 **법하다.** | 일이 될**법하다.** |
| 비가 올 **성싶다.** | 비가 올**성싶다.** |
| 잘 아는 **척한다.** | 잘 아는**척한다.** |

다만, 앞말에 조사가 붙거나 앞말이 합성 동사인 경우, 그리고 중간에 조사가 들어갈 적에는 그 뒤에 오는 보조 용언은 띄어 쓴다.

| | |
|---|---|
| 잘도 놀아만 **나는구나!** | 책을 읽어도 **보고**……. |
| 네가 덤벼들어 **보아라.** | 강물에 떠내려가 **버렸다.** |
| 그가 올 듯도 **하다.** | 잘난 체를 **한다.** |

제4절 고유 명사 및 전문 용어

**제48항** 성과 이름, 성과 호 등은 붙여 쓰고, 이에 덧붙는 호칭어, 관직명 등은 띄어 쓴다.

| | | |
|---|---|---|
| 김양수(金良洙) | 서화담(徐花潭) | 채영신 씨 |
| 최치원 선생 | 박동식 박사 | 충무공 이순신 장군 |

다만, 성과 이름, 성과 호를 분명히 구분할 필요가 있을 경우에는 띄어 쓸 수 있다.

| | | |
|---|---|---|
| 남궁억/남궁 억 | 독고준/독고 준 | 황보지봉(皇甫芝峰)/황보 지봉 |

**제49항** 성명 이외의 고유 명사는 단어별로 띄어 씀을 원칙으로 하되, 단위별로 띄어 쓸 수 있다.(ㄱ을 원칙으로 하고, ㄴ을 허용함.)

| ㄱ | ㄴ |
|---|---|
| 대한 중학교 | 대한중학교 |
| 한국 대학교 사범 대학 | 한국대학교 사범대학 |

**제50항** 전문 용어는 단어별로 띄어 씀을 원칙으로 하되, 붙여 쓸 수 있다.(ㄱ을 원칙으로 하고, ㄴ을 허용함.)

| ㄱ | ㄴ |
|---|---|
| 만성 골수성 백혈병 | 만성골수성백혈병 |
| 중거리 탄도 유도탄 | 중거리탄도유도탄 |

## 제6장 그 밖의 것

**제51항** 부사의 끝음절이 분명히 '이'로만 나는 것은 '-이'로 적고, '히'로만 나거나 '이'나 '히'로 나는 것은 '-히'로 적는다.

1. '이'로만 나는 것

| | | | | | |
|---|---|---|---|---|---|
| 가붓이 | 깨끗이 | 나붓이 | 느긋이 | 둥긋이 | 따뜻이 |
| 반듯이 | 버젓이 | 산뜻이 | 의젓이 | 가까이 | 고이 |
| 날카로이 | 대수로이 | 번거로이 | 많이 | 적이 | 헛되이 |
| 겹겹이 | 번번이 | 일일이 | 집집이 | 틈틈이 | |

2. '히'로만 나는 것

| | | | | |
|---|---|---|---|---|
| 극히 | 급히 | 딱히 | 속히 | 작히 |
| 족히 | 특히 | 엄격히 | 정확히 | |

3. '이, 히' 로 나는 것

| | | | | |
|---|---|---|---|---|
| 솔직히 | 가만히 | 간편히 | 나른히 | 무단히 |
| 각별히 | 소홀히 | 쓸쓸히 | 정결히 | 과감히 |
| 꼼꼼히 | 심히 | 열심히 | 급급히 | 답답히 |
| 섭섭히 | 공평히 | 능히 | 당당히 | 분명히 |
| 상당히 | 조용히 | 간소히 | 고요히 | 도저히 |

**제52항** 한자어에서 본음으로도 나고 속음으로도 나는 것은 각각 그 소리에 따라 적는다.

| (본음으로 나는 것) | (속음으로 나는 것) |
|---|---|
| 승낙(承諾) | 수락(受諾), 쾌락(快諾), 허락(許諾) |
| 만난(萬難) | 곤란(困難), 논란(論難) |
| 안녕(安寧) | 의령(宜寧), 회령(會寧) |
| 분노(忿怒) | 대로(大怒), 희로애락(喜怒哀樂) |
| 토론(討論) | 의논(議論) |
| 오륙십(五六十) | 오뉴월, 유월(六月) |
| 목재(木材) | 모과(木瓜) |
| 십일(十日) | 시방정토(十方淨土), 시왕(十王), 시월(十月) |
| 팔일(八日) | 초파일(初八日) |

**제53항** 다음과 같은 어미는 예사소리로 적는다.(ㄱ을 취하고, ㄴ을 버림.)

| ㄱ | ㄴ |
|---|---|
| -(으)ㄹ거나 | -(으)ㄹ꺼나 |
| -(으)ㄹ걸 | -(으)ㄹ껄 |
| -(으)ㄹ게 | -(으)ㄹ께 |
| -(으)ㄹ세 | -(으)ㄹ쎄 |
| -(으)ㄹ세라 | -(으)ㄹ쎄라 |
| -(으)ㄹ수록 | -(으)ㄹ쑤록 |
| -(으)ㄹ시 | -(으)ㄹ씨 |

| | |
|---|---|
| -(으)ㄹ지 | -(으)ㄹ찌 |
| -(으)ㄹ지니라 | -(으)ㄹ찌니라 |
| -(으)ㄹ지라도 | -(으)ㄹ찌라도 |
| -(으)ㄹ지어다 | -(으)ㄹ찌어다 |
| -(으)ㄹ지언정 | -(으)ㄹ찌언정 |
| -(으)ㄹ진대 | -(으)ㄹ찐대 |
| -(으)ㄹ진저 | -(으)ㄹ찐저 |
| -올시다 | -올씨다 |

다만, 의문을 나타내는 다음 어미들은 된소리로 적는다.

| | | |
|---|---|---|
| -(으)ㄹ까? | -(으)ㄹ꼬? | -(스)ㅂ니까? |
| -(으)리까? | -(으)ㄹ쏘냐? | |

**제54항** 다음과 같은 접미사는 된소리로 적는다.(ㄱ을 취하고, ㄴ을 버림.)

| ㄱ | ㄴ | ㄱ | ㄴ |
|---|---|---|---|
| 심부름꾼 | 심부름군 | 귀때기 | 귓대기 |
| 익살꾼 | 익살군 | 볼때기 | 볼대기 |
| 일꾼 | 일군 | 판자때기 | 판잣대기 |
| 장꾼 | 장군 | 뒤꿈치 | 뒷굼치 |
| 장난꾼 | 장난군 | 팔꿈치 | 팔굼치 |
| 지게꾼 | 지겟군 | 이마빼기 | 이맛배기 |
| 때깔 | 땟갈 | 코빼기 | 콧배기 |
| 빛깔 | 빛갈 | 객쩍다 | 객적다 |
| 성깔 | 성갈 | 겸연쩍다 | 겸연적다 |

**제55항** 두 가지로 구별하여 적던 다음 말들은 한 가지로 적는다.(ㄱ을 취하고, ㄴ을 버림.)

| ㄱ | ㄴ |
|---|---|
| 맞추다(입을 맞춘다. 양복을 맞춘다.) | 마추다 |

| | |
|---|---|
| 뻗치다(다리를 뻗친다. 멀리 뻗친다.) | 뻐치다 |

**제56항** '-더라, -던'과 '-든지'는 다음과 같이 적는다.

1. 지난 일을 나타내는 어미는 '-더라, -던'으로 적는다.(ㄱ을 취하고, ㄴ을 버림.)

| ㄱ | ㄴ |
|---|---|
| 지난 겨울은 몹시 춥더라. | 지난 겨울은 몹시 춥드라. |
| 깊던 물이 얕아졌다. | 깊든 물이 얕아졌다. |
| 그렇게 좋던가? | 그렇게 좋든가? |
| 그 사람 말 잘하던데! | 그 사람 말 잘하든데! |
| 얼마나 놀랐던지 몰라. | 얼마나 놀랐든지 몰라. |

2. 물건이나 일의 내용을 가리지 아니하는 뜻을 나타내는 조사와 어미는 '(-)든지'로 적는다.(ㄱ을 취하고, ㄴ을 버림.)

| ㄱ | ㄴ |
|---|---|
| 배든지 사과든지 마음대로 먹어라. | 배던지 사과던지 마음대로 먹어라. |
| 가든지 오든지 마음대로 해라. | 가던지 오던지 마음대로 해라. |

**제57항** 다음 말들은 각각 구별하여 적는다.

| | |
|---|---|
| 가름 | 둘로 가름. |
| 갈음 | 새 책상으로 갈음하였다. |
| 거름 | 풀을 썩인 거름. |
| 걸음 | 빠른 걸음. |
| 거치다 | 영월을 거쳐 왔다. |
| 걷히다 | 외상값이 잘 걷힌다. |

| | |
|---|---|
| 걷잡다 | 걷잡을 수 없는 상태. |
| 겉잡다 | 겉잡아서 이틀 걸릴 일. |
| | |
| 그러므로(그러니까) | 그는 부지런하다. 그러므로 잘 산다. |
| 그럼으로(써) | 그는 열심히 공부한다. 그럼으로(써) |
| (그렇게 하는 것으로) | 은혜에 보답한다. |
| | |
| 노름 | 노름판이 벌어졌다. |
| 놀음(놀이) | 즐거운 놀음. |
| | |
| 느리다 | 진도가 너무 느리다. |
| 늘이다 | 고무줄을 늘인다. |
| 늘리다 | 수출량을 더 늘린다. |
| | |
| 다리다 | 옷을 다린다. |
| 달이다 | 약을 달인다. |
| | |
| 다치다 | 부주의로 손을 다쳤다. |
| 닫히다 | 문이 저절로 닫혔다. |
| 닫치다 | 문을 힘껏 닫쳤다. |
| | |
| 마치다 | 벌써 일을 마쳤다. |
| 맞히다 | 여러 문제를 더 맞혔다. |
| 목거리 | 목거리가 덧났다. |
| 목걸이 | 금 목걸이, 은 목걸이. |
| | |
| 바치다 | 나라를 위해 목숨을 바쳤다. |
| 받치다 | 우산을 받치고 간다. |
| | 책받침을 받친다. |
| 받히다 | 쇠뿔에 받혔다. |
| 밭치다 | 술을 체에 밭친다. |

| | |
|---|---|
| 반드시 | 약속은 반드시 지켜라. |
| 반듯이 | 고개를 반듯이 들어라. |
| | |
| 부딪치다 | 차와 차가 마주 부딪쳤다. |
| 부딪히다 | 마차가 화물차에 부딪혔다. |
| | |
| 부치다 | 힘이 부치는 일이다. |
| | 편지를 부친다. |
| | 논밭을 부친다. |
| | 빈대떡을 부친다. |
| | 식목일에 부치는 글. |
| | 회의에 부치는 안건. |
| | 인쇄에 부치는 원고. |
| | 삼촌 집에 숙식을 부친다. |
| 붙이다 | 우표를 붙인다. |
| | 책상을 벽에 붙였다. |
| | 흥정을 붙인다. |
| | 불을 붙인다. |
| | 감시원을 붙인다. |
| | 조건을 붙인다. |
| | 취미를 붙인다. |
| | 별명을 붙인다. |
| | |
| 시키다 | 일을 시킨다. |
| 식히다 | 끓인 물을 식힌다. |
| | |
| 아름 | 세 아름 되는 둘레. |
| 알음 | 전부터 알음이 있는 사이. |
| 앎 | 앎이 힘이다. |
| | |
| 안치다 | 밥을 안친다. |

| | |
|---|---|
| 앉히다 | 윗자리에 앉힌다. |
| | |
| 어름 | 두 물건의 어름에서 일어난 현상. |
| 얼음 | 얼음이 얼었다. |
| | |
| 이따가 | 이따가 오너라. |
| 있다가 | 돈은 있다가도 없다. |
| | |
| 저리다 | 다친 다리가 저린다. |
| 절이다 | 김장 배추를 절인다. |
| | |
| 조리다 | 생선을 조린다. 통조림, 병조림. |
| 졸이다 | 마음을 졸인다. |
| | |
| 주리다 | 여러 날을 주렸다. |
| 줄이다 | 비용을 줄인다. |
| | |
| 하노라고 | 하노라고 한 것이 이 모양이다. |
| 하느라고 | 공부하느라고 밤을 새웠다. |
| -느니보다(어미) | 나를 찾아오느니보다 집에 있거라. |
| -는 이보다(의존 명사) | 오는 이가 가는 이보다 많다. |
| | |
| -(으)리만큼(어미) | 나를 미워하리만큼 그에게 잘못한 일이 없다. |
| -(으)ㄹ 이만큼(의존 명사) | 찬성할 이도 반대할 이만큼이나 많을 것이다. |
| | |
| -(으)러(목적) | 공부하러 간다. |
| -(으)려(의도) | 서울 가려 한다. |
| | |
| -(으)로서(자격) | 사람으로서 그럴 수는 없다. |
| -(으)로써(수단) | 닭으로써 꿩을 대신했다. |

| | |
|---|---|
| -(으)므로(어미) | 그가 나를 믿으므로 나도 그를 믿는다. |
| (-ㅁ, -음)으로(써)(조사) | 그는 믿음으로(써) 산 보람을 느꼈다. |

## 부록 문장 부호

문장 부호의 이름과 그 사용법은 다음과 같이 정한다.

### Ⅰ. 마침표[終止符]

#### 1. 온점(.), 고리점(。)

가로쓰기에는 온점, 세로쓰기에는 고리점을 쓴다.

(1) 서술, 명령, 청유 등을 나타내는 문장의 끝에 쓴다.

젊은이는 나라의 기둥이다.
황금 보기를 돌같이 하라.
집으로 돌아가자.

다만, 표제어나 표어에는 쓰지 않는다.

압록강은 흐른다(표제어)
꺼진 불도 다시 보자(표어)

(2) 아라비아 숫자만으로 연월일을 표시할 적에 쓴다.

1919. 3. 1. (1919년 3월 1일)

(3) 표시 문자 다음에 쓴다.

1. 마침표 ㄱ. 물음표 가. 인명

(4) 준말을 나타내는 데 쓴다.

서. 1987. 3. 5. (서기)

## 2. 물음표(?)

의심이나 물음을 나타낸다.

(1) 직접 질문할 때에 쓴다.

이제 가면 언제 돌아오니?
이름이 뭐지?

(2) 반어나 수사 의문(修辭疑問)을 나타낼 때 쓴다.

제가 감히 거역할 리가 있습니까?
이게 은혜에 대한 보답이냐?
남북 통일이 되면 얼마나 좋을까?

(3) 특정한 어구 또는 그 내용에 대하여 의심이나 빈정거림, 비웃음등을 표시할 때, 또는 적절한 말을 쓰기 어려운 경우에 소괄호 안에 쓴다.

그것 참 훌륭한(?) 태도야.
우리 집 고양이가 가출(?)을 했어요.

[붙임 1] 한 문장에서 몇 개의 선택적인 물음이 겹쳤을 때에는 맨 끝의 물음에만 쓰지만, 각각 독립된 물음인 경우에는 물음마다 쓴다.

너는 한국인이냐, 중국인이냐?
너는 언제 왔니? 어디서 왔니? 무엇하러?

[붙임 2] 의문형 어미로 끝나는 문장이라도 의문의 정도가 약할 때에는 물음표 대신 온점(또는 고리점)을 쓸 수도 있다.

이 일을 도대체 어쩐단 말이냐.

아무도 그 일에 찬성하지 않을 거야. 혹 미친 사람이면 모를까.

## 3. 느낌표(!)

감탄이나 놀람, 부르짖음, 명령 등 강한 느낌을 나타낸다.

(1) 느낌을 힘차게 나타내기 위해 감탄사나 감탄형 종결 어미 다음에 쓴다.

앗!

아, 달이 밝구나!

(2) 강한 명령문 또는 청유문에 쓴다.

지금 즉시 대답해!

부디 몸조심하도록!

(3) 감정을 넣어 다른 사람을 부르거나 대답할 적에 쓴다.

춘향아!

예, 도련님!

(4) 물음의 말로써 놀람이나 항의의 뜻을 나타내는 경우에 쓴다.

이게 누구야!

내가 왜 나빠!

[붙임] 감탄형 어미로 끝나는 문장이라도 감탄의 정도가 약할 때에는 느낌표 대신 온점(또는 고리점)을 쓸 수도 있다.

개구리가 나온 것을 보니, 봄이 오긴 왔구나.

## Ⅱ. 쉼표[休止符]

### 1. 반점(,), 모점(、)

가로쓰기에는 반점, 세로쓰기에는 모점을 쓴다.
문장 안에서 짧은 휴지를 나타낸다.

(1) 같은 자격의 어구가 열거될 때에 쓴다.

근면, 검소, 협동은 우리 겨레의 미덕이다.
충청도의 계룡산, 전라도의 내장산, 강원도의 설악산은 모두 국립 공원이다.

다만, 조사로 연결될 적에는 쓰지 않는다.

매화와 난초와 국화와 대나무를 사군자라고 한다.

(2) 짝을 지어 구별할 필요가 있을 때에 쓴다.

닭과 지네, 개와 고양이는 상극이다.

(3) 바로 다음의 말을 꾸미지 않을 때에 쓴다.

슬픈 사연을 간직한, 경주 불국사의 무영탑.
성질 급한, 철수의 누이동생이 화를 내었다.

(4) 대등하거나 종속적인 절이 이어질 때에 절 사이에 쓴다.

콩 심으면 콩 나고, 팥 심으면 팥 난다.
흰 눈이 내리니, 경치가 더욱 아름답다.

(5) 부르는 말이나 대답하는 말 뒤에 쓴다.

얘야, 이리 오너라.
예, 지금 가겠습니다.

(6) 제시어 다음에 쓴다.

빵, 빵이 인생의 전부이더냐?
용기, 이것이야말로 무엇과도 바꿀 수 없는 젊은이의 자산이다.

(7) 도치된 문장에 쓴다.

이리 오세요, 어머님.
다시 보자, 한강수야.

(8) 가벼운 감탄을 나타내는 말 뒤에 쓴다.

아, 깜빡 잊었구나.

(9) 문장 첫머리의 접속이나 연결을 나타내는 말 다음에 쓴다.

첫째, 몸이 튼튼해야 된다.
아무튼, 나는 집에 돌아가겠다.

다만, 일반적으로 쓰이는 접속어(그러나, 그러므로, 그리고, 그런데 등) 뒤에는 쓰지 않음을 원칙으로 한다.

그러나 너는 실망할 필요가 없다.

(10) 문장 중간에 끼어든[3] 구절 앞뒤에 쓴다.

나는, 솔직히 말하면, 그 말이 별로 탐탁하지 않소.
철수는 미소를 띠고, 속으로는 화가 치밀었지만, 그들을 맞았다.

(11) 되풀이를 피하기 위하여 한 부분을 줄일 때에 쓴다.

여름에는 바다에서, 겨울에는 산에서 휴가를 즐겼다.

(12) 문맥상 끊어 읽어야 할 곳에 쓴다.

갑돌이가 울면서, 떠나는 갑순이를 배웅했다.
갑돌이가, 울면서 떠나는 갑순이를 배웅했다.
철수가, 내가 제일 좋아하는 친구이다.
남을 괴롭히는 사람들은, 만약 그들이 다른 사람에게 괴롭힘을 당해 본다면, 남을 괴롭히는 일이 얼마나 나쁜 일인지 깨달을 것이다.

(13) 숫자를 나열할 때에 쓴다.

1, 2, 3, 4

(14) 수의 폭이나 개략의 수를 나타낼 때에 쓴다.

5, 6 세기  6, 7 개

(15) 수의 자릿점을 나타낼 때에 쓴다.

14,314

---

3) 이 경우, '끼어들다' 냐 '끼여들다' 냐에 대하여 논란의 여지가 있으나, 여기에서는 고시본대로 두기로 한다. 이하 같다.

## 2. 가운뎃점( · )

열거된 여러 단위가 대등하거나 밀접한 관계임을 나타낸다.

(1) 쉼표로 열거된 어구가 다시 여러 단위로 나누어질 때에 쓴다.

철수 · 영이, 영수 · 순이가 서로 짝이 되어 윷놀이를 하였다.
공주 · 논산, 천안 · 아산 · 천원 등 각 지역구에서 2 명씩 국회 의원을 뽑는다.
시장에 가서 사과 · 배 · 복숭아, 고추 · 마늘 · 파, 조기 · 명태 · 고등어를 샀다.

(2) 특정한 의미를 가지는 날을 나타내는 숫자에 쓴다.

3 · 1 운동 8 · 15 광복

(3) 같은 계열의 단어 사이에 쓴다.

경북 방언의 조사 · 연구
충북 · 충남 두 도를 합하여 충청도라고 한다.
동사 · 형용사를 합하여 용언이라고 한다.

## 3. 쌍점( : )

(1) 내포되는 종류를 들 적에 쓴다.

문장 부호: 마침표, 쉼표, 따옴표, 묶음표 등.
문방 사우: 붓, 먹, 벼루, 종이.

(2) 소표제 뒤에 간단한 설명이 붙을 때에 쓴다.

일시: 1984년 10월 15일 10시.
마침표: 문장이 끝남을 나타낸다.

(3) 저자명 다음에 저서명을 적을 때에 쓴다.

정약용: 목민심서, 경세유표.
주시경: 국어 문법, 서울 박문 서관, 1910.

(4) 시(時)와 분(分), 장(章)과 절(節) 따위를 구별할 때나, 둘 이상을 대비할 때에 쓴다.

오전 10:20 (오전 10시 20분)
요한 3:16 (요한 복음 3장 16절)
대비 65:60 (65 대 60)

### 4. 빗금( / )

(1) 대응, 대립되거나 대등한 것을 함께 보이는 단어와 구, 절 사이에 쓴다.

남궁만/남궁 만　　　백이십오 원/125원
착한 사람/악한 사람　　　맞닥뜨리다/맞닥트리다

(2) 분수를 나타낼 때에 쓰기도 한다.

3/4 분기　　　3/20

## Ⅲ. 따옴표[引用符]

### 1. 큰따옴표(" "), 겹낫표(『 』)

가로쓰기에는 큰따옴표, 세로쓰기에는 겹낫표를 쓴다.
대화, 인용, 특별 어구 따위를 나타낸다.

(1) 글 가운데서 직접 대화를 표시할 때에 쓴다.

"전기가 없었을 때는 어떻게 책을 보았을까?"
"그야 등잔불을 켜고 보았겠지."

⑵ 남의 말을 인용할 경우에 쓴다.

예로부터 "민심은 천심이다."라고 하였다.
"사람은 사회적 동물이다."라고 말한 학자가 있다.

### 2. 작은따옴표(' '), 낫표(「 」)

가로쓰기에는 작은따옴표, 세로쓰기에는 낫표를 쓴다.

⑴ 따온 말 가운데 다시 따온 말이 들어 있을 때에 쓴다.

"여러분! 침착해야 합니다. '하늘이 무너져도 솟아날 구멍이 있다.' 고 합니다."

⑵ 마음 속으로 한 말을 적을 때에 쓴다.

'만약 내가 이런 모습으로 돌아간다면, 모두들 깜짝 놀라겠지.'

[붙임] 문장에서 중요한 부분을 두드러지게 하기 위해 드러냄표 대신에 쓰기도 한다.

지금 필요한 것은 '지식' 이 아니라 '실천' 입니다.
'배부른 돼지' 보다는 '배고픈 소크라테스' 가 되겠다.

## Ⅳ. 묶음표[括弧符]

### 1. 소괄호( ( ) )

⑴ 원어, 연대, 주석, 설명 등을 넣을 적에 쓴다.

커피(coffee)는 기호 식품이다.

3 · 1 운동(1919) 당시 나는 중학생이었다.

'무정(無情)' 은 춘원(6 · 25 때 납북)의 작품이다.

니체(독일의 철학자)는 이렇게 말했다.

(2) 특히 기호 또는 기호적인 구실을 하는 문자, 단어, 구에 쓴다.

(1) 주어　(ㄱ) 명사　(라) 소리에 관한 것

(3) 빈 자리임을 나타낼 적에 쓴다.

우리나라의 수도는 (　)이다.

## 2. 중괄호({ })

여러 단위를 동등하게 묶어서 보일 때에 쓴다.

주격 조사 { 이 / 가 }　　국가의 3 요소 { 국토 / 국민 / 주민 }

## 3. 대괄호([ ])

(1) 묶음표 안의 말이 바깥 말과 음이 다를 때에 쓴다.

나이[年歲]　　낱말[單語]　　手足[손발]

(2) 묶음표 안에 또 묶음표가 있을 때에 쓴다.

명령에 있어서의 불확실[단호(斷乎)하지 못함]은 복종에 있어서의 불확실[모호(模糊)함]을 낳는다.

## Ⅴ. 이음표[連結符]

### 1. 줄표 (—)

이미 말한 내용을 다른 말로 부연하거나 보충함을 나타낸다.

(1) 문장 중간에 앞의 내용에 대해 부연하는 말이 끼여들 때 쓴다.

그 신동은 네 살에 — 보통 아이 같으면 천자문도 모를 나이에 — 벌써 시를 지었다.

(2) 앞의 말을 정정 또는 변명하는 말이 이어질 때 쓴다.

어머님께 말했다가 — 아니, 말씀드렸다가 — 꾸중만 들었다.
이건 내 것이니까 — 아니, 내가 처음 발견한 것이니까 — 절대로 양보할 수가 없다.

### 2. 붙임표(-)

(1) 사전, 논문 등에서 합성어를 나타낼 적에, 또는 접사나 어미임을 나타낼 적에 쓴다.

겨울-나그네　　불-구경　　손-발
휘-날리다　　슬기-롭다　　-(으)ㄹ걸

(2) 외래어와 고유어 또는 한자어가 결합되는 경우에 쓴다.

나일론-실　　디-장조　　빛-에너지　　염화-칼륨

### 3. 물결표(~)

(1) '내지' 라는 뜻에 쓴다.
9월 15일 ~ 9월 25일

(2) 어떤 말의 앞이나 뒤에 들어갈 말 대신 쓴다.

새마을: ~ 운동 ~ 노래
-가(家): 음악 ~ 미술 ~

## Ⅵ. 드러냄표[顯在符]

### 1. 드러냄표( ˙ , ˚ )[4]

˙ 이나 ˚ 을 가로쓰기에는 글자 위에, 세로쓰기에는 글자 오른쪽에 쓴다.
문장 내용 중에서 주의가 미쳐야 할 곳이나 중요한 부분을 특별히 드러내 보일 때 쓴다.

한글의 본 이름은 훈민정음이다.
중요한 것은 왜 사느냐가 아니라 어떻게 사느냐 하는 문제이다.

[붙임] 가로쓰기에서는 밑줄(―, ～～～)을 치기도 한다.

다음 보기에서 명사가 아닌 것은?

## Ⅶ. 안드러냄표[潛在符]

### 1. 숨김표(××, ○○)

알면서도 고의로 드러내지 않음을 나타낸다.

(1) 금기어나 공공연히 쓰기 어려운 비속어의 경우, 그 글자의 수효만큼 쓴다.

---

4) 고시본에는 ( ˚ , ˙ )의 순서로 되어 있으나, 사용법에 대한 규정문이나 용례에서 '˙'을 앞세웠으므로 이와 같이 제시하였다.

배운 사람 입에서 어찌 ○○○란 말이 나올 수 있느냐?
그 말을 듣는 순간 ×××란 말이 목구멍까지 치밀었다.

(2) 비밀을 유지할 사항일 경우, 그 글자의 수효만큼 쓴다.

육군 ○○부대 ○○○ 명이 작전에 참가하였다.
그 모임의 참석자는 김×× 씨, 정×× 씨 등 5명이었다.

## 2. 빠짐표(□)

글자의 자리를 비워 둠을 나타낸다.

(1) 옛 비문이나 서적 등에서 글자가 분명하지 않을 때에 그 글자의 수효만큼 쓴다.

大師爲法主□ □賴之大□薦 (옛 비문)

(2) 글자가 들어가야 할 자리를 나타낼 때 쓴다.

훈민정음의 초성 중에서 아음(牙音)은 □□□의 석 자다.

## 3. 줄임표( …… )

(1) 할 말을 줄였을 때에 쓴다.

"어디 나하고 한번 …… ."
하고 철수가 나섰다.

⑵ 말이 없음을 나타낼 때에 쓴다.

"빨리 말해!"
"…… ."

# 표준어 규정

## 제1부 표준어 사정 원칙

### 제1장 총 칙

**제1항** 표준어는 교양 있는 사람들이 두루 쓰는 현대 서울말로 정함을 원칙으로 한다.

**제2항** 외래어는 따로 사정한다.

### 제2장 발음 변화에 따른 표준어 규정

#### 제1절 자 음

**제3항** 다음 단어들은 거센소리를 가진 형태를 표준어로 삼는다.(ㄱ을 표준어로 삼고, ㄴ을 버림.)

| ㄱ | ㄴ | 비 고 |
|---|---|---|
| 끄나풀 | 끄나불 | |
| 나팔-꽃 | 나발-꽃 | |
| 녘 | 녁 | 동~, 들~, 새벽~, 동 틀 ~. |
| 부엌 | 부억 | |
| 살-쾡이 | 삵-괭이 | |
| 칸 | 간 | 1. ~막이, 빈~, 방 한~.<br>2. '초가 삼간, 윗간'의 경우에는 '간'임. |
| 털어-먹다 | 떨어-먹다 | 재물을 다 없애다. |

**제4항** 다음 단어들은 거센소리로 나지 않는 형태를 표준어로 삼는다.(ㄱ을 표준어로 삼고, ㄴ을 버림.)

| ㄱ | ㄴ | 비 고 |
|---|---|---|
| 가을-갈이 | 가을-카리 | |
| 거시기 | 거시키 | |
| 분침 | 푼침 | |

**제5항** 어원에서 멀어진 형태로 굳어져서 널리 쓰이는 것은, 그것을 표준어로 삼는다.(ㄱ을 표준어로 삼고, ㄴ을 버림.)

| ㄱ | ㄴ | 비 고 |
|---|---|---|
| 강낭-콩 | 강남-콩 | |
| 고삿 | 고샅 | 겉~, 속~. |
| 사글-세 | 삭월-세 | '월세'는 표준어임. |
| 울력-성당 | 위력-성당 | 떼를 지어서 으르고 협박하는 일. |

다만, 어원적으로 원형에 더 가까운 형태가 아직 쓰이고 있는 경우에는, 그것을 표준어로 삼는다.(ㄱ을 표준어로 삼고, ㄴ을 버림.)

| ㄱ | ㄴ | 비 고 |
|---|---|---|
| 갈비 | 가리 | ~구이, ~찜, 갈빗-대. |
| 갓모 | 갈모 | 1. 사기 만드는 물레 밑고리.<br>2. '갈모'는 갓 위에 쓰는, 유지로 만든 우비. |
| 굴-젓 | 구-젓 | |
| 말-곁 | 말-겻 | |
| 물-수란 | 물-수랄 | |
| 밀-뜨리다 | 미-뜨리다 | |
| 적-이 | 저으기 | 적이-나, 적이나-하면. |
| 휴지 | 수지 | |

**제6항** 다음 단어들은 의미를 구별함이 없이, 한 가지 형태만을 표준어로 삼는다.(ㄱ을 표준어로 삼고, ㄴ을 버림.)

| ㄱ | ㄴ | 비 고 |
|---|---|---|
| 돌 | 돐 | 생일, 주기. |
| 둘-째 | 두-째 | '제2, 두 개째' 의 뜻. |
| 셋-째 | 세-째 | '제3, 세 개째' 의 뜻. |
| 넷-째 | 네-째 | '제4, 네 개째' 의 뜻. |
| 빌리다 | 빌다 | 1. 빌려 주다, 빌려 오다.<br>2. '용서를 빌다' 는 '빌다' 임. |

다만, '둘째' 는 십 단위 이상의 서수사에 쓰일 때에 '두째' 로 한다.

| ㄱ | ㄴ | 비 고 |
|---|---|---|
| 열두-째 | | 열두 개째의 뜻은 '열둘째' 로. |
| 스물두-째 | | 스물두 개째의 뜻은 '스물둘째' 로. |

**제7항** 수컷을 이르는 접두사는 '수-' 로 통일한다.(ㄱ을 표준어로 삼고, ㄴ을 버림.)

| ㄱ | ㄴ | 비 고 |
|---|---|---|
| 수-꿩 | 수-퀑/숫-꿩 | '장끼' 도 표준어임. |
| 수-나사 | 숫-나사 | |
| 수-놈 | 숫-놈 | |
| 수-사돈 | 숫-사돈 | |
| 수-소 | 숫-소 | '황소' 도 표준어임. |
| 수-은행나무 | 숫-은행나무 | |

다만 1. 다음 단어에서는 접두사 다음에서 나는 거센소리를 인정한다. 접두사 '암-' 이 결합되는 경우에도 이에 준한다.(ㄱ을 표준어로 삼고, ㄴ을 버림.)

| ㄱ | ㄴ | 비 고 |
|---|---|---|
| 수-캉아지 | 숫-강아지 | |
| 수-캐 | 숫-개 | |
| 수-컷 | 숫-것 | |
| 수-키와 | 숫-기와 | |
| 수-탉 | 숫-닭 | |

| | | |
|---|---|---|
| 수-탕나귀<br>수-톨쩌귀<br>수-퇘지<br>수-평아리 | 숫-당나귀<br>숫-돌쩌귀<br>숫-돼지<br>숫-병아리 | |

다만 2. 다음 단어의 접두사는 '숫-' 으로 한다.(ㄱ을 표준어로 삼고, ㄴ을 버림.)

| ㄱ | ㄴ | 비 고 |
|---|---|---|
| 숫-양<br>숫-염소<br>숫-쥐 | 수-양<br>수-염소<br>수-쥐 | |

## 제2절 모 음

**제8항** 양성 모음이 음성 모음으로 바뀌어 굳어진 다음 단어는 음성 모음 형태를 표준어로 삼는다.(ㄱ을 표준어로 삼고, ㄴ을 버림.)

| ㄱ | ㄴ | 비 고 |
|---|---|---|
| 깡충-깡충 | 깡총-깡총 | 큰말은 '껑충껑충' 임. |
| -둥이 | -동이 | ←童-이. 귀-, 막-, 선-, 쌍-, 검-, 바람-, 흰-. |
| 발가-숭이 | 발가-송이 | 센말은 '빨가숭이', 큰말은 '벌거숭이, 뻘거숭이' 임. |
| 보퉁이 | 보통이 | |
| 봉죽 | 봉족 | ←奉足. ~꾼, ~ 들다. |
| 뻗정-다리 | 뻗장-다리 | |
| 아서, 아서라 | 앗아, 앗아라 | 하지 말라고 금지하는 말. |
| 오뚝-이 | 오똑-이 | 부사도 '오뚝-이' 임. |
| 주추 | 주초 | ←柱礎. 주춧-돌. |

다만, 어원 의식이 강하게 작용하는 다음 단어에서는 양성 모음 형태를 그대로 표준어로 삼는다.(ㄱ을 표준어로 삼고, ㄴ을 버림.)

| ㄱ | ㄴ | 비　고 |
|---|---|---|
| 부조(扶助)<br>사돈(査頓)<br>삼촌(三寸) | 부주<br>사둔<br>삼춘 | ~금, 부좃-술.<br>밭~, 안~.<br>시~, 외~, 처~. |

**제9항** 'ㅣ' 역행 동화 현상에 의한 발음은 원칙적으로 표준 발음으로 인정하지 아니하되, 다만 다음 단어들은 그러한 동화가 적용된 형태를 표준어로 삼는다.(ㄱ을 표준어로 삼고, ㄴ을 버림.)

| ㄱ | ㄴ | 비　고 |
|---|---|---|
| -내기<br>냄비<br>동댕이-치다 | -나기<br>남비<br>동당이-치다 | 서울-, 시골-, 신출-, 풋-. |

[붙임 1] 다음 단어는 'ㅣ' 역행 동화가 일어나지 아니한 형태를 표준어로 삼는다.(ㄱ을 표준어로 삼고, ㄴ을 버림.)

| ㄱ | ㄴ | 비　고 |
|---|---|---|
| 아지랑이 | 아지랭이 | |

[붙임 2] 기술자에게는 '-장이', 그 외에는 '-쟁이'가 붙는 형태를 표준어로 삼는다.(ㄱ을 표준어로 삼고, ㄴ을 버림.)

| ㄱ | ㄴ | 비　고 |
|---|---|---|
| 미장이<br>유기장이<br>멋쟁이<br>소금쟁이<br>담쟁이-덩굴<br>골목쟁이<br>발목쟁이 | 미쟁이<br>유기쟁이<br>멋장이<br>소금장이<br>담장이-덩굴<br>골목장이<br>발목장이 | |

**제10항** 다음 단어는 모음이 단순화한 형태를 표준어로 삼는다.(ㄱ을 표준어로 삼고, ㄴ을 버림.)

| ㄱ | ㄴ | 비　　고 |
|---|---|---|
| 괴팍-하다 | 괴퍅-하다/괴팩-하다 | |
| -구먼 | -구면 | |
| 미루-나무 | 미류-나무 | ←美柳~. |
| 미륵 | 미력 | ←彌勒. ~ 보살, ~불, 돌~. |
| 여느 | 여늬 | |
| 온-달 | 왼-달 | 만 한 달. |
| 으레 | 으레 | |
| 케케-묵다 | 켸켸-묵다 | |
| 허우대 | 허위대 | |
| 허우적-허우적 | 허위적-허위적 | 허우적-거리다. |

**제11항** 다음 단어에서는 모음의 발음 변화를 인정하여, 발음이 바뀌어 굳어진 형태를 표준어로 삼는다.(ㄱ을 표준어로 삼고, ㄴ을 버림.)

| ㄱ | ㄴ | 비　　고 |
|---|---|---|
| -구려 | -구료 | 1. 서울 ~, 알~, 찰~. |
| 깍쟁이 | 깍정이 | 2. 도토리, 상수리 등의 받침은 '깍정이' 임. |
| 나무라다 | 나무래다 | |
| 미수 | 미시 | 미숫-가루. |
| 바라다 | 바래다 | '바램[所望]' 은 비표준어임. |
| 상추 | 상치 | ~쌈. |
| 시러베-아들 | 실업의-아들 | |
| 주책 | 주착 | ←主着. ~망나니, ~없다. |
| 지루-하다 | 지리-하다 | ←支離. |
| 튀기 | 트기 | |
| 허드레 | 허드래 | 허드렛-물, 허드렛-일. |
| 호루라기 | 호루루기 | |

**제12항** '웃-' 및 '윗-' 은 명사 '위' 에 맞추어 '윗-' 으로 통일한다.(ㄱ을 표준어로 삼고, ㄴ을 버림.)

| ㄱ | ㄴ | 비 고 |
|---|---|---|
| 윗-넓이 | 웃-넓이 | |
| 윗-눈썹 | 웃-눈썹 | |
| 윗-니 | 웃-니 | |
| 윗-당줄 | 웃-당줄 | |
| 윗-덧줄 | 웃-덧줄 | |
| 윗-도리 | 웃-도리 | |
| 윗-동아리 | 웃-동아리 | 준말은 '윗동' 임. |
| 윗-막이 | 웃-막이 | |
| 윗-머리 | 웃-머리 | |
| 윗-목 | 웃-목 | |
| 윗-몸 | 웃-몸 | ~ 운동 |
| 윗-바람 | 웃-바람 | |
| 윗-배 | 웃-배 | |
| 윗-벌 | 웃-벌 | |
| 윗-변 | 웃-변 | 수학 용어 |
| 윗-사랑 | 웃-사랑 | |
| 윗-세장 | 웃-세장 | |
| 윗-수염 | 웃-수염 | |
| 윗-입술 | 웃-입술 | |
| 윗-잇몸 | 웃-잇몸 | |
| 윗-자리 | 웃-자리 | |
| 윗-중방 | 웃-중방 | |

다만 1. 된소리나 거센소리 앞에서는 '위-' 로 한다.(ㄱ을 표준어로 삼고, ㄴ을 버림.)

| ㄱ | ㄴ | 비 고 |
|---|---|---|
| 위-짝 | 웃-짝 | |
| 위-쪽 | 웃-쪽 | |
| 위-채 | 웃-채 | |
| 위-층 | 웃-층 | |
| 위-치마 | 웃-치마 | |
| 위-턱 | 웃-턱 | ~ 구름[上層雲]. |
| 위-팔 | 웃-팔 | |

다만 2. '아래, 위'의 대립이 없는 단어는 '웃-'으로 발음되는 형태를 표준어로 삼는다.(ㄱ을 표준어로 삼고, ㄴ을 버림.)

| ㄱ | ㄴ | 비 고 |
|---|---|---|
| 웃-국 | 윗-국 | |
| 웃-기 | 윗-기 | |
| 웃-돈 | 윗-돈 | |
| 웃-비 | 윗-비 | ~ 걷다. |
| 웃-어른 | 윗-어른 | |
| 웃-옷 | 윗-옷 | |

**제13항** 한자 '구(句)'가 붙어서 이루어진 단어는 '귀'로 읽는 것을 인정하지 아니하고, '구'로 통일한다.(ㄱ을 표준어로 삼고, ㄴ을 버림.)

| ㄱ | ㄴ | 비 고 |
|---|---|---|
| 구법(句法) | 귀법 | |
| 구절(句節) | 귀절 | |
| 구점(句點) | 귀점 | |
| 결구(結句) | 결귀 | |
| 경구(警句) | 경귀 | |
| 경인구(警人句) | 경인귀 | |
| 난구(難句) | 난귀 | |
| 단구(短句) | 단귀 | |
| 단명구(短命句) | 단명귀 | |
| 대구(對句) | 대귀 | ~ 법(對句法). |
| 문구(文句) | 문귀 | |
| 성구(成句) | 성귀 | ~ 법(成句語). |
| 시구(詩句) | 시귀 | |
| 어구(語句) | 어귀 | |
| 연구(聯句) | 연귀 | |
| 인용구(引用句) | 인용귀 | |
| 절구(絕句) | 절귀 | |

다만, 다음 단어는 '귀'로 발음되는 형태를 표준어로 삼는다.(ㄱ을 표준어로 삼고, ㄴ을 버림.)

| ㄱ | ㄴ | 비 고 |
|---|---|---|
| 귀-글 | 구-글 | |
| 글-귀 | 글-구 | |

## 제3절 준 말

**제14항** 준말이 널리 쓰이고 본말이 잘 쓰이지 않는 경우에는, 준말만을 표준어로 삼는다.(ㄱ을 표준어로 삼고, ㄴ을 버림.)

| ㄱ | ㄴ | 비 고 |
|---|---|---|
| 귀찮다 | 귀치 않다 | |
| 김 | 기음 | ~ 매다. |
| 똬리 | 또아리 | |
| 무 | 무우 | ~강즙, ~말랭이, ~생채, 가랑~, 갓~, 왜~, 총각~. |
| 미다 | 무이다 | 1. 털이 빠져 살이 드러나다. 2. 찢어지다. |
| 뱀 | 배암 | |
| 뱀-장어 | 배암-장어 | |
| 빔 | 비음 | 설~, 생일~. |
| 샘 | 새암 | ~바르다, ~바리. |
| 생-쥐 | 새앙-쥐 | |
| 솔개 | 소리개 | |
| 온-갖 | 온-가지 | |
| 장사-치 | 장사-아치 | |

**제15항** 준말이 쓰이고 있더라도, 본말이 널리 쓰이고 있으면 본말을 표준어로 삼는다.(ㄱ을 표준어로 삼고, ㄴ을 버림.)

| ㄱ | ㄴ | 비 고 |
|---|---|---|
| 경황-없다 | 경-없다 | |
| 궁상-떨다 | 궁-떨다 | |

| 귀이-개 | 귀-개 | |
|---|---|---|
| 낌새 | 낌 | |
| 낙인-찍다 | 낙-하다/낙-치다 | |
| 내왕-꾼 | 냉-꾼 | |
| 돗-자리 | 돗 | |
| 뒤웅-박 | 뒝-박 | |
| 뒷물-대야 | 뒷-대야 | |
| 마구-잡이 | 막-잡이 | |
| 맵자-하다 | 맵자다 | |
| 모이 | 모 | 모양이 제격에 어울리다. |
| 벽-돌 | 벽 | |
| 부스럼 | 부럼 | |
| 살얼음-판 | 살-판 | 정월 보름에 쓰는 '부럼'은 표준어임. |
| 수두룩-하다 | 수둑-하다 | |
| 암-죽 | 암 | |
| 어음 | 엄 | |
| 일구다 | 일다 | |
| 죽-살이 | 죽-살 | |
| 퇴박-맞다 | 퇴-맞다 | |
| 한통-치다 | 통-치다 | |

[붙임] 다음과 같이 명사에 조사가 붙은 경우에도 이 원칙을 적용한다.(ㄱ을 표준어로 삼고, ㄴ을 버림.)

| ㄱ | ㄴ | 비 고 |
|---|---|---|
| 아래-로 | 알-로 | |

**제16항** 준말과 본말이 다 같이 널리 쓰이면서 준말의 효용이 뚜렷이 인정되는 것은, 두 가지를 다 표준어로 삼는다.(ㄱ은 본말이며, ㄴ은 준말임.)

| ㄱ | ㄴ | 비 고 |
|---|---|---|
| 거짓-부리 | 거짓-불 | 작은말은 '가짓부리, 가짓불'임. |
| 노을 | 놀 | 저녁~. |

| | | |
|---|---|---|
| 막대기 | 막대 | |
| 망태기 | 망태 | |
| 머무르다 | 머물다 | |
| 서두르다 | 서둘다 | 모음 어미가 연결될 때에는 준말의 활용 |
| 서투르다 | 서툴다 | 형을 인정하지 않음. |
| 석새-삼베 | 석새-베 | |
| 시-누이 | 시-뉘/시-누 | |
| 오-누이 | 오-뉘/오-누 | |
| 외우다 | 외다 | 외우며, 외워: 외며, 외어. |
| 이기죽-거리다 | 이죽-거리다 | |
| 찌꺼기 | 찌끼 | '찌꺽지' 는 비표준어임. |

## 제4절 단수 표준어

**제17항** 비슷한 발음의 몇 형태가 쓰일 경우, 그 의미에 아무런 차이가 없고, 그 중 하나가 더 널리 쓰이면, 그 한 형태만을 표준어로 삼는다.(ㄱ을 표준어로 삼고, ㄴ을 버림.)

| ㄱ | ㄴ | 비 고 |
|---|---|---|
| 거든-그리다 | 거둥-그리다 | 1. 거든하게 거두어 싸다.<br>2. 작은말은 '가든-그리다' 임. |
| 구어-박다 | 구워-박다 | 사람이 한 군데에서만 지내다. |
| 귀-고리 | 귀엣-고리 | |
| 귀-띔 | 귀-틤 | |
| 귀-지 | 귀에-지 | |
| 까딱-하면 | 까땍-하면 | |
| 꼭두-각시 | 꼭둑-각시 | |
| 내색 | 나색 | 감정이 나타나는 얼굴빛. |
| 내숭-스럽다 | 내흉-스럽다 | |
| 냠냠-거리다 | 얌냠-거리다 | 냠냠-하다. |
| 냠냠-이 | 얌냠-이 | |
| 너[四] | 네 | ~ 돈, ~ 말, ~ 발, ~ 푼. |
| 넉[四] | 너/네 | ~ 냥, ~ 되, ~ 섬, ~ 자. |
| 다다르다 | 다닫다 | |

| | | |
|---|---|---|
| 댑-싸리 | 대-싸리 | |
| 더부룩-하다 | 더뿌룩-하다/듬뿌룩-하다 | |
| -던 | -든 | 선택, 무관의 뜻을 나타내는 어미는 '-든' 임. 가-든(지) 말-든(지), 보0든(가), 말-든(가). |
| -던가 | -든가 | |
| -던걸 | -든걸 | |
| -던고 | -든고 | |
| -던데 | -든데 | |
| -던지 | -든지 | |
| -(으)려고 | -(으)ㄹ려고/-(으)ㄹ라고 | |
| -(으)려야 | -(으)ㄹ려야/-(으)ㄹ래야 | |
| 망가-뜨리다 | 망그-뜨리다 | |
| 멸치 | 며루치/메리치 | |
| 반빗-아치 | 반비-아치 | '반빗' 노릇을 하는 사람. 찬비(饌婢). |
| 보습 | 보십/보섭 | '반비' 는 밥짓는 일을 맡은 계집종. |
| 본새 | 뽄새 | |
| 봉숭아 | 봉숭화 | '봉선화' 도 표준어임. |
| 뺨-따귀 | 뺌-따귀/뺨-따구니 | '뺨' 의 비속어임. |
| 뻐개다[斫] | 뻐기다 | 두 조각으로 가르다. |
| 뻐기다[誇] | 뻐개다 | 뽐내다. |
| 사자-탈 | 사지-탈 | |
| 상-판대기 | 쌍-판대기 | |
| 서[三] | 세/석 | ~ 돈, ~ 말, ~ 발, ~ 푼. |
| 석[三] | 세 | ~ 냥, ~ 되, ~ 섬, ~ 자. |
| 설령(設令) | 서령 | |
| -습니다 | -읍니다 | 먹습니다, 갔습니다, 없습니다, 있습니다, 좋습니다. |
| 시름-시름 | 시늠-시늠 | 모음 뒤에는 '-ㅂ니다' 임. |
| 씀벅-씀벅 | 썸벅-썸벅 | |
| 아궁이 | 아궁지 | |
| 아내 | 안해 | |
| 어-중간 | 어지-중간 | |

| | | |
|---|---|---|
| 오금-팽이 | 오금-탱이 | |
| 오래-오래 | 도래-도래 | 돼지 부르는 소리. |
| -올시다 | -올습니다 | |
| 옹골-차다 | 공골-차다 | |
| 우두커니 | 우두머니 | 작은말은 '오도카니' 임. |
| 잠-투정 | 잠-투세/잠-주정 | |
| 재봉-틀 | 자봉-틀 | 발~, 손~. |
| 짓-무르다 | 짓-물다 | |
| 짚-북데기 | 짚-북세기 | '짚북더기' 도 비표준어임. |
| 쪽 | 짝 | 편(便). 이~, 그~, 저~.<br>다만, '아무-짝' 은 '짝' 임. |
| 천장(天障) | 천정 | '천정부지(天井不知)' 는 '천정' 임. |
| 코-맹맹이 | 코-맹녕이 | |
| 흉-업다 | 흉-헙다 | |

## 제5절 복수 표준어

**제18항** 다음 단어는 ㄱ을 원칙으로 하고, ㄴ도 허용한다.

| ㄱ | ㄴ | 비 고 |
|---|---|---|
| 네 | 예 | |
| 쇠- | 소- | -가죽, -고기, -기름, -머리, -뼈. |
| 괴다 | 고이다 | 물이 ~, 밑을 ~. |
| 꾀다 | 꼬이다 | 어린애를 ~, 벌레가 ~. |
| 쐬다 | 쏘이다 | 바람을 ~. |
| 죄다 | 조이다 | 나사를 ~. |
| 쬐다 | 쪼이다 | 볕을 ~. |

**제19항** 어감의 차이를 나타내는 단어 또는 발음이 비슷한 단어들이 다 같이 널리 쓰이는 경우에는, 그 모두를 표준어로 삼는다.(ㄱ, ㄴ을 모두 표준어로 삼음.)

| ㄱ | ㄴ | 비 고 |
|---|---|---|
| 거슴츠레-하다 | 게슴츠레-하다 | |
| 고까 | 꼬까 | ~신, ~옷. |
| 고린-내 | 코린-내 | |
| 교기(驕氣) | 갸기 | 교만한 태도. |
| 구린-내 | 쿠린-내 | |
| 꺼림-하다 | 께름-하다 | |
| 나부랭이 | 너부렁이 | |

## 제3장 어휘 선택의 변화에 따른 표준어 규정

### 제1절 고 어

**제20항** 사어(死語)가 되어 쓰이지 않게 된 단어는 고어로 처리하고, 현재 널리 사용되는 단어를 표준어로 삼는다.(ㄱ을 표준어로 삼고, ㄴ을 버림.)

| ㄱ | ㄴ | 비 고 |
|---|---|---|
| 난봉 | 봉 | |
| 낭떠러지 | 낭 | |
| 설거지-하다 | 설겆다 | |
| 애달프다 | 애닯다 | |
| 오동-나무 | 머귀-나무 | |
| 자두 | 오얏 | |

### 제2절 한자어

**제21항** 고유어 계열의 단어가 널리 쓰이고 그에 대응되는 한자어 계열의 단어가 용도를 잃게 된 것은, 고유어 계열의 단어만을 표준어로 삼는다.(ㄱ을 표준어로 삼고, ㄴ을 버림.)

| ㄱ | ㄴ | 비　고 |
|---|---|---|
| 가루-약 | 말-약 | |
| 구들-장 | 방-돌 | |
| 길품-삯 | 보행-삯 | |
| 까막-눈 | 맹-눈 | |
| 꼭지-미역 | 총각-미역 | |
| 나뭇-갓 | 시장-갓 | |
| 늙-다리 | 노닥다리 | |
| 두껍-닫이 | 두껍-창 | |
| 떡-암죽 | 병-암죽 | |
| 마른-갈이 | 건-갈이 | |
| 마른-빨래 | 건-빨래 | |
| 메-찰떡 | 반-찰떡 | |
| 박달-나무 | 배달-나무 | |
| 밥-소라 | 식-소라 | 큰 놋그릇. |
| 사래-논 | 사래-답 | 묘지기나 마름이 부쳐 먹는 땅. |
| 사래-밭 | 사래-전 | |
| 삯-말 | 삯-마 | |
| 성냥 | 화곽 | |
| 솟을-무늬 | 솟을-문(~紋) | |
| 외-지다 | 벽-지다 | |
| 움-파 | 동-파 | |
| 잎-담배 | 잎-초 | |
| 잔-돈 | 잔-전 | |
| 조-당수 | 조-당죽 | |
| 죽데기 | 피-죽 | '죽더기' 도 비표준어임. |
| 지겟-다리 | 목-발 | 지게 동발의 양쪽 다리. |
| 짐-꾼 | 부지-군(負持-) | |
| 푼-돈 | 분-전/푼-전 | |
| 흰-말 | 백-말/부루-말 | '백마' 는 표준어임. |
| 흰-죽 | 백-죽 | |

**제22항** 고유어 계열의 단어가 생명력을 잃고 그에 대응되는 한자어 계열의 단어가 널리 쓰이면, 한자어 계열의 단어를 표준어로 삼는다.(ㄱ을 표준어로 삼고, ㄴ을 버림.)

| ㄱ | ㄴ | 비 고 |
|---|---|---|
| 개다리-소반 | 개다리-밥상 | |
| 겸-상 | 맞-상 | |
| 고봉-밥 | 높은-밥 | |
| 단-벌 | 홑-벌 | |
| 마방-집 | 마바리-집 | 馬房~. |
| 민망-스럽다 /면구-스럽다 | 민주-스럽다 | |
| 방-고래 | 구들-고래 | |
| 부항-단지 | 뜸-단지 | |
| 산-누에 | 멧-누에 | |
| 산-줄기 | 멧-줄기/멧-발 | |
| 수-삼 | 무-삼 | |
| 심-돋우개 | 불-돋우개 | |
| 양-파 | 둥근-파 | |
| 어질-병 | 어질-머리 | |
| 윤-달 | 군-달 | |
| 장력- 세다 | 장성-세다 | |
| 제석 | 젯-돗 | |
| 총각-무 | 알-무/알타리-무 | |
| 칫-솔 | 잇-솔 | |
| 포수 | 총-댕이 | |

## 제3절 방 언

**제23항** 방언이던 단어가 표준어보다 더 널리 쓰이게 된 것은, 그것을 표준어로 삼는다. 이 경우, 원래의 표준어는 그대로 표준어로 남겨 두는 것을 원칙으로 한다.(ㄱ을 표준어로 삼고, ㄴ도 표준어로 남겨 둠.)

| ㄱ | ㄴ | 비 고 |
|---|---|---|
| 멍게 | 우렁쉥이 | |
| 물-방개 | 선두리 | |
| 애-순 | 어린-순 | |

**제24항** 방언이던 단어가 널리 쓰이게 됨에 따라 표준어이던 단어가 안 쓰이게 된 것은, 방언이던 단어를 표준어로 삼는다.(ㄱ을 표준어로 삼고, ㄴ을 버림.)

| ㄱ | ㄴ | 비 고 |
|---|---|---|
| 귀밑-머리 | 귓-머리 | |
| 까-뭉개다 | 까-무느다 | |
| 막상 | 마기 | |
| 빈대-떡 | 빈자-떡 | |
| 생인-손 | 생안-손 | 준말은 '생-손'임. |
| 역-겹다 | 역-스럽다 | |
| 코-주부 | 코-보 | |

## 제4절 단수 표준어

**제25항** 의미가 똑같은 형태가 몇 가지 있을 경우, 그 중 어느 하나가 압도적으로 널리 쓰이면, 그 단어만을 표준어로 삼는다.(ㄱ을 표준어로 삼고, ㄴ을 버림.)

| ㄱ | ㄴ | 비 고 |
|---|---|---|
| -게끔 | -게시리 | |
| 겸사-겸사 | 겸지-겸지/겸두-겸두 | |
| 고구마 | 참-감자 | |
| 고치다 | 낫우다 | 병을 ~. |
| 골목-쟁이 | 골목-자기 | |
| 광주리 | 광우리 | |
| 괴통 | 호구 | 자루를 박는 부분. |
| 국-물 | 멀-국/말-국 | |
| 군-표 | 군용-어음 | |
| 길-잡이 | 길-앞잡이 | '길라잡이'도 표준어임. |
| 까다롭다 | 까닭-스럽다/까탈-스럽다 | |
| 까치-발 | 까치-다리 | 선반 따위를 받치는 물건. |
| 꼬창-모 | 말뚝-모 | 꼬창이로 구멍을 뚫으면서 심는 모. |

| | | |
|---|---|---|
| 나룻-배 | 나루 | '나루[津]' 는 표준어임. |
| 납-도리 | 민-도리 | |
| 농-지거리 | 기롱-지거리 | 다른 의미의 '기롱지거리' 는 표준어임. |
| 다사-스럽다 | 다사-하다 | 간섭을 잘 하다. |
| 다오 | 다구 | 이리 ~. |
| 담배-꽁초 | 담배-꼬투리/담배-꽁치/담배-꽁추 | |
| 담배-설대 | 대-설대 | |
| 대장-일 | 성냥-일 | |
| 뒤져-내다 | 뒤어-내다 | |
| 뒤통수-치다 | 뒤꼭지-치다 | |
| 등-나무 | 등-칡 | |
| 등-때기 | 등-떠리 | '등' 의 낮은 말. |
| 등잔-걸이 | 등경-걸이 | |
| 떡-보 | 떡-충이 | |
| 똑딱-단추 | 딸꼭-단추 | |
| 매-만지다 | 우미다 | |
| 먼-발치 | 먼-발치기 | |
| 며느리-발톱 | 뒷-발톱 | |
| 명주-붙이 | 주-사니 | |
| 목-메다 | 목-맺히다 | |
| 밀짚-모자 | 보릿짚-모자 | |
| 바가지 | 열-바가지/열-박 | |
| 바람-꼭지 | 바람-고다리 | 튜브의 바람을 넣는 구멍에 붙은, 쇠로 만든 꼭지. |
| 반-나절 | 나절-가웃 | |
| 반두 | 독대 | 그물의 한 가지. |
| 버젓-이 | 뉘연-히 | |
| 본-받다 | 법-받다 | |
| 부각 | 다시마-자반 | |
| 부끄러워-하다 | 부끄리다 | |
| 부스러기 | 부스럭지 | |
| 부지깽이 | 부지팽이 | |
| 부항-단지 | 부항-항아리 | 부스럼에서 피고름을 빨아 내기 위하여 부항을 붙이는 데 쓰는, 자그마한 단지. |
| 붉으락-푸르락 | 푸르락-붉으락 | |

| ㄱ | ㄴ | 비 고 |
|---|---|---|
| 비켜-덩이 | 옆-사리미 | 김맬 때에 흙덩이를 옆으로 빼내는 일, 또는 그 흙덩이. |
| 빙충-이 | 빙충-맞이 | 작은말은 '뱅충이'. |
| 빠-뜨리다 | 빠-치다 | '빠트리다' 도 표준어임. |
| 뻣뻣-하다 | 왜긋다 | |
| 뽐-내다 | 느물다 | |
| 사로-잠그다 | 사로-채우다 | 자물쇠나 빗장 따위를 반 정도만 걸어 놓다. |
| 살-풀이 | 살-막이 | |
| 상투-쟁이 | 상투-꼬부랑이 | 상투 튼 이를 놀리는 말. |
| 새앙-손이 | 생강-손이 | |
| 샛-별 | 새벽-별 | |
| 선-머슴 | 풋-머슴 | |
| 섭섭-하다 | 애운-하다 | |
| 속-말 | 속-소리 | 국악 용어 '속소리' 는 표준어임. |
| 손목-시계 | 팔목-계/팔뚝-시계 | |
| 손-수레 | 손-구루마 | '구루마' 는 일본어임. |
| 쇠-고랑 | 고랑-쇠 | |
| 수도-꼭지 | 수도-고동 | |
| 숙성-하다 | 숙-지다 | |
| 순대 | 골집 | |
| 술-고래 | 술-꾸러기/술-부대/술-보/술-푸대 | |
| 식은-땀 | 찬-땀 | |
| 신기-롭다 | 신기-스럽다 | '신기하다' 도 표준어임. |
| 쌍동-밤 | 쪽-밤 | |
| 쏜살-같이 | 쏜살-로 | |
| 아주 | 영판 | |
| 안-걸이 | 안-낚시 | 씨름 용어. |
| 안다미-씌우다 | 안다미-시키다 | 제가 담당할 책임을 남에게 넘기다. |
| 안쓰럽다 | 안-슬프다 | |
| 안절부절-못하다 | 안절부절-하다 | |
| 앉은뱅이-저울 | 앉은-저울 | |

| | | |
|---|---|---|
| 알-사탕 | 구슬-사탕 | |
| 암-내 | 곁땀-내 | |
| 앞-지르다 | 따라-먹다 | |
| 애-벌레 | 어린-벌레 | |
| 얕은-꾀 | 물탄-꾀 | |
| 언뜻 | 펀뜻 | |
| 언제나 | 노다지 | |
| 얼룩-말 | 워라-말 | |
| -에는 | -엘랑 | |
| 열심-히 | 열심-로 | |
| 입-담 | 말-담 | |
| 자배기 | 너벅지 | |
| 전봇-대 | 전선-대 | |
| 주책-없다 | 주책-이다 | '주착→주책' 은 제11항 참조. |
| 쥐락-펴락 | 펴락-쥐락 | |
| -지만 | -지만서도 | ← -지마는. |
| 짓고-땡 | 지어-땡/짓고-땡이 | |
| 짧은-작 | 짜른-작 | |
| 찹-쌀 | 이-찹쌀 | |
| 청대-콩 | 푸른-콩 | |
| 칡-범 | 갈-범 | |

## 제5절 복수 표준어

**제26항** 한 가지 의미를 나타내는 형태 몇 가지가 널리 쓰이며 표준어 규정에 맞으면, 그 모두를 표준어로 삼는다.

| 복수 표준어 | 비고 |
|---|---|
| 가는-허리/잔-허리 | |
| 가락-엿/가래-엿 | |
| 가뭄/가물 | |
| 가엾다/가엽다 | 가엾어/가여워, 가엾은/가여운. |
| 감감-무소식/감감-소식 | |

| | |
|---|---|
| 개수-통/설거지-통 | '설겆다' 는 '설거지-하다' 로. |
| 개숫-물/설거지-물 | |
| 갱-엿/검은-엿 | |
| -거리다/-대다 | 가물-, 출렁-. |
| 거위-배/횟-배 | |
| 것/해 | 내 ~, 네 ~, 뉘 ~. |
| 게을러-빠지다/게을러-터지다 | |
| 고깃-간/푸줏-간 | '고깃-관, 푸줏-관, 다림-방' 은 비표준어임. |
| 곰곰/곰곰-이 | |
| 관계-없다/상관-없다 | |
| 교정-보다/준 -보다 | |
| 구들-재/구재 | |
| 귀퉁-머리/귀퉁-배기 | '귀퉁이' 의 비어임. |
| 극성-떨다/극성-부리다 | |
| 기세-부리다/기세-피우다 | |
| 기승-떨다/기승-부리다 | |
| 깃-저고리/배내-옷/배냇-저고리 | |
| 꼬까/때때/고까 | ~신, ~옷. |
| 꼬리-별/살-별 | |
| 꽃-도미/붉-돔 | |
| 나귀/당-나귀 | |
| 날-걸/세-뿔 | 윷판의 쨀밭 다음의 셋째 밭. |
| 내리-글씨/세로-글씨 | |
| 넝쿨/덩굴 | '덩쿨' 은 비표준어임. |
| 녘/쪽 | 동~, 서~. |
| 눈-대중/눈-어림/눈-짐작 | |
| 느리-광이/느림-보/늘-보 | |
| 늦-모/마냥-모 | ←만이앙-모. |
| 다기-지다/다기-차다 | |
| 다달-이/매-달 | |
| -다마다/-고말고 | |
| 다박-나룻/다박-수염 | |
| 닭의-장/닭-장 | |
| 댓-돌/툇-돌 | |
| 덧-창/겉-창 | |
| 독장-치다/독판-치다 | |
| 동자-기둥/쪼구미 | |
| 돼지-감자/뚱딴지 | |

| | |
|---|---|
| 되우/된통/되게 | |
| 두동-무니/두동-사니 | 윷놀이에서, 두 동이 한데 어울려 가는 말. |
| 뒷-갈망/뒷-감당 | |
| 뒷-말/뒷-소리 | |
| 들락-거리다/들랑-거리다 | |
| 들락-날락/들랑-날랑 | |
| 딴-전/딴-청 | |
| 땅-콩/호-콩 | |
| 땔-감/땔-거리 | |
| -뜨리다/-트리다 | 깨-, 떨어-, 쏟-. |
| 뜬-것/뜬-귀신 | |
| 마룻-줄/용총-줄 | 돛대에 매어 놓은 줄. '이어줄' 은 비표준어임. |
| 마-파람/앞-바람 | |
| 만장-판/만장-중(滿場中) | |
| 만큼/만치 | |
| 말-동무/말-벗 | |
| 매-갈이/매-조미 | |
| 매-통/목-매 | |
| 먹-새/먹음-새 | '먹음-먹이' 는 비표준어임. |
| 멀찌감치/멀찌가니/멀찍이 | |
| 멱통/산-멱/산-멱통 | |
| 면-치레/외면-치레 | |
| 모-내다/모-심다 | 모-내기, 모-심기. |
| 모쪼록/아무쪼록 | |
| 목판-되/모-되 | |
| 목화-씨/면화-씨 | |
| 무심-결/무심-중 | |
| 물-봉숭아/물-봉선화 | |
| 물-부리/빨-부리 | |
| 물-심부름/물-시중 | |
| 물추리-나무/물추리-막대 | |
| 물-타작/진-타작 | |
| 민둥-산/벌거숭이-산 | |
| 밑-층/아래-층 | |
| 바깥-벽/밭-벽 | |
| 바른/오른[右] | ~손, ~쪽, ~편. |
| 발-모가지/발-목쟁이 | '발목' 의 비속어임. |
| 버들-강아지/버들-개지 | |

| 벌레/버러지 | '벌거지, 벌러지' 는 비표준어임. |
| --- | --- |
| 변덕-스럽다/변덕-맞다 | |
| 보-조개/볼-우물 | |
| 보통-내기/여간-내기/예사-내기 | '행-내기' 는 비표준어임. |
| 볼-따구니/볼-퉁이/볼-때기 | '볼' 의 비속어임. |
| 부침개-질/부침-질/지짐-질 | '부치개-질' 은 비표준어임. |
| 불똥-앉다/등화-지다/등화-앉다 | |
| 불-사르다/사르다 | |
| 비발/비용(費用) | |
| 뾰두라지/뾰루지 | |
| 살-쾡이/삵 | 삵-피. |
| 삽살-개/삽사리 | |
| 상두-꾼/상여-꾼 | '상도-꾼, 향도-꾼' 은 비표준어임. |
| 상-씨름/소-걸이 | |
| 생/새앙/생강 | |
| 생-뿔/새앙-뿔/생강-뿔 | '쇠뿔' 의 형용. |
| 생-철/양-철 | 1. '서양철' 은 비표준어임.<br>2. '生鐵' 은 '무쇠' 임. |
| 서럽다/섧다 | '설다' 는 비표준어임. |
| 서방-질/화냥-질 | |
| 성글다/성기다 | |
| -(으)세요/-(으)셔요 | |
| 송이/송이-버섯 | |
| 수수-깡/수숫-대 | |
| 술-안주/안주 | |
| -스레하다/-스름하다 | 거무-, 발그-. |
| 시늉-말/흉내-말 | |
| 시새/세사(細沙) | |
| 신/신발 | |
| 신주-보/독보(?褓) | |
| 심술-꾸러기/심술-쟁이 | |
| 씁쓰레-하다/씁쓰름-하다 | |
| 아귀-세다/아귀-차다 | |
| 아래-위/위-아래 | |
| 아무튼/어떻든/어쨌든/하여튼/여하튼 | |
| 앉음-새/앉음-앉음 | |
| 알은-척/알은-체 | |
| 애-갈이/애벌-갈이 | |

| 애꾸눈-이/외눈-박이 | '외대-박이, 외눈-퉁이' 는 비표준어임. |
|---|---|
| 양념-감/양념-거리 | |
| 어금버금-하다/어금지금-하다 | |
| 어기여차/어여차 | |
| 어림-잡다/어림-치다 | |
| 어이-없다/어처구니-없다 | |
| 어저께/어제 | |
| 언덕-바지/언덕-배기 | |
| 얼렁-뚱땅/엄벙-뗑 | |
| 여왕-벌/장수-벌 | |
| 여쭈다/여쭙다 | |
| 여태/입때 | |
| 여태-껏/이제-껏/입때-껏 | '여직' 은 비표준어임. |
| 역성-들다/역성-하다 | '여직-껏' 은 비표준어임. |
| 연-달다/잇-달다 | '편역-들다' 는 비표준어임. |
| 엿-가락/엿-가래 | |
| 엿-기름/엿-길금 | |
| 엿-반대기/엿-자박 | |
| 오사리-잡놈/오색-잡놈 | |
| 옥수수/강냉이 | '오합-잡놈' 은 비표준어임. |
| 왕골-기직/왕골-자리 | ~떡, ~묵, ~밥, ~튀김. |
| 외겹-실/외올-실/홑-실 | |
| 외손-잡이/한손-잡이 | '홑겹-실, 올-실' 은 비표준어임. |
| 욕심-꾸러기/욕심-쟁이 | |
| 우레/천둥 | 우렛-소리, 천둥-소리. |
| 우지/울-보 | |
| 을러-대다/을러-메다 | |
| 의심-스럽다/의심-쩍다 | |
| -이에요/-이어요 | |
| 이틀-거리/당-고금 | 학질의 일종임. |
| 일일-이/하나-하나 | |
| 일찌감치/일찌거니 | |
| 입찬-말/입찬-소리 | |
| 자리-옷/잠-옷 | |
| 자물-쇠/자물-통 | |
| 장가-가다/장가-들다 | '서방-가다' 는 비표준어임. |
| 재롱-떨다/재롱-부리다 | |
| 제-가끔/제-각기 | |

| | |
|---|---|
| 좀-처럼/좀-체 | '좀-체로, 좀-해선, 좀-해' 는 비표준어임. |
| 줄-꾼/줄-잡이 | |
| 중신/중매 | |
| 짚-단/짚-뭇 | |
| 쪽/편 | 오른~, 왼~. |
| 차차/차츰 | |
| 책-씻이/책-거리 | |
| 척/체 | 모르는 ~, 잘난 ~. |
| 천연덕-스럽다/천연-스럽다 | |
| 철-따구니/철-딱서니/철-딱지 | '철-때기' 는 비표준어임. |
| 추어-올리다/추어-주다 | '추켜-올리다' 는 비표준어임. |
| 축-가다/축-나다 | |
| 침-놓다/침-주다 | |
| 통-꼭지/통-젖 | 통에 붙은 손잡이. |
| 파자-쟁이/해자-쟁이 | 점치는 이. |
| 편지-투/편지-틀 | |
| 한턱-내다/한턱-하다 | |
| 해웃-값/해웃-돈 | '해우-차' 는 비표준어임. |
| 혼자-되다/홀로-되다 | |
| 흠-가다/흠-나다/흠-지다 | |

# 한글 맞춤법의 실제

한글 맞춤법이 어렵다고 한다. 왜 우리말은 이리도 어려우냐고도 한다. 실제로 맞춤법에 정확히 맞게 문자 생활을 하는 일은 그리 쉽지 않다. 예컨대 농구에서 선수가 공을 던져 바스켓 안에 집어넣는 비율을 '슛율'이라고 적을지 '슛률'이라고 적을지 판단키 어렵다. 또 '책을 집어 던지다' 처럼 띄어 써야 할지 '책을 집어던지다' 처럼 붙어 써야 할지도 사전이 없으면 판단키 어렵다.

그러나 문자 생활에서 이런 정도의 어려움은 어느 언어에나 있다. 수년 전 미국의 어느 부통령은 'tomato'를 'tomatoe'라고 써서 말밥에 오른 적이 있고, 영어사전들에는 'database' 처럼 붙여 쓴 사전이 있는가 하면 'data base' 처럼 띄어 쓴 사전도 있다. 또 미국의 주 이름 중 'Kansas'는 '캔자스'라고 읽지만 그 앞에 'ar'이 붙은 'Arkansas'는 '아칸소'라고 읽는다. 어찌 영어 맞춤법이 더 쉬울쏘냐?

그런데 왜 우리는 한글 맞춤법만 어렵다고 할까? 한글 맞춤법은 한국인이 한국어로 문자 생활을 하는 데 필수적인 지식임에도 대부분의 한국인들은 초등학교에서 대학교에 이르는 동안 이를 체계적으로 교육받은 경험이 별로 없다. 게다가 우리에게는 한글 맞춤법의 내용이 구체화되어 있는, 그리하여 문자 생활에 표준을 제공해 줄 수 있는 좋은 사전도 드물다. 이러니 한글 맞춤법이 어렵다는 일반인들의 불평도 그리 근거 없지는 않아 보인다.

그렇다면 앞으로 우리가 할 일은 무엇인가? 첫째는 한글 맞춤법에 대한 쉽고 정확한 해설서를 만들어 이를 학교 교육에서 가르치도록 하는 일이다. 한글 맞춤법은 문자 생활의 바탕이 될뿐더러 그 원리를 알면 문자 생활에 작용하는 많은 규정들을 쉽게 이해할 수 있다. 예컨대 밥을 먹은 뒤에 그릇을 씻어 치우는 일은 '설겆이'가 아니라 '설거지'라고 적는데 이는 '설겆다'라는 말이 없어 굳이 소리와 달리 '설겆이'로 적을 이유(즉 '설겆이'로 적는 것이 뜻을 파악하기 쉽다든지 하는 따위)가 없기 때문이다.

둘째는 한글 맞춤법이 구체화되어 국민들의 문자 생활에 표준을 제공할 수 있는 사전을 만드는 일이다. 그리하여 일반인들은 사전만 찾아보아도 맞춤법, 띄어쓰기, 표준어 여부 등을 정확히 알 수 있게 해야 한다. 우리도 이제는 이처럼 권위 있는 사전을 가진 문명국의 국민이 되어 한글 맞춤법이 어렵다는 불평을 거둬들이고 사전과 더불어 행복한 문자 생활을 영위할 수 있기를 기대한다.

## 1. 한글 맞춤법의 원리

한글 맞춤법이란 무엇인가? 우리말을 우리 문자인 한글로 적는 방식을 규정한 법이다. 우리말을 적는 통일된 방식이 없어 사람마다 적는 방식이 제각각이라면 우리의 문자 생활은 큰 혼란에 빠질 것이다. 따라서 한글 맞춤법은 불필요한 규제가 아니요 효율적인 문자 생활을 위해 없어서는 안 될 규범인 것이다.

그렇다면 어떤 맞춤법이 좋은 맞춤법일까? 독자가 읽을 때 이해하기 쉽도록 적어 주는 방식일 것이다. 맞춤법은 필자와 독자 간의 효율적이고 정확한 의사 전달을 위해 존재하기 때문이다.

한글 맞춤법의 원리는 [한글 맞춤법] 총칙 제1항에 나타나 있다.

"한글 맞춤법은 표준어를 소리대로 적되, 어법에 맞도록 함을 원칙으로 한다"

위 조항은 한글 맞춤법의 표기 대상이 표준어임을 분명히 하고 있다. 즉 우리 국민의 공통적인 표준어를 맞춤법 규정의 대상으로 삼는다는 말이다. 따라서 맞춤법은 표준어가 정해지면 이를 어떻게 적을지 결정하는 구실을 한다.

그런데 표준어를 적는 방식에는 두 가지가 있을 수 있다. 하나는 들리는 대로 적는 것이요, 또 하나는 들리는 소리와는 다소 멀어지더라도 의미가 잘 드러나도록 적는 것이다. 표면적으로 보면 이 두 방식이 상충되는 듯하나 한글 맞춤법은 이 두 가지 방식을 적절히 조화시키고 있다. 즉 "소리대로 적되, 어법에 맞도록"이라는 구절은 바로 이 두 방식의 조화를 의미하는 것이다. 위 구절에서 어미 '-되'는 앞절의 내용을 인정하면서 뒷절의 내용을 단서로 덧붙인다는 뜻을 가지므로 제1항은 소리대로 적는 것이 원칙이지만 그것은 어법에 맞게 적는다는 단서 조항에 어긋나지 않아야 한다는 내용을 담고 있는 것으로 해석된다.

그렇다면 어법에 맞게 적는다는 것은 무슨 뜻인가? 이 규정의 취지는 뜻을 파악하기 쉽도록 적는다는 것일 것이다. 그런데 어떻게 적는 것이 뜻을 파악하기 쉽도록 적는 것인가? 그것은 문장에서 뜻을 담당하는 실사(實辭)의 표기를 고정시켜 적는 방식일 것이다. 예컨대 '꼬치, 꼬츨, 꼳또' 처럼 적기보다 실사인 '꽃'의 표기가 고정된 '꽃이, 꽃을, 꽃도' 처럼 적는 것이다. '꼬치'와 같은 방식은 들리는 대로 적어서 적기에는 좋을지 모르나 뜻을 담당하는 실사의 표기가 고정되지 않아 뜻을 파악하기에는 큰 불편이 있기 때문이다.

이제 우리는 제1항에서 "어법에 맞게"라는 구절의 내용을 이해할 수 있을 듯하다. 체언과 용언 어간은 대표적인 실사이기 때문에 뜻을 파악하기 쉽도록 뜻을 담당하는 실사의 표기를 고정시켜 적는다는 것은 체언과 조사를 구별해서 적고 용언의 어간과 어미를 구별해서 적는 셈이 되는데, 바로 이러한 내용을 포괄하는 표현으로는 "어법"이라는 말이 적당하기 때문이다.

정리하면 제1항의 "소리대로 적되, 어법에 맞도록"이란 구절을 바르게 적용하는 방법은 다음과 같다. 첫째, 어느 쪽으로 적는 것이 어법에 맞는지(즉 뜻을 파악하기 쉬운지) 살펴 그에 따라 적고 둘째, 어느 쪽으로 적든지 어법에 맞는 정도에(뜻을 파악하는 데에) 별 차이가 없을 때에는 소리대로 적는다. 예컨대 '붙이다(우표를 ~)'와 '부치다(힘이 ~)'에서 전자는 동사 어간 '붙-'과 의미상의 연관성이 뚜렷하여 '붙이-' 처럼 적어 줄 때 그 뜻을 파악하기 쉬운 이점이 있으므로 소리와 달리 '붙이다' 로 적고 후자는 전자와 달리 굳이 소리와 달리 적을 뚜렷한 이유가 없으므로 대원칙인 '소리대로' 의 원리에 따라 '부치다' 로 적는 것이다.

## 2. 띄어쓰기의 원리

【제2항】문장의 각 단어는 띄어 씀을 원칙으로 한다.

문장의 각 단어는 구분지어 표기한다.

[해설] 띄어쓰기의 기본 단위는 단어이다. 서로 다른 단어가 결합하여 새로운 단어가 될 수도 있으므로(예컨대 단어 '돌' 과 단어 '다리' 가 만나면 또 다른 단어 '돌다리' 가 된다) 어떤 말이 한 단어인지 그렇지 않은지의 판단이 쉽지 않다. 따라서 어떤 말이 한 단어인지 아닌지는 국어사전을 찾아보는 것이 제일 좋다.

실사(實辭)가 잘 드러나도록 띄어 쓴다.

[해설] 문장의 의미는 주로 실사에 의해 전달되므로 실사를 중심으로 띄어쓰기를 하면 의미 전달이 더욱 쉽다. 띄어쓰기를 하는 목적은 독자에게 의미가 더 쉽게 전달되도록 하는 데 있다.

'-아/어' 뒤에 오는 보조용언이나 의존명사에 '하다, 싶다' 가 붙어서 된 보조용언, 그리고 단위를 나타내는 의존명사는 앞말에 붙여 쓸 수 있다. ☞ 문제 [97]

[해설] 실질적인 뜻이 미약한 의존명사나 보조용언은 실사와 허사의 중간적인 성격을 갖는다.

[참고] 북한의 규정: 1987년 5월 15일 국어사정위원회에서 펴낸 [조선말규범집]에는 "불완전명사와 이에 준하는 단위들은 원칙적으로 앞단어에 붙여쓰며 일부 경우에 띄여쓰는것으로 조절한다"라는 규정이 있다.

## 3. 맞춤법과 띄어쓰기의 실제

### 1. '되어' 와 '돼' 의 구분: '돼' 는 '되어' 의 준말

(가) 되어, 되어서, 되었다 → 돼, 돼서, 됐다 ※ *됬다

(가´) 일이 잘 {되었다, 됐다}.

(나) 할머니께서는 장차 훌륭한 사람이 되라고 말씀하셨다. ☞ 문제 [9] 참조.

(나´) 장차 훌륭한 사람이 돼라.

### 2. '안' 과 '않' 의 구분: '안' 은 부사이고 '않-' 은 용언의 어간임.

(가) 안 가다, 안 보이다, 안 먹는다, 안 어울린다.

(나) 집에 가지 {아니하다, 않다}, 철수가 먹지 {아니하였다, 않았다}.

## 3. '-할게', '-할걸' 인가, '-할께', '-할껄' 인가: 소리와 달리 '-할게', '-할걸' 로 적음.

(가) 내가 도와 {줄게, 줄께}. ☞ -(으)ㄹ수록, -(으)ㄹ지 / -(으)ㄹ까, -(으)ㄹ니까, -(으)ㄹ쏘냐

(가´) 제가 {할게요, 할께요}.

(나) 지금쯤은 집에 {도착했을걸, 도착했을껄}!

(나´) 벌써 집에 도착한걸!

## 4. '있다가' 와 '이따가' 의 구분: 의미에 따른 구분

(가) 이따가 보자. / 이따가 주겠다. ※ 뜻: "조금 뒤에"

(나) 하루종일 집에 있다가 이제서야 어딜 가는 거니?

## 5. '잇달다' 와 '잇따르다' 의 구분: 일종의 복수 표준어

(가) 기관차에 객차들을 잇달았다. ※ "이어 달다"의 뜻일 때는 '잇달다' 만 가능함.

장군은 훈장에 훈장을 잇단 복장으로 등장하였다.

(나) 청문회가 끝난 뒤에 증인들에 대한 비난이 잇따랐다/잇달았다/?연달았다.

※ "어떤 사건이나 행동 따위가 이어 발생하다"의 뜻일 때는 '잇달다, 잇따르다, 연달다' 를 함께 쓸 수 있음.

잇따른/잇단(←잇달-+-ㄴ)/?연단(←연달-+-ㄴ) 범죄 사건들 때문에 밤길을 다니기 두렵다.

석교를 지나자마자 초가 지붕의 꼴을 벗지 못한 주점과 점포들이 잇따라/잇달아/연달아 나타났다.

※ '연달다' 는 주로 '연달아' 꼴로 쓰임.

(다) 대통령의 가두행진에 보도 차량이 잇따랐다/?잇달았다/?연달았다.

유세장에 유권자들이 잇따라/?잇달아/?연달아 몰려들었다.

※ "움직이는 물체가 다른 물체의 뒤를 이어 따르다"라는 뜻일 때에는 '잇따르다' 가 자연스러움.

※ 동사로서 부족함이 없는 '잇따르다' 에 비해 '잇달다, 연달다' 는 다소 형용사적이라는 특징이 있음( '잇따르는/?잇다는/??연다는', '잇따른다/?잇단다/??연단다', '잇따르고 있다/?잇달고 있다/??연달고 있다' 참조). 다만 '잇달다' 가 "이어 달다"의 뜻일 때에는 '잇다는, 잇달고 있다' 가 가능함.

## 6. '-던' 과 '-든' 의 구분: '-던' 은 과거의 뜻, '-든' 은 선택의 뜻

(가) 어제 집에 왔던 사람이 민주 신랑감이래.

그 날 저녁 누가 왔던지 생각이 납니까?

얼마나 울었던지 눈이 퉁퉁 부었다.

(나) 배든(지) 사과든(지) 마음대로 먹어라.

가든(지) 오든(지) 알아서 하시오.

### 7. '-데'와 '-대'의 구분: '-데'는 과거에 직접 경험한 내용임을 표시. '-대'는 남의 말을 전달

(가) 어제 보니까 혜정이가 참 예쁘데. / 사진을 보니 옛날에는 참 예뻤겠데. 〈형용사〉

그 아이가 밥을 잘 먹데. / 철수가 벌써 제대했데. 〈동사〉

곁에서 보니 참 훌륭한 신랑감이데. 〈서술격조사 '이다'〉 ※ 뜻: "-더라"

신부가 그렇게 예쁘데? / 그 사람 키가 크데?

밖에 누가 왔데? / 얼마나 되데? ※ 뜻: "-던가?"

(나) 사람들이 그러는데 진옥이가 예쁘대(예뻤대/예쁘겠대). 〈형용사〉 ※ '대'는 "-다(고) 해"가 줄어 된 말임.

진옥이가 결혼한대(결혼했대/결혼하겠대). / 진옥이는 추리소설만 읽는대(읽었대/읽겠대). 〈동사〉

진옥이가 학생회장이래(학생회장이었대). 〈서술격조사 '이다'〉 ※ '이다' 뒤에서는 '-대'가 '-래'로 바뀜.

(다) 오늘 날씨 참 시원한데. / 오늘은 기분이 참 좋은데. 〈형용사〉 ※ '-?데'는 스스로 감탄하는 투로 넌지시 상대방의 반응을 묻기도 함.

두 사람이 아주 잘 어울리는데. 〈동사〉 ※ "두 사람이 아주 잘 어울리데."

철수가 아니라 진옥이가 학생회장인데. 〈서술격조사 '이다'〉

(다´) 결혼식장에는 혜정이 신랑도 왔던데(←' -았더-' +' -ㄴ데').

혜정이 부모는 벌써 왔는데((←' -았느-' +' -ㄴ데').

결혼식장에는 혜정이 신랑도 왔겠는데(←' -겠느-' +' -ㄴ데').

※ '-ㄴ데'와 '-ㄴ대'의 구별 방법: 앞말이 형용사이면 '-ㄴ데'이고 앞말이 동사이면 '-ㄴ대'이다. 참신한데(형용사 '참신하-' +' -ㄴ데'), 결혼한대(동사 '결혼하-' +' -ㄴ대')

※ '-던-' 뒤에는 '데'만 올 수 있고 '대'는 올 수 없다. 따라서 '-던데'란 말은 가능해도 '-던대'란 말은 불가능하다.

### 8. '-ㄹ는지'인가, '-ㄹ런지'인가: '-ㄹ는지'가 맞음.

(가) 우리의 제안을 어떻게 {생각할는지, 생각할런지} 모르겠어. ※ "우리의 제안을 어떻게 생각할지 모르겠어" 형식이 더 자연스러운 국어 문장이다.

(나) 우리의 제안을 받기로 결정했는지 모르겠어.

### 9. '하지 마라' 인가, '하지 말아라' 인가: '하지 마라' 가 맞음.

(가) 떠들지 마라.

(가′) 선생님께서 떠들지 말라고 말씀하셨다.

(나) 떠들지 말아라.(×)

※ '-어라' 와 '-으라' 의 차이

① 직접 명령(특정된 청자에게 직접적으로 명령하는 형식): '-아라/-어라/-여라' 형식. 이것 좀 보아라. 천천히 먹어라.

② 간접 명령(특정되지 않은 다수의 청자나 발화 현장에 없는 청자에게 간접적으로 명령하는 형식): '-으라' 형식. 알맞은 답을 고르라. 기대하시라, 개봉박두!

### 10. '그러다' 와 '그렇다' 의 구분: '그러다' 는 동사, '그렇다' 는 형용사

(가) 그러다(←그리하다) 그러고, 그러지; 그러니, 그런; 그래, 그랬다

(나) 그렇다(←그러하다) 그렇고, 그렇지; 그러니, 그런; 그래, 그랬다

※ '그러고 나서' 가 맞고 '그리고 나서' 는 '그리다' 라는 용언이 따로 없으므로 틀림.

※ 어미의 종류

자음어미: -고, -게, -지, -소, -겠-, …

모음어미: -아/-어, -아서/-어서, -았-/-었-, … ☞ 앞말 끝음절의 모음이 양성인가, 음성인가에 따라 교체

매개모음어미: -(으)니, -(으)면, -(으)시-, -ㄴ/-은, -ㄴ/-을, … ☞ 앞말 끝음절이 받침이 있는가 없는가에 따라 '으' 있는 어미와 '으' 없는 어미로 교체

### 11. '부치다' 와 '붙이다' 의 구분: '붙다' 와의 의미적 연관성이 기준

(가) 힘이 부치다. / 편지를 부치다. / 논밭을 부치다. / 빈대떡을 부치다.

(가′) 식목일에 부치는 글 / 안건을 회의에 부치다.

(나) 봉투에 우표를 붙이다. / 흥정을 붙이다. / 불을 붙이다. / 꽃꽂이에 취미를 붙이다. / 조건을 붙이다. / 별명을 붙이다.

## 12. '받치다, 받히다, 바치다'의 구분: '-치-'는 강세접사, '-히-'는 피동접사

(가) 우산을 받치다. / 그릇을 받쳐 들다. / 두 손으로 머리를 받치고 누워 있다. [참고] 돋치다

(나) 기둥에 머리를 받히다. / 소에게 받히다.

(다) 임금님께 예물을 바치다. / 나라를 위해 목숨을 바치다.

## 13. '부딪치다'와 '부딪히다'의 구분: '-치-'는 강세접사, '-히-'는 피동접사

(가) 뱃전에 부딪는 잔물결 소리 / 뛰어올라오다 마침 아래층에 내려가는 종혁과 부딪고는 / 마침내 두 사람의 눈길이 부딪게 되자 // 금녀는 벽에 머리를 부딪고 죽은 것이다.

(나) 철수는 골목에서 나오는 자전거에 부딪혀 팔이 부러졌다. / 그는 자동차에 머리를 부딪혀 병원에 실려갔다. // 냉혹한 현실에 부딪히다. / 그들의 결혼은 부모의 반대에 부딪혀 성사되지 못했다.

(다) 파도가 바위에 부딪치다. (☞ 배가 암초에 부딪혔다) // 무심코 고개를 돌리다 그와 눈길이 부딪쳤다. // 바른손에 거머쥐고 있던 사이다병을 담벽에 부딪쳐 깼다. / 취객 한 명이 철수에게 몸을 부딪치며 시비를 걸어 왔다.

(라) 자전거가 마주 오는 자동차에 부딪혔다. ↔ 자전거가 빗길에 자동차와 부딪쳤다.

## 14. '벌이다/벌리다', '늘이다/늘리다'의 구분: 반의 관계를 이용

(가) 싸움을 벌이다. / 사업을 {벌이다, 벌리다}. / 화투짝을 벌여 놓다.

(가´) 입을 벌리다. / 밤송이를 벌리고 알밤을 꺼내다. / 자루를 벌리다. ☞ '벌리다'의 반대말은 '오므리다, 닫다, 다물다'임.

(나) 엿가락을 늘이다. / 고무줄을 당겨 늘이다. / 머리를 길게 땋아 늘이다(늘어뜨리다). ☞ "길이가 있는 물체를 당겨 더 길게 하거나 아래로 길게 처지게 하는 행위"

(나´) 인원을 늘리다. / 재산을 늘리다. / 실력을 늘리다. / 바지나 옷소매를 늘리다. ☞ '늘리다'는 '늘다'의 사동사로서 그 반대말은 '줄이다'임.

## 15. '썩이다'와 '썩히다'의 구분: '속을 썩이다'만 '썩이다', 그 밖에는 '썩히다'

(가) 왜 이렇게 속을 썩이니?

(나) 쌀을 썩히다. / 재주를 썩히다.

## 16. '맞추다'와 '맞히다'의 구분: "옳은 답을 대다"라는 뜻일 때에는 '맞히다'

(가) 계산을 맞추어 보다. / 발을 맞추어 걷다. / 음식의 간을 맞추다.

(가′) 입을 맞추다. / 기계를 뜯었다 맞추다. / 양복을 맞추다. / 짝을 맞추다.

(나) 프로야구 우승팀을 맞히다. / 정답을 맞히다. / 화살로 과녁을 맞히다. // 비를 맞히다. / 도둑을 맞히다. / 예방 주사를 맞히다. ※ 영희는 자신이 쓴 답과 텔레비전에서 제시한 답안을 맞추어 보더니 아주 침통해했다.

(나′) 답을 알아맞혀 보세요.

### 17. '맞는'과 '알맞은'의 구분: '맞다'는 동사, '알맞다, 걸맞다'는 형용사

(가) 맞는(○), 맞은(×) 〈동사〉

(나) 알맞는(×), 알맞은(○) 〈형용사〉 ※ "분위기에 걸맞은 옷차림"의 의미임.

※ 맞지 않는 일 / 알맞지 않은 일

### 18. '띠다', '띄다', '떼다'의 구분

(가) 미소를 띠다. / 하늘이 붉은색을 띠다. / 그는 역사적인 사명을 띠고 파견되었다.

(나) 눈에 띄는 행동을 하지 마라. / 알맞게 띄어 써야 글이 읽기가 쉽다.

(다) 젖을 떼다. / 벽보를 떼다. / 영수증을 떼다. / 기초 영어를 다 떼다.

### 19. '어떡해'와 '어떻게'의 구분

(가) 지금 나 어떡해. / *이 일을 어떡해 처리하지? ※ '어떡해'는 "어떻게 해"가 줄어든 말.

(나) 너 어떻게 된 거냐. / 이 일을 어떻게 처리하지? ※ '어떠하다'가 역사적으로 줄어 '어떻다'가 됨.

### 20. '체'와 '채'의 구분: '체'는 '체하다'로만 쓰임.

(가) 그는 날 보고도 못 본 체했다. / 쥐꼬리만한 지식을 가지고 되게 아는 체하네.

(나) 불을 켠 채(로) 잠을 잤다. / 그 외국인은 신을 신은 채(로) 방으로 들어왔다.

(나′) 통째, 껍질째 ※ 관형사형어미 뒤에서는 '채', 명사 뒤에서는 '째'

### 21. '세 살배기'인지 '세 살바기'인지?

(가) 세 살배기 아이

(나) 나이배기: 보기보다 나이가 많아 보이는 사람을 얕잡아 이르는 말

※ 국어의 각 단어는 다른 단어들과 여러가지 관계를 맺고 있는데, 서로 연관된 단어들은 표기상에서도 그 관련성이 드러나도록 하는 것이 좋다. 즉 "의미상으로 관련된 단어는

표기상으로도 관련되게"라는 원리가 존재한다고 생각해도 좋을 것이다. 그런데 이 단어와 관련된 단어로 "겉보기보다 나이가 많이 든 사람"을 가리키는 '나이배기'가 있다. 따라서 이 단어의 표기는 기존의 '나이배기'를 고려하여 '-배기' 형태를 표준으로 정하였다.

### 22. '제상' 인가, '젯상' 인가: 양쪽 모두 한자(어)일 때에는 그 사이에 사이시옷을 적지 않음.

(가) 제상(祭床): 제사 때 제물을 차려 벌여 놓는 상.

(나) 초점(焦點), 대가(代價), 개수(個數), 내과(內科), 화병(火病), 소수(素數)

(나´) 예외: 곳간(庫間), 셋방(貰房), 숫자(數字), 찻간(車間), 툇간(退間), 횟수(回數)

※ 뒷말의 첫소리가 된소리로 나거나 뒷말의 첫소리 'ㄴ, ㅁ'이나 모음 앞에 'ㄴ' 소리가 덧나는 합성어 중에서 '고유어+고유어(아랫집, 나뭇잎), 고유어+한자어(귓병, 깃발), 한자어+고유어(전셋집, 예삿일)' 방식에는 사이시옷을 적고, '한자어+한자어' 방식에는 사이시옷을 적지 않는다. [참고] '전세방(傳貰房)'과 '전셋집(傳貰-)'

### 23. '회집, 장미빛' 인가, '횟집, 장밋빛' 인가

횟집(膾-), 장밋빛(薔薇-) 청사진, 수돗물(水道-)

◑ 혼란을 보이는 말

말: 존대말/존댓말(한), 인사말(민,한,금,교)/인삿말, 예사말(금,교)/예삿말(민,한), 혼자말(교)/혼잣말(민,한,금), 노래말(교)/노랫말(한)

값: 기대값/기댓값, 대표값/대푯값, 초기값/초깃값, 극소값/극솟값, 최대값/최댓값

국: 두부국/두붓국, 만두국/만둣국, 시래기국/시래깃국

길: 등교길/등굣길, 성묘길/성묫길, 휴가길/휴갓길

빛: 무지개빛/무지갯빛, 보라빛/보랏빛, 연두빛/연둣빛, 우유빛

집: 색시집/색싯집, 맥주집/맥줏집

### 24. '나는' 인가, '날으는' 인가: '나는'이 맞음.

(가) 하늘을 {나는, *날으는} 원더우먼

(나) 길가에서 {노는, *놀으는} 아이들

### 25. 공사 중이니 돌아가 {주십시요, 주십시오}. ☞ '주십시오'가 맞음.

(가) 공사 중이니 돌아가 {주십시오, 주십시요}.

(가´) *공사 중이니 돌아가 주십시.

(가) 공사 중이니 돌아가 주{십시}오/주오.

(나) 밥을 잘 먹어요.

(나´) 밥을 잘 먹어.

## 26. '아니요'와 '아니오'의 구분: '아니오'는 서술어, '아니요'는 감탄사

(가) "숙제 다 했니?" "아니요, 조금 남았어요." [참] 예 ↔ 아니요(아뇨).

(가´) "아니, 조금 남았어." [참] 응 ↔ 아니

(나) 그것은 내 잘못이 아니오.

(나´) 어서 오시오. ※ 이것은 책이요(←이고), 저것은 공책이다.

## 27. '-함으로(써)'와 '-하므로'의 구분: '-으로'는 조사, '-(으)므로'는 어미

(가) 그는 열심히 공부함으로(써) 부모님의 은혜에 보답하고자 한다. / 동호인 회장에게 일괄 배부하여 관리케 {함으로써, 하므로써} 사용과 보존에 철저를 기하고자 합니다.

(나) 그는 부지런하므로 잘 산다. / 그는 매일같이 열심히 공부하므로(*하므로써) 시험에 꼭 합격할 것이다. / 훌륭한 학자이므로 많은 사람들에게 존경을 받는다.

## 28. '-로서'와 '-로써'의 구분: '-로서'는 자격, '-로써'는 수단이나 도구

(가) -로서: 교육자로서 일생을 보내다. / 나로서는 할 말이 없다. / 부모로서 할 일 / 교사로서 그런 말을 하다니 / 친구로서 충고한다. / 모든 싸움은 너로서 시작되었다.

(나) -로써: 도끼로(써) 나무를 찍다. / 칼로(써) 과일을 깎다. / 눈물로(써) 호소하다.

## 29. '출석률'인가, '출석율'인가: '출석률'이 맞음.

(가) 법률, 능률, 출석률; 행렬, 결렬

(나) 운율, 비율, 백분율; 분열, 우열 ※ 모음이나 'ㄴ' 받침 뒤에서는 '열, 율'로 적음.

## 30. '가정란'인가, '가정난'인가: '가정란'이 맞음.

(가) 가정란, 독자란, 투고란, 학습란, 답란 ※ 작업량, 인용례

(나) 어린이난, 어머니난, 가십난(gossip欄) ☞ 고유어, 외래어 뒤에서는 두음법칙이 적용됨.

【두음법칙】두음법칙이 적용되는 단어는 그 앞에 다른 말이 와서 새로운 단어의 일부가 될 적에도 두음법칙에 따라 적는다.

여성(女性) 신여성(新女性) 직업여성(職業女性)

다만, 한자어 뒤에 오는 1음절 한자어는 두음법칙을 적용하지 않는다.

작업량(作業量)　인용례(引用例)　가정란(家庭欄)　장롱(欌籠)

[붙임] 앞뒤가 짝을 이루는 한자성어도 그 뒷말을 두음법칙에 따라 적는다.

장삼이사(張三李四)　남존여비(男尊女卑)　부화뇌동(附和雷同)

### 31. '회계 연도' 인가, '회계 년도' 인가: '회계 연도' 가 맞음.

(가) 설립 연도, 회계 연도 ※ 붙여 쓰더라도 '설립연도, 회계연도' 임.

(나) 신년-도, 구년-도

(다) 1998 년도 ※ 수를 나타내는 말 뒤에서 의존명사로 쓰이는 말은 '년도'

### 32. '국제 연합' 의 줄임말이 '국연' 인가, '국련' 인가: '국련' 이 맞음.

국제 연합/국련, 대한 교육 연합회/대한교련(※ 자민련(←자유민주연합))

### 33. '머지않아' 인가, '멀지 않아' 인가: '머지않아' 가 맞음.

(가) 머지않아　곧. 불원간(不遠間).

(나) 멀지 않은 장래 / 여기선 학교가 멀지 않다.

### 34. '있음/없음' 인가, '있슴/없슴' 인가? '있사오니/없사오니' 인가, '있아오니, 없아오니' 인가?

(가)　있습니다, 없습니다, 먹습니다 〈-습니다〉

(가´)　갑니다, 예쁩니다, 드립니다 〈-ㅂ니다〉

(나)　있음, 없음, 먹음 〈-음〉

(나´)　감, 예쁨, 드림 〈-ㅁ〉

(다)　있사오니, 없사오니, 먹사오니 〈-사오-〉

(다´)　가오니, 예쁘오니, 드리오니 〈-오-〉

※ 국어의 어미는 앞말에 받침이 있느냐 없느냐에 따라 분간되는 경우가 많다. 앞말의 받침 유무에 따라 '-는다' 와 '-ㄴ다' 로 나뉘고('먹는다: 간다' 참조), '-으니' 와 '-니' 로 나뉘는('먹으니: 가니' 참조) 현상 등이 바로 그러한 예이다. 따라서 위 단어는 용언 어간에 명사형어미가 결합된 어형으로서 '있음, 없음' 이 맞다. 명사형어미 역시 앞말에 받침이 있느냐 없느냐에 따라 '-음' 과 '-ㅁ' 으로 분간되는 어미이기 때문이다.

그런데 일부 사람들은 '있음, 없음' 을 '있습니다, 없습니다' 의 준말로 보아 '있슴, 없슴' 으로 써야 한다고 생각하는 경향이 있다. 그러나 이 생각은 잘못된 것이다. 일부 문맥에서 명사형어미가 종결어미처럼 기능할 때도 있으나 그때에도 여전히 명사형어미로서 종결어미의 기능을 하는 것일 뿐이지 종결어미 '-습니다'에서 줄어든 형태이라서 종결어미처럼 쓰이는 것은 아니다. '-습니다' 형태는 그 준말이 존재하지 않는다. 따라서 '먹슴'이라고 쓸 수 없듯이 '있슴, 없슴'이라고 쓸 수 없다.

**35. '더우기, 일찌기, 오뚜기' 인가, '더욱이, 일찍이, 오뚝이' 인가: (가)' 과의 연관성을 형태상으로 드러내 주는 (가)가 맞는 표기임.**

(가) 더욱이, 일찍이, 오뚝이

(가') 더욱, 일찍, 오뚝

(나) 더우기, 일찌기, 오뚜기

**36. '설겆이, 반듯이, 아뭏든, 어떻든' 인지 '설거지, 반드시, 아무튼, 어떠튼' 인지?**

(가) 설거지, 아무튼, 반드시[必] ("이번 일은 반드시 성사시키겠다")

(가') *설겆다, *아뭏다, *반듯하다

(나) 반듯이("의자에 반듯이 앉아 있다"), 어떻든

(나') 반듯하다, 어떻다

(다) 얽히고설킨 사건

**37. '만듦, 이끎' 인지 '만듬, 이끔' 인지?**

(가) 만들다/만듦, 이끌다/이끎

(나) 울음, 얼음 〈파생명사〉

(나') 욺, 얾 〈명사형〉 ※ "강이 꽁꽁 얾에 따라 …"

**38. '며칠' 인가, '몇 일' 인가: '몇 일'로 적으면 [면닐]이라는 비표준 발음을 인정하게 됨.**

오늘이 몇 월 {며칠, 몇 일}이냐?

**39. '뱉었다, 가까워' 인지 '뱉았다, 가까와' 인지?**

(가) 뱉었다, 김치를 담가('담그-' +' -아') 먹다. / 문을 잠갔다('잠그-' +' -았다'). ☞ 'ㅏ, ㅗ' 이외의 'ㅐ, ㅚ' 등은 음성모음

(나) 하늘빛이 고와 / {가까워, 가까와}, {아름다워지다, 아름다와지다} ☞ 어간이 2음절 이상인 'ㅂ' 변칙용언('가깝다', '아름답다' 등)은 양성모음, 음성모음 구별 없이 '워' 형으로 적는다.

### 40. '생각건대' 인가, '생각컨대' 인가: 무성음 뒤에서는 '하' 가 통째로 탈락되나 유성음 뒤에서는 '하' 에서 'ㅏ' 만 탈락되고 'ㅎ' 은 살아 있음.

(가) 거북하지/거북지, 생각하건대/생각건대, 넉넉하지/넉넉지, 섭섭하지/섭섭지, 깨끗하지/깨끗지, 못하지/못지

(나) 간편하지/간편치, 다정하지/다정치, 청하건대/청컨대, 무심하지/무심치, 실천하도록/실천토록, 사임하고자/사임코자

※ 유성음: 모음과 'ㄴ, ㅁ, ㄹ, ㅇ'. 무성음: 'ㄴ, ㅁ, ㄹ, ㅇ'을 제외한 자음, 예컨대 'ㅂ, ㅅ, ㄱ' 등.

### 41. '깨끗이' 인지 '깨끗히' 인지?

(가) 깨끗이, 느긋이, 따뜻이, 번듯이, 빠듯이, 산뜻이 〈'ㅅ' 받침 뒤에서〉

(나) 간간이, 겹겹이, 곳곳이, 알알이, 일일이, 줄줄이 〈첩어 뒤에서〉

(다) 곰곰이, 더욱이, 히죽이, 생긋이 〈부사 뒤에서〉

### 42. '-이에요/-이어요, -예요/-여요' 의 구분

(가) 뭣이에요, 책이에요/책이어요 〈받침 있는 말 뒤〉

(나) 뭐예요(*뭐이에요), 저예요(*저이에요)/저여요(*저이어요) 〈받침 없는 말 뒤〉

### 43. '아니에요' 인지 '아니예요' 인지?

그런 말이 아니에요/아녜요.

※ [표준어 규정] 26항에서는 '-이에요' 와 '-이어요' 를 복수 표준어로 인정하였다. '-이에요/-이어요' 는 받침 있는 체언 뒤에서는 아래 (1)과 같이 '-이에요', '-이어요' 로 나타나나, 받침 없는 체언 뒤에서는 아래 (2)와 같이 그 준말인 '-예요', '여요' 형으로 나타난다. 받침 없는 체언 뒤에서는 '-이에요', '-이어요' 형 대신 그 준말인 '-예요', '-여요' 형만을 인정하는 것이다.

(1) 책+이에요/이어요 → 책이에요/책이어요 (받침 있는 체언 뒤)

(2) 저+이에요/이어요(〉 예요/여요) → 저예요/저여요 (받침 없는 체언 뒤)

그러나 위의 규정은 '아니에요' 가 맞는지, '아니예요' 가 맞는지에 대한 답을 쉽게 알려 주지 못한다. '-이에요, -이어요' 에서 '-이-' 는 서술격조사 '이다' 의 어간이므로 '-이에요, -이어요' 는 그 앞에 체언이 오게 되는데, '아니다' 는 체언이 아니라 용언(형용사)이어서 이 규정이 바로 적용되지 않기 때문이다.

그런데 아래 (3)에서 보듯이 형용사 '아니다'는 서술격조사 '이다'와 활용 양상이 거의 동일하다.

(3) '이다', '아니다'의 활용 양상

가. '-어서/-아서' 형 대신 '-라서' 형이 쓰이기도 함: 책이라서, 책이 아니라서

나. '-는구나, -구나' 형 대신 '-로구나' 형이 쓰이기도 함: 책이로구나, 책이 아니로구나

(3가)는 보통의 용언 어간이라면 '-어서/-아서'가 올 자리에(예: 먹어서, 좋아서) '-라서'가 온 예이고, (3나)는 보통의 용언 어간이라면 '-는구나', '-구나'가 올 자리에(예: 먹는구나, 좋구나) '-로구나'가 온 예이다. 이는 서술격조사 '이다'와 형용사 '아니다'가 어미 활용에서는 같이 행동한다는 것을 보여 준다. 기원적으로 형용사 '아니다'는 명사 '아니'에 서술격조사 '이다'가 결합하여 형성되었다(좀 더 정확히 말하면 "'아니'(명사)+'이-'(서술격조사)"의 구조를 가지던 말이 근대국어 말기에 형용사 어간 '아니-'로 재구조화되었다고 할 수 있다).

따라서 '아니다'는 비록 체언이 아니나 서술격조사 '이다'를 이미 포함하고 있는 말이므로 '-이에요, -이어요'에서 서술격조사 부분 '-이-'가 빠진 '-에요, -어요'가 결합하게 된다. 즉 '아니다'에 [표준어 규정] 26항을 적용하면 아래 (4)와 같다.

(4) 아니-+-에요/-어요 → 아니에요/아니어요

## 44. '머물러, 가졌다'인지 '머물어, 갖었다'인지?

(가) 머무르다: 머무르고, 머무르니, 머물러/머물렀다

(가') 머물다: 머물고, 머무니(←머물-+-으니), *머물어/*머물었다 ※ 문제 [10] 참조.

(나) 가지다: 가지고, 가지니, 가져/가졌다

(나') 갖다: 갖고, *갖으니, *갖어/*갖었다 ※ '가지다'의 준말 '갖다'는 자음어미 앞에서만 쓰임.

(다) 머무르다/머물다, 서투르다/서툴다, 서두르다/서둘다

## 45. '바람'인지 '바램'인지?

(가) 우리의 바람은 남과 북의 주민들에게 모두 이익이 되는 통일을 이루는 것이죠.

(나) 저고리의 색이 바램.

※ "저는 우리 경제가 빨리 회복되길 ??바라요/바래요."

## 46. '흡연을 {삼가, 삼가해} 주십시오.

(가) 흡연을 {삼가, 삼가해} 주시기 바랍니다.

(나) 서슴지 말고 네 생각을 말해 보아라.

## 47. '다르다' 인가, '틀리다' 인가: "같지 않다"라는 뜻으로 '틀리다' 를 쓰면 틀림.

(가) 이론과 현실은 틀려요 / 달라요. ※ 뜻: "같지 않다"

(가´) 선생님, 제 생각은 틀립니다. / 다릅니다.

(나) 계산이 틀리다. ☞ 동사, "셈이나 사실 따위가 맞지 않다"

(나´) 약속이 틀리지 않습니까? ☞ 동사, "어떤 일이나 사물이 예정된 상태에서 벗어나 있다"

(다) 자, 보세요. 이건 물건이 틀리다니까요. ☞ 형용사, "보통의 것과 다르거나 특출나다"

(다´) 야, 이곳은 분위기부터 틀리다. 그렇지?

## 48. '빌다' 와 '빌리다' 의 구분

(가) 밥을 빌어먹다. / 잘못했다고 빌다. / 당신의 행복을 빕니다.

(나) 돈을 빌려 주다. / 술의 힘을 빌려 사랑을 고백하다. / 사르트르의 말을 빌리자면 자유는 곧 책임을 수반한다고 한다.

## 49. '자문(諮問)' 과 '주책(＜主着)' : 의미가 변화 중인 단어들

(가) 전문가에게 자문하다(→ 반대말은 '자문에 응하다'). ※ 뜻(사전적 정의): "물음이란 뜻으로, 특히 윗사람이나 상급 기관이 일정한 기관이나 전문가에게 어떤 문제에 관하여 의견을 물음". 따라서 '자문' 은 하는 것이지 구하거나 받는 것이 아니라고 해석됨.

(가´) 이번 일은 전문가에게 자문을 구해서(→ 조언을 구해서, 도움말을 청해서, 문의해서) 처리했다.

(가〃) 전문가에게 자문을 {구하다, 받다}. ※ "자문하여 얻게 되는 판단이나 의견"이라는 뜻으로 쓰임. 의미 변화

(나) 주책없다: 말을 주책없이 하다. ※ 뜻: "일정하게 자리잡힌 생각"

(나´) 주책이다, 주책을 {부리다, 떨다}. ※ "일정한 줏대 없이 되는 대로 하는 짓"라는 뜻으로 쓰임. 의미 변화

## 50. '멋장이, 중매장이' 인지 '멋쟁이, 중매쟁이' 인지?

(가) 미장이, 유기장이, 땜장이 ※ 전통적인 수공업에 종사하는 기술자라는 뜻일 때만 '-장이'

(나) 요술쟁이, 욕심쟁이, 중매쟁이, 점쟁이

## 51. '왠지' 인가, '웬지' 인가: '왠지' 는 '왜인지' 가 줄어든 말. '웬' 은 관형사.

(가) {왠지, 웬지} 가슴이 두근거린다.

(나) 웬 험상궂게 생긴 사람이 날 따라오더라.

### 52. '웃어른' 인가, '윗어른' 인가: 위와 아래의 대립이 있을 때만 '윗-' 으로 씀.

(가) 윗니, 윗눈썹, 윗도리, 윗목

(가′) 위쪽, 위채, 위층 ※ 된소리나 거센소리 앞에서는 'ㅅ' 을 적지 않음.

(나) 웃돈, 웃어른, 웃옷("맨 겉에 입는 옷")

### 53. '하려고' 인가, '할려고' 인가: '-ㄹ려고' 가 아니라 '-려고' 가 맞음.

집에 {가려고, 갈려고} 한다.

※ 거짓말시킨다(→ 거짓말한다), 노래를 배워주다(→ 가르쳐주다).

### 54. '등(等)', '및' 의 띄어쓰기: '등(等)' 은 항상 띄어 씀.

(가) 책상, 걸상 등이 있다.

(나) 이사장 및 이사들

※ '및' 과 '와/과' 의 차이: '와/과' 는 앞말과 뒷말이 대등할 때 쓰이나, '및' 은 앞말이 뒷말에 비해 중심이 될 때 쓰임. 즉 'A와 B' 는 'B와 A' 와 그 의미가 같으나 'A 및 B' 는 'B 및 A' 와 그 의미가 같지 않음. '및' 은 셋 이상의 개체를 연결시킬 때 쓰는 것이 일반적임.

### 55. '-어지다', '-어하다' 의 띄어쓰기

(가) 이루어지다, 예뻐지다, 잘 만들어졌다.

(나) 행복해하다, 애통해하다

### 56. 숫자 표기의 띄어쓰기: 만 단위로 띄어 씀

(가) 십이억 삼천사백오십육만 칠천팔백구십팔

(나) 십만 장, 십만여 장

### 57. '회의중' 인가, '회의 중' 인가: 한 단어로 굳어진 경우가 아니면 '중(中)' 을 띄어 씀.

(가) 학생 중에, 꽃 중의 꽃

(나) 회의 중에는 사담을 하지 말 것 / 다리를 건설 중이다.

(나′) 지금 [중요한 회의] 중이오니 잠시만 기다려 주십시오.

(다) 은연중, 무의식중, 한밤중 ☞ 한 단어로 굳어진 말

### 58. '고등학교, 그 동안, 전라 북도, 솔선 수범, 금수 강산, 태백 산맥, 의존 명사' 인지?

(가) 초등학교/고등학교, 전라북도, 태백산맥, 의존명사, 그동안

(나) 솔선수범, 시행착오, 삼고초려, 금수강산, 낙화유수, 동가홍상 〈한문에서 온 고사성어, 문구〉

(다) 김치찌개, 제육볶음, 옥수수기름, 고춧가루 〈음식 이름, 재료명〉

(라) 사과나무, 강장동물, 조선호박 〈동식물의 분류학상의 단위, 품종명〉

(마) 석회질소, 염화나트륨 〈화학 물질의 이름〉

(바) 신약성서, 경국대전; 갑오경장, 임진왜란 〈한문식의 서명, 사건명〉

### 59. '안되다/안 되다', '못되다/못 되다', '못하다/못 하다'의 띄어쓰기: 부정문으로 쓰인 경우가 아니면 붙여 씀.

(가) 마음이 안되다. / 시험에 실패했다니 참 안되었다. [형용사]

(가′) 일이 안 되다. / 시간이 아직 안 되었다.

(나) 못된 친구 / 행동이 못되다. / 심보가 못되다. [형용사]

(나′) 외교관이 못 된 것을 비관하다. / 떠난 지 채 1년이 못 되었다.

(나) 숙제를 못하다. / 노래를 못하다. ※ 뜻: "하긴 했는데 일정한 수준에 못 미치다". 반대말은 '잘하다'임.

(다′) 아파서 일을 못 하다. / 일이 있어서 숙제를 못 하다.

(다″) 형이 동생만 못하다; 읽지 못하다. ☞ '-지 못하다' 구성

### 60. '만'의 띄어쓰기

(가) 이거 얼마 만인가? / 집 떠난 지 3년 만에 돌아왔다. ☞ "동안"의 뜻. 의존명사 ※ '오랜만에, 오랫동안'의 구별에 주의

(나) 철수만 오다. / 공부만 하다. ☞ "한정"의 뜻. 보조사

(다) 형만 한 아우 없다. / 짐승만도 못하다. / 호랑이만 하다. / 그 사람도 키가 꼭 너만 하더라 ☞ "그러한 정도에 이름"의 뜻. 보조사

### 61. '결제'와 '결재', '개발'과 '계발'의 구분

(가) 결제(決濟): 증권 또는 대금을 주고받아 매매 당사자 간의 거래 관계를 끝맺는 것.
어음으로 결제하다.

(가′) 결재(決裁): 부하 직원이 제출한 안건을 허가하거나 승인하는 것.
결재를 {받다, 맡다}. / 결재가 나다. / 결재 서류를 올리다.

(나) 개발(開發): ① 개척하여 발전시킴. ‖ 경제 개발 / 광산을 개발하다. / 신제품을 개발하다.

② 지능이나 정신 따위를 깨우쳐 열어 줌.

(나′) 계발(啓發): 지능이나 정신 따위를 깨우쳐 열어 줌. ‖ 지능 계발 / 소질을 계발하다.

### 62. '돐' 인가 '돌' 인가, '홀몸' 인가 '홑몸' 인가

(가) 돌떡, 돌잔치, 두 돌을 넘긴 아이, 우리 회사는 창립한 지 열 돌을 맞았다.

(나) 홀몸: 배우자나 형제가 없는 사람.

홑몸: ① 딸린 사람이 없는 몸. ② 임신하지 않은 몸. ※ 예: "홑몸이 아니라 몸이 무겁다"

### 63. '나무꾼' 인가 '나뭇군' 인가: '나무꾼' 이 맞음.

(가) 낚시꾼, 나무꾼, 사기꾼, 소리꾼

(나) 때깔, 빛깔, 성깔, 맛깔

(다) 귀때기, 볼때기, 판자때기

(라) 자장면 곱배기(×) / 자장면 곱빼기(○)

※ [한글 맞춤법] 제54항에서는 '-꾼' 과 '-(ㅅ)군', '-깔' 과 '-(ㅅ)갈', '-때기' 와 '-(ㅅ)대기', '-꿈치' 와 '-(ㅅ)굼치', '-빼기' 와 '-(ㅅ)배기', '-쩍다' 와 '-적다' 중에서 '-꾼, -깔, -때기, -꿈치, -빼기, -쩍다' 를 표준으로 정하고 있다(아래 표 참조). 즉 된소리로 나는 위의 접미사는 된소리 글자로 적게 되어 있는 것이다. 따라서 '곱빼기' 가 맞다. 다만 '언덕배기' 는 '언덕바지' 와 짝을 맞추기 위하여 '언덕빼기' 가 아니라 '언덕배기' 로 적는다([표준어 규정] 제26항에는 '언덕배기' 와 '언덕바지' 가 복수 표준어로 처리되어 있다).

### 64. '끼어들기' 인가 '끼여들기' 인가: '끼어들기' 가 맞음.

{끼어들기, 끼여들기}를 하지 맙시다.

### 65. '허얘, 허얬다' 인가, '허예, 허옜다' 인가: '허예, 허옜다' 가 맞음.

(가) 허옇다/허예/허옜다, 누렇다/누레/누렜다☞ 음성모음('ㅏ, ㅗ' 이외) 뒤에서는 '에' 형

(나) 하얗다/하얘/하얬다, 노랗다/노래/노랬다 ☞ 양성모음('ㅏ, ㅗ') 뒤에서는 '애' 형

(다) 이렇다/이래/이랬다, 저렇다/저래/저랬다 ☞ 음성모음, 양성모음의 교체를 보이지 않는 '이렇다, 저렇다, 그렇다' 류는 항상 '애' 형으로 적음.

※ 새까맣다, 시꺼멓다; 샛노랗다, 싯누렇다

양성 모음 앞: 새-(된소리, 거센소리 앞), 샛-(예사소리 앞)

음성 모음 앞: 시-(된소리, 거센소리 앞), 싯-(예사소리 앞)

### 66. '만큼' 과 '뿐' 의 띄어쓰기: 체언 뒤에서는 조사로 쓰이므로 붙여 씀.

(가) 저 도서관만큼 크게 지으시오. / 숙제를 해 온 학생은 철수뿐이었다. / 약속대로 되었다. 〈명사 뒤〉

(나) 애쓴 만큼 얻게 되어 있다. / 허공만 응시할 뿐 아무 말이 없었다. / 바른 대로 대라. 〈관형사형어미 뒤〉

### 67. '듯하다' 의 띄어쓰기: '듯하다' 는 보조용언

비가 올 듯하다. / 그 일은 할 만하다. / 잘 아는 척한다. / 일이 될 법하다.

### 68. '씨' 의 띄어쓰기: 호칭어, 관직명 등은 띄어 씀.

(가) 김연옥 씨, 김 씨, 김 양, 김 선생, 김 교수, 김 장군, 김 사장 ※ 붙여 씀을 허용하자는 논의도 있음.

(나) 우리나라에는 김씨 성이 많다.

### 69. 성과 이름의 띄어쓰기: 성과 이름, 성과 호 등은 붙여 씀

(가) 김양수, 홍길동, 이퇴계, 서화담

(나) 황보관/황보 관, 남궁수, 남궁 수, 선우현/선 우현 ☞ 성과 이름을 구별할 필요가 있을 때에 한해 띄어 쓸 수 있음.

### 70. '데' 의 띄어쓰기: 띄어 쓰는 의존명사 '데' 와 붙여 쓰는 어미 'ㄴ데, ㄴ데도' 를 구별해야

(가) 철수 아버지는 국회의원인데 이 점이 때로는 행동하는 데 제약이 되기도 한다. / 네가 무엇인데 그런 소릴 하니? / 비가 오는데 어딜 가니? (어미 '-ㄴ데' 의 일부)

(나) 그를 설득하는 데 며칠이 걸렸다. / 여야는 초당적으로 협조한다는 데 의견을 같이했다. (의존명사 '데') ☞ '데' ← '데+에'

(다) 가까운 데다가 놓다. / 얼굴도 예쁜 데다가 마음씨도 곱다. (조사 '다가' 가 붙은 예) ☞ '데다가' ← '데+에+다가'

(다´) 비가 {오는 데도, 오는데도} (불구하고) 우산을 안 쓰고 나갔어?

비가 왔는데도 거리에 이렇게 먼지가 많다니!

※ '데' 앞에 '었는, 겠는' 형태가 올 수 있으면 이때의 '데' 는 어미 '-ㄴ데' 의 일부

### 71. '바'의 띄어쓰기: 띄어 쓰는 의존명사 '바'와 붙여 쓰는 어미 'ㄴ바'를 구별해야

(가) 금강산에 가 본바 과연 절경이더군. / 선생님은 일찍이 학문에 뜻을 두셨던바 오늘 드디어 그 결실을 맺게 되었다. / 총무과에서 다음과 같이 통보하여 온바 이를 알려 드리니 업무에 참고하시기 바랍니다.

(나) 앞서 지적한 바와 같이 / 불의에 굴할 바에는 감옥에 가겠다.

### 72. '지'의 띄어쓰기: 띄어 쓰는 의존명사 '지'와 붙여 쓰는 어미 'ㄴ지'를 구별해야

(가) 그가 떠난 지 3년이 됐다. 〈의존명사〉 ☞ "경과한 시간"의 의미

(나) 그가 오는지 모르겠다. 〈어미 '-ㄴ지〉 ☞ 후행 서술어가 '알다, 모르다' 류로 제한됨.

### 73. '가여운' 인가, '가엾은' 인가: 복수 표준어

(가) 부모 잃은 {가여운, 가엾은} 아이 〈가엽다/가엾다〉

(나) {서럽게, 섧게} 운다. 〈서럽다/섧다〉

(다) 어디서 많이 뵌 분 같은데! / 자세한 내용은 직접 {*뵈고, 뵙고} 말씀드리겠습니다. 〈뵈다/뵙다〉 ☞ 자음어미 앞에서는 '뵙다'만 쓰이고 모음어미나 매개모음어미 앞에서는 '뵈다'가 쓰임.

### 74. '간' 인가, '칸' 인가: '칸'이 맞음.

방 한 칸 / 중앙으로 한 칸 뛰어 악수 없다. / 다음 빈 칸을 메우시오.

### 75. '구절' 인가, '귀절' 인가: '구절'이 맞음.

(가) 구절(句節), 경구(警句), 문구(文句), 시구(詩句), 어구(語句)

(나) 글귀(-句), 귀글(句-)

### 76. '내노라' 인가, '내로라' 인가: '내로라'가 맞음.

내로라 하는 사람들이 모두 모였다.

※ '내로라'는 기원적으로 대명사 '나'에 서술격조사 '이-', 주어가 화자와 일치할 때 쓰이는 선어말어미 '-오-'(흔히 의도법 선어말어미나 1인칭 선어말어미라 불린다), 평서형 종결어미 '-다'가 차례로 결합된 형식이다. 이를 표로 보이면 다음과 같다.

(1) 내로라: {나}+{이-}+{-오-}+{-다} → 나+이-+-로-+-라 → 내로라

중세국어에서는 서술격조사 '이다' 뒤에서 선어말어미 '-오-'가 '-로-'로 바뀌고, 선어말어미

'–오–' 뒤에서 평서형 종결어미 '–다'가 '–라'로 바뀌는 현상이 있어서, '{나}+{이–}+{–오–}+{–다}'는 '내로라(〈 나+이–+–로–+–라)'로 나타난다.

이와 같은 선어말어미 '–오–'의 화석은 현대국어에도 남아 있다. "하노라고 한 것이 이 모양이다"에서 '–노라'가 바로 그것이다. '–노라'는 현재시제를 나타내는 '–느–'에 어미 '–오라'가 결합한 것인데, 이때의 '–오라'는 우리가 (1)에서 보았듯이 선어말어미 '–오–'와 평서의 종결어미 '–라'('–오–' 뒤에 오는 '–다'의 변이형)로 구성된 형식이다.

이상의 논의는 (1)에서 '–로라'의 성격이 '–오라'와 다르지 않다는 주장으로 귀결된다. '–로라'의 '–로–'는 선어말어미 '–오–'의 이형태(allomorh)이기 때문이다. 그런데 '–로라'가 '–오라'와 같다면 '–로라'는 '–노라'와도 같은 부류의 어미가 된다. 국어에서 '–느–'는 동사 어간 뒤에만 나타날 뿐 형용사나 서술격조사의 어간 뒤에는 나타나지 못한다는 제약이 있어 현재시제를 나타내는 '–느–'에 '–오라'가 결합되어 형성된 '–노라(〈 –느–+–오라)'는 동사 어간 뒤에만 나타나고, 형용사나 서술격조사 '이다' 뒤에는 각각 '–오라', '–로라'(앞서 지적하였듯이 서술격조사 뒤에서는 특이하게도 '–오–'가 '–로'로 바뀌어 나타난다)가 나타나기 때문이다.

'–노라'와 '–로라'가 쓰이는 예에는 "각 분야에서 내로라 하는 사람들이 모였다. / 모두들 자기 책임이 아니로라 우기기만 한다"나 "떨어져 나가 앉은 산 위에서 나는 그대의 이름을 부르노라" 따위가 있다.

### 77. '깨뜨리고' 인가, '깨트리고' 인가: 모두 맞음.

깨뜨리다/깨트리다, 넘어뜨리다/넘어트리다, 무너뜨리다/무너트리다

### 78. '세째' 인가, '셋째' 인가: '셋째'가 맞음.

둘째, 셋째, 넷째

### 79. '소고기' 인가 '쇠고기' 인가, '예' 인가 '네' 인가: 모두 맞음(복수 표준어).

소고기/쇠고기, 소기름/쇠기름, 예/네

### 80. '깡총깡총' 인가, '깡충깡충' 인가: '깡충깡충'이 맞음.

깡충깡충(〈 깡총깡총), 오뚝이(〈 오뚝이)

### 81. '장고, 흥보가' 인가, '장구, 흥부가' 인가: '장구, 흥부가'가 맞음.

(가) 장구(○) 흥부가(興夫歌)(○)

(나) 장고(杖鼓)(×), 흥보가(興甫歌)(×)

### 82. '-올시다' 인가, '-올습니다' 인가: '-올시다' 가 맞음.

저는 {김가올시다, 김가올습니다}.

### 83. '우레' 인가, '우뢰' 인가: '우레' 가 맞음. 고유어를 한자어로 잘못 알고 쓴 예.

(가) 우레(〈 울에), 천둥(〈 天動) ※ 담담하다(← 다/ 다[沈]), 잠잠하다

(나) 우뢰(雨雷) (×)

### 84. '짜깁기' 인가, '짜집기' 인가: '짜깁기' 가 맞음.

짜깁기: 찢어지거나 구멍이 뚫린 부분을 실로 짜서 깁는 것.

### 85. '맑다, 맑고' 와 '넓다, 넓고' 의 발음

(가) 맑다[막따], 맑지[막찌]; 맑고[말꼬], 맑게[말께]

(나) 넓다[널따], 넓지[널찌], 넓고[널꼬], 넓게[널께] ※ 여덟[여덜]

(나′) 밟다[밥따], 밟지[밥찌], 밟고[밥꼬], 밟게[밥께]

※ 중자음(中子音)이 탈락하고 변자음(邊子音)이 남는 것이 대체적인 경향.

### 86. '납량(納凉)', '담임(擔任)' 의 발음

(가) 납량[남냥], 답례[담녜]; *납량[나뱡] *답례[다볘]

(나) 담임[다밈]; *담임[다님]

### 87. '맛있다, 멋있다' 의 발음: 복수 발음이 허용됨.

(가) 맛있다[마딛따/마싣따] ※ 헛웃음[허두슴], 맛없다[마덥따]

(나) 멋있다[머딛따/머싣따]

### 88. '의' 의 발음: 비어두에서는 [이] 발음을 허용. 조사 '의' 는 [에] 발음을 허용.

(가) 주의[주의/주이], 협의[혀븨/혀비]

(가′) 도의회[도:의회(훼)/*도:이회(훼)], 여의사[여의사/*여이사], 가정의[가정의/*가정이]

(나) 우리의[우리의/우리에], 강의의[강의의/강의에] ※ '옥에 티'

### 89. '-ㄹ 거야', '-ㄹ 테야'의 띄어쓰기: 띄어 씀.

(가) 이 옷은 네 몸에 맞을 {거다, 것이다}. / 이 옷은 네 몸에 맞을 거야/??맞을 것이야.

(나) 나도 갈 {테다, 터이다}. / 회사를 그만둘 테야. /?*그만둘 터이야.

※ '것', '무엇': 격식적인 상황에서 쓰임. '거', '무어': 비격식적인 상황에서 쓰임.

※ '-ㄹ 테야, -ㄹ 거야'는 차츰 어미화하는 모습을 보임.

### 90. '커녕', '라고', '부터', '마는'의 띄어쓰기: 조사이므로 붙여 씀.

들어가기는커녕, "알았다"라고, 하고서부터/친구로부터, 좋습니다마는

### 91. '제(第)'의 띄어쓰기: 접두사이므로 붙여 씀.

(가) {제1 장, 제1장, 제 1장}, {제3 과, 제3과, 제 3과}

(나) 제2 차 세계 대전, 제3 대 학생 회장

※ '제(第)-'는 한자어 수사에 붙어 차례를 나타내는 접두사인데, 접두사는 단어가 아니므로 항상 뒷말과 붙여 쓴다. 이 경우에 적지 않은 사람들이 '제 1과'처럼 띄어 쓰기도 하는데 이는 길게 발음되는 '제(第)-'의 발음을 좇아 잘못 띄어 쓴 것이다. 띄어쓰기는 발음에 따라 하지 않고 단어별로 띄어 쓸 뿐이다. 따라서 아무리 길게 발음이 되더라도 그것이 단어가 아니라면 띄어 써서는 안 된다.

한편 [한글 맞춤법] 제43항에서는 순서를 나타내는 경우에는 단위명사와 그 앞의 수관형사를 붙여 쓸 수 있도록 하는 규정이 있다. 따라서 위 경우는 '제1 과'로 써도 맞지만 '제1과'처럼 모두 붙여 써도 맞다. ☞ 문제 [100] 참조.

### 92. '짜리, 어치'의 띄어쓰기: 접미사이므로 붙여 씀.

(가) 얼마짜리, 100원어치

### 93. '상(上), 하(下)'의 띄어쓰기: '상'은 붙여 쓰고 '하'는 띄어 씀.

(가) 영업상, 가정 형편상, 통계상의 수치, 역사상 가장 위대한 인물 ☞ "위"의 뜻과 거리가 먼 '상(上)'은 접미사임.

(나) 이러한 인식 하에, 단장의 인솔 하에, IMF 체제 하에서

### 94. '드리다', '시키다' 등의 띄어쓰기: 접미사이므로 붙여 씀.

(가) 감사하다/감사드리다, 인사하다/인사드리다

(나) 오해받다, 봉변당하다, 훈련시키다

(다) 관련짓다, 결론짓다 / 문제삼다, 장난삼다 / 사고나다, 소문나다 / 정성들이다, 공들이다

### 95. '녘' 의 띄어쓰기

(가) 동녘, 서녘, 남녘, 북녘, 들녘, 새벽녘, 아침녘, 황혼녘

(나) 해뜰 녘, 동틀 녘 ☞ 관형사형어미 뒤에서만 띄어 씀.

### 96. '내(內), 외(外), 초(初), 말(末), 백(白)' 등의 띄어쓰기

(가) 범위 내, 이 구역 내

(나) 예상 외, 이 계획 외에도, 전공 외의 교양 과목

(다) 20세기 초, 내년 초, 개국 초, 학기 초

(라) 90년 말, 이 달 말, 이번 학기 말쯤에 보자, 고려 말, 금년 말 ※ '학기말 시험, 학년말 고사' 처럼 굳어진 경우는 붙여 씀.

(마) 주인 백, 관리소장 백

### 97. 보조용언의 띄어쓰기

(가) 적어 놓다/적어놓다, 도와 주다/도와주다 ☞ 본용언과 보조용언이 '-아/-어' 로 연결될 때는 붙여 씀을 허용함. 다만 '-아/-어' 뒤에 오는 '지다' 는 항상 앞말과 붙여 씀. 문제 [55] 참조.

(나) 학자인 양하다/학자인양하다, 아는 척하다/아는척하다. ☞ 의존명사에 '-하다', '-싶다' 가 붙어서 된 보조용언도 앞말에 붙여 씀을 허용함.

### 98. '본(本), 귀(貴), 제(諸), 각(各), 대(對), 간(間)' 등의 띄어쓰기

(가) 본 연맹, 본 조사 기관, 본 대학에서는; 본바탕, 본부인 ※ 본인(本人), 본고(本稿)

(가′) 귀 회사, 귀 기관; 귀부인, 귀공자, 귀금속 ※ 귀사(貴社), 폐사(弊社)

※ 본래의 뜻과 멀어져 자신과 남을 가리키는 데 쓰이는 '본, 귀' 는 띄어 씀.

(나) 산업자본주주의 제 문제, 제 비용, 제 관계자 출입 금지 ※ 제군(諸君)

(다) 각 가정, 각 고을, 각 학교, 각 주(州), 각 반(班) ※ 각처(各處), 각국(各國)

※ '제, 각' 은 관형사이므로 띄어 씀.

(라) 대북한 전략, 대보스니아 전쟁, 대미국 수출

※ 뒷말을 관형어로 만드는 '대(對), 반(反), 친(親), 탈(脫)' 등은 뒷말과 붙여 씀.

※ 다만 "2 대 3, 청군 대 백군" 등의 경우는 띄어 씀.

(마) 가족 간, 국가 간, 이웃 간, 서울 부산 간, 3개국 간, 두 문장 간에 ☞ "사이"의 뜻

(마) 부부간(←부부지간), 사제간(←사제지간), 혈육간, 남녀간, 고부간, 부녀간, 상호간, 천지간, 피차간 ※ 좌우간, 다소간, 조만간

### 99. '이, 그, 저, 아무, 여러'와 의존명사가 결합한 말의 띄어쓰기: 다음 말 외에는 띄어 씀.

(가) 이것, 그것, 저것 / 이분, 그분, 저분 / 이이, 그이, 저이 / 이자, 그자, 저자 / 이년, 그년, 저년 / 이놈, 그놈, 저놈

(나) 이쪽, 그쪽, 저쪽 / 이편, 그편, 저편 / 이곳, 그곳, 저곳 / 이때, 그때, 저때

(다) 이번, 저번 / 그동안, 그사이

(라) 아무것, 아무데 / 어느새

### 100. 단위를 나타내는 명사의 띄어쓰기: 순서, 연월일, 시각을 나타낼 때나 아라비아숫자 뒤에서는 붙여 씀을 허용함.

(가) 금 서 돈, 집 한 채, 버선 한 죽

(나) 제2 과/제2과, 이십칠 대/이십칠대 국회 의원, (제)삼 학년/삼학년 〈순서〉

(다) 두 시 삼십 분/두시 삼십분, 여덟 시/여덟시, 칠십 년 오 월/칠십년 오월 〈연월일, 시각〉

※ "사월엔 진달래가 한창이다" 〈월명(月名)〉

(라) 35 원/35원, 274 번지/274번지, 26 그램/26그램 〈아라비아숫자 뒤〉

### 101. 성명이 아닌 고유명사의 띄어쓰기

(가) 대한 중학교(원칙), 대한중학교(허용) ※ 고유명사는 붙여 쓸 수 있음.

(나) 한국 상업 은행 재동 지점 대부계(원칙), 한국상업은행 재동지점 대부계(허용)

※ 기구나 조직을 나타내는 말은 구성 단위별로 붙여 쓸 수 있음.

(다) 대통령 직속 국가 안전 보장 회의(원칙), 대통령 직속 국가안전보장회의(허용)

※ '부설(附設), 부속(附屬), 직속(直屬), 산하(傘下)' 따위는 앞뒤의 말과 띄어 씀이 원칙이나 아래 (다´)처럼 특정 기관을 가리키는 명칭의 일부로 쓰일 때에는 붙여 쓸 수 있음.

(다´) 서울 대학교 사범 대학 부속 고등학교(원칙), 서울대학교 사범대학 부속고등학교(허용)

### 102. 전문용어의 띄어쓰기: 붙여 씀을 허용함.

(가) 탄소 동화 작용(원칙), 탄소동화작용(허용) / 급성 복막염(원칙), 급성복막염(허용) / 긴급 재정 처분(緊急財政處分)[원칙] / 긴급재정처분(허용), 손해 배상 청구(원칙) / 손해배상청

구 (허용), 두 팔 들어 가슴 벌리기(원칙), 두팔들어가슴벌리기(허용)

(나) 간단한 도면 그리기, 바닷말과 물고기 기르기 ※ 명사가 용언의 관형사형으로 된 관형어의 수식을 받거나 두 개 이상의 체언이 접속조사로 연결될 때에는 붙여 쓰지 않음.

(나´) [청소년 보호법](원칙), [청소년보호법](허용) / [국가를 당사자로 하는 계약에 관한 법률] 제11조 ※ 법률명의 띄어쓰기도 (가), (나)에 준한다. 따라서 '국가를당사자로하는계약에관한법률 제11조' 처럼 붙여 쓰지 않음.

### 103. '날씨가 개이다' 인가, '날씨가 개다' 인가: '개다' 가 맞음.

(가) 날씨가 개이다/개다.

(나) 설레이는/설레는 마음

# 작 문

· 2006년 2월 16일 초판 제1쇄 인쇄
· 2006년 2월 23일 초판 제1쇄 발행



지 은 이 · 조규태 · 조구호 · 박용식
펴 낸 이 · 조무제
펴 낸 곳 · 경상대학교 출판부
주　　소 · 660-701 경남 진주시 가좌동 900
전　　화 · (055)751-6154, 5139
팩　　스 · (055)758-6495
E-mail · gspress@gnu.ac.kr
홈페이지 · http://gspress.ac.kr
등　　록 · 1989년 1월 7일 제 16 호

ISBN 89-86001-72-1-03800



값 : 13,000원